Carl von Ossietzky
227 Tage im Gefängnis

**»Wenn die Menschen
nicht mehr fragen dürfen,
dann werden die Dinge fragen.«
Carl von Ossietzky
Februar 1933**

Carl von Ossietzky
227 Tage im Gefängnis

Briefe, Dokumente, Texte

Herausgegeben von
Stefan Berkholz

Luchterhand Literaturverlag

Umschlag: Rudolf Olden und Kurt Rosenfeld begleiten Ossietzky in das Gefängnis. Frontispiz und Umschlagrückseite: Carl von Ossietzky am 10. Mai 1932 vor dem Gefängnis Tegel.

 Lektorat: Klaus Binder/
Satz: Uhl + Massopust/ Druck und Bindung: Wilhelm Röck, Weinsberg/
ISBN 3-630-86670-0

Inhalt

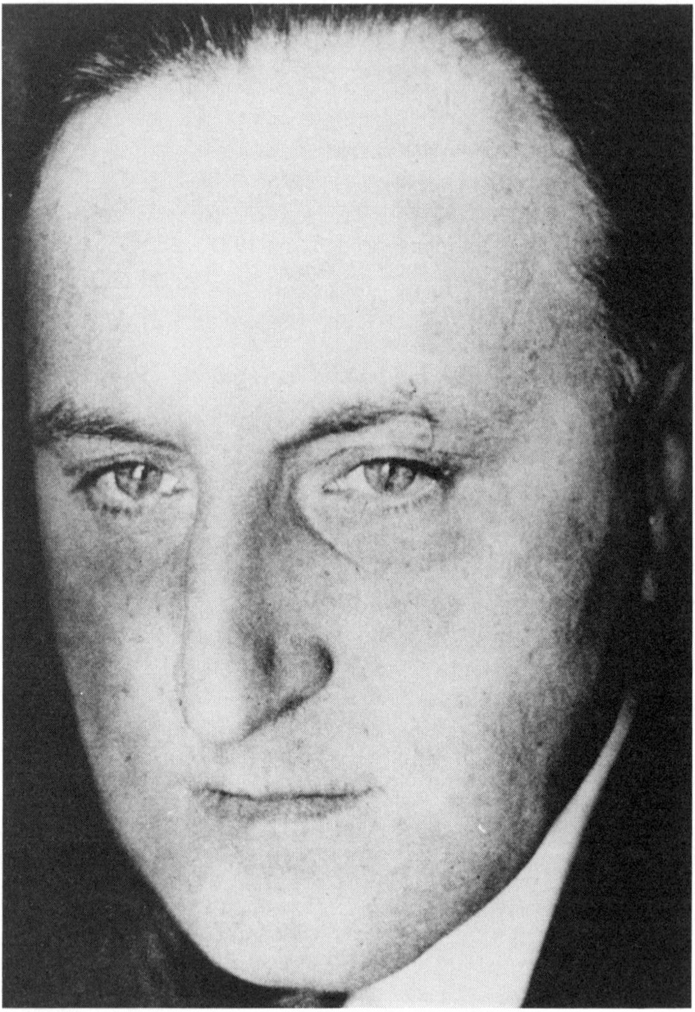

Carl von Ossietzky um 1931

Vorbemerkung

»Unser verehrter toter Freund Ossietzky ist seinem eigenen Irrtum zum Opfer gefallen. Er ist für uns gestorben. Ich glaube, daß wir am besten ihn dadurch ehren, indem wir sagen: Wir wünschten, er hätte mit uns gelebt; und wir wünschten, daß keiner unserer Mitkämpfer seinem Beispiel folge.«

Joseph Roth, 1938

Vom 10. Mai bis zum 22. Dezember 1932 saß Carl von Ossietzky im Gefängnis in Berlin-Tegel. Das Urteil hieß: »Landesverrat«. Ossietzky sollte für ein Jahr und sechs Monate hinter Gittern verschwinden. Am 10. November 1933 wäre er entlassen worden; die Amnestie zu Weihnachten 1932 machte seinem Zwangsaufenthalt ein vorzeitiges Ende. Die Presse hat den ›Fall Ossietzky‹ aufmerksam verfolgt und, der jeweiligen Redaktionslinie entsprechend, kommentiert. Die Berichte zeigen, in welche Stellvertreterrolle Ossietzky bereits damals gedrängt wurde (und wie er sich hineindrängen ließ). Er wurde zum bekanntesten politischen Gefangenen am Ende der Weimarer Republik. Gleichzeitig wurden draußen die entscheidenden Signale für den kommenden Faschismus gesetzt; als Ossietzky entlassen wurde, war mit dem Abbau demokratischer Rechte die Grundlage zur Machtübernahme der NSDAP geschaffen.
Mit Hilfe der in der Strafanstalt Tegel erhalten gebliebenen Gefangenenakte konnte ein Journal der 227 Tage erstellt werden, ergänzt durch Briefe, Zeitungsauszüge, Fotografien und Texte, die Ossietzky im Gefängnis verfaßt hat.
Das Journal dokumentiert auch – konzentriert auf innenpolitische Ereignisse – das politische Tagesgeschehen; zugrunde liegen vor allem die Berichte der beiden großen liberalen Zeitungen, *Berliner Tageblatt* und *Vossische Zeitung,* die Ossietzky lesen durfte.
Auch seine eigene Zeitschrift, die *Weltbühne,* konnte Ossietzky während der Haft beziehen. Hellsichtiger als ihre Kollegen in den Tageszeitungen analysierten, warnten und protestierten die Mitarbeiter der *Weltbühne* – und blieben doch hilflos gegenüber den realen Machtverhältnissen; sie waren desillusioniert und doch außer Stande, die kommenden Greuel in ihrem tatsächlichen Ausmaß ins Kalkül zu ziehen. Die kritischen Intellektuellen blieben machtlos, was freilich manchen in der Bundesrepublik nach 1945 nicht hinderte, sie zu den »Totengräbern der Weimarer Republik« zu erklären.

Bei der Zusammenstellung des Journals habe ich mich weitgehend des Kommentars enthalten; kleine verbindende Texte sollen dem Leser die fortlaufende Lektüre erleichtern. Notwendige Erläuterungen und Quellenverweise finden sich im Anhang.
»Wenn die Menschen nicht mehr fragen dürfen«, schrieb Ossietzky im Februar 1933, »dann werden die Dinge fragen.« Die im Journal der 227 Tage zusammengetragenen Dokumente und Texte sollen diese Fragen ermöglichen. Es ist ein Ausschnitt aus der Wirklichkeit, wie ihn der Zeitgenosse erkennen, wie ihn Ossietzky in seiner Zelle aufnehmen konnte; eine Chronik, die Ossietzky in seinen Widersprüchen zeigt und die Zeit in ihren Brüchen. Mit diesem politischen Tagebuch möchte ich Legendenbildungen von Ossietzky entgegentreten.

Mein Dank gilt Hermann Havekost, dem Leitenden Bibliotheksdirektor in Oldenburg, der mir alle Freiheit für die Arbeit im Carl von Ossietzky-Archiv ließ; Richard von Soldenhoff und Ursula Madrasch-Groschopp für Hinweise und freundschaftlichen Rat; und nicht zuletzt Rosalinde von Ossietzky-Palm für ihre Einwilligung in die Veröffentlichung der privaten Zeugnisse, wodurch dieses Journal erst möglich wurde. Und Dank schließlich auch all jenen, die mir mit Rat und Tat in Bibliotheken und Institutionen (in Ost und West) zur Seite standen, und jenen, die beim Korrekturlesen halfen.

Stefan Berkholz
Berlin, im Januar 1988

Oskar Lafontaine
Geleitwort

In der breiten Öffentlichkeit der ersten Nachkriegsjahrzehnte war Carl von Ossietzky so gut wie vergessen. Der bekannte Journalist der späten 20er Jahre und Herausgeber der *Weltbühne*, der unbeugsame Antimilitarist und Friedensnobelpreisträger von 1935 paßte nicht ins Weltbild des kalten Krieges. Erst gegen Ende der 70er Jahre, mit dem Erstarken der Friedensbewegung und dem Reprint der *Weltbühne* wurde er einem engagierten Teil der Nachkriegsgeneration wieder zum Begriff. Doch wird noch heute selten sein Name genannt, wenn in der Bundesrepublik den Frauen und Männern des antifaschistischen Widerstands offiziell gedacht wird. Immerhin erinnert sich seiner neuerdings die Justiz in einem eher positiven Sinne – gleichsam eine Art posthumer Genugtuung für den Mann, den sie einst so unbarmherzig wie voreingenommen verfolgt hat. Am 8. Dezember 1987 hat die 14. große Strafkammer des Frankfurter Landgerichts einen kriegsdienstverweigernden Arzt, der in einer öffentlichen Diskussion gesagt hatte, alle Soldaten seien »potentielle Mörder«, von der Anklage der Volksverhetzung freigesprochen. Das Gericht begründete dieses Urteil mündlich unter anderem damit, daß auch Carl von Ossietzky 1932 vom Berliner Landgericht freigesprochen worden sei, nachdem Tucholsky in der von ihm herausgegebenen *Weltbühne* geschrieben hatte, »Soldaten sind Mörder«: Was damals Recht gewesen, könne heute nicht Unrecht sein.
In der Tat – gilt doch eher umgekehrt, daß manches, was damals von einer rechtslastigen, mitunter sogar antidemokratischen politischen Justiz als Unrecht geahndet wurde, heute zu dem selbstverständlichen Recht der freien Meinungsäußerung in einem demokratischen Staat gehört. Wenn diese Behauptung überhaupt noch eines Beleges bedarf, dann ist es das vorliegende Buch. Die von Stefan Berkholz zum ersten Mal im Zusammenhang veröffentlichten Texte, Briefe und Dokumente zeigen darüber hinaus, wie falsch und perfide diejenigen argumentieren, Heiner Geißler eingeschlossen, die den Pazifisten der Weimarer Republik eine Mitschuld am Siege Hitlers über die Demokratie geben. An Bereitschaft, für die Demokratie zu kämpfen, hat es in der Weimarer Zeit vielen gemangelt, am wenigsten allerdings den Pazifisten. Diese Tatsache läßt sich nur in böswilliger Absicht verkennen, es sei denn, man hätte nicht begriffen, daß die Waffe der Pazifisten und Demokraten einzig das freie Wort sein kann. Der Schärfe dieser Waffen waren sich sehr wohl diejenigen bewußt,

gegen die sie gerichtet war. Entsprechend war ihre Reaktion: blanker Haß, den auch Carl von Ossietzky zu spüren bekam. 18 Monate Gefängnis erhielt er im November 1931 dafür, daß er im März 1929 einen Artikel von Walter Kreiser in der *Weltbühne* hatte erscheinen lassen. Während eine einäugige politische Justiz den Pazifismus schlechthin als Landesverrat zu brandmarken und mundtot zu machen suchte, prahlten die Nazis schon ganz ungeniert mit der physischen Liquidierung der Pazifisten, falls ihr Tag einmal kommen sollte. Und er kam. Aber er kam gewiß nicht durch die Mitschuld der Pazifisten.

Carl von Ossietzky hatte diesen Tag kommen sehen. Die Gefängnisgitter, durch die er die Welt im Jahr vor Hitlers Machtübernahme sah, waren für seine Klarsicht kein Hindernis, im Gegenteil, an ihnen hat sich sein Blick geschärft. Nach seiner Entlassung nahm er entschlossener denn je und mit beispiellosem Mut den Kampf gegen Hitler wieder auf. Am 17. Februar 1933 sagte er auf der letzten freien Versammlung des Schutzverbandes deutscher Schriftsteller in Berlin: »Ich gehöre keiner Partei an. Ich habe nach allen Seiten gekämpft, mehr nach rechts, aber auch nach links. Heute jedoch sollen wir wissen, daß links von uns nur noch Verbündete stehen. Die Flagge, zu der ich mich bekenne, ist nicht mehr die schwarz-rot-goldene dieser entarteten Republik, sondern das Banner der geeinten antifaschistischen Bewegung. Und ich, der Pazifist, reihe mich nun ein in das große Heer, das für die Freiheit kämpft.« Carl von Ossietzky ging davon aus, daß er auch dem Naziregime als »Eingesperrter« unbequem sein würde. Trotz Folter und KZ-Haft, trotz verlockender Angebote Görings gab er seine demokratische Überzeugung mit keiner Silbe preis. Er bezahlte dafür mit seinem Leben.

Dieses Buch dokumentiert nicht nur das Denken und Empfinden des inhaftierten Carl von Ossietzky, es ist auch ein bemerkenswertes Lehrstück über die Zeit und den Geist, die Hitlers Machtübernahme ermöglicht haben: als eindringliches Dokument des »aufrechten Ganges«.

Saarbrücken, im Januar 1988

Vorgeschichte

Nach Redaktionsschluß dieser Nummer ist das nachfolgende

Urteil

des Reichsgerichts gegen den Herausgeber der ‚Weltbühne', Carl von Ossietzky, und den Schriftsteller Walter Kreiser ergangen:

Die Angeklagten werden wegen Verbrechen gegen § 1 Absatz 2 des Gesetzes über Verrat militärischer Geheimnisse vom 3. Juni 1914 ein jeder zu 1 Jahr und 6 Monaten Gefängnis und zur Tragung der Kosten des Verfahrens verurteilt. Die Nr. 11 der ‚Weltbühne', Jahrgang 1929, ebenso wie die zu ihrer Herstellung notwendigen Platten und Formen sind unbrauchbar zu machen.

Für die Verkündung der Urteilsbegründung hat der Senat des Reichsgerichts die Öffentlichkeit ausgeschlossen, „da die tatsächliche und rechtliche Würdigung des inkriminierten Artikels durch das Gericht naturgemäß nicht erfolgen konnte, ohne die in Rede stehenden geheimen Nachrichten zu erwägen und zu beleuchten"

Dazu haben wir im Augenblick nur zu sagen: Die Arbeit der ‚Weltbühne' wird fortgesetzt.

Anläßlich dieses Urteils veranstaltet die Deutsche Liga für Menschenrechte am Freitag, dem 27. November, um 8 Uhr abends, im Langenbeck-Virchow-Haus, Luisenstr. 58, eine Protestkundgebung.

Beilage der Weltbühne *vom 24. 11. 1931*

Ingo Müller
Der Weltbühnenprozeß von 1931

Am 12. März 1929 erschien in der *Weltbühne* der Artikel »Windiges aus der deutschen Luftfahrt«, gezeichnet von Heinz Jäger (d. i.: Walter Kreiser). Am 23. November 1931 verurteilte das Reichsgericht den Autor und den Herausgeber der *Weltbühne* wegen »Verbrechens gegen § 1 Abs. 2 des Gesetzes gegen den Verrat militärischer Geheimnisse vom 3. Juni 1914« (»Spionagegesetz«)[1] zu je einem Jahr und sechs Monaten Gefängnis. Diese juristische war gleichzeitig eine moralische Verurteilung – das Gericht hatte beiden »vorsätzlichen Verrat« deutscher Interessen an eine »ausländische Regierung« vorgeworfen.

Die Nazis nahmen dies Urteil zum Anlaß, Ossietzky noch in der Reichtagsbrandnacht zu verhaften und bis zu seinem Tode nicht mehr freizulassen. Die »Schutzhaftverhängung« begründete das Geheime Staatspolizeiamt damit, daß Ossietzky sich »als Schriftsteller in den verschiedensten Zeitungen und Zeitschriften als übler Hetzer in zersetzender Weise« betätigt habe; die Autoren der *Weltbühne* hätten sich unter seiner Redaktion »an volksfeindlicher Einstellung und grenzenlosem Haß gegenseitig zu überbieten versucht, wenn es darum ging, lebenswichtige Belange des Reiches zu verraten«. Ausdrücklich nahm der Schutzhaftbefehl auf das Reichsgerichtsurteil Bezug: »Wenn von Ossietzky schon in der Zeit der Weimarer Republik mit dem Gesetz in Konflikt kam, so reicht das hin, um zu erkennen, wie groß und wie übel die Hetze gewesen sein muß, die dieser Mann getrieben hat«.[2]

Die damit hergestellte Kontinuität war nicht zufällig. Hellsichtige Kritiker, wie zum Beispiel Thomas Mann, hatten kurz nach dem Prozeß in den Rechtskonstruktionen, deren sich das Reichsgericht zur Verurteilung Ossietzkys bediente, Vorgriffe auf die »fascistische Diktatur« gesehen.[3] Man übertreibt wohl nicht, wenn man den »Weltbühnenprozeß« als einen Schritt der Justiz auf ihrem Weg ins Dritte Reich bezeichnet.

Ehrlos

Der vom Vierten Strafsenat des Reichsgerichts erhobene Vorwurf des ehrlosen Handelns traf Ossietzky, von Kurt R. Grossmann in seiner Biografie als »deutscher Patriot« charakterisiert, schwer; viel schwerer als die drohende Freiheitsstrafe, die Ossietzky der Leserschaft der *Weltbühne* mit dem lapidaren Satz »Ich muß sitzen«

mitteilte.[4] In einer Zeit, in der nationales Pathos nicht nur in Deutschland Konjunktur hatte, belastete der Urteilstenor auch das internationale Renomee des Schriftstellers; vorübergehend hat der Vorwurf nationaler Unzuverlässigkeit sogar die spätere Verleihung des Nobelpreises an Ossietzky gefährdet. Seine Verteidiger mußten mit verschiedenen eidesstattlichen Versicherungen betonen, daß es sich

»nicht um einen kriminellen Fall« gehandelt habe, und daß »weder in der Anklageschrift, noch in der mündlichen Verhandlung, noch im Urteil [...] behauptet oder nur angedeutet worden [sei], daß Carl von Ossietzky ein finanzielles oder materielles Interesse an der Begehung des ihm zur Last gelegten Delikts gehabt haben könnte«, und daß »niemals ein Zweifel daran aufgetaucht [sei], daß Herr von Ossietzky aus anderen Gründen als aus seiner Weltanschauung als Pazifist heraus die fraglichen Artikel veröffentlicht haben könnte«.[5]

Das Urteil des Reichsgerichts enthielt aber – wie die *Frankfurter Zeitung* damals kommentierte – »auch eine Verfemung, die über das normale Maß hinausgeht«,[6] und Ossietzky merkte bitter an: »Das Reichsgericht hat mich vorsorglich und in unangenehmster Weise abgestempelt. Landesverrat und Verrat militärischer Geheimnisse, das ist eine höchst diffamierende Etikette, mit der sich nicht leicht leben läßt.« Illusionen über die politische Tendenz des Reichsgerichts hat er zu keiner Zeit gehegt, ein Jahr vor seiner Verurteilung hatte er geschrieben: »Wir Publizisten von der Linken kennen das Reichsgericht und wissen auch, daß unser aller Weg einmal nach Leipzig führt«[7], und die Landesverrats-Verurteilung seiner Kollegen Fritz Küster und Berthold Jacob als »unentschuldbaren politischen Tendenzakt« und »Salut vor dem Militarismus« bezeichnet.[8] Darin war er sich mit Tucholsky einig, der geschrieben hatte: »Es bleibt dabei: Das Reichsgericht ist keine Instanz, die in politischen Strafsachen Vertrauen verdient. Es ist eine politische Behörde geworden«.[9] Und dennoch, der Vorwurf der Ehrlosigkeit belastete Ossietzky schwer, ein Vorwurf, der übrigens weder im Verlauf des Prozesses, noch in der am 23. November 1931 verlesenen mündlichen Urteilsbegründung erhoben wurde. Erst die schriftliche Fassung enthielt jene »dunkle ehrabschneiderische Andeutung, ohne daß das Gericht sich bemühte, auch nur ein einziges argumentierendes Wort dafür anzuführen«.[10]

Das schriftliche Urteil billigte Ossietzky und seinem Mitangeklagten Kreiser mildernde Umstände zu, weil sie bei der Veröffentlichung des inkriminierten Artikels »die Absicht einer Schädigung der Landesverteidigung und der deutschen Reichssicherheit [...] nicht gehabt haben« und es – wie das Reichsgericht einräumt – »nicht ehrlose

Beweggründe gewesen sind, die sie zu der Veröffentlichung veranlaßt haben«. An anderer Stelle dieses Urteils hieß es aber: »Die Straftat der Angeklagten, die ihre Treuepflicht als Staatsbürger verletzt haben, ist als eine staatsschädliche anzusprechen: Unbekümmert um die Interessen ihres Vaterlandes in schwerster Zeit und unter deren bewußten Nichtachtung haben sie aus Sensationsbedürfnis das Maß einer sachlichen Kritik weit überschritten«. Allerlei Vorstrafen Ossietzkys hätten ihn »als einen Mann [gezeigt], der gerade in militärischen Angelegenheiten leichtfertig mit fremden Rechtsgütern in seinem Beruf als Publizist verfährt.«[11]

Landesverrat

Um den Verratsvorwurf gegen Ossietzky zu würdigen, muß man die Landesverrats-Rechtsprechung der Weimarer Republik und die besondere politische Situation, aus der sie hervorging, kennen.
Nach dem Versailler Vertrag, der als »Gesetz über den Friedensschluß« vom 16. Juli 1919 deutsches Reichsgesetz geworden war, und der im Range über den einfachen Gesetzen, wie dem Strafgesetzbuch und dem »Spionagegesetz« vom 3. Juni 1914, und nach Art. 178 Abs. 2 der Reichsverfassung sogar über dieser stand, war Deutschland rigiden Rüstungsbeschränkungen unterworfen.[12]
Der Vertrag enthielt in den Artikeln 159 bis 202 genaue Vorschriften über die zulässige Stärke, Ausrüstung mit Munition und Material sowie über die Ausbildung der deutschen Wehrmacht. Art. 160 Abs. 2 legte sogar den Zweck des deutschen Heeres fest: es durfte nur zur Aufrechterhaltung der Ordnung innerhalb des deutschen Gebietes und zum Grenzschutz herangezogen werden, alle Mobilmachungsmaßnahmen waren ausdrücklich untersagt. Andererseits waren weite Volkskreise, vor allem die Militärs, nicht bereit, den »Schandfrieden« zu akzeptieren. Die in offensichtlichem Widerspruch zur Realität stehende und dennoch weit verbreitete »Dolchstoßlegende« schob alle Schuld an der militärischen Niederlage der »Heimatfront« zu. Die Armee, die diese Legende liebevoll hätschelte, fand kein Verhältnis zu der angeblich auf Verrat gegründeten Republik, sie blieb »Staat im Staate« und nutzte jede Möglichkeit, gegen die Verbote des Versailler Vertrages zu verstoßen. Sie verstärkte sich in unzulässiger Weise mit Waffen und Personal, schmiedete Mobilmachungspläne gegen Frankreich. Diese geheimen Rüstungen wurden von der gleichfalls aus dem Kaiserreich übernommenen Bürokratie und vor allem von der Justiz nach Kräften unterstützt, die im Selbstverständnis ihrer führenden Funktionäre

»nach innen« die gleiche Funktion haben sollte wie »die Wehrmacht nach außen.«[13]

Nach klassischer Auffassung in der Rechtsprechung war lediglich die Bekanntgabe offizieller militärischer Geheimnisse als Landesverrat oder Spionage angesehen worden. Nachdem die Justiz unter der Geltung des Versailler Vertrages es übernommen hatte, das Militär vor dessen Beschränkungen zu beschützen, weiteten die Gerichte – voran das Reichsgericht – den Begriff des »Militärischen« aus auf alles, was die Reichswehr auf irgendeine Weise betraf. Pazifisten, welche die rechtswidrigen Aufrüstungen anprangerten oder auf illegale Waffenlager hinwiesen, wurden ebenso als »Landesverräter« verfolgt wie Journalisten, die auf die Rekrutierung sogenannter »Zeitfreiwilliger« aufmerksam machten oder die Zusammenarbeit der Reichswehr mit rechtsradikalen Terrorbanden entlarvten.

Emil Julius Gumbel, wohl engagiertester Kritiker der Justiz jener Zeit und Professor für mathematische Statistik, hat die ungeheure Zunahme der Landesverratsverurteilungen statistisch aufbereitet:

> »In 32 Jahren der Kaiserzeit [...] waren nur 32 Personen wegen Hoch- und Landesverrat und 127 Personen wegen Spionage verurteilt worden [...], also etwa 5 Personen pro Jahr [...]. In den vier Jahren 1924 bis 1927 wurden über 10 000 Anzeigen wegen Hoch- und Landesverrats behandelt und 1 071 Personen verurteilt, also 267 pro Jahr. In dem einen Jahr 1927 wurden 44 Personen nur wegen Landesverrats verurteilt, also mehr als in den 32 Vorkriegsjahren zusammengenommen«.[14]

Als schützenswerte Staatsgeheimnisse werteten Gerichte und Staatsanwaltschaften zum Beispiel die Bildung der »Verkehrswehr«, gegründet mit dem Ziel, Sabotageakte im besetzten Ruhrgebiet zu verüben, die Mobilmachungspläne vaterländischer Verbände, die Bewaffnung der rechtsradikalen Kampforganisation Stahlhelm durch die Polizei, den Aufbau militanter nationalsozialistischer Kampforganisationen, ja sogar die Staatsstreichpläne der Nazis vom August 1923. Kein engagierter republikanischer Journalist, vor allem kein Pazifist, der sich nicht wenigstens ein Ermittlungsverfahren zugezogen hätte, selbst der Reichsgerichtspräsident Walter Simons zeigte sich besorgt über die »Flut der Landesverratsprozesse«.[15] Reichswehr-Offizier Richard Scheringer offenbarte in seinem Hochverrats-Prozeß treuherzig das simple Credo dieser Justiz: »Jeder Pazifist ist ein Verräter«.[16]

Ossietzkys Vorstrafen

Der Weltbühnenprozeß war also nicht der erste seiner Art, er war auch nicht Ossietzkys erster Konflikt mit der Justiz. Der Redaktions-

leiter des »Blättchens« (wie die Mitarbeiter die *Weltbühne* nannten) ging mit nicht weniger als fünf Vorstrafen – sämtlich Früchte seiner publizistischen Tätigkeit – in den Weltbühnenprozeß. Noch im Kaiserreich, am 7. Mai 1914, hatte er erste Erfahrungen mit der politischen Strafjustiz sammeln können.
Einer seiner ersten Zeitungsartikel beschäftigte sich mit einem überaus harten Militärgerichtsurteil. Nach einer Kontrollversammlung von Wehrpflichtigen in Thüringen war es zu einer Zecherei mit anschließender Wirtshausrauferei gekommen, in deren Verlauf sich einige Reservisten gegen eingreifende Gendarmen aufgelehnt hatten. Da die Unruhestifter für die Dauer eines Tages der Militärgerichtsbarkeit unterstanden, wurden sie wegen »militärischen Aufruhrs« vor ein Kriegsgericht gestellt, das drei von ihnen zu je fünf Jahren Zuchthaus, die anderen zu längeren Freiheitsstrafen verurteilte. Über dies Urteil war Ossietzky derart empört, daß er in einem engagierten Beitrag für die pazifistische Zeitschrift *Das freie Volk* dagegen polemisierte. Dem Artikel stellte er ein Zitat Tolstois voran: »Sie ziehen sich ihren Uniformrock an und tun sich nun groß über jene Leute, deren kleiner Finger mehr wert ist als sie im Ganzen, und die sie nicht einmal ins Vorzimmer hineinlassen würden«. Seine Kritik an dem »Erfurter Bluturteil« gipfelte in den Worten: »Seit allen Zeiten zeichnen sich militärische Strafen durch besondere Grausamkeit aus [...], die Kriegsjustiz sandte mehr Krüppel ins Land als alle Schlachten«.[17]
Als die 3. Strafkammer des Landgerichts II in Berlin Anfang Mai 1914 gegen Ossietzky und den verantwortlichen Redakteur der Zeitung verhandelte, war die dem Erfurter Urteil zugrundeliegende extrem harte Strafbestimmung des Militär-Strafgesetzbuchs schon längst abgemildert worden. In der Anklageschrift gegen Ossietzky hieß es dennoch:

> »Bei seiner von ihm selbst zugegebenen Voreingenommenheit gegen die militärischen Gerichte war es dem Angeklagten nicht um eine sachliche Kritik zu tun; sondern er wollte verletzen und herabsetzen [...], der Angriff ist lediglich in verhetzender Weise als politische Ausschlachtung gedacht und ist deshalb für die gesamten Angehörigen der militärischen Gerichtsbarkeit beleidigend.«[18]

Nach längerer Beratung des Gerichts wurden Ossietzky und der Redakteur Glaser zu je 200 Reichsmark Geldstrafe, ersatzweise 20 Tage Gefängnis, verurteilt. Die Strafe wurde zwar nach Kriegsausbruch im August 1914 erlassen, Ossietzky galt aber als »vorbestraft«.

1926 war Ossietzky Redakteur der Zeitschrift *Montag Morgen* und hatte in dieser Eigenschaft ein Gedicht von Erich Weinert veröffentlicht, das ein mißglücktes Landungsmanöver der Reichsmarine nicht ganz ohne Häme beschrieb. In dem vom Reichsmarineamt beantragten Verfahren wurden Weinert und Ossietzky vom Schöffengericht Berlin-Mitte am 10. Februar 1927 wegen »öffentlicher, durch die Presse begangener Beleidigung von Offizieren und Mannschaften des Kreuzers Hamburg« zu je 500 Mark Geldstrafe verurteilt. In der Berufungsverhandlung war es zu so scharfen Auseinandersetzungen zwischen Ossietzkys Verteidiger Paul Levi und dem Gerichtsvorsitzenden gekommen, daß Levi keinerlei Chance mehr für die Aufhebung des Urteils sah und die Berufung demonstrativ zurückzog.[19] Das Urteil war damit rechtskräftig.
Mit Strafbefehl des Amtsgerichts Charlottenburg vom 24. Juli 1927 wurde Ossietzky wegen Übertretung der §§ 11 und 19 des Preß-Gesetzes zu 100 Mark Geldstrafe verurteilt, weil er sich geweigert hatte, eine presserechtliche Berichtigung vorzunehmen.[20] Auch eine Vorstrafe.

Dasselbe Gericht verurteilte Ossietzky am 28. Juni 1928, wiederum per Strafbefehl, wegen Vergehens nach § 110 StGB und § 20 des Preß-Gesetzes zu 50 Mark Geldstrafe. In der *Weltbühne* war unter der verantwortlichen Leitung Ossietzkys ein Artikel erschienen, der politisch linksstehenden Zeugen empfohlen hatte, Zeugnis und Eidesleistung grundsätzlich zu verweigern.[21] Diese Aufforderung war eine Antwort auf die gängige Praxis der Gerichte, Kommunisten generell als Mittäter von Delikten anzusehen, die einzelnen Parteimitgliedern nachgewiesen wurden: nach Auffassung der Gerichte stellte der Kommunismus eine »einheitliche Verschwörung« dar. Mittäter waren nach der Prozeßordnung berechtigt, die Aussage zu verweigern, wenn sie sich damit selbst der Strafverfolgung aussetzen würden – dieses Recht brachte die *Weltbühne* in Erinnerung.

Bedeutsamer als der oben genannte »Bierkreuzer-Prozeß« um das Weinert-Gedicht war ein weiteres Beleidigungsverfahren gegen Carl von Ossietzky und Berthold Jacob, einen profilierten pazifistischen Publizisten und ständigen Mitarbeiter der *Weltbühne*. Er hatte anläßlich eines Prozesses gegen den Führer eines der berüchtigsten Fememord-Kommandos, Oberleutnant a. D. Paul Schulz, in der *Weltbühne* ein »Plaidoyer für Schulz« geschrieben. Darin hatte er, in Übereinstimmung mit dem Urteil des Landgerichts Berlin in der

Mordsache Wilms (eines der Opfer der Feme), die Mitverantwortung vorgesetzter Dienststellen für die Fememorde der schwarzen Reichswehr herausgestellt. Das Schwurgericht hatte in dem Todesurteil gegen Schulz immerhin festgestellt:

»Die Reichswehr, die damals die Arbeitskommandos einrichtete, war sich bewußt und mußte sich bewußt sein, daß sie Formationen schuf, die geheimzuhalten waren. Und wenn sie die Lösung des schwierigen Problems, wie dies zu bewerkstelligen war, den Arbeitskommandos selbst überließ, so hat sie damals eine gewisse moralische Schuld [für die Fememorde] auf sich geladen«, zumal die Morde »der Reichswehr nicht unbekannt geblieben sein konnten«.

Selbst die national orientierte, der Organisation Stahlhelm nahestehende *Kreuz-Zeitung* schrieb damals:

»Es ist kein Zweifel, daß die Verantwortung für das, was sich in den Arbeitskommandos ereignet hat, weiter hinaufreicht, als bis zum Oberleutnant Schulz. Es wäre dringend zu wünschen, daß auch staatliche Stellen, nicht zuletzt die Reichwehr, [...] endlich sich zu ihren Maßnahmen bekennen und den Mut aufbringen [würden], nicht Verbrechen zu decken.«[22]

Jacob hatte sich allerdings nicht mit dunklen Andeutungen begnügt.

»Ja – wir plaidieren für den Oberleutnant Schulz, den berüchtigten Häuptling der Feme. Die Weltbühne, auf deren Blättern die erste Mordanklage gegen die Männer erhoben wurde, die heute in Moabit zum ersten Mal vor strengen Richtern stehen, spricht für die Fememörder [...]. Schulz hat Anspruch auf den ordentlichen Richter. Aber der soll nicht außer Acht lassen, daß der Oberleutnant nur erteilte Befehle ausgeführt hat und daß man neben ihm auf die Anklagebank mindestens den Hauptmann Keiner und den Oberst von Bock, wahrscheinlich aber auch den Oberst von Schleicher und den General von Seeckt setzen müßte [...] wir plaidieren für Schulz, weil er nicht der Letztverantwortliche ist«.[23]

Aus diesen wenigen Sätzen wird bereits klar, daß es in dem Verfahren gegen Jacob und Ossietzky nur sehr vordergründig um »Beleidigung« ging, daß man vielmehr allergisch darauf reagierte, daß jemand den Schleier, den die Gerichte stets über die Hintergründe der Fememorde breiteten, eine Handbreit gelüftet und schließlich gar die Namen der Hauptverantwortlichen ausgesprochen hatte. Darin und weniger in ehrabschneidender Beleidigung, lag Jacobs eigentliches ›Verbrechen‹. Diesen bedeutsamen »Unterschied zwischen Beleidigung und Beleidigung« betonte Ossietzky später in der *Weltbühne*: »Es ist ein Unterschied zwischen einem feilen Sudler, der mit Behagen in der Geschlechtssphäre wühlt [...] und Schriftstellern, die für Ideen kämpfen, selbst wenn sie fanatisiert etwa die Gebote der Höflichkeit verletzen«.[24]

Den Journalisten Kurt R. Grossmann, Prozeßbeobachter in der Verhandlung am 16. Dezember 1927 vor dem Schöffengericht Berlin-Charlottenburg, schockierte die Voreingenommenheit des Gerichtsvorsitzenden, Landgerichtsdirektor Dr. Crohne: »Er war sozusagen Richter und Staatsanwalt in einer Person. Er ließ wichtige Beweisanträge der Verteidigung nicht zu, und oft mußte Ossietzky für einige Stunden verstummen«.[25] Ossietzky selbst schildert etwas drastischer: »Dieser Richter [...] handhabt die richterliche Superiorität wie einen Gummiknüppel, der ständig dem, der außer ihm noch zu reden wagt, übern Mund fährt«.[26] Dadurch, daß sich im Verlaufe des Verfahrens, insbesondere der Vernehmung der als Zeugen geladenen Fememörder Major Buchrucker und Oberleutnant Schulz, Jacobs Vorwürfe bestätigten, ließ sich das Gericht nicht beeindrucken. Es ließ ganz einfach »dahingestellt sein, ob überhaupt eine moralische Verantwortung von seiten des Reichswehrministers angenommen werden kann«, und verurteilte die beiden Angeklagten, obwohl die Staatsanwaltschaft nur Geldstrafe beantragt hatte, zu Gefängnisstrafen: Jacob zu zwei Monaten, Ossietzky zu einem Monat Haft. Das Berufungsgericht setzte am 17. April 1928 die Strafe auf 1 000 Reichsmark herab, es billigte den beiden Angeklagten sogar zu, daß sie sich ernstlich »um die Aufdeckung eines Krebsschadens« bemüht hätten, aus Jacobs Artikel las es aber die Behauptung heraus, die Reichswehrführung habe höchstpersönlich direkte Befehle zum Fememord gegeben.

Neben diesen abgeschlossenen Verfahren war ein weiteres wegen Landesverrats gegen Ossietzky anhängig gewesen. Mit dem Artikel »Frontwechsel des Jungdo« (Jungdeutscher Orden, eine ehedem rechtsradikale Organisation) in der *Weltbühne* vom 2. August 1927 habe er, so der Vorwurf, ein Staatsgeheimnis verraten. Aufgrund eines Amnestiegesetzes vom 14. Juli 1928 mußte das Reichsgericht dieses Verfahren jedoch einstellen.

Schließlich klagte man Ossietzky, während er schon in Strafhaft wegen der Landesverrats-Verurteilung saß, noch einmal wegen »Beleidigung« an. Gegenstand des Prozesses war eine Glosse von Ignaz Wrobel (d. i. Kurt Tucholsky) in der *Weltbühne* mit dem Titel »Der bewachte Kriegsschauplatz«, in dem es unter anderem hieß: »Da gab es vier Jahre lang ganze Quadratmeilen Landes, auf denen war der Mord obligatorisch, während er eine halbe Stunde davon entfernt ebenso streng verboten war. Sagte ich: Mord? Natürlich Mord. Soldaten sind Mörder.«[27]

Noch ein weiterer Prozeß, diesmal wegen »übler Nachrede gegen Beamte des Reichsfinanzministeriums«, wurde während der Haftzeit anhängig.[28]

Die Verratshandlung

Am 12. März 1929 veröffentlichte die *Weltbühne* unter dem Pseudonym Heinz Jäger den Artikel »Windiges aus der deutschen Luftfahrt«. Autor war der Journalist und Luftfahrtexperte Walter Kreiser. Der Aufsatz griff eine Anfrage auf, die der sozialdemokratische Reichstagsabgeordnete Krüger während der Sitzung des Reichshaushaltsausschusses vom 3. Februar 1928 formuliert hatte. Sie betraf den heimlichen, nach dem Versailler Vertrag verbotenen, Aufbau einer Luftstreitmacht. Krügers Anfrage war damals unbeantwortet geblieben, aber im Reichshaushaltsausschuß kritisierten Vertreter aller Parteien das Geschäftsgebaren der Luftfahrtabteilung des Reichsverkehrsministeriums; der Ausschuß strich die dafür angesetzten 55 Millionen Mark auf die Hälfte zusammen. Kreisers Artikel geißelte zunächst allerlei Fehlplanung und Mißwirtschaft bei den Luftfahrtsubventionen, um in dem Unterabschnitt »Seemannslos« zur Sache zu kommen:

»Unter der Bezeichnung ›Severa‹ wurde vor einigen Jahren eine Seeversuchsanstalt gegründet, deren Zweck immer dunkel geblieben ist [...] Nun pfeifen aber bereits die Spatzen von den Dächern, daß die Severa nichts andres als eine getarnte Abteilung der Marineleitung ist«.

Der letzte, »Abteilung M« überschriebene Abschnitt, wurde noch deutlicher:

»Ähnliche Kapriolen wurden auch auf dem Flugplatz Johannisthal-Adlershof gemacht. Auf der Adlershofer Seite bestand als besondere Gruppe der Deutschen Versuchsanstalt für Luftfahrt eine sogenannte Abteilung M. Als beim vorjährigen Luftfahrtetat der sozialistische Abgeordnete Krüger im Haushaltsausschuß die Regierungsvertreter um Auskunft bat, zu welchem Zweck die Abteilung M da sei, bekam er keine Antwort, denn sonst hätten die Behörden darauf aufmerksam machen müssen, daß ›M‹ auch der Anfangsbuchstabe des Wortes Militär ist. [...] Um bei einer erneuten Anfrage sagen zu können: eine solche Abteilung M gibt es nicht mehr, mit diesen Schweinereien haben wir aufgeräumt, wurde diese Abteilung auch aufgelöst, kam auch auf Johannisthaler Seite des Flugplatzes und heißt jetzt ›Erprobungsabteilung Albatros‹ [...]! Beide Abteilungen besitzen je dreißig bis vierzig Flugzeuge, manchmal auch mehr.
Aber nicht alle Flugzeuge sind immer in Deutschland ...«[29]

Bei dieser Andeutung beließ es Kreiser, er spielte damit auf die allgemein bekannte Tatsache an, daß die Reichswehr ausgerechnet in der Sowjetunion, unterstützt von der Roten Armee, verbotenerweise eine eigene Luftwaffe aufbaute. Doch die Quintessenz der Darstellungen Kreisers enthielt schließlich ein weiterer, am 23. April 1929 in der *Weltbühne* erschienener Artikel mit dem Titel »Atemnot der Luftfahrt«:

»Es hat sich aber schließlich auch im Reichstag herumgesprochen, daß die von der Luftfahrtbureaukratie verfolgte Politik nichts andres ist als eine Art verschleierte

Verwaltungsdiktatur, wobei der Reichstag die Rolle einer Reichszapfstelle spielen sollte, um der Bureaukratie damit die nötigen Flüssigkeiten zur Verwirklichung ihrer teils gefährlichen, teils dilettantischen Spielereien zu geben.«[30]

Die Artikel hatten zunächst kein besonderes Aufsehen erregt. Zwar legte man im Reichswehrministerium routinemäßig eine Akte an und schickte sie zur Reichsanwaltschaft nach Leipzig und diese eröffnete ebenso routinemäßig ein Ermittlungsverfahren gegen Ossietzky und Kreiser; im August 1929 wurde Ossietzky vom Untersuchungsrichter vorgeladen. Ansonsten geschah aber nichts. Freunde Ossietzkys hofften, das Verfahren würde irgendwann sang- und klanglos eingestellt, man hatte schließlich oft genug erlebt, daß Ermittlungsverfahren gegen Journalisten nur zur Einschüchterung eingeleitet worden waren, um nach mehrjähriger Dauer eingestellt zu werden. Die zweieinhalb Jahre, die zwischen Tat und Eröffnung der Hauptverhandlung Ende 1931 lagen, waren aber offensichtlich mit Rangeleien zwischen Reichswehrministerium und Außenministerium ausgefüllt, das 1929 von Stresemann geleitet, nach Ossietzkys Worten damals »noch nicht naziverseucht war« und dessen »damaliger Kurs sich noch von Generalsumtrieben und Eigenmächtigkeiten des militärischen Ressorts gestört fühlte«.[31]

Die Verhandlung

Am 17. November 1931 wurde die Hauptverhandlung doch eröffnet: nicht nur wegen Landesverrats, auch wegen »Spionage«. Dieser absurde Vorwurf ist nur prozeßtaktisch zu erklären; er bot dem Gericht die Möglichkeit, einen regelrechten Inquisitionsprozeß zu führen. In allen Phasen des Verfahrens war die Öffentlichkeit ausgeschlossen, über alles Erörterte wurde den Beteiligten Schweigegebot auferlegt; Anklage, Prozeßablauf und Urteilsverkündung waren geheim; den Angeklagten und ihren Verteidigern wurde die spätere Urteilsausfertigung nur kurz überlassen. Von der Verhandlung ist daher kaum mehr bekannt, als daß sie drei Tage dauerte und mit der Verurteilung Kreisers und Ossietzkys endete.

Den Angeklagten standen vier Verteidiger zur Seite: Max Alsberg, Alfred Apfel, Rudolf Olden und Kurt Rosenfeld, die bestbesetzte Verteidigerbank der damaligen Zeit, »vier Juristenköpfe, die eine schwer berechenbare Summe von Qualität verkörpern«.[32]

Apfel und Olden waren selbst engagierte Pazifisten und Literaten. Rosenfeld war einer der besten Kenner und schärfsten Kritiker der Weimarer Justiz. Alsberg, Vorsitzender des Deutschen Anwaltsvereins, berühmter Strafverteidiger und Honorarprofessor, bürgte für

Seriosität: »Schließlich« – kommentierte die liberale *Frankfurter Zeitung* – »tritt ein Mann vom Range Alsbergs nicht einfach für Leute ein, die er für Landesverräter hält«.[33] Er, der im Gegensatz zu den drei anderen die politische Justiz bisher nur in Prozessen gegen »vaterländisch gesonnene« Angeklagte kannte, war hinsichtlich der Erfolgsaussichten voller Optimismus. Rosenfeld schilderte später die Euphorie des Kollegen: »Wie sicher war er des Freispruches! Auf viele höchstgerichtliche Entscheidungen gestützt, aufgrund von Äußerungen der angesehensten Kommentatoren, glaubte er, die Reichsrichter sehr leicht davon überzeugen zu können, daß eine Verurteilung unmöglich sei«.[34]

Als bereits nach kurzer Verhandlung eine Verurteilung abzusehen war, wunderte das seine drei Kollegen wenig, für Alsberg aber wurde es – wie Alfred Apfel beschreibt – zum Schlüsselerlebnis:

»Zum ersten Mal in seiner Praxis lernte er die Atmosphäre eines politischen Prozesses in Leipzig gegen einen Vertreter der Linken kennen. Er war über die parteiische Haltung des Strafsenats so außer sich, daß er mich entrüstet fragte, weshalb empörte Massen das Gebäude, in dem solches passieren konnte, nicht längst dem Erdboden gleichmachten! Er hatte niemals geglaubt, daß es in Deutschland Richter gäbe, die einen politischen Gegner mit den Mitteln des Strafprozesses zum gemeinen Verbrecher stempelten.«[35]

Alsbergs Fehleinschätzung beruhte auf seinem unerschütterlichen Glauben an die Gleichheit im Recht. Er war tatsächlich der Meinung, Rechtssätze des Reichsgerichts aus Urteilen gegen politisch rechtsstehende Angeklagte im Weltbühnenprozeß ins Feld führen zu können. Dabei war gerade die extreme Ungleichbehandlung »linker« und »rechter« Beschuldigter das hervorstechendste Merkmal der Justiz jener Jahre. Der von Carl Schmitt, schon damals einer der angesehensten deutschen Staatsrechtslehrer, herausgearbeitete »Begriff des Politischen« hatte diese Ungleichbehandlung zur obersten Tugend erhoben;[36] die Jusitz hatte – spätestens seit dem 1. Weltkrieg – die von Schmitt propagierte »Unterscheidung von Freund und Feind« zur Maxime ihrer Rechtsprechung gemacht.

Ein herausragender Exponent dieser Rechtsprechung war auch der Vorsitzende des Weltbühnenprozesses, Reichsgerichtsrat Dr. Baumgarten. Er hatte als Beisitzer am »Staatsgerichtshof zum Schutze der Republik« unter dessen berüchtigten Präsidenten Niedner an verschiedenen Fememordprozessen mitgewirkt, wobei die selbstgestellte Aufgabe des Gerichtshofs offensichtlich darin bestand, die hinter den Fememorden stehenden staatlichen Stellen aus den Prozessen herauszuhalten, die Taten zu individualisieren und zu entpolitisieren.

Besonderes Verständnis hatte Baumgarten – ebenfalls als Vorsitzender – rund ein Jahr vor dem Weltbühnenprozeß in dem Verfahren gegen die »Ulmer Reichswehroffiziere« gezeigt. Vom 23. September bis 4. Oktober 1930 verhandelte das Reichsgericht gegen drei Offiziere, die versucht hatten, in verschiedenen Garnisonsorten »nationalsozialistische Zellen« zu bilden, in der Absicht, die Reichswehr zu beeinflussen; im Falle eines neuen nationalsozialistischen Staatsstreiches sollten Soldaten nicht auf die Nazis schießen, sondern notfalls für sie Partei ergreifen.[37] Ungeheure Publizität bekam dieser Prozeß dadurch, daß das Gericht Adolf Hitler als (einzigen) »sachverständigen Zeugen« über die Frage vernahm, ob die NSDAP eine umstürzlerische Partei sei. Hitler konnte so nicht nur eine zweistündige Propagandarede halten, die das Reichsgericht schweigend anhörte, sondern durfte, obwohl gegen ihn selbst ein Hochverratsverfahren wegen Nazi-Propaganda in der Reichswehr lief, seine Aussagen auch noch beschwören.

Als dagegen Staatssekretär Zweigert vom Reichsinnenministerium eine Denkschrift vorlegen wollte, die eindeutig Umsturzpläne der Nationalsozialisten belegte, lehnte der Senat dieses Beweismittel ab, »da diese Frage für die Urteilsfindung in dem vorliegenden Fall nicht von entscheidender Bedeutung ist«. Ossietzky kommentierte in der *Weltbühne*: »Man vergleiche die trockene Abfertigung des Mannes der Reichsregierung mit der entgegenkommenden Geste für Hitler. Das Reichsgericht ahnt den Herrn von morgen.«[38] Hitlers Polemik gegen die Demokratie blieb, obgleich strafbar, unbeanstandet, er konnte sogar offen androhen: »Wenn unsere Bewegung siegt, dann wird ein neuer Staatsgerichtshof zusammentreten, und vor diesem soll dann das Novemberverbrechen von 1918 seine Sühne finden, dann allerdings werden auch Köpfe in den Sand rollen.«

Das Reichsgericht beeilte sich festzustellen, Hitler habe »dabei den nationalsozialistischen Staatsgerichtshof im Auge gehabt, der nach Erringung der Gewalt auf legalem Wege seines Amtes walten werde«. Diese »Legalität«, vom Führer nach Reichsgerichtsüberzeugung mit »unzweideutigen Worten erklärt«, schien den Richtern durchaus glaubwürdig, »weil er bei dem wachsenden Verständnis, das Deutschland der völkischen Freiheitsbewegung entgegenbringt, ein illegales Vorgehen gar nicht nötig« habe.

Die nationalsozialistischen Hochverräter wurden zu milden 18 Monaten Festungshaft verurteilt, das Reichsgericht unterstellte ihnen »gute Absichten«, »tadellose Vergangenheit«, »gute Eigenschaften« und »edle Motive«: »Wenn der Weg, den die Angeklagten beschritten haben, auch ein schwerer [...] Irrweg war, so darf doch nicht übersehen werden, daß sie aus hoher und glühender Vaterlandsliebe gehandelt haben«.[39]

Eine Schlüsselrolle spielten im Weltbühnenprozeß – wie auch in allen anderen Landesverratsverfahren – die Gutachter des Reichswehrministeriums; Kurt Rosenfeld behauptete gar, sie seien die eigentlichen »Drahtzieher im Hintergrund« gewesen.[40] Da diese vom Gericht bestellten Gutachter die Frage der Geheimhaltungsbedürftigkeit der verratenen Tatsachen zu beantworten hatten, bestimmte letztlich allein die Militärbehörde, wann strafbarer Geheimnisverrat vorlag und wann nicht. Eine Praxis, die bei den Reichstagsberatungen des Spionagegesetzes im Jahr 1914 eindeutig abgelehnt worden war.[41] Innerhalb des Reichswehrministeriums war für die Erstattung solcher Gutachten der Unterchef der heeresstatistischen Abteilung T 3, Oberst Gempp, zuständig. Nach einer nie dementierten Meldung der schweizerischen Zeitung *Zürcher Volksrecht* vom 3. Januar 1925 war der Organisator der sogenannten »Schwarzen Reichwehr« niemand anderes als jener Oberst Gempp.
Die Anklage gegen Ossietzky und Kreiser war im Dezernat für Hochverrat und Spionage der Reichsanwaltschaft unter der Leitung des Reichsanwalts Jorns verfaßt worden. Jorns war einer der bekanntesten und zugleich berüchtigsten Figuren der Weimarer Justiz. Immerhin hatten einige Gerichte festgestellt, daß er als damaliger Untersuchungsführer im Verfahren gegen die Mörder Rosa Luxemburgs und Karl Liebknechts »bei der Führung der Untersuchung Spuren, die zur Aufklärung dienen konnten, nicht aufgenommen hat, [...] Spuren, deren Wichtigkeit er erkannt hatte, nicht verfolgte, [...] Spuren verwischte, indem er das Gegenteil des Ermittelten ins Protokoll aufnahm«, kurzum: »durch sein Verhalten das Ergebnis der Untersuchung gefährdet« und den »Tätern Vorschub geleistet« habe. Wenn Jorns auch im Weltbühnenprozeß nicht persönlich die Anklage vertrat (das Urteil weist »Amtsgerichtsrat Dr. Bauer« als Beamten der Staatsanwaltschaft aus), so ist seine Regie in dem Verfahren doch unverkennbar. Jorns wurde übrigens später, nachdem die Nazis 1934 ihren von Hitler angekündigten Volksgerichtshof errichtet hatten, zu dessen oberstem Ankläger berufen.

Das Urteil

Aufschlußreicher als der äußere Verfahrensablauf sind für den Weltbühnenprozeß das Reichsgerichtsurteil und die ihm zugrundeliegenden »Rechtskonstruktionen«. Wie aus dem Urteil hervorgeht, hatten die Sachverständigen zunächst alle in Kreisers Artikel enthaltenen Behauptungen bestätigt, den Geheimnischarakter der mitgeteilten Fakten hatten sie formularmäßig damit beantwortet, »daß die Geheimhaltung dieser Tatsachen im Interesse der Landesverteidigung erforderlich und die Mitteilung solcher Maßnahmen geeignet [sei], die Sicherheit des Deutschen Reiches zu gefährden«. Zu dem Vorwurf, die Angeklagten hätten ein Geheimnis gezielt an eine fremde Regierung verraten – eine Voraussetzung der Verurteilung wegen Spionage –, konnten die Sachverständigen nur Vermutungen anstellen: »Wenn auch keine positive Unterlage dafür vorhanden sei, daß der in Rede stehende Artikel [...] von einer ausländischen Nachrichtenstelle ausgewertet worden sei, so sei er [...] doch aufgrund seiner Erfahrungen [...] zu der festen Überzeugung gelangt, daß dieser Artikel [...] ausländischen Regierungen [...] bekanntgeworden sei. Das Gericht hat sich diesen »schlüssigen und überzeugenden« Aussagen vorbehaltlos angeschlossen.

Den Einwand Ossietzkys und Kreisers, sie hätten nur erwähnt, was ohnehin schon im Haushaltsausschuß des Reichstages zur Sprache gekommen, im übrigen aber auch allgemein »in Luftfahrtkreisen« bekannt sei, wehrte das Gericht ab: Voraussetzung für ein »Geheimnis« sei keineswegs sein »Geheimsein«. Zahlreiche Beweisanträge, mit denen die Verteidiger belegen wollten, daß die »Geheimnisse« gar keine waren, wurden zurückgewiesen, »weil nach der ständigen Rechtsprechung des Reichsgerichts der Begriff des ›Geheimseins‹ [...] ein relativer ist. Es kann also sehr wohl die als geheim anzusehende Tatsache in einem bestimmten beschränkten Kreise bekanntgewesen sein, ohne dadurch ihre Geheimeigenschaft im Sinne des § 1 Abs. 2 des Spionagegesetzes verlustig zu gehen«.

Nachdem die Reichsrichter so mit Hilfe der Konstruktion des »allgemein bekannten Staatsgeheimnisses«, das nach »der festen Überzeugung« einiger Sachverständiger vielleicht auch ausländischen Regierungen bekanntgeworden war, den objektiven Tatbestand der »Spionage« festgestellt hatten, machten sie es sich mit der subjektiven Seite der Tat – Spionage ist nur vorsätzlich begehbar – noch einfacher:

»Dieses Verbrechen ist ein Vorsatzdelikt, bei dem auch bedingter Vorsatz genügt. [...] Dieser Vorsatz ist nach der Überzeugung des Senats bei den beiden Angeklagten [...]

vorhanden gewesen. [...] Beide Angeklagte haben bereits[...] in einem Verfahren wegen Landesverrats gestanden. [...] Damit war das Bewußtsein beider Angeklagter im Hinblick auf die Strafbarkeit ihres Tuns besonders geschärft.«

Der tatsächliche Wille Ossietzkys und Kreisers, »Spionage« zu begehen, ergab sich daraus zwar noch nicht, diese Lücke freilich schloß das Reichsgericht »zwanglos« mit Ossietzkys politischer Anschauung:

»Der Angeklagte war auch Pazifist. Mit der Erwähnung dieser Tatsache soll zu dieser Weltanschauungsfrage keine Stellung zu Ungunsten des Angeklagten genommen werden. Sie rechtfertigt aber psychologisch den Schluß, daß der Angeklagte mit dem fraglichen Artikel ›antimilitaristisch‹ wirken wollte, unter diesem Gesichtspunkt ergibt sich zwanglos der Wille des Angeklagten, etwas von der Militärverwaltung Geheimgehaltenes aufzudecken.«

Reaktionen

Das Weltbühnen-Urteil erregte, obwohl es in völligem Einklang mit der ständigen Landesverrats-Rechtsprechung des Reichsgerichts stand, im In- und Ausland beträchtliches Aufsehen. Eine Protestversammlung gegen das Urteil, am 27. November 1931 von der Deutschen Liga für Menschenrechte organisiert, wurde von über 1 500 Menschen besucht. Die sozialdemokratische Reichstagsfraktion nahm es zum Anlaß einer Interpellation zur Landesverratsjustiz. Die liberale *Frankfurter Zeitung* kommentierte mit bitteren Worten: »Wir haben zwar eine Demokratie, aber wer von ihren Grundsätzen auch gegenüber militärischen Instanzen und solchen, die es sein möchten, Gebrauch macht, wird mit Gefängnis und – was schlimmer ist – mit Odium des Landesverräters bestraft.«[42] Viele Publizisten und Schriftsteller empörten sich über die skandalöse Verurteilung ihres Kollegen Ossietzky; und geradezu visionär war, was Thomas Mann am 10. Januar 1932 in seinem Brief an Alfred Apfel schrieb: »Man sollte die Mundtotmachung der öffentlichen Kritik der fascistischen Diktatur vorbehalten, unter der dann, was in einem freien Volk offen ausgesprochen wird, heimlich und feige von Mund zu Mund geht«.[43]

Am 7. März 1933 erschien die letzte Ausgabe der *Weltbühne.* Ihre Mitarbeiter emigrierten oder wurden eingesperrt, verschleppt und ermordet.

Der
Weltbühnen-Prozess

Eingabe an den Herrn Reichspräsidenten

von

Rechtsanwalt Dr. Alfred Apfel

Eingabe an den Herrn Justizminister

von

Rechtsanwalt Professor Dr. Max Alsberg

Die deutsche
Öffentlichkeit zum Weltbühnen-Prozeß

Die Weltpresse zum Weltbühnen-Prozeß

Titelblatt der Broschüre zum »Weltbühnen-Prozeß« mit Eingangszeichen der Gefängnisverwaltung

Nach dem Urteil

Die Redaktion der *Weltbühne* veröffentlicht eine 64-seitige Broschüre: »Der Weltbühnen-Prozeß«. In der regulären Ausgabe vom 17. Mai 1932 wird zum ersten Mal auf diese Denkschrift hingewiesen, am 23. Mai wird sie im Tegeler Gefängnis zur Gefangenenakte Ossietzkys genommen.
Die Broschüre enthält das Gnadengesuch des Rechtsanwalts Apfel vom 31. Dezember 1931, gerichtet an den »Herrn Reichspräsidenten«. Seine Bitte, »die Folgen des Urteils aufgrund des [...] Gnadenrechts zu revidieren«, begründet Apfel im wesentlichen mit dem Nachweis, daß die in »Betracht kommenden Nachrichten [...] wohl allen ausländischen Regierungen *schon vor Erscheinen* des Artikels vom 12. März 1929 *bekannt* gewesen sind.« Dieser Nachweis wäre Grund genug, die Wiederaufnahme des Verfahrens anzustrengen, Apfel will davon jedoch absehen: aus außenpolitischen Rücksichten, denn »die weitere forensische und publizistische Behandlung der Angelegenheit [wird] die Position Deutschlands, insbesondere auch bei der bevorstehenden Abrüstungskonferenz, nicht stärken.« In England und Frankreich stünden parlamentarische »Erörterungen über den Prozeß« zu erwarten – die Broschüre dokumentiert die internationalen Pressestimmen –, woraus sich ergebe, »daß dieser Fall sobald nicht zur Ruhe kommen wird, wenn er nicht in großzügiger Weise durch die Gnadeninstanz erledigt wird. Diese Ruhe wird nicht eintreten, weil Herr von Ossietzky, der einen internationalen Ruf zu verlieren hat, nicht gewillt ist, sich vor der Majestät eines Urteils zu beugen, das nur politisch gewertet werden kann [...].«
Im Schlußabsatz seiner Eingabe verweist Apfel auf den inneren Widerspruch des (geheimen) Urteils, das einerseits zugesteht, »nicht ehrlose Beweggründe« hätten zur Veröffentlichung geführt, Ossietzky die Überzeugungstäterschaft schließlich jedoch aberkennt. Darauf vor allem reagiert die literarische und politische Öffentlichkeit.
Mit der Bitte um öffentliche Unterstützung hat Apfel diese Eingabe »dem Deutschen Reichstage und einer Reihe von angesehenen Mitbürgern aus allen Lagern« weitergeleitet. Die Resonanz ist groß, allein 57 Antwortbriefe, verfaßt in der Zeit vom 21. Januar bis 17. Februar 1932, sind in der Broschüre wiedergegeben. Viele der Briefschreiber werden Ossietzky am 10. Mai vor das Gefängnistor begleiten.

Dr. Thomas Mann *München, 10. 1. 32.*

Ich weiß Ihnen aufrichtig Dank für die Mitteilung Ihres Gesuchs an den Reichspräsidenten, das so klar und eindringlich abgefaßt ist, bei aller Leidenschaftlichkeit so besonnen, daß man kaum an der Wirkung zweifeln kann. Der Fall Ossietzky ist auch mir sehr nahe gegangen, und ich habe geradezu auf eine schickliche Gelegenheit gewartet, dem tief unheimlichen Gefühl Ausdruck zu geben, das das Urteil des vierten Strafsenats des Reichsgerichts in mir erweckt hat. Unnötig, auch meinerseits auszusprechen, warum. Was Sie selbst in Ihrem Exposé sagen und was Sie an Ergänzungen aus der deutschen und ausländischen Presse hinzufügen, enthält all die schweren Bedenken, die sich in jedem dem Rechtsgedanken anhänglichen Menschen gegen das Urteil erheben. Es ist eine furchtbare und demütigende Vorstellung, in einem Lande zu leben, wo über Erscheinungen der Unordnung gewaltsam mit Hilfe der Justiz Stillschweigen gebreitet werden soll, und ich meine, man sollte die Mundtotmachung der öffentlichen Kritik der fascistischen Diktatur vorbehalten, unter der dann, was in einem freien Volk offen ausgesprochen wird, heimlich und feige von Mund zu Mund geht. Es ist nicht lange her, daß der Reichspräsident sich zum Dolmetscher des allgemeinen Gefühls machte, indem er die Gerechtigkeit mit allem Nachdruck für die Grundlage des Staates und allen öffentlichen Lebens erklärte. Das Urteil des Reichsgerichts ist aber, so muß man fürchten, kein Rechtsspruch im strengen und reinen Sinn des Wortes, sondern ein politischer Akt, der die Abneigung gewisser Mächte und Interessen gegen jede öffentliche Kontrolle zu decken bestimmt ist. Ich teile vollkommen Ihre Überzeugung, daß dem höheren Interesse Deutschlands und auch seiner Stellung auf der bevorstehenden Abrüstungskonferenz mit diesem Urteil keineswegs gedient war, denn wie leicht es vom Auslande gegen die deutsche Vertrauenswürdigkeit ausnutzbar ist, zeigen die fremden Pressestimmen, auf die Sie hinweisen. Es wäre für den Anhänger kritischer Freiheit *und* für den Vaterlandsfreund (diese beiden Eigenschaften können sich sehr wohl in einer Person vereinigen) eine große seelische Erleichterung, wenn ein Spruch, der so vielen ernsten Beurteilern als Fehlspruch gilt, von jener Stelle, die uns allen der Inbegriff der Loyalität ist, aufgehoben werden würde.

gez. Thomas Mann

Der Oberreichsanwalt
(Bitte in der Antwort Nr. und Betreff anzugeben)

Leipzig C 1, den 23. April 1932.
Reichsgerichtsplatz 1
Fernspr. Sammeln. 70911

7 J 35.29.
112.

An

den Schriftleiter
Herrn Karl von O s s i e t z k y
in
Berlin - Friedenau,
Wilhelmstr. Nr. 11 a b./Müller.

In der Strafsache gegen Sie wegen Verrats militärischer Geheimnisse werden Sie geladen, sich zum Antritt der durch vollstreckbares Urteil des IV. Strafsenats des Reichsgerichts vom 23. November 1931 gegen Sie erkannten Gefängnisstrafe von einem Jahr und sechs Monaten bis spätestens zum 10. Mai ds.Js. im Strafgefängnis in Berlin - Tegel zu melden, widrigenfalls gegen Sie ein Vorführungs - oder Haftbefehl, nach Lage der Sache auch ein Steckbrief erlassen werden wird.

Diese Ladung ist mitzubringen und vorzuzeigen.

I.V.

Nagel

Alle Proteste helfen nichts, das Gnadengesuch wird am Anfang April abgelehnt. Am 23. erhält Ossietzky die Ladung zum Strafantritt »bis spätestens zum 10. Mai d. Js.« Am gleichen Tag schreibt der Oberreichsanwalt an den »Herrn Oberstrafanstaltsdirektor in Tegel« in der »Strafsache gegen Walter Kreiser und Gen.«. Kreiser hatte sich nach Frankreich abgesetzt, der Oberreichsanwalt kann nur Ossietzky als Strafgefangenen ankündigen. Das Urteil war, wie der Prozeß, geheim, folglich erhält das Gefängnis zu seinen Akten nur die Urteilsformel mit dem Strafmaß. Von Bedeutung für Ossietzkys Gefängnisaufenthalt ist der ausdrückliche Hinweis, daß er als »politischer Überzeugungstäter nicht anzusehen« sei: für den Strafvollzug gilt er als gewöhnlicher Krimineller.

II/1

7 J. 35/29.
XII L. 5/31.

Jm Namen des Reichs.

Jn der Strafsache gegen

1.) den Schriftsteller Walter Ludwig Friedrich K r e i s e r, geboren am 10. Februar 1898 in Heilbronn am Neckar, wohnhaft in Berlin W., Steglitzer Straße 22, bei Elsner, württembergischer Staatsangehöriger, ledig,

2.) den Schriftleiter Carl v o n O s s i e t z k y, geboren am 3. Oktober 1889 in Hamburg, wohnhaft in Berlin- Friedenau, Laubacher Straße 20, hamburgischer Staatsangehöriger, verheiratet,

wegen Landesverrats,

hat das Reichsgericht, 4. Strafsenat, in der Sitzung vom 23. November 1931 auf Grund der Verhandlung vom 17. und 19. November 1931

für Recht erkannt:

Die Angeklagten werden wegen Verbrechens gegen § 1 Abs. 2 des Gesetzes gegen den Verrat militärischer Geheimnisse vom 3. Juni 1914 ein jeder zu

einem Jahr und sechs Monaten Gefängnis

und in die Kosten des Verfahrens verurteilt.

Der Artikel „Windiges aus der deutschen Luftfahrt" in Nr. 11 der Zeitschrift „Die Weltbühne" nebst den zu seiner Herstellung bestimmten Formen und Platten ist im Rahmen des § 41 Abs. 2 StGB. unbrauchbar zu machen.

Von Rechts wegen.

Die Richtigkeit der vorstehenden Abschrift wird beglaubigt und die Vollstreckbarkeit des Urteils bescheinigt.

L e i p z i g, den 24. November 1931.

Regierungsoberinspektor,
als Urkundsbeamter der Geschäftsstelle.

13 ov v. Ossietzky

Der Oberreichsanwalt
(Bitte in der Antwort Nr. und Betreff anzugeben)

Leipzig C 1, den 23. April 1932.
Reichsgerichtsplatz 1
Fernspr. Sammeln. 70911

9/3

Strafgefängnis
BERLIN-TEGEL
den 25. APR. 19.2
2 Anlag

7 J 35.29.

112.

N. 3350

An

den Herrn Oberstrafanstaltsdirektor

des Strafgefängnisses

in

Berlin - Tegel.

Betreff: Strafsache gegen den Schriftsteller
Walter Kreiser und Gen.
wegen Verrats milit. Geheimnisse.

Anlagen: 2 Schriftstücke.

In der vorgenannten Strafsache habe ich den Verurteilten Karl von Ossietzky nach der abschriftlich beigefügten Ladung aufgefordert, die von ihm zu verbüßende Gefängnisstrafe von 1 Jahr 6 Monaten spätestens am 10. Mai ds. Js. im dortigen Strafgefängnis anzutreten. Unter Anschluß einer mit Vollstreckbarkeitsbescheinigung versehenen beglaubigten Abschrift der Urteilsformel ersuche ich ergebenst, die Strafvollstreckung herbeizuführen und mir den Tag des Strafantritts sowie den Strafvermerk bezw. das Ausbleiben des Karl v. Ossietzky alsbald mitzuteilen.

Der Verurteilte ist als politischer Überzeugungstäter nicht anzusehen.

von Ossietzky ist drei Mal mit Geldstrafe vorbestraft.

I.V.

Nagel.

Der Expedition z.
[illegible]
Bln. T. 25/4. 32.
ganze Strafakten vorlegen

10. 5. 32.

Ossietzky hat sich entschlossen, die Strafe anzutreten, den Entschluß begründet er in einem Artikel, der am Tag des Strafantritts die *Weltbühne* eröffnet: »Rechenschaft«.

Am 8. Mai schreibt er, offenbar nach Abschluß dieses Artikels, an Tucholsky:

»Ich wandre am Dienstag nach Tegel, nachdem ich noch eben das letzte Heft [der *Weltbühne*, für das er als Herausgeber verantwortlich zeichnete] ziemlich vollgeschrieben und darin dem R. G. [Reichsgericht] und R. W. M. [Reichswehrministerium] empfohlen habe, sich ein Kalbfell um die schnöden Glieder zu hängen. Der Entschluß, so viel zu schreiben, war ein spontaner, wie alles wichtigere bei mir. [...] Außerdem war es ein Herzensbedürfnis, mich nochmals auszuschreiben, und zudem bin ich dadurch über die letzten häßlichen Tage hinweggekommen.«

Einen eigenen Abschnitt seiner »Rechenschaft« widmet Ossietzky dem Verhalten seines Mitangeklagten Walter Kreiser. Nicht, daß dieser sich der Haft durch Flucht nach Frankreich entzogen hat, kritisiert Ossietzky, aber dessen publizistisches Wirken in *Echo de Paris*, dem Organ französisch-nationalistischer Kräfte. Und ausgerechnet in Fritz Küsters *Das Andere Deutschland*, einer pazifistischen Zeitschrift, erscheinen Auszüge der französischen Publikationen: die Verbindung des äußeren Feindes mit dem inneren – ein Triumph für die deutsch-nationale und nationalistische Presse.

Kopf der Woche
GOLTZ
Carl v. Ossietzky,
der lieber sitzen als davonlaufen wollte

Aus dem Montag Morgen *vom 2. Mai 1932*

Die zwei Verurteilten:
Kreiser   von Ossietzky

Aus dem 8 Uhr-Abendblatt *vom 23. November 1931*

Rechenschaft von Carl v. Ossietzky

Ich muß sitzen!

In diesen Tagen beziehe ich ein preußisches Gefängnis, um die achtzehn Monate abzusitzen, die mir der Vierte Strafsenat am 23. November vorigen Jahres wegen Landesverrats und Verrats militärischer Geheimnisse zudiktiert hat. Es ist also der Augenblick gekommen, wo ich meine Tätigkeit an der ‚Weltbühne' unterbrechen muß. Eine so von außen erzwungene Cäsur ist wichtig genug, um Rechenschaft abzulegen über das, was in den letzten Monaten geschehen ist und zugleich den Hintergrund zu zeichnen, von dem sich der Justizfall Weltbühne abhebt.

Der von der Verteidigung am 30. Dezember an den Reichspräsidenten gerichtete Antrag auf Begnadigung ist vor kurzem abgelehnt worden. „The quality of mercy is not strain'd", sagt Portia. Gewiß ist die Qualität der Gnade bei uns nicht geringer als in Venedig, nur mit der Quantität hapert es. „Sie tröpfelt wie der milde Tau vom Himmel", und sie tröpfelt meistens nach rechts. Dennoch würde ich es völlig verstehen, wenn Herr von Hindenburg, den ich immer eine Fehlbesetzung auf dem Präsidentenstuhl genannt habe und gegen dessen Wiederwahl ich geschrieben habe, einen Huldbeweis verweigerte. Kein Wort also gegen Herrn von Hindenburg, wenn er einen solchen Entschluß wirklich gefaßt haben sollte.

Nun sprechen aber einige Gründe dafür, daß das Gesuch meines Freundes Doktor Apfel, das später noch durch eine besondere Eingabe des Rechtsanwalts Professor Alsberg gestützt wurde, niemals von der allerhöchsten Stelle geprüft worden ist. Das Gnadenverfahren dürfte bereits im Reichsjustizministerium gescheitert sein. Herr Reichsjustizminister Joel verweigerte die verfassungsmäßige Gegenzeichnung, womit das Ganze für das Staatssekretariat beim Reichspräsidenten ein gewöhnlicher Bureauakt wurde. Ebenso wurde ein etwas später vom P.E.N.-Klub und der Deutschen Liga für Menschenrechte gemeinsam gestelltes Gesuch auf Umwandlung der Strafe in Festungshaft abgelehnt. Das ist nicht verwunderlich, aber die Antragsteller waren doch sehr erstaunt, als sie den Bescheid nicht, wie sie erwarten mußten, von dem Herrn Reichspräsidenten sondern von dem Herrn Reichsjustizminister erhielten. Nach einer weitverbreiteten Meinung ist am 10. April Herr Generalfeldmarschall von Hindenburg gewählt worden und nicht Herr Dr. jur. Joel.

Kürzlich ist in einer Zeitungsmeldung die Behauptung aufgestellt worden, die Sache hätte zunächst nicht so schlecht gestanden, bis dann Herr Groener sich erhoben und die Kabinettsfrage gestellt habe. Ich bin nicht unterrichtet, ob es wirklich so wild zugegangen ist, aber man braucht kein Spezialist für Daktyloskopie zu sein, um nicht in der Behandlung dieser Angelegenheit und der knappen militärischen Form der Abwimmelung die Bertillonmaße des Reichswehrministeriums deutlich zu erkennen.

In welcher Weise wir vor der Gnadeninstanz argumentierten, wird in der ‚Weltbühne' noch, durch dokumentarisches Material belegt, dargestellt werden, so daß sich die Leser selbst ein Urteil bilden können. Das Eine indessen sei versichert: wir haben nicht an weiche Gefühle appelliert sondern Recht gefordert, das durch ein Urteil verletzt wurde, gegen das keine Rechtsmittel geltend gemacht werden können. Das Reichsgericht ist ja erste und letzte Instanz, ein Vorzug, der mindestens dessen politischen Senat nicht zur besondern Sorgfältigkeit verleitet. Revision gibt es nicht, nur noch Wiedergutmachung durch die höchste Stelle der Deutschen Republik.

Zudem raubte uns der Zwang zur Geheimhaltung die Chance, mit journalistischen Mitteln zu arbeiten und der Öffentlichkeit unsre Sache zu unterbreiten. Hier wenigstens hat der Vierte Strafsenat äußerst solide gearbeitet und die Sorge um die Sicherheit des Reichs mit der um die eigne großzügig verschmolzen. Man hat uns zum Stummsein verurteilt. Wie ernst es damit steht, dafür nur das eine Beispiel: unsre Verteidiger waren gehalten, das schriftliche Urteil, das nur in einem Exemplar gegeben wurde, nach Kenntnisnahme wieder zu den Akten zu reichen. So blieb also nur die Anrufung der Gnadeninstanz übrig, und, wie gesagt, unsre Begründung verhallte im Vorzimmer. Zwischen uns und der Person des Herrn Reichspräsidenten stand der Herr Reichsjustizminister wie die

Wand im „Sommernachtstraum“, und kaum ein Wispern wurde jenseitig gehört. Wenn sich früher im Präsidentenpalais schwierige juristische Probleme häuften, dann pflegte der selige Ebert zu sagen: „Herr Jöl wird das schon machen!“ Herr Jöl hat das auch diesmal ganz ausgezeichnet gemacht.

Über eines möchte ich keinen Irrtum aufkommen lassen, und das betone ich für alle Freunde und Gegner und besonders für jene, die in den nächsten achtzehn Monaten mein juristisches und physisches Wohlbefinden zu betreuen haben: — ich gehe nicht aus Gründen der Loyalität ins Gefängnis, sondern weil ich als Eingesperrter am unbequemsten bin. Ich beuge mich nicht der in roten Sammet gehüllten Majestät des Reichsgerichts sondern bleibe als Insasse einer preußischen Strafanstalt eine lebendige Demonstration gegen ein höchstinstanzliches Urteil, das in der Sache politisch tendenziös erscheint und als juristische Arbeit reichlich windschief.

Diesen Protest lebendig zu erhalten, das bin ich allen denen schuldig, die für mich eingetreten sind, obgleich die Umstände es verweigerten, ihnen genaue Kenntnis von der Materie zu geben. Das bin ich auch den namenlosen proletarischen Opfern des Vierten Strafsenats schuldig, um die sich niemand außer den Parteifreunden gekümmert hat. Denn der Fall Weltbühne ist der einzige seit langem, der eklatant geworden ist und die Öffentlichkeit wirklich erregt hat. Die große Spinne von Leipzig soll einen Bissen zu viel geschluckt haben.

Damit beantworte ich zugleich eine Frage, die mich vom Abend des 23. November, wo ich auf dem Anhalter Bahnhof von einer Deputation journalistischer Ehrenjungfrauen empfangen wurde, bis heute in einigen hundert Briefen und Gesprächen bedrängt hat. Diese Frage heißt ganz simpel: „Mensch, warum türmst du nicht?“

Natürlich bestreite ich das Recht des Publizisten nicht, sich dem Zugriff der herrschenden Gewalten durch die Flucht zu entziehen. Ein Recht, das übrigens jeder unschuldig Verurteilte hat, dem der normale Weg zur Rehabilitation versperrt ist oder der den Glauben an die richterliche Objektivität verloren hat. Es handelt sich aber in jedem Einzelfalle darum, das Wirksamere zu tun. Das allein muß entscheidend bleiben.

Das Reichsgericht hat mich vorsorglich in unangenehmster Weise abgestempelt. Landesverrat und Verrat militärischer Geheimnisse — das ist eine höchst diffamierende Etikette, mit der sich nicht leicht leben läßt. Geht man damit ins Ausland, so wird die gesamte Rechtspresse aufjubeln: Zum Feinde geflohen! Und manche von den Leichtschwankenden werden die Achseln zucken: es muß doch etwas an der Sache sein! Der Oppositionelle, der über die Grenze gegangen ist, spricht bald hohl ins Land herein. Der ausschließlich politische Publizist namentlich kann auf die Dauer nicht den Zusammenhang mit dem Ganzen entbehren, gegen das er kämpft, für das er kämpft, ohne in Exaltationen und Schiefheiten zu verfallen. Wenn man den verseuchten Geist eines Landes wirkungsvoll bekämpfen will, muß man dessen allgemeines Schicksal teilen.

Ich gehöre keiner Partei an — wohin also? Keine der Internationalen nimmt mich auf, stellt mich an einen neuen Platz. Es gibt draußen viele flotte Herren, die gern den Frieden hochleben lassen, wenn sie ihr neues Militärprogramm glücklich durchgedrückt haben, und die den deutschen Militarismus so verabscheuen, als wäre er der einzige in der Welt. Sollte der geflüchtete antimilitaristische Deutsche in ihrem Schatten gegen seine Generale und Bellizisten schreiben, das hieße seiner Arbeit einen falschen Akzent geben. Denn dann dient er gewollt oder ungewollt einem fremden Interesse, er wird eines der vielen Mundstücke fremder Propaganda. Er muß zu dem schweigen, was er sieht, um sich über das zu entrüsten, was er hinter sich gelassen hat und was mit der Zeit nicht nur den Augen sondern auch der Urteilskraft entrückt. Der politische Journalismus ist keine Lebensversicherung: das Risiko erst gibt seinen besten Antrieb.

Die ‚Weltbühne' hat in langen Jahren für deutsche Angelegenheiten oft die schärfsten und schroffsten Formulierungen gefunden. Sie hat dafür von rechts den Vorwurf der Verräterei, von links den des verantwortungslos krittelnden individualistischen Ästhetentums einstecken müssen. Die ‚Weltbühne' wird auch weiterhin das sagen, was sie für nötig befindet; sie wird so unabhängig bleiben wie bisher, sie wird so höflich oder frech sein, wie der jeweilige Gegenstand es erfordert. Sie wird auch in diesem unter dem Elefantentritt des Fascismus zitternden Lande den Mut zur eignen Meinung behalten. Wer in den moralisch trübsten Stunden seines Volkes zu opponieren wagt, wird immer bezichtigt werden, das Nationalgefühl verletzt zu haben. Die ‚Weltbühne' hat immer eine ganz bestimmte und deutlich gezeichnete Haltung eingenommen, und daraus ergibt sich für sie eine besonders verpflichtende Bindung an jene, die auf sie hören und die an sie glauben. Ihre Stimme kann nur Klang behalten, wenn ihr verantwortlicher Herausgeber seine ganze Person einsetzt und dann, wenn es ungemütlich wird, nicht die bequemere Lösung wählt sondern die notwendige.

Etwas ähnliches muß wohl auch das Reichsgericht empfinden. Denn bis zum Vorabend meines Strafantritts hat niemand meine Bewegungsfreiheit beengt, erst heute hat man mir meinen Paß abgefordert. Meiner Abreise stand nichts im Wege. Schon aus diesem Grunde weiß ich, daß sie ein Fehler gewesen wäre. Es ist nicht meine Aufgabe, dem Reichsgericht das Leben angenehmer zu machen.

Kreiser

Ich bin in der Lage, die Richtigkeit meines Entschlusses an der Haltung zu kontrollieren, die mein Mitverurteilter Walter Kreiser seitdem eingenommen hat. Dem dringenden Rat aller Unterrichteten entgegen habe ich über dieses Kapitel bisher geschwiegen. Heute muß endlich gesagt werden, was vorgegangen ist.

Kreiser hat sich schon eine Woche nach der Urteilsverkündung nach Paris begeben und dort später unter Verwendung des in seiner Hand befindlichen, übrigens sehr lückenhaften Prozeßmaterials im ‚Echo de Paris' eine Campagne gegen die deutsche Militärpolitik eröffnet. Niemand von uns hat etwas von Kreisers Flucht gewußt, wir sind davon aufs unangenehmste überrascht worden. In einem Brief aus Paris hat Kreiser sowohl mir als auch Doktor Apfel das Versprechen gegeben, keine Publikation ohne meine Zustimmung zu unternehmen. An dieses Versprechen hat er sich nicht gehalten. Er salviert sich nur, indem er in seinem ersten pariser Artikel vom 9. April erklärt, die Veröffentlichung geschähe ohne mein Vorwissen:

> Enfin, je dois ajouter que j'ai sollicité la publication de cet exposé sans le concours et à l'insu de M. von Ossietzky et de ses avocats, qui, pour des motifs juridiques, auraient pu ne pas l'approuver.

Nein, es sind nicht nur juristische Motive; hier irrt Kreiser. Sein Vorgehen ist nicht nur politisch schädlich sondern auch in jedem unpolitischen Sinn einfach wahnwitzig. Er hat den roten Talaren von Leipzig den unerhörten Gefallen getan, ihr Urteil nachträglich zu rechtfertigen.

Ich verstehe durchaus, daß dieses Urteil bei den Betroffenen Ressentiments hervorrufen konnte, aber hier mußte eine natürliche Lebensklugheit regulieren und desperate Akte verhindern. Kreiser hat uns die Möglichkeit genommen, nach einem bestimmten Plan zu arbeiten. Er hat es nicht für nötig befunden, sich mit unsern Anwälten über die künftige Taktik auszusprechen. Er hat sich still entfernt und unter dem Patronat des Herrn Pironneau, eines erzchauvinistischen französischen Militärschriftstellers, seinen eignen Krieg eröffnet.

Damit hatte Kreiser uns alle lahmgelegt. Ein paar Tage nach dem Prozeß konnten wir uns noch nicht über die künftige Strategie klar sein. Wir mußten Pressestimmen, Auslandswirkung abwarten. Nur über eines bestand bei uns nicht der mindeste Zweifel: wir wollten diese Sache nicht auf uns sitzen lassen, wir wollten unsre juristische Rehabilitation betreiben. Unser fernes, zunächst nur vage durch Zukunftsnebel schimmerndes Ziel hieß: Wiederaufnahme! Das war in dem Augenblick in Frage gestellt, wo einer der beiden Verurteilten abhanden gekommen war.

Der Fall hieß zunächst Kreiser-Ossietzky. Heute heißt er überhaupt nicht mehr. Es gab eine gemeinsame Sache, das Recht auf Kritik an der Verwendung öffentlicher Mittel zu verteidigen, auch wenn dadurch unberechtigte Sonderinteressen des militärischen Ressorts verletzt werden sollten. Kreisers Artikel „Windiges aus der deutschen Luftfahrt" hatte für alle vernünftigen Menschen nur einen Sinn: er mahnte zur Budgetgerechtigkeit, zur sparsamen Verwendung von Steuergeldern.

Dem Reichsgericht war es vorbehalten geblieben, durch seine Auslegung das normalste staatsbürgerliche Recht zum Verbrechen umzubiegen. Hier war der Hebel anzusetzen.

Eine gemeinsame Sache Kreiser-Ossietzky gibt es nicht mehr. Nach Kreisers privater Kriegserklärung an den deutschen Militarismus mußte ich den Mund halten, denn was eben noch anständige grade Linie hatte, warf plötzlich einen fatalen krummen Schatten. Die ‚Weltbühne' war durch Kreisers Artikel zwar gefährlich aber höchst ehrenvoll engagiert. Diese Position galt es zu festigen, statt dessen hat Kreiser sie zerstört. Von nun an hatte ich nicht mehr eine Sache sondern nur noch meine persönliche Integrität zu verteidigen. Von nun an lebte ich buchstäblich von dem Vertrauen der Leute, keiner Schweinerei fähig zu sein. Dieser Kredit ist mir — im ganzen genommen — gewährt worden. Aber eine politische Kampfbasis ist das grade nicht. Während Kreiser in Paris auf Teufel komm raus publiziert, sitze ich hier in Deutschland gleichsam als Geisel für sein weiteres Verhalten. Ich gestehe Kreiser gern zu, daß er mit seinen Aufsätzen im ‚Echo de Paris' nur der Wahrheit zu dienen glaubt und sich als Instrument einer höhern sittlichen Ordnung betrachtet. Mit der Fühllosigkeit des echten Moralisten, dem es nur darauf ankommt, der Gerechtigkeit zu dienen, hat er jedoch nicht einen Augenblick darauf Rücksicht genommen, daß dadurch andre zu Schaden, mindestens in höchst dubiose Beleuchtung kommen könnten. Ich mache ihm keinen Vorwurf daraus, wahrscheinlich ist ihm die bloße Vorstellung davon gänzlich fern geblieben.

Das ‚Echo de Paris' ist ein hochkapitalistisches, der Rüstungsindustrie nahestehendes Organ. Sein leitender Mann, Herr Henri de Kerillis, war in dem eben beendeten Wahlkampfe der Manager der französischen Rechten. In seiner gesamten innen- und außenpolitischen Haltung entspricht es aufs Haar der ‚Berliner Börsenzeitung', die denn auch mit fahrplanmäßiger Pünktlichkeit über Kreisers Aufsätze hergefallen ist. Zwar wagt sie nicht offen, mich der Mitschuld zu verdächtigen, aber sie konstatiert doch die „gleiche Gesinnung" und dehnt das gleich auf den gesamten deutschen Pazifismus aus, um mit einem kraftvollen Appell an Groener zu schließen, jetzt die ganze Gesellschaft endlich hopp zu nehmen. Sollte dies berliner Echo nicht Kreiser über das belehren, was er angerichtet hat?

Erschütternd wirkt die Art, wie er sich mit dem Charakter des Organs auseinandersetzt, das ihm als Tribüne dient:

> Mais si dans la presse française j'ai choisi l'Echo de Paris, c'est que ce journal m'est apparu comme un des plus francs, et qu'il a toujours voulu que l'on définisse exactement les buts de la politique internationale, avant de fixer les bases d'une entente. La position de l'Echo de Paris en matière de politique m'est indifférente.

Trotzdem läßt dieses „freimütige" Organ seinen neuen Mitarbeiter nicht ohne eine höchst blamable Quarantäne passieren. Kreisers erster Aufsatz erscheint mit einer redaktionellen

Präambel aus der Feder des Herrn Pironneau. Zunächst einmal entschuldigt die Redaktion sich, daß einem Deutschen das Wort gewährt werde.

M. Walter Kreiser nous a demandé de faire paraître l'article qu'on trouvera ci-dessous.

Bien que, jusqu'à présent, nous ayons, pour des raisons sur lesquelles il est inutile d'insister, refusé l'hospitalité de nos colonnes à diverses personnalités allemandes — journalistes ou hommes politiques — qui l'avaient sollicitée, nous avons cru devoir, à titre exceptionnel, satisfaire au désir de M. Kreiser.

Und dann darf der also bevorzugte Gast am Katzentisch Platz nehmen und das Wort an die Leser des ‚Echo de Paris' richten, die hoffentlich ihr Blatt nicht abbestellen werden, weil ein Deutscher darin geschrieben hat.

Kreiser wollte den deutschen Militarismus entlarven. Gut. Aber was er verkennt, das ist, daß es heute nichts mehr zu entlarven gibt. Die Welt hat sich still damit abgefunden, Deutschland als einen Sonderfall zu betrachten und über gelegentlich wieder aufs Tapet gebrachte militärpolitische Eskapaden ruhig zur Tagesordnung überzugehen. Es ist nicht mehr so wie in den Tagen Poincarés, wo jedes bei Stargard oder Bentschen aus einem Dunghaufen gebuddelte Maschinengewehr die Gemütssicherheit der ehemaligen Mitglieder der heute aufgelösten Firma Feindbund & Co. erschütterte. Ob das offizielle Deutschland sich in militärischer Hinsicht an den Friedensvertrag hält oder nicht, interessiert im Grunde niemanden mehr. Die größere Anteilnahme der Welt gehört heute dem inoffiziellen Deutschland, dem Fascismus, der schon morgen die einzige Macht im Reich sein kann. Aber republikanisches oder fascistisches Deutschland, im Hintergrunde wartet etwas, das größer und beunruhigender ist als beide, das die Nerven der kapitalistischen Staaten in viele ärgere Schwankungen versetzt, und das ist Sowjet-Rußland. Daneben rückt Deutschland, werde es von Brüning oder Hitler beherrscht, auf den dritten Platz. Kreiser beachtet nicht, daß die deutschen Militärfragen viel von ihrer einstigen Sensation verloren haben. Ich möchte ihm diesen Irrtum nicht ankreiden, er teilt ihn mit seinem württembergischen Landsmann Groener.

Aber was ihm jeder deutsche Friedensfreund ankreiden muß, das ist die Wahl seiner Tribüne. Das ‚Echo de Paris' ist keine Lehrkanzel für Ideen über die Schädlichkeit des deutschen Militarismus. Kreiser glaubte gewiß von einem wichtigen internationalen Platz zur ganzen Welt zu sprechen, von einem durch seine Person gleichsam neutralisierten Forum. In Wahrheit hat er nur von Le Creusot aus gesprochen und damit entwertet, was an seinen Absichten noch diskutabel war. Er hat geglaubt, der Befreiung Deutschlands vom Geiste des Militarismus zu dienen, und in Wirklichkeit ist seine Hand geführt worden von journalistischen Werkzeugen französischer Kanonenfabrikanten, deren unsichtbarer und unfreiwilliger Auftraggeber doch der deutsche Nationalismus ist. Es ist kein Zufall, daß unter den deutschen Blättern die ‚Berliner Börsen-zeitung' am leidenschaftlichsten reagiert hat. Das entspricht den Bewegungsgesetzen der Blutigen Internationale. Was aber mag die französische Linke über einen deutschen Gesinnungsfreund denken, der sich mitten im Wahlkampf dem Blatt zur Verfügung stellt, das am wüstesten für die innenpolitische Reaktion und gegen die Verständigung mit Deutschland kämpfte, die doch das Programm aller linken Gruppen ist?

Die ‚Frankfurter Zeitung' hat kürzlich die Bemerkung gemacht, ich müßte nun dafür büßen, weil ich mich in dem Charakter Kreisers getäuscht hätte. Ich halte es nicht für die Aufgabe des Redakteurs, Charakterologie zu treiben, und übrigens hat mir Kreiser niemals Anlaß zum Mißtrauen gegeben. Er gehörte, wenn er auch in der ‚Weltbühne' selten genug aufgetreten ist, zu dem alten Mitarbeiterstamm aus der Zeit von S. J. Der Redakteur muß von dem Schriftsteller stichfestes Material für die in seinen Aufsätzen aufgestellten Behauptungen fordern. Weitere Ansprüche hat er nicht zu stellen. Der Redakteur ist ein vielbeschäftigter Mensch, der sich nicht noch nebenbei mit Tiefenpsychologie befassen kann. Und die Voraussetzung der substanziellen Echtheit hat Kreisers Arbeit aufs glanzvollste erfüllt. Weil der Artikel stimmte, deshalb sind wir ja so hart verurteilt worden. Hätte er sich als unwahr herausgestellt — das ist eben die Absurdität der reichsgerichtlichen Judikatur in Landesverratsprozessen — so wären wir viel billiger davongekommen. Gesetzt aber, die Behauptungen des inkriminierten Artikels hätten nicht gestimmt und der Hohe Senat hätte uns nur wegen Verbreitung falscher Nachrichten einen kleinen Rippenstoß versetzt — wäre Kreiser dann ein besserer Charakter gewesen?

Nein, ich lehne die als mildernden Umstand gedachte Konstruktion ab, ich wäre einem schlechten Menschen aufgesessen. Ich wiederhole auch heute noch, was ich unmittelbar nach dem Prozeß schrieb, daß Kreiser sich während der Verhandlungen ausgezeichnet gehalten hat. Das werden auch unsre Anwälte gern bestätigen. Ich denke nicht, ihn in dem, was zu dem Prozeß geführt und sich während seiner Dauer abgespielt hat, preiszugeben. Was nachher geschehen ist — damit beginnt eine neue Geschichte, wie der Dichter sagt.

Kreiser hat mich später gewiß aufs schlimmste enttäuscht. Er hat seine Sache von der gemeinsamen getrennt und sich zu Handlungen hinreißen lassen, die nur noch als verrückt zu bezeichnen sind. Aber es gibt für all das nur einen Schuldigen: das ist der Urteilstenor vom 24. November. Es gibt in dieser ganzen Affäre keinen Landesverrat, keine enthüllten militärischen Geheimnisse. Es gibt nur diesen Urteilstenor.

Überzeugung — oder was sonst?

Der Rentenempfänger Otto Liesch
hat Deutschland an Polen verraten.
Man hat ihm zwei Jährchen aufgebrummt
für seine abscheulichen Taten!

— — — — — — — — — — —

Ich hab es gehört! Und ganz genau!
Er hat dem Polen verraten:
Die Zukunft von Deutschland sei nebelgrau
und es gebe ne Masse Soldaten! Pscht!

Walter Mehring

Als ich kurz nach meiner Verurteilung in der ,Weltbühne' und an andrer Stelle das Wort nahm, konnte ich guten Glaubens schreiben, das Gericht hätte den Verurteilten die sogenannte Überzeugungstäterschaft zugebilligt. Wenigstens war in der mündlichen Urteilsverkündung dieser Punkt überhaupt nicht berücksichtigt. Aus dem einen Monat später zugestellten schriftlichen Urteil ergab sich indessen die Aberkennung der Überzeugungstäterschaft.

Nur eine kleine Minderheit unter den Menschen wird sich durch eine gerichtliche Verurteilung nicht ungerecht behandelt fühlen. Der Schuldigste noch wird für sich so etwas wie ein anständiges Motiv herausfinden und sich rabulistisch daran klammern. Das ist eine Sache der menschlichen Selbstbehauptung, vitale Abwehr gegen die drosselnde Verzweiflung. Es begibt sich jeden Tag, daß Verurteilte in ohnmächtiger Wut gegen ihre Richter die Faust ballen. „Haschierte Hintern!" brüllt der Kellner bei Ferdinand Bruckner einem Hohen Senat ins Gesicht, und ein Hoher Senat hört kaum hin, denn er kennt aus langjähriger Erfahrung derlei Reaktion. Aber als ich zum erstenmal jenes voluminöse Schriftstück las, in dem mir für eine politische Handlung die Überzeugung abgestritten wurde, da ersuchte ich zunächst meinen Anwalt, gegen die endesunterfertigten Herren eine Beleidigungsklage anzustrengen.

Ich fürchte den Vorwurf nicht, aus der Sache zu viel Wesens zu machen. „Was erwarten Sie andres von einem Klassengericht?" fragt der Marxist. Nein, ich erwarte gar nichts. Der Vierte Strafsenat hat immer wieder bewiesen, daß er nicht daran denkt, Linksoppositionelle objektiv zu würdigen, und darin unterscheidet er sich nicht von den politischen Gerichten in aller Welt. Politische Justiz hat überall den Zweck, mißliebige Köpfe entweder rollen zu lassen oder bestimmte Zeit auszuschalten. Das schließt nicht ein Zeichen der Achtung für den Mann auf der Anklagebank aus.

Nun haben einige der Nachkriegsdiktaturen herausgefunden, daß es doch bedenklich sei, jemanden gleichsam mit Ehrenbezeugungen auf den Sandhaufen zu führen. Deshalb koppelt man den politischen Angeklagten mit gewöhnlichen Kriminalverbrechern zusammen. Oder gefällige Hände stellen eine zweifelhafte Situation, und die Polizei setzt den Schlußpunkt. Politisches Martyrium wirkt ansteckend; Diebstahl, Betrug oder gar Sexualvergehen diskreditieren Mann und Programm. Indem das Reichsgericht in unbestreitbaren politischen Fällen die Überzeugung abspricht, wie das neuerdings Übung zu werden scheint, unternimmt es einen ersten verheißungsvollen

Schritt nach dieser Richtung. Wann wird man Mißliebige mit Bigamisten oder Defraudanten zusammenketten?

Das Reichsgericht hat mir die Überzeugung abgesprochen. Wenn ich aber nicht aus Überzeugung handelte — aus welchem Grunde sonst? Geld —? Das hat das Urteil nicht ausgesprochen. Es hat sich auf die allgemeine Diffamierung beschränkt, ohne sich über die Gründe näher zu äußern. Gäbe es eine Revisionsinstanz, so könnte auf Klarstellung gedrungen werden. Sagte mir ein politischer Gegner das, so würde ich Deutlichkeit verlangen, und wenn er sich drückte, ihn verklagen.

In keiner Phase des Prozesses ist von einem derartigen Motiv die Rede gewesen. Ebensowenig in der Urteilsverkündung vom 23. November. Erst vier Wochen später in dem definitiven Urteil ist eine dunkle ehrabschneiderische Andeutung enthalten, ohne daß das Gericht sich bemühte, auch nur ein einziges argumentierendes Wort dafür anzuführen. Juristen mögen beantworten, ob es statthaft ist oder auch nur Brauch, in das schriftliche Urteil eine Bewertung der Angeklagten und ihrer Handlungen hineinzubringen, die bis zum Verhandlungsschluß überhaupt keine Rolle spielte oder in der mündlichen Verkündung noch nicht existierte. Hat das Gericht post festum eine Erleuchtung, was schließlich denkbar ist — darf es die als neues und umwertendes Moment in seinem Urteil verwenden, ohne einen völlig neuen Fall zu schaffen? Ich wage als juristischer Laie keine Meinung darüber zu haben. Aber als Kenner der Presse muß ich sagen, daß das höchste Gericht, Obergericht auch für Pressedelikte, indem es eine düstere infamierende Kennzeichnung auf den Weg gibt, ohne die Beschwerlichkeiten einer Motivierung auch nur zu versuchen, sich damit einer Methode bedient, die, aufs Journalistische übertragen, einer höchst bedenklichen Übung den Weg weisen würde.

Immer wieder bin ich durch den Zwang gehandicapt, über die Prozeßmaterie selbst zu schweigen. Ich kann also nur auf Äußerlichkeiten Bezug nehmen, die allerdings sehr geeignet sind, ein Bild zu geben, wie es zu dieser Justifikation kam.

Jeder Kenner der Justiz weiß, daß Gerichte, die nicht völlig im Mittelalter stecken geblieben sind, heute die besondere Art eines Angeklagten, sein Milieu, seine Tätigkeit, die Quellen seiner Willens- und Meinungsbildung mehr als früher berücksichtigen. Obgleich Herr Reichsgerichtsrat Baumgarten, der Vorsitzende des Vierten Strafsenats, die Verhandlungen in ungewöhnlich urbanen Formen führte, hatte er doch eine in langer Übung ausgebildete Methode, über das hinwegzuhören, was die Angeklagten sagten und was sie über sich selbst auszusagen genötigt waren. Herr Baumgarten ging daran mit einer für die Angeklagten höchst unerfreulichen Technik vorbei. Dieser sehr höfliche Herr erweckte von der ersten Minute an den Eindruck, nicht nur seine Linie sondern auch schon seine abgeschlossene Meinung zu haben.

Wenn ich über mich selbst erzählen soll, so kann ich anführen, daß ich seit zwölf Jahren in der Redaktion großer Blätter gearbeitet und als Tagesschriftsteller eine vielfältige Tätigkeit ausgeübt habe, daß ich in jeder Phase bemüht gewesen bin, mir eigne Augen und eigne Haltung zu wahren. Darüber setzten sich Herr Baumgarten und sein Richterkollegium mit einer staunenswerten Virtuosität hinweg. So habe ich diese Gesichter in Erinnerung: wenn die Angeklagten sprechen, werden sie kühl, abwehrend, ungläubig und verharren endlich in einer Mischung von Skepsis und Gelangweiltheit, ein Ausdruck, der sich erst löst, wenn der militärische Sachverständige das Wort nimmt. Dann kommt eine neue freundliche Spannung in die Mienen.

Was wir, die Angeklagten, ausführten, war dem Richtertisch völlig belanglos. Es ist charakteristisch, daß nicht eine Frage fiel nach dem Wesen der ‚Weltbühne', nach ihrer besondern Art und ihren Lebensbedingungen. Es wurde alles unversucht gelassen, was das Gericht irgendwie hätte zur Objektivität verführen können. So wurde aber auch der Eindruck vermieden, es handle sich um eine Generalabrechnung mit einem mißliebigen Blatte. Das ist die taktische Leistung dieses Prozesses. Sie ist größer als die juristische.

Nur ein Moment fesselte aufs lebhafteste: daß ich unmittelbar nach dem Kriege etwa ein Jahr lang Sekretär einer pazifistischen Gesellschaft gewesen bin. Daraus wurde eine dauernde „antimilitaristische Einstellung" gefolgert. Ich hätte zur Vervollständigung meiner Biographie hinzufügen können, daß der organisierte Pazifismus in meiner innern und äußern Existenz nicht mehr als eine knappe Episode bedeutete. Daß ich mit den meisten von seinen Führern seitdem verzankt bin, daß ich ihre Politik für verkehrt und selbstzerstörerisch halte. Ich verzichtete darauf, denn es wäre mir ekelhaft erschienen, mir eine Folie zu geben auf Kosten von Menschen, die der gleichen Verfolgung preisgegeben sind wie ich. Ich hätte hinzufügen können, daß ich seit meiner Trennung von den organisierten Pazifisten mich ganz dem großen Umschmelzungsprozeß der Zeit anvertraut und mir eine besonders profilierte Stellung errungen habe. Daß mein Verstand sich noch immer zu der heute so verschmähten Demokratie bekennt, während mein Herz unwiderstehlich dem Zuge der proletarischen Massen folgt, nicht dem in Doktrinen eingekapselten Endziel sondern dem lebendigen Fleisch und Blut der Arbeiterbewegung, ihren Menschen, ihren nach Gerechtigkeit brennenden Seelen. Das hätte ich sagen können — aber wozu? Ein Blick auf diese Gesichter bannte die Zunge.

Abgestempelt war ich ja doch. Was hätte es für Sinn gehabt, einer einseitigen und lächerlich simplifizierenden Charakterisierung entgegenzuhalten, daß ich in den ersten im Zeichen der monarchistischen Konterrevolution stehenden Nachkriegsjahren mich an den Versuchen beteiligt habe, eine republikanische Bewegung auf die Beine zu stellen? Daß ich seit 1920 in der Redaktion der ‚Berliner Volkszeitung' an der Schaffung der ersten republikanischen Abwehrorganisationen mitgewirkt habe, die dann später von der Entwicklung verschlungen wurden oder im Reichsbanner aufgegangen sind. Tempi passati. Warum in der Erinnerung wühlen? Und es wäre ja doch verschwendet gewesen. Ich ließ es bleiben. Und die innere Kontrolle warnte mich auch, davon Gebrauch zu machen. Ich hatte das dumpfe Bewußtsein, vor diesem Gremium höchster republikanischer Richter würde mir das nicht mehr nützen als vor dem Sanhedrin des Dritten Reiches mit Goebbels als Oberpriester. Ich hätte auch schärfer herausarbeiten können, daß zu der Zeit, als der inkriminierte Artikel erschien, im März 1929, das Auswärtige Amt unter Stresemanns Leitung noch nicht naziverseucht war, daß sein damaliger Kurs sich noch von Generalsumtrieben und Eigenmächtigkeiten des militärischen Ressorts gestört fühlte, daß an diese Stelle vornehmlich das in Kreisers Schlußsätzen enthaltene und für das Publikum unverständliche Warnungssignal gerichtet war. Wozu —? Die skeptisch machende Erfahrung sagte, daß unter den Herren Reichsrichtern gewiß der Eine oder Andre auch den Locarnopakt für ein landesverräterisches Unternehmen hält, daß Stresemann, wenn er noch lebte, heute vielleicht selbst als Angeklagter vor dem Staatsgerichtshof stünde. Ist der Kelloggpakt nicht Wehrverrat? Haben nicht richterliche Beamte in Zeitungen und öffentlichen Reden die deutschen Unterzeichner des Youngplans für zuchthauswürdig erklärt?

Für das Reichsgericht genügt schon die Kenntnis „antimilitaristischer Einstellung". Das ist Landesverrat. Ein solches Subjekt muß auch bestechlich sein. Und wenn zufällig nicht — nun, Friedensfreund sein, ist an sich schon Kriminalverbrechen, nicht Überzeugung. So wie Kommunist sein gleichbedeutend ist mit Hochverräter, Verschwörer, Bombenwerfer. Das sind die beiden Schemen des Reichsgerichts.

Als ich im August 1929 von dem Untersuchungsrichter Braune vernommen wurde, fragte er mich zu meinen Personalien, ob ich gedient hätte und im Kriege gewesen wäre. Ich lehnte die Frage ab. Es ginge das Reichsgericht der Republik ohne Wehrpflicht nichts an, in welchem Militärverhältnis einer in der Kaiserzeit gestanden hätte. Herr Braune sah mich zuerst fassungslos an, dann antwortete er mit der Stimme eines verbissenen Schulmeisters: „Sie wollen das nicht sagen? Das Reichsgericht wirds schon herausbekommen!" Das ist nur eine kleine Episode, die aber den ganzen Kern der Affäre bloßlegt. Wie der Beschuldigte zum Militär steht, das ist das Einzige, was das Reichsgericht wirklich interessiert.

Im Grunde sind diese Herren Reichsrichter unsicher gewordene Menschen, die ihr Schicksal in eine Zeit gestellt hat, wo alles aus den Fugen geht. Besitz, Familie, Namen, alles ist fragwürdig geworden. Was diese Herren Reichsrichter leisten, wenn sie unpolitische Rechtsfälle vor sich haben, kann ich nicht beurteilen. Aber in politischen Fällen sind sie bei aller richterlichen Tenue, die sie der roten Samtrobe schuldig sind, treue Abonnenten der ‚Leipziger Neuesten Nachrichten', Träger eines verkniffenen Provinzpatriotismus, der mit dieser Welt, wo Konzerne verkrachen und die Jugend nackt baden geht, nicht mehr fertig wird. Der Globus tanzt nach einem Jazzorchester, alte Familiengrundstücke sinken auf Pfennigwert. Ein Landgerichtsrat erschießt seine ganze Familie. Die Frau will ein neues Abendkleid und quält den Gatten mit bürgerlichen Vorkriegsansprüchen. Die Tochter hat ein Verhältnis mit einem Monteur. Eine Autorität muß es doch geben! Diese Autorität ist wirklich da. In dem Weltbild der Richter gibt es doch einen starken, ruhenden Punkt. Auf diesem Filmband, wo alles durcheinander geht, ist ein großer gespornter Offiziersstiefel überkopiert. Das ist die letzte Autorität, an die sie glauben. Das ist die Überzeugung, die ich ihnen nicht abzusprechen vermag.

Generalswirtschaft

Keine der großen bewegenden Fragen der Zeit stand in unserm Prozeß zur Debatte, nichts von den ungeheuren Gegensätzen zwischen kapitalistischem und sozialistischem Denken, die heute die ganze Welt in zwei Lager teilen. Dieser Prozeß fuhr auf einem besondern deutschen Nebengleis, und deshalb wurde er auch im Auslande so wenig verstanden. Unsre Sünde ist, daß wir einen deutschen Lieblingsgedanken nicht teilen: wir glauben nicht an den Primat des Militärischen in der Politik. Das warf den breiten Graben auf zwischen uns und unsern Richtern.

Überall wird heute mehr gerüstet als vor 1914. Überall tönen mehr Clairons, klirren mehr Tschinellen als vor dem Weltkriege. Die Technik hat die Stahlfabriken in die zweite Reihe, die Chemie in die erste geschoben und die gesamte Industrie in ein einziges Arsenal verwandelt. Aber nirgendwo glaubt man so inbrünstig wie in Deutschland an den Krieg als vornehmstes politisches Mittel, nirgendwo ist man eher geneigt, über seine Schrecken hinwegzusehen und seine Folgen zu mißachten, nirgendwo feiert man kritikloser das Soldatentum als die gelungene Höchstzüchtung menschlicher Tugenden, und nirgendwo setzt man Friedensliebe so gedankenlos persönlicher Feigheit gleich. Auch Frankreich, das sich mit einem Betonwall gürtet und oft genug bereit ist, europäische Vernunft einem zweifelhaften Sicherheitsbegriff zu opfern, kennt nicht diese populäre Vergötzung der Soldatenjacke, wie sie bei uns gang und gäbe ist. Selbst im fascistischen Italien ist die Trägerin eines Programm-Nationalismus nicht die Armee sondern die fascistische Miliz, und Mussolini und sein Grandi verstehen sich als Außenpolitiker heute besser auf die europäische Flöte als auf die Tuba des römischen Imperialismus.

So hat sich Deutschland durch seine Überbewertung des Militärischen geistig zunehmend isoliert. Es entbehrt nicht einer gewissen Ironie, daß der deutsche Kult des Soldatentums in eine Epoche fällt, in der Soldatentum im herkömmlichen Sinne immer mehr zum Anachronismus wird. Jedesmal, wenn die Romantik sich einer Sache bemächtigt und Gloriolen um sie webt, dann ist deren Zeit schon vorüber, und die Sehnsucht nur macht aus der Erinnerung einen wünschenswerten Zukunftstraum. Deutschland, unter den großen Staaten der einzige mit so engen Rüstungsschranken, träumt die wilde romantische Cimbernschlacht, wo Mann gegen Mann steht und das Herz entscheidet und nicht die technische Überlegenheit. So träumt Deutschland mitten in einer Entwicklung, wo die Dreadnoughts altes Eisen, gut genug zur Verschrottung, werden, und die Fachmänner den raffiniertesten französischen Fortifikationen nicht viel mehr Verteidigungswert zumessen als den Palisaden nackter Wilder.

Die Republik hat es nicht verstanden, den spontanen Antimilitarismus, den unsre Heere aus dem Kriege mitbrachten, im eignen Interesse zu fundieren. Sie hat ihn, im Gegenteil, unterdrückt, wie sie nur konnte, und den chauvinistischen Gegenströmungen eine Konzession nach der andern gemacht, ohne daß es ihr gelungen wäre, sie mit ihrer Existenz zu versöhnen. Aus alledem aber wuchs als gefährlichste Frucht: die Suprematie der Militärs in der Politik. Alle Schwierigkeiten selbst dieser krisenhaften Zeitläufte wären nicht so arg, wenn nicht fortwährend die Herren Generale dazwischen regierten.

Aus welchem Grunde grade in Deutschland die Militärs ihre Machtansprüche erheben, ist schwer erfindlich. Man kann den Herren eine Unmenge Fähigkeiten und Verdienste zusprechen, die innerhalb ihres gelernten Berufes liegen, aber eines ist ihnen immerhin nicht gelungen: sie haben nämlich den Krieg nicht gewonnen! Es mutet etwas absurd an, daß ein Stand, der die Angelegenheiten der Nation mit so eklatantem Mißerfolge verwaltet hat, der die Millionenheere dezimiert und geschlagen ans Vaterland zurückgeliefert hat, seine Prätentionen auf bürgerliche Gebiete richtet, von denen er nicht das mindeste versteht. Was würde Herr von Schleicher wohl sagen, wenn ein ehrgeiziger Zivilist sein Bemühen darauf richtete, das Kommando über eine Division zu erlangen oder sich gar das erste Wort im Reichswehrministerium zu sichern?

Niemals ist in der Deutschen Republik die Generalswirtschaft resolut bekämpft worden. Kein ernsthaftes Bürgerbewußtsein zog jemals die Grenzlinien der Befugnisse. Der Kampf, der in der dritten französischen Republik mit den Diktaturplänen Mac Mahons begann und mit der zähneknirschenden Unterwerfung des Marschalls Foch unter den gewaltigen Jakobinerwillen des greisen Clémenceau endete, ist in Deutschland noch gar nicht geträumt worden. Zwar war alle paar Jahre ein unglückliches Intermezzo fällig, aber es schloß immer nur mit einem Personen- nicht mit einem Systemwechsel. Weder der Kapp-Putsch noch das Debakel der Schwarzen Reichswehr, noch die Verabschiedung Seeckts führte zu einer Revision, die die Autorität des bürgerlichen Staates im militärischen Ressort gesichert hätte. Statt dessen folgten militärische Extratouren ins bürgerlich-geschäftliche Gebiet wie die Lohmannspekulationen mit ihren phantastischen Millionenverlusten, es folgte das auch heute noch nicht wirklich aufgehellte Kapitel Canaris, dessen Schatten die ‚Weltbühne' in frühern Jahren wiederholt aufzufangen versucht hat. Und heute sind wir glücklich so weit, daß der General, der vom Reichswehrministerium aus über die gesamte Exekutive verfügt, sich seiner Haut wehren muß gegen Untergebene, die schon drängen, ihm die Vollmachten aus der Hand zu reißen, die ihm eine bürgerliche Regierung anvertraut hat, um sie fürderhin nicht mehr auf schwächliche konstitutionelle Rechtstitel sondern auf ein Bündnis mit dem offenen Fascismus gestützt, auszuüben.

Im Laufe dieser letzten Jahre haben die bürgerlichen Gewalten in zunehmendem Maße mit den Militärs teilen müssen, und sie sind dabei zusehends geschrumpft. Das ist auch in andern Ländern schon vorgekommen, aber einzigartig ist die Lethargie, mit der die deutschen Linksparteien das hinnehmen. Wenn sich morgen eine Offiziersjunta alleindiktierend aufmachte, so würden gewiß viele brave Liberale und Sozialisten den Nachweis beginnen, aus welchem Grunde dies das kleinere Übel ist. Die gelernten Marxisten zucken die Achseln: Das ist halt der Klassenstaat! Und die parteiamtlich vereidigten Stalinisten fügen noch hinzu, daß auch das revolutionäre Proletariat die Idee der Nation und der Wehrhaftigkeit nicht negiere, daß zum Beispiel in China . . . Guten Abend. Der Mann aus der Staatspartei hebt die Hände: Sehr bedauerlich! Aber was soll man denn machen —? Als vor ein paar Monaten Herr General von Schleicher die inzwischen umgekippte Frühstückstafel mit Adolf Hitler eröffnete, pries mir einer unsrer klarsten und klügsten bürgerlichen Demokraten in einem Gespräch die Weisheit Schleichers, der alles nur zum Besten der Republik tue. Im Grunde genommen also überall das Gleiche: Kapitulation vor den Militärs, die sich unter diesen Umständen natürlich wie höhere Wesen vorkommen müssen. Die Einen resignieren wortlos, die Andern ziehen mit klingendem Spiel ab. Aber sie ziehen ab.

Einmal wird der Kampf gegen die Superiorität der Militärs in der Republik wieder einsetzen. Wann —? Heute ist dazu noch nicht einmal der Boden vorbereitet. Aber im Gegensatz zu den Kommunisten glaube ich nicht, daß da erst die proletarische Revolution Remedur schaffen kann, daß erst der Sozialismus die richtige Einordnung der Armee vollführen wird. Wir haben nicht so lange Zeit zu warten. Allmachtsgefühle politisierender Offiziere zu dämpfen, das ist die aktuelle Aufgabe des Staates, wie er ist, und nicht die des Staates, wie er sein soll und hoffentlich einmal sein wird.

Es dreht sich heute nicht mehr um die verjährte Frage, ob die Reichswehr „zuverlässig ist". Das ist sie insofern, als sie ihren Führern, wie es auch kommen möge, unbedingt gehorchen wird. Es handelt sich um diese Führer selbst, um ihre Ansprüche auf Einfluß jenseits ihres durch die Verfassung abgesteckten Bereiches.

In den letzten Monaten hat die ‚Weltbühne' nicht aufgehört, vor den katastrophalen Möglichkeiten militärischer Präponderanz zu warnen, die sich aus der Ernennung Groeners zum Reichsinnenminister ergeben konnten. Wir haben Woche für Woche auf die erhöhten Spannungen verwiesen, die eine natürliche Folge dieser Personalunion waren. Und jetzt ist der Eklat da. Heute wissen wir, daß die kraftvolle Soldatengeste, die das bürgerliche Recht auf Kritik wie die Insubordination eines Rekruten mit Arrest bei Wasser und Brot bedrohte, nur ein ausgedehntes Intrigenspiel verdeckte, das wohl komisch zu nennen wäre, wenn es nicht Hitler nahe an das Ziel seiner machtgierigen Wünsche gebracht hätte.

Jetzt sind sie mit einmal alle verzankt, unsre Herren Diktatoren. Die Dioskuren Schleicher-Hammerstein kreisen getrennt. Groener wäre beinahe von seinem Vertrauensmann durch eine Falltür geworfen worden. Die Besuche des Hauptmanns Röhm im Reichswehrministerium waren nicht so harmlos, wie offiziell dargestellt, die Frühstücksgenüsse der Republik nicht so bekömmlich, wie die Demokraten glaubten. Und auch Meißner hat mitgemacht, der vortreffliche Staatssekretarius, der dem ersten Reichspräsidenten noch bescheiden in die Gummischuhe geholfen hat und unter dem zweiten jetzt selbst in die hohe Politik steigen möchte. Diese ganze fröhliche Wissenschaft verdanken wir nicht irgend einem ehr- und wehrvergessenen Pazifisten, den man sofort wegen Staatsgefährdung einbuchten kann, sondern einer ganz offiziösen bayrischen Stelle, die sich nicht scheut, von „bolivianischen Methoden" zu reden und einen General, der eben noch als Säule des Regimes Brüning galt, einen „Primo de Rivera" zu heißen und des geplanten Kanzlersturzes zu verdächtigen. Die große Explosion ist da, ihr Umfang und ihre Konsequenzen sind kaum abzusehen, nur ihr Geruch ist unverkennbar.

Jetzt haben die Herren Generale ein paar Monate regiert, und das Resultat ist ein kaum lösbarer Wirrwarr, wenn nicht Ärgeres. Der Fascismus ist dabei groß und fett geworden, und der Verkehr mit zwei von Militärs repräsentierten Ministerien hat ihm das Air einer Nebenregierung gegeben. Wenn es zuerst hieß, die Generale bemühten sich, Hitler die Elemente der Legalität beizubringen, so hat er diesen Kursus nicht umsonst durchschmarutzt sondern genug gelernt, um die beflissenen Pädagogen auf durchaus legale Weise auf den Komposthaufen zu werfen.

Es liegt mir fern, Persönlichkeiten, deren martialischer Charakter über allen Zweifel erhaben ist, mit einem unfreundlichen Vergleich kränken zu wollen. Aber im Effekt unterscheidet sich eine Herrschaft von Generalen kaum von dem, was man von alters Weiberwirtschaft nennt. Wenn die kühlen disziplinierten Herren mit den silbernen Tressen selbsttätig zu politisieren anfangen, so sieht das nicht viel anders aus, als wenn liebenswürdige Wesen, deren Intelligenz im Uterus sitzt, den Staat nach ihrem Gusto ausstaffieren. Kabale, Alkovengetuschel, Machinationen, Begegnungen, von denen niemand nichts weiß; purzelnde Minister, aufsteigende Nobodies, kränkelnder Staat. Und am Ende ein riesengroßer Skandal. Ein Verbindungsoffizier wird in England Liaison officer genannt. Der Titel sollte auch in der Bendler-Straße eingeführt werden.

Nun kann man den Herren Generalen kaum einen Vorwurf daraus machen, daß sie ihre Vormachtstellung befestigen und selbst noch weiter vorstoßen. Denn sie ist ihnen ja eingeräumt worden von einer bürgerlichen Regierung, die sich gewiß sehr schlau vorkam, als sie Groener und Schleicher im Vordergrund plazierte. Vielleicht hat man auch gedacht, daß in diesen von Bürgerkriegswahn durchseuchten Zuständen schließlich einer von den Herren Lust haben könnte, den Primo de Rivera zu spielen, und da heißt es vielleicht manche Schererei ersparen, wenn die Regierung ihren Primo selber ernennt. Diese Kalkulation ist mit Getöse zusammengebrochen. Die Aera Groener endet mit einer solennen Generalsrauferei.

Der eigentliche Besiegte aber ist der Herr Reichskanzler. Wir wissen, daß Brüning vom ersten Tage seiner Kanzlerschaft an die Konzeption einer autoritären Demokratie im Kopfe trug, bei der ein katholisch-konservativer Block den Ausschlag geben sollte. Kein Kanzler hat bisher dem Liberalismus und der sogenannten formalen Demokratie ablehnender und skeptischer gegenübergestanden. Immer wieder wurde Brüning mit dem Monsignore Ignaz Seipel verglichen, ohne daß sich besonderes dagegen einwenden ließ. In dieser Konzeption Brünings spielte die Reichswehr wohl die vornehmste Rolle. Ihr fiel dabei die Verkörperung von Staatsmacht zu, sie war die Symbolisierung von Rute und Beil. Ein von christkatholischer Ethik überglänzter straffer Militärstaat, kategorischer preußischer Imperativ mit Weihrauch und Orgelklang, das war Brünings Idee, als er vor zwei Jahren die Erbschaft der Großen Koalition antrat.

Selten hat ein Staatsmann, der bei aller komplizierten Gedankenverkräuselung doch kein dilettantischer Doktrinär ist sondern ein mit Realitäten rechnender Mensch, solche Enttäuschungen erfahren. Seine Versuche, die Hugenbergpartei zu zerschlagen, haben nicht zur Bildung einer neuen parlamentarischen Rechten geführt. Statt einer deutschen Torypartei, die zwar reaktionär ist aber auf gute Formen hält, ist der Fascismus gekommen, der nicht nur seinen Anteil sondern das Ganze fordert, und der selbst, wo er als Partner auftritt, in der Tasche den Revolver knacken läßt. Und als Brüning dann in höchster Wassersnot die Reichswehr wie einen rocher de bronce stabilisierte, da machten deren Führer sich selbständig. Es wurden Fäden gesponnen zum Hauptquartier des Fascismus, unsichtbare Hände woben ein Komplott, um den eben wiedererwählten Reichspräsidenten öffentlich gegen den Kanzler auszuspielen. Und dieser gleiche Kanzler, der sich anschickte, aus dem Zusammenbruch der alten schwarzrotgoldenen Demokratie ein neues konservatives und christliches Deutschland hervorzuzaubern, muß sich nun auf jene Kräfte stützen, die er hatte ausmerzen wollen, und muß es sich nun gefallen lassen, von denen, die er für immer hatte aus der Leitung des Staates drängen wollen, als letzter Hort des Liberalismus, als letzte Säule der Republik gefeiert zu werden. Der einzige Kanzler seit 1918, der mit einer wirklichen Idee in sein Amt gegangen war, mußte erleben, daß er nicht nur kein Bruchteilchen davon verwirklichen konnte, sondern muß sich schließlich mit einem vagen Okkasionismus begnügen, der ihn von Tag zu Tag weiterbalanzieren läßt — so lange, bis der wankende Aufbau endlich unter ihm zusammenbricht und das ganze Wundertheater krachend ins Parkett rollt. O Pitt, je rends hommage à ton génie! rief Camille Desmoulins dem londoner Manager der europäischen Konterrevolution zu, der sich bei aller Kunstfertigkeit am Ende doch so schrecklich verrechnet hat.

Gute Zeiten für strebsame Offiziere. Die bürgerliche Gewalt ist trotz Artikel 48 und Notverordnung auf ein Laisser faire eingeschworen und fürchtet nichts mehr als die Folgen einer eignen Kraftanstrengung. Da tritt das Militär breit in die Mitte. Denn da klappt noch alles, da bewegt noch jener Gehorsam, der allen andern Teilnehmern des Staates fehlt, automatisch die Glieder. Disziplin —? Ja, der Muschkote hat sie. Aber auch die Herren Generale?

Doch dieses Gebilde sieht noch immer verteufelt kompakt aus. Es strömt eine Wolke nationaler Mystik aus. Das Herz des Patrioten ist leicht zu verführen. Wenn er eine stramm marschierende Truppe bewundert, so vergißt er, daß der Soldat heute am wenigsten ein besonderes Werkzeug Gottes ist, das Vaterland wieder in Ruhm und Glanz zu führen, sondern ein Beamter wie andre auch. Kein auserlesenes Wesen sondern eine Gehaltsklasse. Wie die Post oder Feuerwehr.

Die Generalität hat diesen Nimbus ebenso sicher auszunutzen verstanden wie die Schwäche der bürgerlichen Mächte. Sie verteidigt ihre Forderungen mit der Wucht absolutistischer Herrscher. Kritik wird Anmaßung, ja Verleumdung. Anfechtung ihrer Ansprüche Verbrechen an der Wehrhaftigkeit des Volkes. Ein Versuch, diese Ansprüche aus dem militärischen Geheimkabinett ins Licht des Tages zu ziehen, Verrat militärischer Geheimnisse, Verrat an der ganzen Nation.

Vor ein paar Monaten, als ich die Bedingungen dieses seltsamen Zustandes untersuchte, schrieb ich an dieser Stelle (Nr. 7 vom 16. Februar): „Es ist das stille Vorrecht der meisten Kriegsminister, gelegentlich den Mund etwas voll zu nehmen und sich und ihre Leute als den Hort des besten und auserwähltesten Patriotismus zu feiern. Das kommt auch in Ländern mit guter demokratischer Tradition vor. Dort ist der Kampf zwischen Militär- und Zivilgewalt schon historisch geworden und zugunsten des bürgerlichen Elements entschieden. Dort ist der Patriotismus im allgemeinen bereits in eine feste Form gegossen, und selbst seine gelegentlichen Exzesse tun aus diesem Grunde nicht mehr weh. Kein Kriegsminister würde es dort ‚wagen, Leuten, die seine Politik nicht gutheißen, die anständige nationale Gesinnung abzusprechen. Aber Deutschland ist ohne freiheitliche Tradition, ihm fehlt das wirkliche Bürgerbewußtsein, ihm fehlt der Stolz des Zivilisten gegenüber der Uniform. Immer wieder ist den deutschen Untertanen in der Kaiserzeit eingebleut worden, daß es ein Frevel am Volke sei, dem Militarismus irgend etwas zu verweigern. Das ist in der Republik um kein Jota besser geworden, im Gegenteil. Und diese Situationen benutzen nun seit zehn Jahren die Reichswehrchefs, um dem Herrschaftswillen ihres Amts immer neue Gebiete zu unterwerfen und sich in Dinge einzumischen, die sie nicht das mindeste angehen. Wir haben es zum Beispiel erlebt, daß General von Seeckt gern auf eigne Faust Außenpolitik trieb. Damals erhoben Stresemann und zahlreiche bürgerliche Politiker, denen es durchaus nicht an starkem deutsch-patriotischem Gefühl im herkömmlichen Sinne fehlte, Einspruch und wiesen den General in seine Schranken zurück. Heute jedoch kommt das nicht mehr vor, und es ist auch gar nicht mehr nötig, weil sich die Außenpolitik in aller Ruhe dem Reichswehrministerium angepaßt hat... Heute sind wir so weit gekommen, daß der sogenannte Wehrgeist ausschließlich im Mittelpunkt der Politik steht; der Staatsbürger wird nicht mehr danach gefragt, wie er es mit der Republik hält, sondern ob er ‚wehrfreudig' ist."

Ich habe dem heute nichts mehr hinzuzufügen. Alles das gehört zum Hintergrund unsres Prozesses, den wir juristisch verloren haben, den wir aber einmal vor einer andern Instanz politisch gewinnen werden. Gemessen an den entscheidenden Fragen der heutigen Welt fuhr unser Prozeß nur auf einem deutschen Nebengleis. Aber er führte in die zentrale Frage der innern deutschen Politik.

Kleines Testament

Und item Maistre Bassanier
und Jean Moutaint, den strengen Richtern,
wünsch ich ein großes Renommé
bei Mördern, Räubern, Diebsgelichtern.

Villon

In den nächsten Wochen wird der Panter, mein lieber Kollege, wahrscheinlich einige Nettigkeiten über mich schreiben. Glauben Sie ihm nicht. Leider bin ich nicht in der Lage, von meinem neuen Platz eine pressegesetzliche Berichtigung einzusenden. Wahr ist...

Es sind in diesen Tagen so ziemlich fünf Jahre vergangen, seit mir die Leitung der ‚Weltbühne' anvertraut wurde. Da stand das Erbe von S. J. in einer Zeit, die schnell alles von dem verlieren sollte, was die ‚Weltbühne' hatte wachsen lassen. Niemand weiß besser als ich, wie viel ich dem edlen alten Glanz schuldig bleiben mußte. Die ‚Weltbühne' war, so wie ich sie von S. J. übernommen habe, ein wunderbar getriebenes Metallgefäß, in dem die schönsten Dinge gesammelt waren, und so funkelte es verführerisch im Abendrot der bürgerlichen Zeit — ein letzter Kämpfer, der in edler Linie focht.

Heute ist alles mit Politik und Ökonomie vollgestopft, und aus einem Refugium der Schönheit ist ein Depot aller Sorgen geworden. Aber die ‚Weltbühne' hat diesen Übergang gut überstanden, und ich verlasse die Redaktion in dem Bewußtsein, „das Blättchen", wie S. J. so gern sagte, unversehrt durch ein paar Jahre getragen zu haben, die als Kriegsjahre zählen müssen und in denen noch mehr Charaktere als kaufmännische Unternehmungen zusammengebrochen sind.

Die politische Leitung wird Hellmut von Gerlach übernehmen, der uns seine reiche Erfahrung zur Verfügung stellt und durch eine ehrenvolle, niemals durch Konzessionen befleckte Vergangenheit die Garantie gibt, daß an der Haltung der ‚Weltbühne' nichts geändert wird. Vor mehr als dreißig Jahren begründete S. J. an der ‚Welt am Montag' unter Hellmut von Gerlach seinen Ruf als Theaterkritiker. Vor mehr als zwanzig Jahren bildete ich als blutjunger Mensch meine ersten Arbeiten an seinem Beispiel.

> Jag durch die Welt vom nördlichen bis zum südlichen Kap —:
> es spielt sich alles unter zweihundert Menschen ab

so dichtete Theobald Tiger.

Jetzt geb ich meinen Degen also in der Garderobe ab. Was ist noch zu sagen?

Die schöne Schildpattbrille mit den blauen Gläsern, die mir eine meiner zahlreichen Verehrerinnen für die Flucht gewidmet hat, vermache ich Herrn General von Schleicher. Item den falschen Bart, den mir ein alter Abonnent in Prag gestiftet hat. Er wird das einmal brauchen können.

Item soll Herr Reichsanwalt Jorns ein gut erhaltenes Exemplar der Rede von Paul Levi erben, die sich mit seiner Person befaßt.

Ich danke allen guten Menschen, die mich für die Zeit meiner Gefangenschaft mit Schokolade versorgen wollen. Da mir nicht viel an Süßigkeiten liegt, bitte ich, sie gütigst an den Vierten Strafsenat richten zu wollen. Während des Prozesses habe ich die Beobachtung gemacht, daß die Herren Reichsrichter jedesmal in der Stunde vor der Tischpause Zeichen von Unruhe und hoher Ermüdung bemerkbar werden ließen. Schon Julius Cäsar sprach das Lob der wohlgenährten Männer. Wäre er nicht Diktator gewesen sondern Angeklagter, so würde er gewiß gesagt haben: Hungrige Richter sind gefährlich...

Item sind mir zugedachte ausländische Zeitungen an Herrn Jöl zu senden, der gern hervorhebt, ein sachlicher, unpolitischer Beamter zu sein und nicht viel auf Pressestimmen, und namentlich ausländische, zu geben. Die deutsche Justiz könnte davon profitieren.

Alle Autoren, die ich zu lange auf den Abdruck ihrer Manuskripte warten ließ, bitte ich hiermit inständigst um Vergebung. Item alle, zu denen ich am Telephon sagte: Nächste Woche... Item bitte ich Herrn Walter Mehring, mir zu verzeihen, daß ich sein Buch noch nicht besprochen habe. Er soll bald über Paris schreiben.

Item bitte ich das deutsche Volk, einig in allen seinen Stämmen, sich nicht gegenseitig ausrotten zu wollen, damit es der ‚Weltbühne' nicht an Stoff fehlt. Ich glaube, es wird in den nächsten achtzehn Monaten nicht langweilig sein in Deutschland.

Es haben mir in diesen Monaten viele Kollegen, mit denen ich früher die Klinge kreuzen mußte, Sympathie gezeigt und Freundlichkeiten erwiesen. Es sind viele Damen und Herren tatkräftig für mich eingetreten, die sich oft über die ‚Weltbühne' geärgert haben. Ich danke ihnen allen, daß ihr Solidaritätsgefühl sich stärker erwies als ihr Gedächtnis.

Von allen aber, die meine Arbeit in dem roten Heft freundlich oder feindlich verfolgt haben, verabschiede ich mich wie der brave Soldat Schwejk von dem alten Sappeur Woditschka: „Also nachn Krieg, um sechs Uhr Abend im ‚Kelch'!"

Maud und Carl von Ossietzky im Mai 1932

In der Nacht zum 10. Mai schreibt Ossietzky seiner Frau ein paar Zeilen in ein Buch, in das er seit Jahren Eintragungen machte, die nur die beiden Eheleute angingen, Briefe zur Jahreswende etwa oder Notizen zu besonderen Anlässen.

Der Tonfall ist freundschaftlich, väterlich – und kann doch nicht darüber hinwegtäuschen, daß die Ehe der Ossietzkys nicht glücklich war. Maud von Ossietzky war seit langem alkoholkrank, er war ein schwieriger, in sich zerrissener Mensch, von seiner Arbeit überlastet, selten ansprechbar für die Familie. Die Tochter Rosalinde lebte zumeist in Heimen.

Vergleicht man Ossietzkys Briefe an seine Frau mit jenen an Kurt Tucholsky, so fällt der unterschiedliche Ton auf: hier oft vereinfachend, floskelhaft, dort intellektuell, gelegentlich ironisch und humorvoll.

Liebste Maus – 10. 5. 32

der 10. Mai 1932 hat eben begonnen. Jetzt noch ein paar Stunden Schlaf, dann muß ich fort. Wenn ich vorhin in unserm Gespräch zu Dir sehr offen gewesen bin, so geschah es nicht, um dich zu kränken, oder um in unsern Abschied einen noch traurigeren Ton zu bringen. Denn es ist ja schon alles schlimm genug. Ich wollte nur, nachdem wir schon einmal sprachen, keine Unaufrichtigkeit hinterlassen. Es war wohl nicht richtig von mir, grade diese Stunde zu wählen. Du sollst nicht unruhig zurückbleiben, ich stehe zu Dir wie immer, ich will für dich sorgen, es soll Dir an nichts fehlen. Niemand ist trauriger als ich, daß ich dich allein zurücklassen muß. Denn ich bin hier zu Haus ja alles, ich bin der Gradehalter in allen Stücken, und bringe Dir abends das Wasser ans Bett. Das alles wirst Du entbehren. Ich will nur, daß Du heil durch die Zeit kommst in der ich nicht da bin. Du weißt nicht, mit was für Sorge ich gehe. Und diese Sorge geht um dich. Bitte, liebes Kind, denn so muß ich dich immer wieder nennen, halte dich gesund und überstehe die Trennung gut. Es soll und muß wieder besser werden. Ich bin gar nicht frei von Tadel und bitte um nichts als um die Nachsicht, mit der ich dich oft in entscheidenden Augenblicken behandelt habe. Du weißt, wie mein Herz für dich schlägt und wie ich zu Dir gehalten habe, auch wenn die Wolken tief hingen.

Denn ich habe dich immer geliebt, es wird sich auch während meiner Abwesenheit nicht ändern. Ich will weiter auf dich hoffen, und wenn ich weiß, daß alles gut geht, dann wird es mir ein Trost sein.

Dein Carl

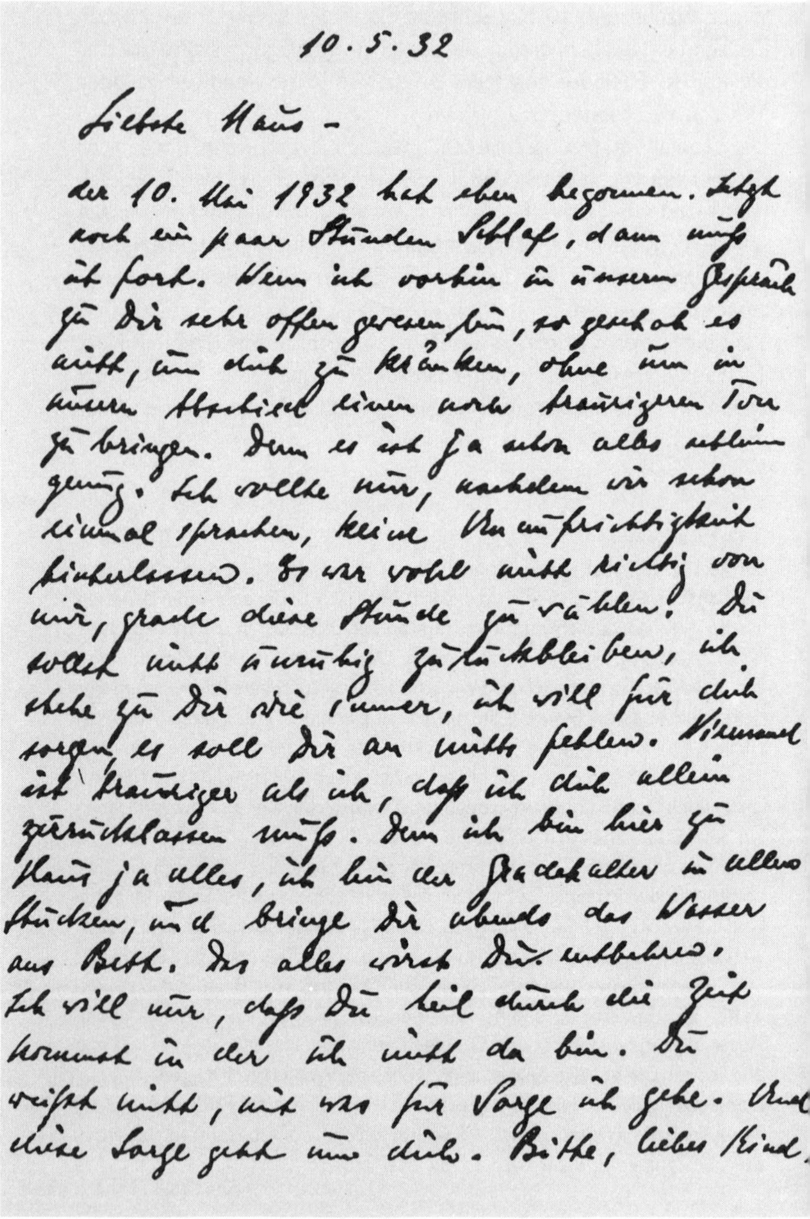

10. 5. 32

Liebste Maus –

der 10. Mai 1932 hat eben begonnen. Jetzt noch ein paar Stunden Schlaf, dann muß ich fort. Wenn ich vorhin in unserem Gespräch zu Dir sehr offen gewesen bin, so geschah es nicht, um dich zu kränken, oder um in unseren Abschied einen noch traurigeren Ton zu bringen. Denn es ist ja schon alles schlimm genug. Ich wollte nur, nachdem wir schon einmal sprachen, keine Unaufrichtigkeit hinterlassen. Es war wohl nicht richtig von mir, grade diese Stunde zu wählen. Du sollst nicht unruhig zurückbleiben, ich stehe zu Dir wie immer, ich will für dich sorgen, es soll Dir an nichts fehlen. Niemand ist trauriger als ich, daß ich dich allein zurücklassen muß. Denn ich bin hier zu Haus ja alles, ich bin der Gradehalter in allen Stücken, und bringe Dir abends das Wasser ans Bett. Das alles wirst Du entbehren. Ich will nur, daß Du heil durch die Zeit kommst in der ich nicht da bin. Du weißt nicht, mit was für Sorge ich gehe. Und diese Sorge geht um dich. Bitte, liebes Kind.

Auszug aus dem »Erinnerungsbuch«

227 Tage im Gefängnis

10. Mai – 22. Dezember 1932
Ein politisches Tagebuch

BILDER DER WOCHE

In Detroit, in den Vereinigten Staaten von Nordamerika, brach ein Brand aus, dem 20 000 Klafter Holz zum Opfer fielen. 24 Stunden versuchten 17 Wagen der Feuerwehr vergeblich, die Flammen zu löschen. Das gesamte Material im Werte von 370 000 Dollar wurde vernichtet.

Reichsfinanzminister Dietrich eröffnet den Reichstag mit einer Rede, die die ganze Hilflosigkeit unserer Regierung, der Not und dem Elend der Werktätigen gegenüber, zum Ausdruck brachte.

Carl von Ossietzky, der Herausgeber der „Weltbühne", mußte am 10. Mai eine anderthalbjährige Gefängnisstrafe antreten. Die Liga für Menschenrechte veranstaltete vor dem Gefängnis in Tegel eine Abschiedskundgebung, an der auch eine große Zahl von Schriftstellern und Künstlern teilnahm. Die Versammelten stellten die Forderung auf Freilassung aller 8000 proletarisch-politischen Gefangenen auf. Oben (von links nach rechts): Großmann, Olden, Ossietzky, Dr. Apfel, Dr. Rosenfeld.
Rechts (von links nach rechts): Ossietzky, Klötzel, Roda-Roda, Toller.

Aus der Arbeiter Illustrierten Zeitung *vom 22. Mai 1932*

10. Mai 1932

Am Morgen, gegen 10 Uhr, treffen sich am Nollendorfplatz in Berlin-Schöneberg eine Reihe von Freunden und Kollegen, die Ossietzky ein »Ehrengeleit« zum Tegeler Gefängnis geben wollen. Eine Woche zuvor hatte die Deutsche Liga für Menschenrechte in einem Rundbrief zu dieser Demonstration aufgerufen und versprochen, »zur Bequemlichkeit« auch »eine Anzahl Automobile zur Verfügung [zu] stellen«.
Seit März 1931 herrscht Versammlungsverbot in Berlin. Dem Geschick Kurt R. Grossmanns ist es wohl zu verdanken, daß es zu dieser kleinen Geste überhaupt kommen kann. Grossmann erinnert sich:
Hermann Zucker, der Chefredakteur des ›8 Uhr-Abendblattes‹, hatte bei der Liga für Menschenrechte, deren Sekretär ich seit Jahren war, angeregt, ihm zum Gefängnis ein Ehrengeleit zu geben und in dieser Weise für ihn und die Freiheit des Wortes zu demonstrieren.
Nachdem Ossietzky seine Zustimmung dazu gegeben hatte, war ich zum Alexanderplatz gefahren, um dort im Polizeipräsidium ein Arrangement zu treffen. Es war mir klar, daß es nicht leicht sein würde, so etwas durchzusetzen. Waren doch aufgrund der geltenden Notverordnung des Reichspräsidenten Versammlungen unter freiem Himmel verboten; unsere Kundgebung zugunsten Ossietzkys bei seinem Haftantritt mußte sich zudem zwangsläufig gegen Justiz und Staatsoberhaupt richten. [...]
Am Alexanderplatz traf ich den Polizei-Vizepräsidenten Bernhard Weiß an, einen aus der Monarchie in die Republik übernommenen Verwaltungsjuristen, und besprach mit ihm den Plan, einige hundert Gleichgesinnte zu versammeln, um vor dem Gefängnis für Ossietzky eine Kundgebung zu veranstalten.
›Sie wissen doch, daß Demonstrationen verboten sind‹, rief er erregt.
›Natürlich weiß ich das, aber ich bin ja gerade hier, um mit Ihnen zu überlegen, wie wir um dieses Verbot herumkommen.‹
Bernhard Weiß sah mich lange an, schüttelte den Kopf und sagte: ›Sie wollen mich, einen Beamten, dazu verleiten, Gesetze zu verletzen?‹
›Nein, das will ich nicht, aber ich will, daß Sie einsehen, es geht in der Sache Ossietzky um mehr als die Nichtbeachtung einer verfassungsmäßig zweifelhaften Notverordnung. Wenn wir in diesem Fall nicht für unsere Ideen demonstrieren können, verdient dieser Staat das furchtbare Ende, das ihm seine Gegner zugedacht haben.‹
Schließlich einigten wir uns. Weiß ließ sich einen Stadtplan bringen, schlug das Wäldchen bei der Strafanstalt als Treffpunkt vor und versicherte mir, daß am 10. Mai in Tegel neunzig Minuten lang keine Polizei auftauchen würde.

Gegen 11 Uhr will man sich vor dem Gefängnis eingefunden haben, auf 13 Uhr ist Ossietzkys Haftantritt terminiert. Knappe zwei Stunden bleiben den Wartenden.

Es ist ein herrlicher Frühlingstag. Nach und nach treffen sie ein – vom Nollendorfplatz kommend in der Wagenkolonne mit den schwarz-rot-goldenen Fähnchen der Republik, oder vereinzelt aus der Stadt in Privatwagen, Droschken oder mit der Straßenbahn. Ein literarisches Berlin versammelt sich unter freiem Himmel, bekennt sich zum »anderen Deutschland«: noch einmal der machtlose Widerstand der Intellektuellen gegen die Staatsgewalt.
Die *Berliner Börsen-Zeitung* kommentiert am Abend: »Der wegen Landesverrats vom Reichsgericht zu anderthalb Jahren Gefängnis verurteilte Herausgeber der ›Weltbühne‹, Carl von Ossietzky, hat heute mittag im Strafgefängnis Tegel seine wohlverdiente Strafe angetreten. Diese Gelegenheit benutzten eine Reihe von Gesinnungsgenossen des Verurteilten, Angehörige jenes genügsam bekannten ›Intellektuellen‹-Klüngels, zu einer Demonstration, deren Teilnehmerliste allgemeines Interesse finden dürfte.«
Eingefunden haben sich der Rechtsanwalt Alfred Apfel, der Theaterkritiker und Chefredakteur des *Berliner Börsen-Courier* Emil Faktor, Lion Feuchtwanger, Leonhard Frank, der Chefredakteur von *Berlin am Morgen* und langjährige Mitarbeiter der *Weltbühne* Bruno Frei, die Journalistin und Mitarbeiterin der *Weltbühne* Martha Maria Gehrke, Hellmut von Gerlach, der Schriftsteller und Mitarbeiter der *Frankfurter Zeitung* Ernst Glaeser, Professor Alfons Goldschmidt, Kurt R. Grossmann, der Stadtplaner und Publizist Werner Hegemann, der Theaterkritiker Herbert Ihering, Erich Kästner, der Journalist und Redakteur der *Weltbühne* Walther Karsch, Hertmann Kesten, der Publizist C. Z. Klötzel, Wolfgang Koeppen, der Polizeioberst a. D. Hans Lange, Erich Mühsam, Rechtsanwalt Rudolf Olden, der Schriftsteller und Lektor Kurt Pinthus, Alfred Polgar, Roda Roda, der Rechtsanwalt und Reichstagsabgeordnete Kurt Rosenfeld, Ernst Toller, der Publizist und Redakteur des *8-Uhr-Abendblatts* Walther Victor, Herwarth Walden, Alfred Wolfenstein, der Publizist und langjährige Mitarbeiter der *Weltbühne* Willi Wolfradt, der Chefredakteur des *8-Uhr-Abendblatts* Hermann Zucker, Arnold Zweig.
Gedrückte Stimmung herrscht, die Gruppe, die sich vor den Toren des Tegeler Gefängnisses zusammenfindet, ist sich ihrer Niederlage bewußt. Grossmann wird später schreiben: »Es sah aus, als ginge es um eine Begräbnisfeier. Aber hier gab es kein Krematorium, hier lag kein Waldfriedhof. Und doch war uns zumute, als müßten wir von einem geliebten und bewunderten Freund für immer Abschied nehmen.«
Als er kurz vor 12.30 Uhr ankommt, drängen sich die Menschen um

Carl von Ossietzky geht ins Gefängnis

Als vor einigen Jahren der französische Schriftsteller Leon Daudet wegen eine Pressedelikts ins Gefängnis mußte, gab ihm die gesamte Pariser Schriftsteller- und Journalistenwelt das Geleit bis an die Eisentore des Gefängnisses. Ohne Unterschied der Partei. Bis zu solchem Grade ist in Deutschland das Berufsbewußtsein noch nicht gewachsen.

Aber immerhin hatten sich heute mittag, als der verantwortliche Redakteur der „Weltbühne", Carl von Ossietzky, sich in Tegel zum Strafantritt einfand, eine große Zahl von führenden Berliner Schriftstellern und Journalisten eingefunden. Der „Schutzverband deutscher Schriftsteller" sowie der Pen-Club „Deutsche Gruppe" hatten ebenfalls Vertreter entsandt.

Im Namen der „Liga für Menschenrechte" sprach Ernst Toller im Wäldchen vor der Anstalt einige Worte, in denen er den Strafantritt Ossietzkys, der sich nicht seiner Verantwortung durch Flucht entzogen hätte, als die Fortsetzung des Kampfes Ossietzkys für die Pressefreiheit bezeichnete. Ossietzky dankte, sehr bewegt von den Versicherungen der Freundschaft, die ihm dargebracht wurden.

Das Geleit bis an die Tore gaben ihm Leonhard Frank, Arnold Zweig, Roda Roda, Lion Feuchtwanger, Ernst Glaeser, Werner Hegemann, Erich Mühsam, Erich Kästner, Hermann Kesten, Herbert Ihering, Emil Faktor, H. v. Gerlach, Kurt Pinthus, Alfons Goldschmidt, Herwarth Walden, Alfred Polgar u. a. m.

Vor dem Gefängnistor. Ernst Toller (rechts mit hellem Hut) reicht Ossietzky die Hand; links hinter Toller, der Schriftsteller Roda Roda, daneben C. Z. Klötzel (mit Brille) und Willi Wolfradt, rechts hinter Toller: Rudolf Olden.
Aus: Tempo *vom 10. Mai 1932.*

Ossietzky. Ernst Toller, als Abgesandter der Deutschen Liga für Menschenrechte, hält eine kurze Ansprache. Zunächst spricht er die Sympathie und Solidarität all derer aus, die gegen die politische Justiz in Deutschland protestieren. Wieland habe vor fast 150 Jahren geschrieben, es werde eine Zeit kommen, da man diejenigen, die die Welt von der Dummheit befreien wollen, ins Gefängnis werfen werde. Das Wort habe sich nun erfüllt. Toller schließt mit dem Wunsch, daß Ossietzky gesund wiederkehren möge und mit der Versicherung, daß der Kampf »gegen den Terror der politischen Justiz« weitergehe.

Nur wenige Sätze antwortet Ossietzky. Er dankt allen, die sich seiner guten Sache angenommen haben, und erklärt, daß er »bewußt« ins Gefängnis gehe, um so »für die 8000 politischen Gefangenen, die unbekannt im Dunkel der Gefängnisse schmachten, einzutreten«. Er habe das unerhörte Glück gehabt, daß sein Fall über Deutschlands Grenzen hinaus die Welt beschäftigt habe, und er hoffe, daß der Kampf, der sicherlich um ihn in den nächsten Wochen und Monaten entbrennen werde, zu einem Kampf für die Befreiung auch der proletarischen kommunistischen Gefangenen werde. Kein Sonderrecht und keine Sonderstellung verlange er für sich. »Ungebessert« wolle er entlassen werden.

Zornig und voller Trotz ruft Erich Mühsam ein paar Worte. Man muß ihn dämpfen, um nicht Aufruhr zu erzeugen. Die Verteidiger mahnen, sie müßten Ossietzky nun ausliefern. Schließlich befinde man sich in Preußen, Pünktlichkeit müsse sein. Viele Hände strecken sich Ossietzky entgegen, Fotografen tun ihre Arbeit, Kommunisten, einige Arbeiter aus den umliegenden Kleingärten rufen in Sprechchören: »Heraus mit den politischen Gefangenen!« und: »Nieder mit den Kriegsvorbereitungen der Bourgeoisie!«

Die beiden Verteidiger, Rudolf Olden und Kurt Rosenfeld bringen Ossietzky zum Tor, ein letztes Umdrehen, ein letzter Gruß – die eiserne Tür schlägt hinter den dreien zu. Die Gruppe löst sich allmählich auf.

»Mit Ernst Toller stand ich lange da«, erinnert sich Walther Victor. »Wir waren verzagt und fühlten uns verantwortlich und mitschuldig. Soweit war es also mit uns gekommen!«

Stoff für die kommenden Diskussionen liefert der lange Aufsatz Ossietzkys in der *Weltbühne* vom selben Tag: »Rechenschaft« für sich selbst, für Freunde und Leser seiner Zeitschrift. Warum blieb er? Warum ließ er sich abführen? Warum war er nicht ins Ausland gegangen wie sein Mitangeklagter Walter Kreiser?

Ossietzky tritt in eine abgesonderte Welt ein, am Ende seiner Haftzeit wird er schreiben: eine Welt, »von der wir weniger wissen als von Tibet oder der Osterinsel«.

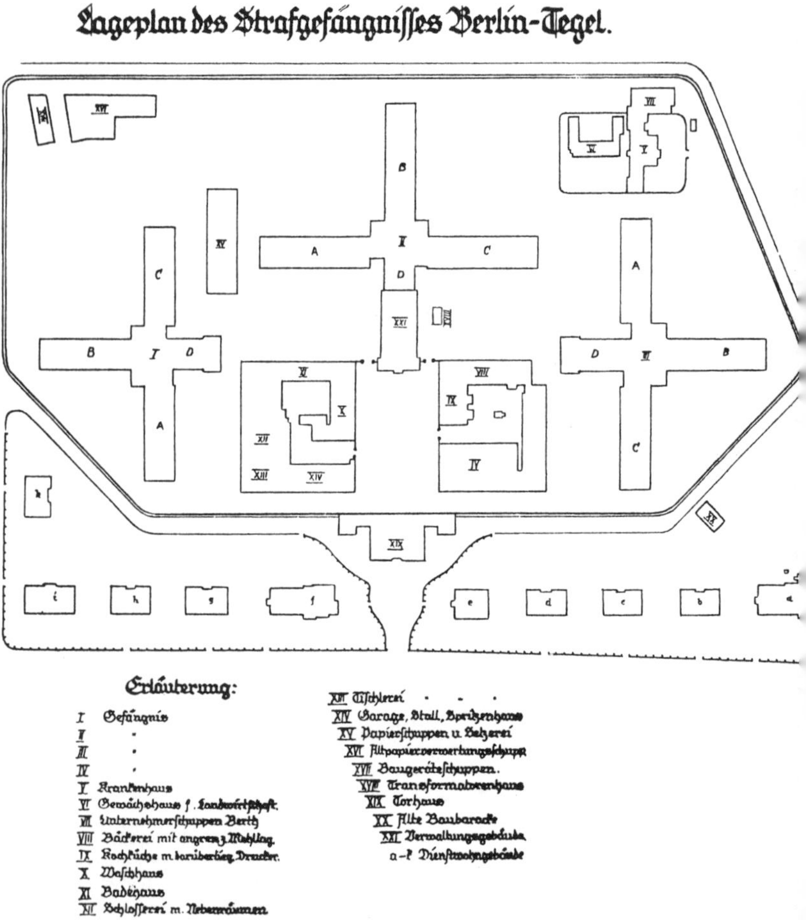

In den Jahren 1896 bis 1898 ist die Haftanstalt Tegel gebaut worden: rote Backsteinbauten, vier Gefängnishäuser, dazu ein Krankenhaus, eine Bäckerei, ein Waschhaus, ein Badehaus, verschiedene Werkstätten; vor der Gefängnismauer in einer Reihe einige Beamtenwohnhäuser. Insgesamt etwa 1400 Gefangene faßt die Anstalt. Kreuzförmig sind die drei großen, viergeschossigen und nicht unterkellerten Gefängnisse (I, II, III) angeordnet; im Kreuzungspunkt der Flügel eines jeden Hauses befindet sich im zweiten Stockwerk die gläserne Zentrale: Ausguck für den Hauptwachtmeister in alle vier Gänge. 1931 wurden die »Leibstuhlgefäße aus Steingut« im Haus II durch Spülklosette ersetzt.

Wie für jeden Gefangenen wird eine »Personalakte« angelegt. Diese Akte besteht aus zwei Teilen. Im hinteren Teil befinden sich, mit Bindfäden aneinandergeheftet und handschriftlich numeriert, Briefe und Schriftstücke, die der Gefängnisverwaltung in Sachen Ossietzky zugehen. Eröffnet wird dieser Teil mit der Ladung zum Strafantritt, ihr folgt das Schreiben des Oberreichsanwalts, es trägt die handschriftliche Paginierung II/3. Unter Pagina II/5 ist der Entwurf eines Briefes abgeheftet, der den Oberreichsanwalt über die nach Eingang seines Schreiben bereits getroffenen Maßnahmen informiert, unterzeichnet mit dem Kürzel »M«, das noch häufiger in der Gefangenenakte zu finden sein wird; ausgefertigt wurde der Brief am 26. April. Dort heißt es:
»[v. Ossietzky] wird also hier ins Gefängnis II in Einzelhaft gelegt werden. Zu den hier eingeführten Arbeiten wird er wie jeder Gefangene herangezogen werden müssen, falls er nicht, wie in solchen Fällen üblich, den Antrag auf Selbstbeschäftigung stellen wird. Im übrigen besteht kein Anlaß zu einer Sonderbehandlung des v. Ossietzky. Von einer Gestellung des v. Ossietzky zum Strafantritt werde ich dorthin Anzeige erstatten.«

Den vorderen Teil der Akte bilden Formblätter, bezeichnet mit Großbuchstaben von A bis H. In die Spalten des Blattes A wird der Tag des Urteils, die Straftat und die genaue Dauer der Haft eingetragen: Entlassungstermin wird sein 10. November 1933. Ossietzky erhält die »Nr. der Zugangsliste 337/32« – der 337. Neuzugang des Jahres 1932: unter dieser Nummer wird er geführt werden. Ein Strafanstaltinspektor füllt das Formblatt B aus, mit dem der Strafgefangene auf seine Rechte und Pflichten hingewiesen wird – der Annahmebogen: Ossietzky hat zu unterschreiben.
Die Formblätter F, Doppelbögen, numeriert von 1–9, tragen die Überschrift »Anträge und Beschwerden«. Beginnend mit der Eintragung vom 12. Mai, »Eing: Kreuzbandzeitung (8 Uhr Abendblatt)«, wird hier alles notiert werden, was mit dem »Strafgefangenen v. Ossietzky« zu tun hat: Besuchsanträge, Notizen des Gefängnisarztes Dr. Mönnich, eingegangene und ausgehändigte Gegenstände, Maßnahmen der Verwaltung, Briefentwürfe an vorgesetzte Stellen – das Journal des Gefängnisalltags.

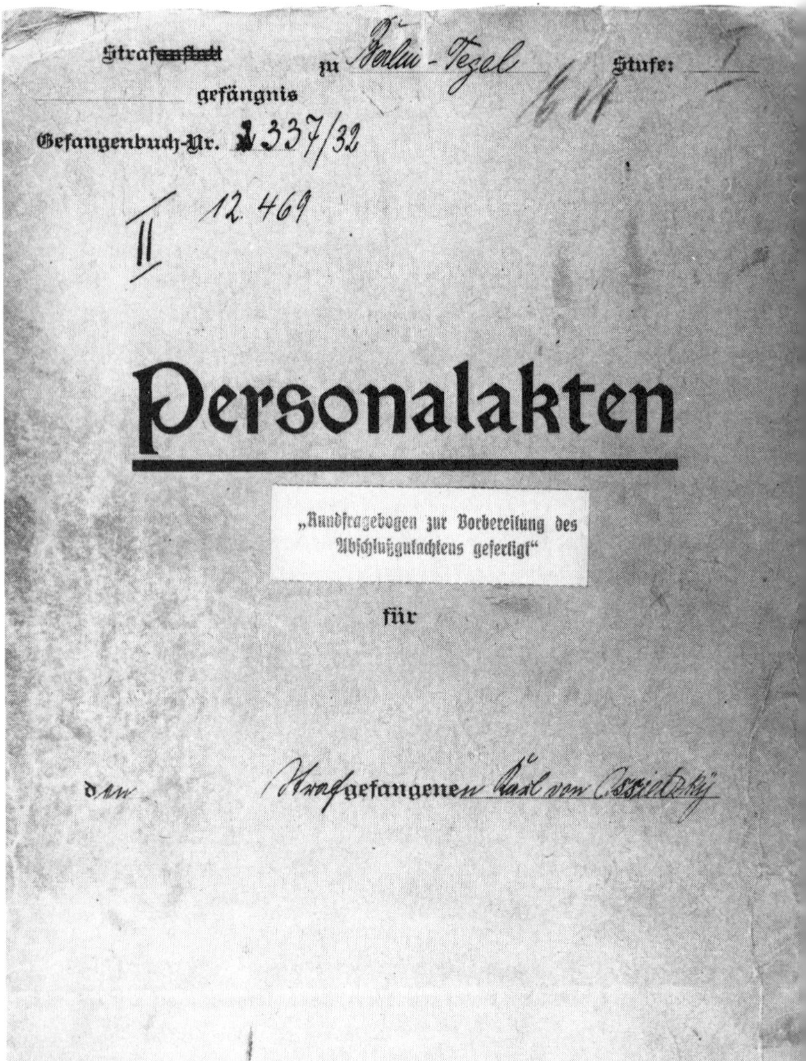
Straf~~anstalt~~ zu Berlin-Tegel Stufe: 1

gefängnis

Gefangenbuch-Nr. 337/32

II 12.469

Personalakten

„Rundfragebogen zur Vorbereitung des Abschlußgutachtens gefertigt“

für

den Strafgefangenen Carl von Ossietzky

B. 86 Celle.

Liste der abgenommenen oder eingelieferten Gegenstände

r. ....

Nachweis über die abgenommenen Gelder Nr. ....

Anzeige vom Strafantritt ist stattet:

der Vollstreckungsbehörde 1

am ....

der Polizei am 1

dem Versicherungsträger

am ....

m Jugendamt

am

........, den 10. 5. 1932

Bemerkungen:

...min 1 Juli 1932 9°°

...oabit.

Anzeige von der Entlassung ist stattet:

der Vollstreckungsbehörde

m ....

der Polizei am ....

Bescheinigung nach § 131 Abs. 8 .V.O. ist erteilt:

am ....

........, den .... 193..

B 88 ...ng über Aufnahme eines Gefangenen. Pers...lbeschreibung.

B

Strafgefängnis zu Bln.-Tegel, den 10. 5. 1932

dif.

Der Schriftleiter Karl von Ossietzky

hat sich / ist zur Verbüßung einer 1 jährigen 0 monatigen — wöchigen — tägigen

.... Strafe wegen Verrat militärischer Geheimnisse heute

.... Uhr vorm. / nachm. gestellt / eingeliefert von ....

Er ist vor Aufnahme der Verhandlung darauf hingewiesen, daß seine Angaben über die Person in das Gefangenenbuch eingetragen werden, und daß er sich durch vorsätzlich falsche Angaben der strafrechtlichen Verfolgung wegen Herbeiführung einer falschen Beurkundung aussetze (§§ 271 ff. St.G.B.).

Er erklärte darauf:

Ich erkenne an, umseitige Angaben über meine Person gemacht zu haben. Die errechnete Strafzeit ist mir bekannt gegeben. Ich erkenne sie als richtig an. Zur Befolgung der Hausordnung bin ich ermahnt und darauf hingewiesen, daß ich einen Abdruck in meiner Zelle vorfinden werde.

Meine Invaliditäts-Versicherungskarte habe ich in die Anstalt nicht eingebracht, sie befindet sich ....

Eine Unfall-, Invaliden- oder Militärrente beziehe ich — nicht —.

Kinder, für die nicht durch den anderen Elternteil oder in sonstiger Weise gesorgt ist, befinden sich keine

sind nicht vorhanden.

Über die bestehenden Fürsorgeeinrichtungen bin ich belehrt und darauf hingewiesen, mich rechtzeitig vor meiner Entlassung zu melden, falls ich von diesen Einrichtungen Gebrauch machen will.

v. g. u.

Carl von Ossietzky

Schneider geschlossen Strafanstalts-Insp.

........, ... wurde heute .... Uhr vorm. / nachm. entlassen

nach ....

der Polizeibehörde zugeführt.

........, den .... 193..

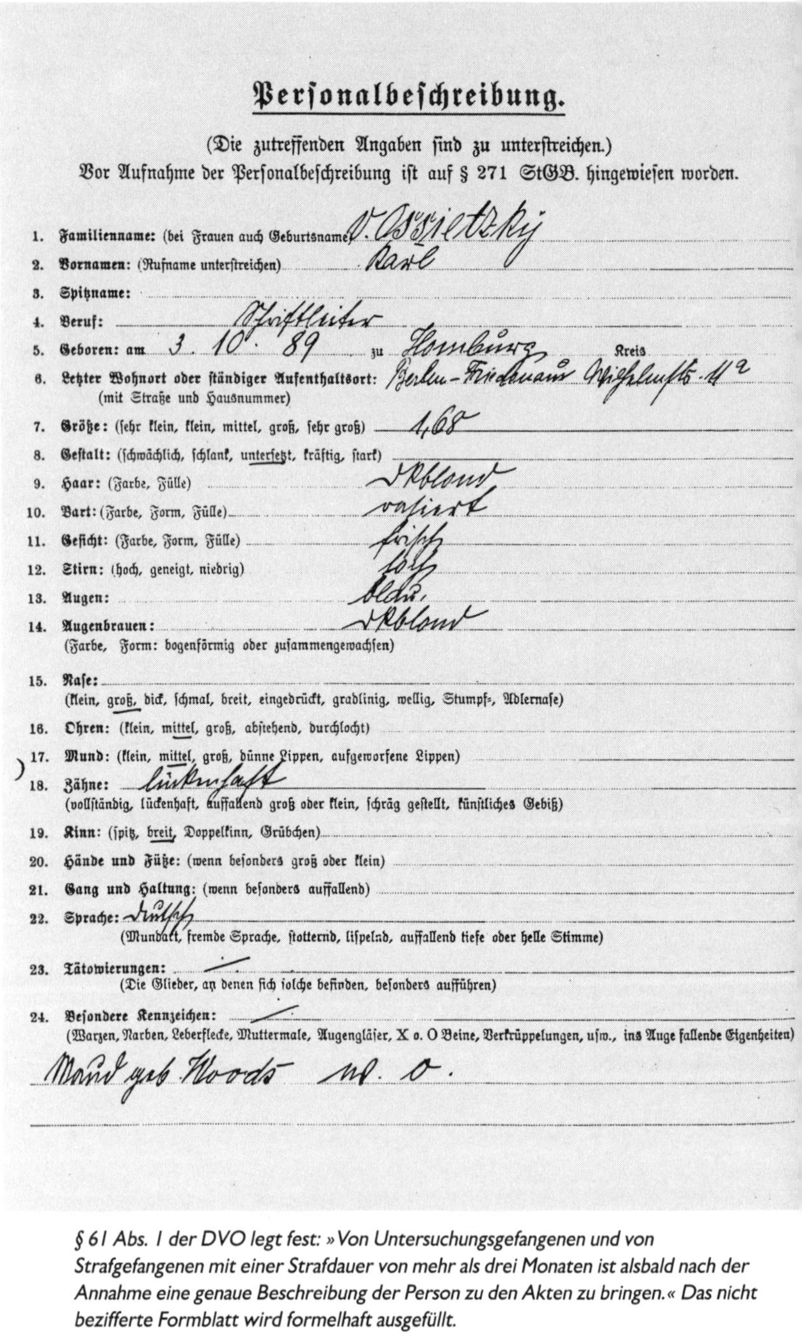

Personalbeschreibung.

(Die zutreffenden Angaben sind zu unterstreichen.)
Vor Aufnahme der Personalbeschreibung ist auf § 271 StGB. hingewiesen worden.

1. **Familienname:** (bei Frauen auch Geburtsname) v. Ossietzky
2. **Vornamen:** (Rufname unterstreichen) Carl
3. **Spitzname:**
4. **Beruf:** Schriftleiter
5. **Geboren:** am 3. 10. 89 zu Hamburg Kreis
6. **Letzter Wohnort oder ständiger Aufenthaltsort:** Berlin-Friedenau [illegible]
(mit Straße und Hausnummer)
7. **Größe:** (sehr klein, klein, mittel, groß, sehr groß) 1,68
8. **Gestalt:** (schwächlich, schlank, unterſetzt, kräftig, stark)
9. **Haar:** (Farbe, Fülle) dkblond
10. **Bart:** (Farbe, Form, Fülle) rasiert
11. **Gesicht:** (Farbe, Form, Fülle) frisch
12. **Stirn:** (hoch, geneigt, niedrig) hoch
13. **Augen:** blau
14. **Augenbrauen:** dkblond
(Farbe, Form: bogenförmig oder zusammengewachsen)
15. **Nase:**
(klein, groß, dick, schmal, breit, eingedrückt, gradlinig, wellig, Stumpf-, Adlernase)
16. **Ohren:** (klein, mittel, groß, abstehend, durchlocht)
17. **Mund:** (klein, mittel, groß, dünne Lippen, aufgeworfene Lippen)
18. **Zähne:** lückenhaft
(vollständig, lückenhaft, auffallend groß oder klein, schräg gestellt, künstliches Gebiß)
19. **Kinn:** (spitz, breit, Doppelkinn, Grübchen)
20. **Hände und Füße:** (wenn besonders groß oder klein)
21. **Gang und Haltung:** (wenn besonders auffallend)
22. **Sprache:** Deutsch
(Mundart, fremde Sprache, stotternd, lispelnd, auffallend tiefe oder helle Stimme)
23. **Tätowierungen:** –
(Die Glieder, an denen sich solche befinden, besonders aufführen)
24. **Besondere Kennzeichen:** –
(Warzen, Narben, Leberflecke, Muttermale, Augengläser, X o. O Beine, Verkrüppelungen, usw., ins Auge fallende Eigenheiten)

Maud geb. Woods [illegible]

§ 61 Abs. 1 der DVO legt fest: »Von Untersuchungsgefangenen und von Strafgefangenen mit einer Strafdauer von mehr als drei Monaten ist alsbald nach der Annahme eine genaue Beschreibung der Person zu den Akten zu bringen.« Das nicht bezifferte Formblatt wird formelhaft ausgefüllt.

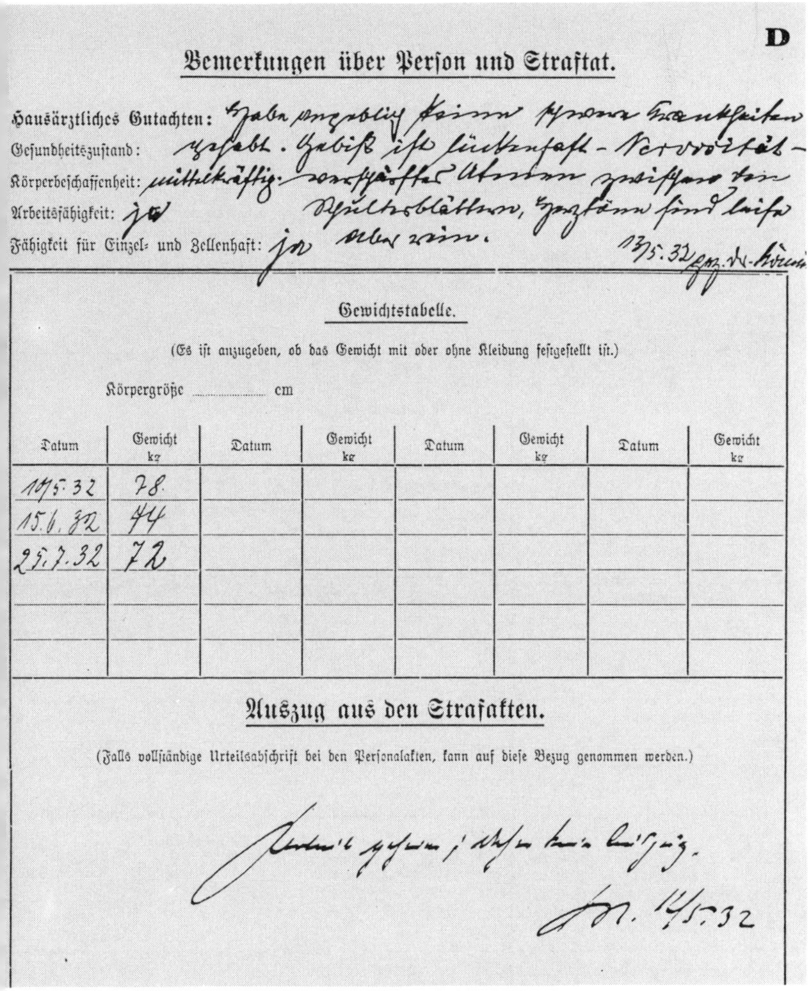

D

Bemerkungen über Person und Straftat.

Hausärztliches Gutachten: Habe angeblich keine schweren Krankheiten
Gesundheitszustand: gehabt. Gebiß ist lückenhaft – Nervosität –
Körperbeschaffenheit: mittelkräftig. verschärftes Atmen zwischen den
Arbeitsfähigkeit: ja Schulterblättern, Herztöne sind leise
Fähigkeit für Einzel- und Zellenhaft: ja aber rein.
13/5.32 gez. Dr. Mönnich

Gewichtstabelle.

(Es ist anzugeben, ob das Gewicht mit oder ohne Kleidung festgestellt ist.)

Körpergröße .... cm

Datum	Gewicht kg	Datum	Gewicht kg	Datum	Gewicht kg	Datum	Gewicht kg
10/5.32	78						
15.6.32	74						
25.7.32	72						

Auszug aus den Strafakten.

(Falls vollständige Urteilsabschrift bei den Personalakten, kann auf diese Bezug genommen werden.)

Urteil geheim; daher kein Auszug.
M. 12/5.32

§ 63 Abs. 1 schreibt vor: »Gefangene, die mehr als einen Monat Strafe zu verbüßen haben oder die krankheitsverdächtig sind oder die ärztliche Untersuchung verlangen, müssen alsbald nach ihrem Eintritt auf Gesundheit und Arbeitsfähigkeit ärztlich untersucht werden.« Auf dem Formblatt D – »Bemerkungen über Person und Straftat« – schreibt der Gefängnisarzt Dr. Mönnich *am 13. Mai sein handschriftliches Gutachten: »Habe angeblich keine schweren Krankheiten gehabt. Gebiß ist lückenhaft – Nervosität – verschärftes Atmen zwischen den Schulterblättern, Herztöne sind leise aber rein.« Körperbeschaffenheit: »mittelkräftig.«; Arbeitsfähigkeit: »ja«; Fähigkeit für Einzel- und Zellenhaft: »ja«.*
Der Beamte M. notiert am 12. Mai: »Urteil geheim; daher kein Auszug.«

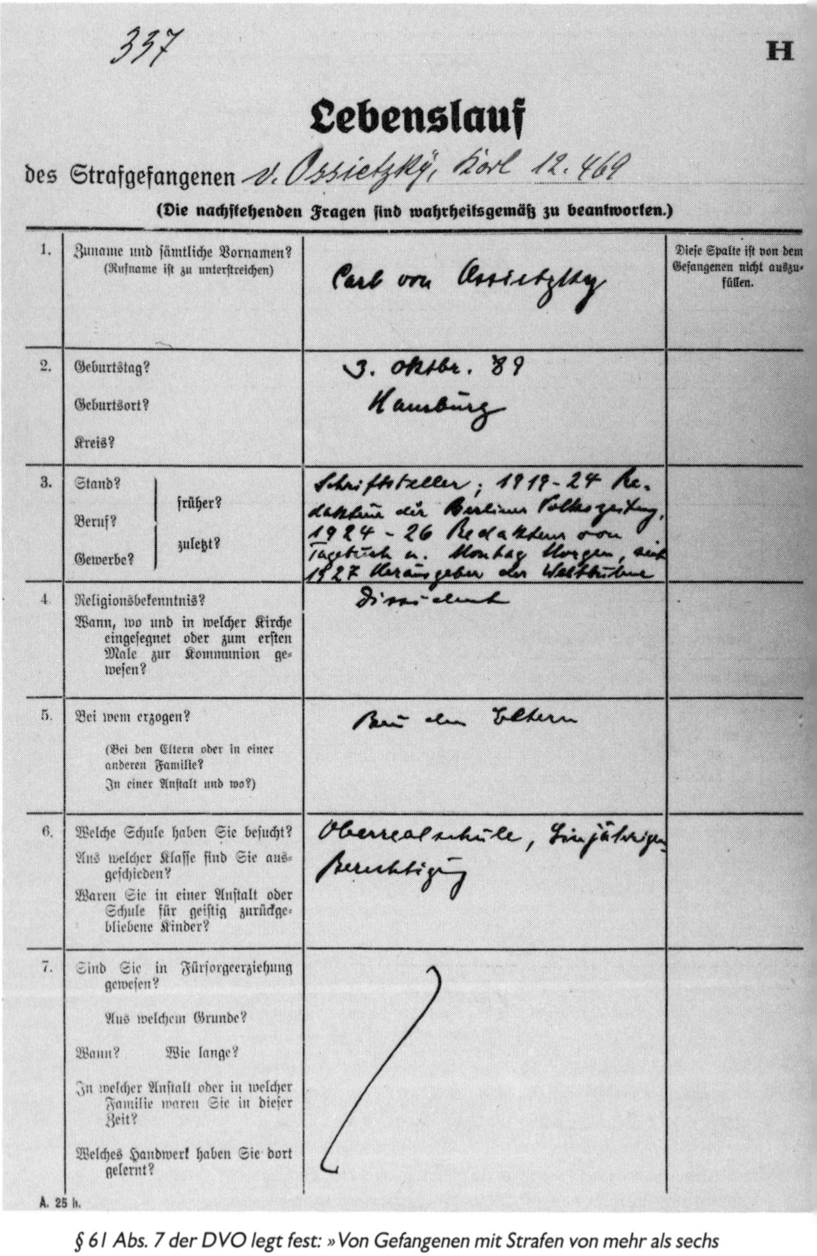

337 H

Lebenslauf

des Strafgefangenen v. Ossietzky, Carl 12.469

(Die nachstehenden Fragen sind wahrheitsgemäß zu beantworten.)

			Diese Spalte ist von dem Gefangenen nicht auszufüllen.
1.	Zuname und sämtliche Vornamen? (Rufname ist zu unterstreichen)	Carl von Ossietzky	
2.	Geburtstag? Geburtsort? Kreis?	3. Oktbr. 89 Hamburg	
3.	Stand? Beruf? Gewerbe? früher? zuletzt?	Schriftsteller; 1919–24 Redakteur der Berliner Volkszeitung, 1924–26 Redakteur vom Tagebuch u. Montag Morgen, seit 1927 Herausgeber der Weltbühne	
4.	Religionsbekenntnis? Wann, wo und in welcher Kirche eingesegnet oder zum ersten Male zur Kommunion gewesen?	Dissident	
5.	Bei wem erzogen? (Bei den Eltern oder in einer anderen Familie? In einer Anstalt und wo?)	Bei den Eltern	
6.	Welche Schule haben Sie besucht? Aus welcher Klasse sind Sie ausgeschieden? Waren Sie in einer Anstalt oder Schule für geistig zurückgebliebene Kinder?	Oberrealschule, Einjährigen Berechtigung	
7.	Sind Sie in Fürsorgeerziehung gewesen? Aus welchem Grunde? Wann? Wie lange? In welcher Anstalt oder in welcher Familie waren Sie in dieser Zeit? Welches Handwerk haben Sie dort gelernt?		

A. 25 b.

§ 61 Abs. 7 der DVO legt fest: »Von Gefangenen mit Strafen von mehr als sechs Monaten ist binnen einer Woche seit der Annahme ein selbstgeschriebener Lebenslauf nach dem üblichen Muster (Fragebogen) zu den Personalakten zu bringen. Für schreibunkundige Gefangene wird der Fragebogen nach ihren Angaben durch

8.	Lebensgang nach dem Verlassen der Schule. Lehrzeit (wo und wie lange?)	Kaufmannslehre in Hamburg; später Schriftsteller, Journalist. Seit 1919 an Berliner Zeitungen.	Diese Spalte ist von dem Gefangenen nicht auszufüllen.
9.	Haben Sie Vermögen? Wieviel ist es und worin besteht es?	keins	
10.	Wie hoch war Ihr Einkommen zur Zeit der Begehung der Tat?	Gehalt bei der Weltbühne ca. 10000 Mark jährlich	
11.	Sind außerhalb der Gefangenanstalt noch Vermögensstücke, wie Grundbesitz, Sachen, Geld, Forderungen nicht sichergestellt?	/	
12.	Sind Sie ganz oder teilweise arbeits- oder erwerbsunfähig? Infolge welchen körperlichen Leidens?	— —	/
13.	Beziehen Sie eine Unfall- oder Invalidenrente oder Pension? Beziehen Sie Militärrente? Wie hoch ist sie? Aus welcher Kasse wird sie gezahlt?	/	/
14.	Wo haben Sie zuletzt länger als eine Woche in Arbeit gestanden? Wann sind Sie dort entlassen worden? Wo haben Sie sich seitdem aufgehalten?	/	/
15.	Ist eine Invalidenkarte vorhanden? Wo befindet sie sich? Gehören Sie einer Knappschaftskasse an? Wo sind Ihre sonstigen Arbeitspapiere?	/	/
16.	Letzter Aufenthalt und Wohnung? Kreis? Wo haben Sie zuletzt **dauernd** gewohnt?	Berlin-Friedenau Wilhelmstraße 11a Berlin	

einen Beamten ausgefüllt. Die Ausfüllung der Fragebogen ist, soweit erforderlich, auf Richtigkeit und Vollständigkeit nachzuprüfen. Dabei sind insbesondere die Verhältnisse klarzustellen, die für die Behandlung des Gefangenen während der Strafzeit und für die Fürsorge nach seiner Entlassung von Bedeutung sein können.«

17.	Name, Stand und Wohnung der Eltern?	Vater? verstorben Mutter? verstorben	Diese Spalte ist von den Gefangenen nicht auszufüllen.
18.	Haben Sie einen Vormund? Wie heißt derselbe, was ist er und wo wohnt er?	/	
19.	Name, Stand und Wohnort der Geschwister?	/	
20.	Sind Sie ledig? verheiratet? mit wem? (Name, Stand und Wohnung der Frau, Geburtsort und -Datum.) verwitwet? Seit wann? geschieden? Warum? verlobt? Mit wem?	verheiratet Maud v. Ossietzky geb. Woods, Berlin-Friedenau Wilhelmstr. 11a geb. 11. XII. 88 in Haidarabad (Indien)	
21.	Wieviel Kinder haben Sie? (Angabe des Alters, oder Geburtstages und -Ortes, sowie des jetzigen Aufenthaltsortes und der Beschäftigung.)	eine zwölfjährige Tochter	
22.	Wie oft sind Sie vorbestraft? Weshalb? Wann und wo haben Sie Ihre Strafen verbüßt?	Ein paar Pressedelikte —	
23.	Sind Sie schon einmal mit Bewährungsfrist entlassen worden?	—	
24.	Weshalb sind Sie jetzt bestraft? Gestehen Sie die Ihnen zur Last gelegte Tat ein? Unter welchen Umständen und aus welcher Veranlassung haben Sie die Tat begangen?	Landesverrat begangen durch die Presse Nein. Ich werde nicht ruhen, die juristische Rehabilitation durchzusetzen.	

25.	Welche schweren Krankheiten haben Sie erlitten? Haben Sie irgendwelche nachteiligen Folgen davon zurückbehalten? Waren Sie schon in Irrenanstalten? Wann und wie lange?	Keine besonderen Krankheiten, nur nervöse Störungen, vorübergehend Schlaflosigkeit und Herzbeschwerden. — —	Diese Spalte ist von dem Gefangenen nicht auszufüllen.
26.	Haben Sie besonders starke Leidenschaften? (Trinken, Spielen, Rauchen, geschlechtliche Ausschweifungen?)	Rauchen	
27.	Was gedenken Sie nach der Entlassung zu tun? Wollen Sie Ihren früheren Beruf wieder ergreifen oder ~~sich~~ einem neuen zuwenden ~~und~~ welchem? Kennen Sie eine Person, die Ihnen bei Ihrer Entlassung hilfreich zur Seite stehen wird? Wer ist dieselbe und wo wohnt sie? Wünschen Sie, daß die Anstaltsverwaltung sich für Sie um Arbeit bemüht?	Ich bin Herausgeber der Weltbühne und werde an diesen Platz zurückkehren.	

Hiermit versichere ich, daß ich die vorstehenden Fragen der Wahrheit gemäß beantwortet habe. Mir ist bekannt, daß ich für wissentlich falsche Angaben disziplinarisch bestraft werde.

Von der nachstehenden Bestimmung des § 122 des Reichsstrafgesetzbuchs habe ich Kenntnis genommen:

„Gefangene, welche sich zusammenrotten und mit vereinten Kräften die Anstaltsbeamten oder die mit der Beaufsichtigung Beauftragten angreifen, denselben Widerstand leisten oder es unternehmen, sie zu Handlungen oder Unterlassungen zu nötigen, werden wegen Meuterei mit Gefängnis nicht unter 6 Monaten bestraft.

Gleiche Strafe tritt ein, wenn Gefangene sich zusammenrotten und mit vereinten Kräften einen gewaltsamen Ausbruch unternehmen.

Diejenigen Meuterer, welche Gewalttätigkeiten gegen die Anstaltsbeamten oder die mit der Beaufsichtigung Beauftragten verüben, werden mit Zuchthaus bis zu 10 Jahren bestraft, auch kann auf Zulässigkeit von Polizeiaufsicht erkannt werden."

Sichtvermerk der Beamten, denen der Lebenslauf vorzulegen ist:

Einl. 1/6. 32. [illegible] 9/6

Heise 11. 6. 32.

Berlin-Tegel, den 10. ~~April~~ Mai 1932

Unterschrift: Carl v. Ossietzky

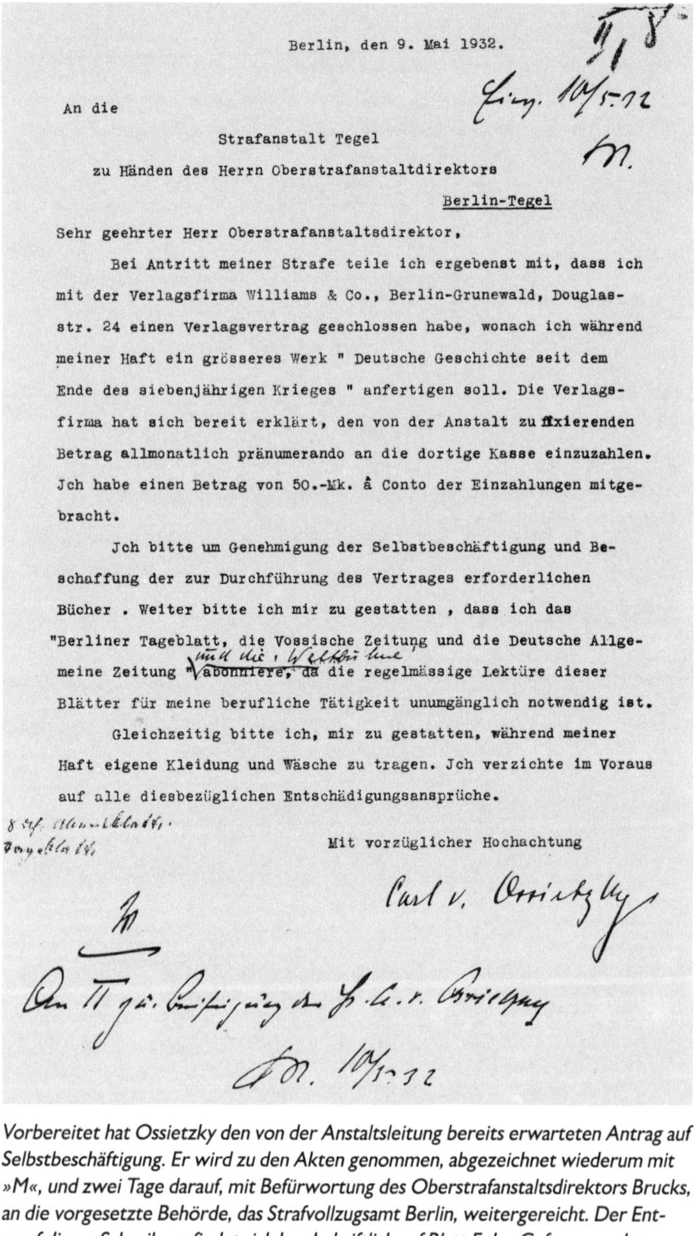

Berlin, den 9. Mai 1932.

An die

Strafanstalt Tegel

zu Händen des Herrn Oberstrafanstaltdirektors

Berlin-Tegel

Sehr geehrter Herr Oberstrafanstaltsdirektor,

Bei Antritt meiner Strafe teile ich ergebenst mit, dass ich mit der Verlagsfirma Williams & Co., Berlin-Grunewald, Douglasstr. 24 einen Verlagsvertrag geschlossen habe, wonach ich während meiner Haft ein grösseres Werk " Deutsche Geschichte seit dem Ende des siebenjährigen Krieges " anfertigen soll. Die Verlagsfirma hat sich bereit erklärt, den von der Anstalt zu fixierenden Betrag allmonatlich pränumerando an die dortige Kasse einzuzahlen. Jch habe einen Betrag von 50.-Mk. à Conto der Einzahlungen mitgebracht.

Jch bitte um Genehmigung der Selbstbeschäftigung und Beschaffung der zur Durchführung des Vertrages erforderlichen Bücher . Weiter bitte ich mir zu gestatten , dass ich das "Berliner Tageblatt, die Vossische Zeitung und die Deutsche Allgemeine Zeitung " und die ‚Weltbühne' abonniere, da die regelmässige Lektüre dieser Blätter für meine berufliche Tätigkeit unumgänglich notwendig ist.

Gleichzeitig bitte ich, mir zu gestatten, während meiner Haft eigene Kleidung und Wäsche zu tragen. Jch verzichte im Voraus auf alle diesbezüglichen Entschädigungsansprüche.

Mit vorzüglicher Hochachtung

Carl v. Ossietzky

Vorbereitet hat Ossietzky den von der Anstaltsleitung bereits erwarteten Antrag auf Selbstbeschäftigung. Er wird zu den Akten genommen, abgezeichnet wiederum mit »M«, und zwei Tage darauf, mit Befürwortung des Oberstrafanstaltsdirektors Brucks, an die vorgesetzte Behörde, das Strafvollzugsamt Berlin, weitergereicht. Der Entwurf dieses Schreibens findet sich handschriftlich auf Blatt F der Gefangenenakte. Handschriftliche Antwort vom 30. Mai: »die im voraus zu leistende Entschädigung an die Staatskasse wird auf 2 RM für jeden Werktag festgesetzt.« Ab dem 12. Mai bereits wird Ossietzky »als Selbstbeschäftiger geführt.«

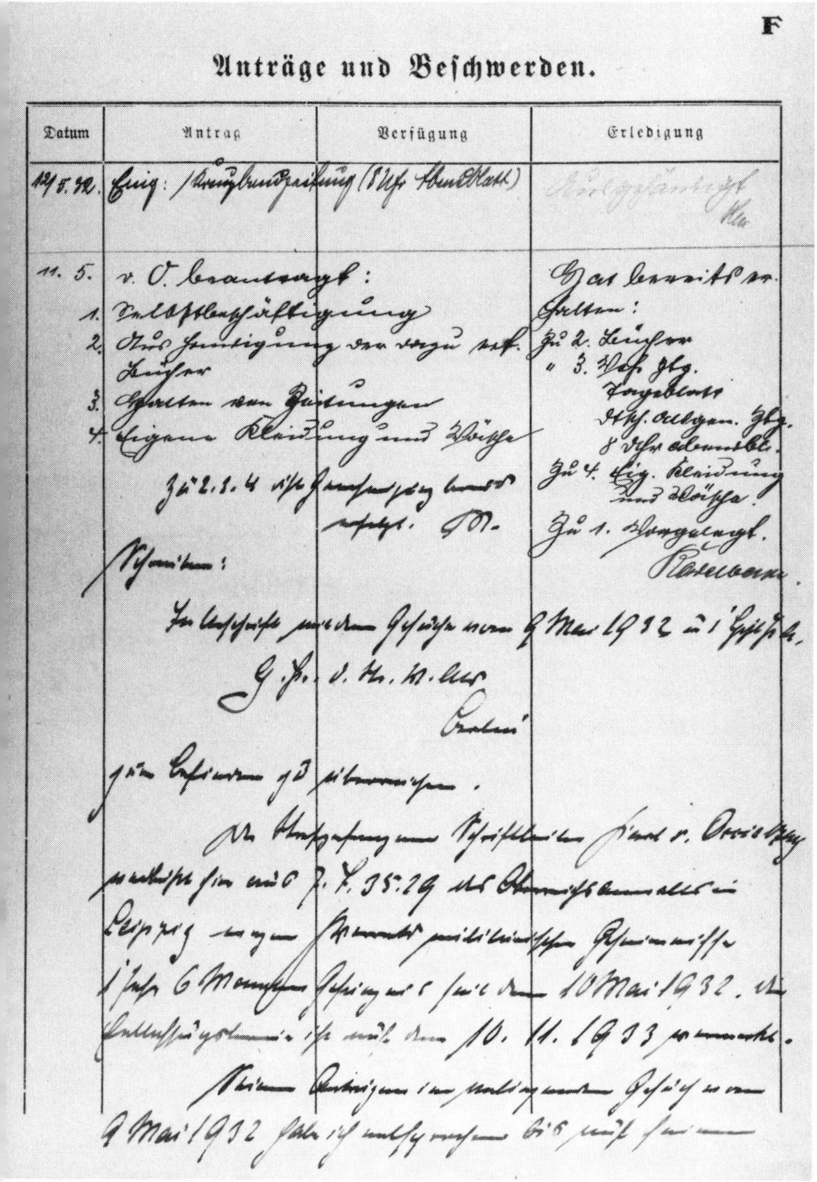

Die erste Seite der Blätter »Anträge und Beschwerden« aus der Gefangenenakte; verzeichnet sind Ossietzkys Anträge vom 10. Mai. Bücher und Zeitungen sowie »eigene Kleidung und Wäsche« sind bereits genehmigt. Als weitere Zeitung darf Ossietzky das 8 Uhr-Abendblatt beziehen. Zur Selbstbeschäftigung wird das Schreiben an das Strafvollzugsamt aufgesetzt, das am 12. ausgefertigt wird.

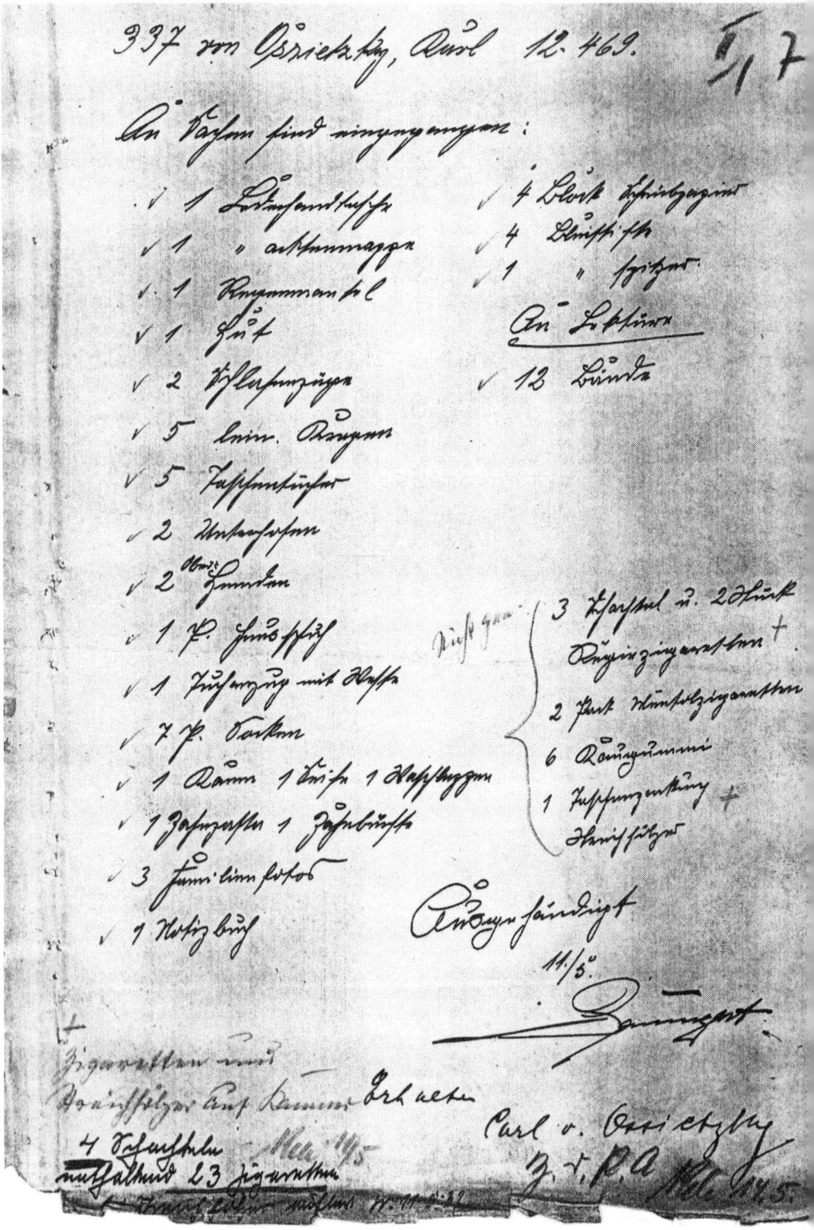
337 von Ossietzky, Carl 12.469.

An Sachen sind eingegangen:

1 Lederhandtasche
1 " Aktenmappe
1 Regenmantel
1 Hut
2 Schlafanzüge
5 lein. Kragen
5 Taschentücher
2 Unterhosen
2 Oberhemden
1 P. Handschuh
1 Rasierzeug mit Kasten
7 P. Socken
1 Kamm 1 Seife 1 Waschlappen
1 Zahnpasta 1 Zahnbürste
3 Familienfotos
1 Notizbuch

4 Block Schreibpapier
4 Bleistifte
1 " Spitzer

An Lektüre
12 Bände

nicht gen. [illegible]
3 Schachtel u. 2 Stück [illegible] +
2 [illegible]
6 Radiergummi
1 Taschen[illegible] +
[illegible]

Ausgehändigt
11/5.
[illegible]

Zigaretten und
Streichhölzer auf Kammer erhalten
4 Schachteln
enthaltend 23 Zigaretten
Carl v. Ossietzky

Der Inhalt von Ossietzkys Lederhandtasche und Lederaktenmappe, seine Kleidung und was er sonst noch bei sich trägt, wird aufgelistet und dem Strafgefangenen am 11. Mai wieder ausgehändigt: ein Regenmantel, ein Hut, zwei Schlafanzüge, fünf

leinene Kragen, fünf Taschentücher, zwei Unterhosen, zwei Oberhemden, ein Paar Hausschuh, ein Tuchanzug mit Weste, sieben Paar Socken, Kamm, Seife, Waschlappen, Zahnpasta, Zahnbürste, drei Familienfotos, ein Notizbuch, vier Block Schreibpapier, vier Bleistifte, ein Bleistiftspitzer und zwölf Bücher. Zigaretten und Streichhölzer allerdings kommen »auf Kammer«. Als »politischer Überzeugungstäter nicht angesehen«: für Ossietzky gilt Rauchverbot.

Nachdem die ersten Blätter der Gefangenenakte vorschriftsgemäß ausgefüllt sind, wird sich die Tür der Zelle 469, Haus zwei, hinter Ossietzky geschlossen haben. Das Foto zeigt diese Zelle in ihrem heutigen Zustand.
»396 Einzelzellen mit je 22 cbm Luftraum; 33 Schlafzellen mit je 12 cbm Luftraum; 5 Gemeinschaftszellen für je 4 Gefangene mit je 66 cbm Luftraum.«

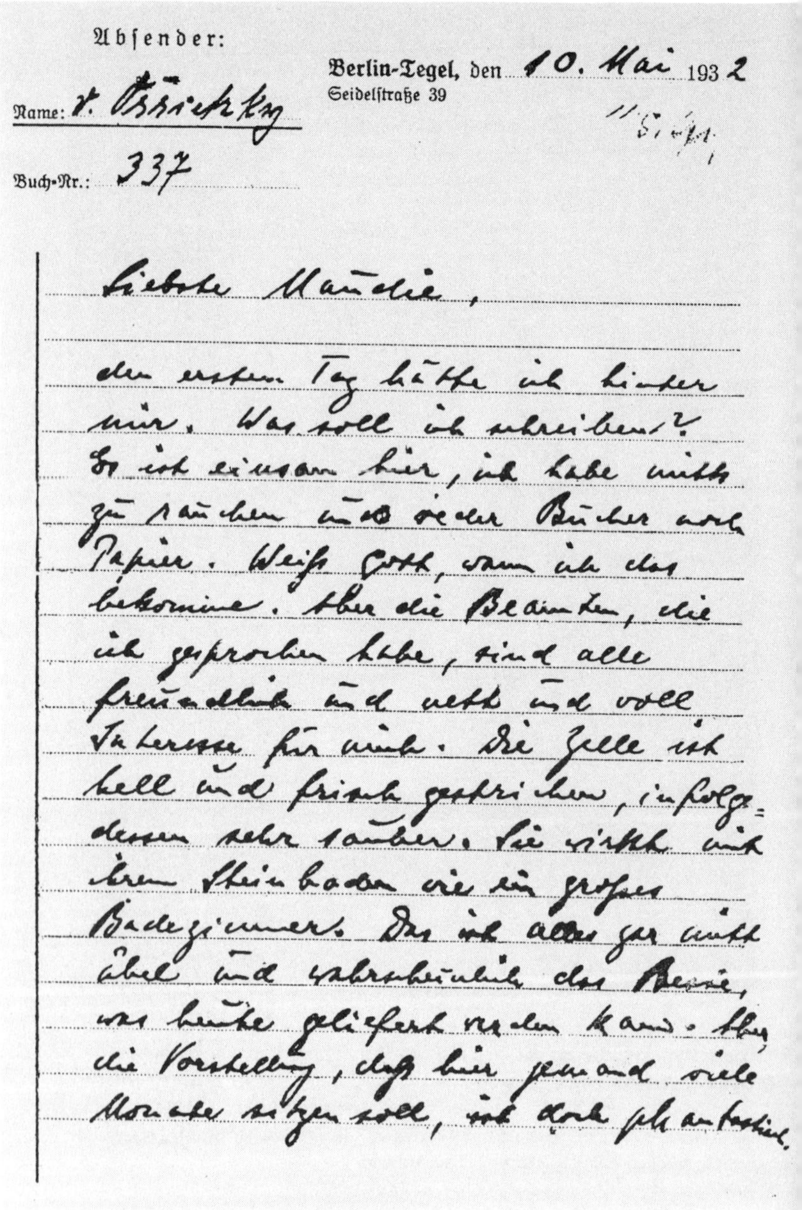

Absender:

Name: v. Ossietzky

Buch-Nr.: 337

Berlin-Tegel, den 10. Mai 1932
Seidelstraße 39

Liebste Maudie,

den ersten Tag hätte ich hinter mir. Was soll ich schreiben? Es ist einsam hier, ich habe nichts zu rauchen und weder Bücher noch Papier. Weiss Gott, wann ich das bekomme. Aber die Beamten, die ich gesprochen habe, sind alle freundlich und nett und voll Interesse für mich. Die Zelle ist hell und frisch gestrichen, infolge=dessen sehr sauber. Sie wirkt mit ihrem Steinboden wie ein grosses Badezimmer. Das ist alles gar nicht übel und wahrscheinlich das Beste, was heute geliefert werden kann. Aber die Vorstellung, dass hier jemand viele Monate sitzen soll, ist doch phantastisch.

Der erste Brief an Maud von Ossietzky.
»Gefängnis- und Haftgefangene (dürfen in der Regel) alle vier Wochen einen Privatbrief absenden. Diese Gefangenen sollen Briefe regelmäßig nur an Sonn- und Feiertagen schreiben. Ausnahmen bewilligt der Vorsteher.« (DVO, § 113 Abs. 2)

Auf Anstaltspapier schreibt Ossietzky noch an diesem Tag den ersten Brief an seine Frau Maud, seinen Bericht über die Demonstration vor dem Gefängnis, den ersten Eindruck der Zelle. Und – wie in den folgenden Briefen immer wieder – Ermahnungen, in väterlichem Ton. Wiederholen werden sich auch die Bitten um Dinge seines täglichen Bedarfs, deren Weg sich in der Gefangenenakte verfolgen läßt. Jeder Brief aus dem Gefängnis wird, meist einen Tag nach seiner Abfassung, von einem Gefängnisbeamten gelesen und mit Datum und Kürzel für den Postweg freigegeben.

Absender:
Name: v. Ossietzky
Buch-Nr.: 337

Berlin Tegel, den 10. Mai 1932
Seidelstraße 39 I 1/5 Sp.

Liebste Maudie,
den ersten Tag hätte ich hinter mir. Was soll ich schreiben –? Es ist einsam hier, ich habe nichts zu rauchen und weder Bücher noch Papier. Weiß Gott, wann ich das bekomme. Aber die Beamten, die ich gesprochen habe, sind alle freundlich und nett und voll Interesse für mich. Die Zelle ist hell und frisch gestrichen, infolgedessen sehr sauber. Sie wirkt mit ihrem Steinboden wie ein großes Badezimmer. Das ist alles gar nicht übel und wahrscheinlich das Beste, was heute geliefert werden kann. Aber die Vorstellung, daß hier jemand viele Monate sitzen soll, ist doch phantastisch.
Vielleicht wird dich trösten, was Du inzwischen von Dr. Apfel und andern gehört hast, die mich hinausgeleitet haben. Es war[en] sehr viele Leute gekommen, ein paar berühmte Schriftsteller dazwischen wie Toller, Feuchtwanger, Arnold Zweig, Roda Roda, Leonhard Frank. Es gab Ansprachen, es wurde wieder und wieder photographiert. Unter Hochrufen ging ich durchs Gefängnistor. Dieser Tag, der der traurigste hätte werden können, ist für mich der stolzeste meines Lebens geworden.
Dennoch war es gut, daß Du das nicht hast miterlebt. Mich hat es erschüttert, dich hätte es völlig kaputt gemacht. Hoffentlich hat man Dir alles gut und genau geschildert. Es muß auch in den Zeitungen einiges stehen.
Ich bin sehr traurig, wenn ich an unsern gestrigen Abend zurückdenke. Wir hätten in unser letztes Zusammensein vor langer Trennung nicht gereizte Auseinandersetzungen tragen dürfen. Wahrscheinlich habe ich durch meine eignen Darlegungen Dir sehr weh getan. Vergiß nicht, daß das nicht meine Absicht war. Diese Zeit ist ohnehin nicht leicht für uns, und wir waren beide wohl etwas verwirrt.
Liebes, liebes Kind – jetzt wird für längere Dauer kein Brief mehr gestattet sein. Bitte, achte sorgfältig auf dich, pflege dich – Deine Entsagung hilft mir nichts. Grüße unsre Kleine, wenn Du hinfährst. Küsse Sie für mich. Ich hoffe, von Dir bald zu hören. Verzweifle nicht, es muß besser werden. Vieles

möchte ich Dir heute abend schreiben, was ich als zu persönlich, nicht schreibe. Ach, liebe Maus, Freundin meiner Jugend, ich wünsche Dir gute Tage, Dir soll das Leben leicht werden. Bitte, sei nicht einsam, verkrieche dich nicht. Trotzdem man mich eingesperrt hat, ist es jetzt sehr ehrenvoll, meine Frau zu sein. Auf all das hast Du Anspruch, nutze es! Ich bin ruhiger, wenn ich weiß, daß Dir es gut geht. (Weißt Du noch etwas merkwürdiges: unter den Leuten, die mir in Tegel vor dem Tor die Hand drückten, da war Hans Pieper. Das hat mich so ergriffen.)
Grüße bitte die Redaktion, Frau Jacobsohn, Frl. Hünicke. Es geht mir gut! Bitte Grüße zu übermitteln an Arnheim, der sehr krank ist.
Ich küsse dich, mein liebes, liebes Kind; trag den Kopf hoch. Es wird nicht so schlimm. Dein *Carl*

Bitte laß durch den Bureauboten mein Rasierzeug mit Pinsel u. Crème schicken.

10.–13. Mai 1932

»Deutschland hat ab heute seinen ›Fall Dreyfus‹«, schreibt das *8 Uhr-Abendblatt* und führt weiter aus:
»Der deutsche Dreyfus ist Carl von Ossietzky, der mannhafte und streitbare Kämpfer für Freiheit, Recht und Wahrheit, der glänzende Publizist, der immer in der vordersten Front zu finden war, wo es galt, mit der Kraft glühender innerer Überzeugung für eine wahrhaft demokratische und soziale Republik zu wirken. [...] Wir, und mit uns ein sehr beträchtlicher Teil des deutschen Volkes, halten den Spruch des Reichsgerichtes für ein Fehlurteil. [...] Deshalb rufen wir alle Gesinnungsfreunde auf, sich mit uns zu einem Komitee zu vereinigen, das mit zehntausenden von Unterschriften eine Eingabe an den Reichspräsidenten von Hindenburg richtet, Carl von Ossietzky zu begnadigen oder wenigstens seine Strafe in Festungshaft umzuwandeln. Die Liga für Menschenrechte und der Pen-Club haben bereits die ersten Schritte hierzu getan. Wir schließen uns ihnen an und rufen: ›Freunde der Wahrheit, Gerechtigkeit und Freiheit, heraus mit Euch an die Front! Helft mit an der Befreiung Carl von Ossietzkys!‹«
Anton Kuh veröffentlicht seinen Abschiedsgruß im *Berliner Tageblatt:*

An Carl von Ossietzky.

Als ich Sie das letzte Mal über Ihren Fall reden hörte, schienen Sie optimistisch. Denn Sie gehören zwar zu den Menschen, die die unheilvoll-glückliche Gabe besitzen, sich nichts vorzumachen (und deren Verdienst

infolgedessen darin besteht, unbeirrbar geradeaus zu gehen), aber Sie sind auf der anderen Seite in der lautlosen Selbstverständlichkeit, mit der Sie Ihr Werk tun und durch die Sie jetzt wider Willen zum Märtyrer wurden, zu chevaleresk, um Ihren Gegner für Ihren Kerkermeister und nicht bloß für einen überlegenen Duellanten zu halten.
In diesem einen Punkt haben Sie, bei aller übrigen Voraussicht, geirrt. Das ist aber fast logisch. Die Freude, die Sie noch immer an der täglichen Kontrollierung des Ungeists, der Barbarei und Willkür finden, kann doch nur einem Zutrauen ins Menschliche entquellen – einer Überschätzung der befehdeten Welt. Ihr taktischer Nachteil ist Ihr ethischer Vorsprung. Ihre Niederlage Ihr vollkommener Sieg.
Wenn sich Ihnen heute, wo Sie Ihre Haft antreten, hundert Hände zum Abschied entgegenstrecken, dann werden Sie vielleicht zum ersten Mal mit einiger Bitterkeit spüren, daß keiner von denen, die dem Vorkämpfer huldigend auf die Schulter klopfen, ebenso gern mit ihm tauschen wollte. Und Sie werden sich in diesem Augenblick vielleicht zum erstenmal leise fragen: Wozu?... »Für die Freiheit und Kraft von morgen«, sagen Ihre Freunde. Ich sehe Sie bei diesen Worten noch melancholischer werden. Sie wissen, daß das Morgen ein Übermorgen ist.
Übermorgen... nehmen Sie dieses Wort in die Haft mit! Sagen Sie sich, daß es für die wenigen, auf die man übermorgen rechnen will, manchmal das beste ist, das Morgen nicht mitzuerleben – weil es sie nur verwirren, knieweich machen, stumpf schlagen könnte. Und halten Sie es nicht für Zynismus, wenn ich hinzufüge: daß die drakonisch-klaren Verhältnisse, welche die Willkür schafft, für den genau Rechnenden, um Reinigung Bemühten, der von ihr betroffen wird, manchmal »geordnete Verhältnisse« sind.
Gerade von diesem Standpunkt aus sollten beim Abschied von Ihnen keine Rütlischwüre abgelegt, keine Protesttöne angeschlagen, keine Sieggewißheiten beteuert werden. Von solchen Selbst-Vorgaukelungen einer Macht, die man nicht hat und für einige Zeit kaum haben wird, profitiert nur – die Gegenmacht. Sie kann dann besser glaubhaft machen, daß alles noch gerecht und richtig zugeht; denn es sieht dann aus, als ob sie einen gerüsteten, ebenbürtigen Gegner niederzwinge. Nein – in gewissen Zeiten ist das Gegenteil die letzte Notwehrwaffe: das Eingeständnis, daß man machtlos ist. Die Zustände benennen – das ist das einzige, was der Machtlosigkeit übrigbleibt. Man bewirkt damit mehr, als durch ganze Papierberge von Protesten und Beschwörungen, in denen der Willkür ins Gewissen geredet wird. Man bewirkt: Klärung.
Es ist für Tausende ein schmerzlicher Gedanke, daß diese Klärung gerade an Ihnen zum Exempel wird. Aber vielleicht liegt darin der Sinn Ihrer Haft, die sonst, was Sie richtig fühlen, ohne Sinn ist.
Ich brauche Ihnen nicht zu sagen, daß sich jeder Anständige unter den Schreibenden im Geiste heute mit Ihnen eingesperrt fühlt.

Bruno Frei, der Chefredakteur, schreibt in *Berlin am Morgen:*

Ossietzky ist von dem Augenblick an, da sich hinter ihm das Tor des Gefängnisses geschlossen hat, einer der 8500 politischen Gefangenen der kämpfenden Arbeiterklasse geworden. Wir sagen dies, obwohl wir wissen, daß Ossietzky nicht nur kein Proletarier ist, sondern auch der revolutionären Arbeiterbewegung in seinem Wirken fern stand. Ossietzky war in seiner ganzen Arbeit ein Kämpfer für die verblaßten Ideale der Freiheit, Gleichheit, Brüderlichkeit, ein letzter Achtundvierziger. Der letzte ehrliche Demokrat. Aber hier vollzieht sich an einem tragischen Opfer das Gesetz der Geschichte. Die Demokratie frißt ihre treuesten Söhne. Sie vernichtet die versprengten Reste liberaler Traditionen. [...] In dem Augenblick, in dem dieses monopolkapitalistisch gewordene Bürgertum zu Faschismus und Krieg rüstet, muß es seine Ossietzkys einkerkern. [...] In diesem Augenblick, da die Bourgeoisie den tapfersten, mutigsten und konsequentesten der bürgerlichen Freiheitskämpfer hinter Kerkermauern steckt, tritt die Arbeiterklasse das Erbe der Menschenrechte an. Nur in ihren Reihen ist der Kampf sinnvoll. [...] Nicht die Gnade Hindenburgs, sondern nur die Macht der Arbeiterklasse kann ihn befreien, und nicht »unbegreiflich« ist das Unrecht, das hier vollstreckt wird, wie die Schwachköpfe der eisernen Front schreiben, sondern die logische Konsequenz der politischen Machtverhältnisse.

Berthold Jacob, Mitstreiter und Kollege Ossietzkys, hatte den »Weltbühnen-Leiter« nicht zum Gefängnis begleiten können:
»Berufspflichten halten mich auf der Journalistentribüne des Reichstags. Reichswehrminister Groener wird eine Rede halten. Sturmszenen stehen in Aussicht. Groener spricht, schon krank und offensichtlich leidend, den Kopf mit einem dicken weißen Verband umwickelt. Man sieht, jedes Wort fällt ihm schwer. Er ist unglücklich in seinen Wendungen. Die Welle der ungebärdigen 107 Nazi brandet auf ihn ein. Jeder Satz von ihm wird drei und vier Mal durch Zwischenrufe zerhackt. Kaum kann er sich verständlich machen.«
Der Reichstag debattiert am 10. Mai das Verbot der SA, das drei Tage nach der Reichspräsidentenwahl am 13. April 1932 verfügt worden war. Landesverräterische Pläne betreibe die Privatarmee, seit Röhm die Truppe befehlige, stellt Reichswehr- und Reichsinnenminister Groener fest. Göring, Reichstagsabgeordneter der NSDAP, behauptet das Gegenteil und fordert im Gegenzug das Verbot des Kampfverbandes der Linken, des Reichsbanners.
Die Pläne der SA – »Kleine polnische Banden sind abzuwehren. Sobald Einmarsch regulärer Truppen erkennbar, rückt die S.A. [...] in die befohlenen Bereitstellungsräume. [...] Wir wollen unserem Führer unbedingt die S.A. zur Verfügung halten.« – sind der Regierung bekannt, in der Öffentlichkeit werden sie jedoch nicht erörtert:

HEUTE in den CLOU zum Koch-wettbewerb der BVZ!

BVZ Berliner Volks-Zeitung

Zweimal täglich
60 Pfg. wöchentlich
Im Einzelverkauf:
Morgenblatt 10 Pfennig
Sonntags 15 Pfennig
Abendblatt 4 Pfennig

BERLIN SEHR UNSICHER

[M]ittwoch, 11. Mai 1932 MORGEN-AUSGABE Nr. 221 – 80. Jahrgang

Groener im Reichstagssturm

Der Reichsinnenminister rechnet ab

K. C. Für Operateure mit einer Tonkamera, die ein Drama der deutschen Po[litik] drehen wollten, wäre gestern im Reichs[tag]parlament gewiß ein großer Tag gewesen. [Na]ch dem milden und gesitteten Auftakt vom [Mon]tag gab es drei wildbewegte, sturmerfüllte [Nach]mittagsstunden, in denen eine lärmende [Ra]uschkulisse vernehmbar wurde. Wer etwa [an]genommen hatte, daß die Nationalsozialisten [mit]teleuropäische Zivilisation angenommen [hät]ten, wurde bitter enttäuscht. Der Wider[spen]stigen Zähmung mißlang gründlich.

Der Haupteindruck jedoch, den der unbe[fan]gene Zuhörer von dieser Neunstunden[deb]atte mit nach Haus nehmen mußte, war [der], daß die Hitler-Partei wieder einmal ihre [inn]ere Zwiespältigkeit, Programmlosigkeit und [Ver]worrenheit enthüllt und ihre Koalitions[fäh]igkeit nicht gerade sehr überzeugend unter [Be]weis gestellt hat.

Zunächst zeigte sich der Pg. Gregor Straßer, [de]r als Provinzstar unter dem Motto „der [Schr]ecken des Reichstags" angekündigt, in der [neu]en Rolle des p. p. Staatsmannes. Er [zeig]te diesmal milde und sanft, entwickelte zwar [ein] wirres, wenig überzeugendes Wirtschafts[-und] Arbeitsbeschaffungsprogramm, endete aber dafür mit [eine]r Verbeugung vor Brüning, dem der gute [Wil]len nicht mehr abgesprochen wurde, und [mit] der Versicherung, daß der Kanzler nur [and]erer Koalitionsgenossen bedürfe, um auch [Bess]eres leisten zu können.

„Wechsel' verwechsel' das Bäumelein!" Der [ein]e Mann hatte in Moll gesprochen und seine [Tür], die ins Ministerium führen könnte, hinter [sich] zugeschlagen; der seine, fett gewordene [Kri]eger Göring, der als Hitlers Grammophon[app]arat nach Straßer auftrat und die alten [Re]gister plumpen Demagogentums zog, hielt [nur] an den alten Nazibräuchen fest [und] ritt besonders heftige Attacken gegen [den] Reichsinnenminister sowie in der Mohren[wä]sche seines obersten Braunhäuslers, der seine [Old]enburger Landesverratsrede nicht mehr [wah]r haben will. Um von den eigenen Sün[den] abzulenken, erging er sich in Beschimpfungen [der] Linken, so daß die Stimmung des hohen Hauses bald heißer und heißer wurde. Die obligate Kampfansage an die Reichsregierung klang zwar bei Herrn Göring um eine Tonarten schärfer, als bei seinem Kollegen Gregor Straßer, aber trotzdem hatte wohl der Kommunist Torgler nicht ganz Unrecht, wenn er dazwischenrief: „Morgen kommt's wieder anders."

Welch Fülle edlen Menschenmaterials und germanischer Heldenfiguren in der kompagniestarken Nazifraktion vorhanden ist, ließ sich sodann beobachten, als der Reichsinnenminister Groener das Wort zur Antwort ergriff. Er wandte sich voll Empörung dagegen, daß ihm die Nazis den Vorwurf gemacht hätten, er schwäche durch das SA.-Verbot die militärische Kraft des deutschen Volkes. Als er dann einen bisher unbekannten S.A.-Befehl zur Verlesung brachte, durch den die landesverräterische Taktik der Hitler-Partei enthüllt wird, war es aus mit der Beherrschung der 107 Mannen aus dem dritten Reich. Von der Tribüne ließ sich beobachten, wie zunächst das Häuflein Führer — die Frick, Goebbels, Rosenberg — ihre Völkerschar noch zu zügeln und aus naheliegenden Gründen zu bändigen versuchten, doch alle Mühe war umsonst: Diese Masse parlamentarischer Mensch, besser Hakenkreuzuntermensch, begann zu brüllen und zu randalieren. Koalitionsaussichten hin, Koalitionsaussichten her, was in der alten Schule der Verhetzung gelernt wurde, läßt sich nicht über Nacht abschütteln. So lärmten sie um des Lärmens willen und übten ihre Lungenkraft gegen den Minister, der ihr Doppelspiel entlarvte. Im Sinne des völkischen Führerideals schien es auch zu liegen, daß schließlich die Parteimatadore ihrem Troß folgten und den Pöbelchor nun wieder dirigierten. Straßer kippte schnell aus den diplomatischen Pantinen und leistete sich zum Schluß der Groener-Rede noch einen Soloerzeß. Der Knigge, den er am Tag vorher wohl noch studiert hatte, war vergessen.

Die Ausführungen des Reichsinnenministers, dem man allerdings etwas glücklichere Formulierungen gewünscht hätte, zogen klar und eindeutig den Trennungsstrich zwischen S. A. und Reichsbanner, zwischen der Privatarmee eines Putschhäuptlings und der Organisation der verfassungstreuen Bevölkerung. Es wurde auch zugleich die Antwort mitgeteilt, die Groener dem Reichspräsidenten in Sachen jenes ominösen Reichsbannermaterials gegeben hat, jener angeblich belastenden Dokumente, deren Bedeutung jetzt in Nichts zerronnen ist. Diese Antwort, in der die Abwegigkeit der „Belastungen" nachgewiesen wird, dürfte dem so eilfertigen Staatssekretär Meißner und seinen Freunden kaum besondere Freude bereiten. Behalten wir den entscheidenden Satz aus Groeners Rede im Gedächtnis: „Ohne die S.A. hätten wir seit Jahren Ruhe und Ordnung im Staate!"

Weil der Reichsinnenminister also sprach, schloß der gestrige Tag mit einem Rüpelspiel der Nationalsozialisten. Bis Gregor Straßer die guten Manieren eines Ministerpräsidenten annimmt, ist offenbar noch ein langer Weg.

Wir werden für ihn kämpfen . . .

Gestern nahm Carl von Ossietzky (×) von seinen Freunden Abschied und ging als Opfer des Reichsgerichts ins Gefängnis

Lebrun Präsident

VERSAILLES, 10. Mai.

Zum Präsidenten der französischen Republik wurde gestern nachmittag von der Nationalversammlung der Senatspräsident Albert Lebrun im ersten Wahlgang mit 633 von insgesamt 777 abgegebenen Stimmen gewählt. Der Sozialist Paul Faure erhielt 114 Stimmen; 12 Stimmen entfielen auf Painlevé, 8 Stimmen auf den Kommunisten Cachin. 10 Stimmzettel waren ungültig. Das Ergebnis wurde von fast dem ganzen Haus mit Beifall begrüsst.

(Eingehender Bericht auf Seite 2.)

Die Ministerrede

So ruhig der erste Tag der Reichstagsberatungen verlaufen war, so stürmisch und turbulent endete der zweite. Als der Reichsinnenminister Groener das Wort ergriff, um den Naziabgeordneten Goering zu antworten und das S.-A.-Verbot zu verteidigen, kam es zu unerhörten Lärmszenen. Groener, der keinen sehr glücklichen Tag hatte, konnte kaum einen Satz aussprechen, ohne von den Nationalsozialisten niedergeschrien zu werden. Die Ausführungen des Reichsinnenministers bildeten im übrigen eine energische Zurückweisung der nationalsozialistischen Anmaßung. Angesichts der unangenehmen Tatsachen, die der Minister ihnen vorhielt, war die Wut der Hakenkreuzler, die sich als falsche Patrioten entlarvt sahen, nur zu verständlich.

Reichsinnenminister Groener führte aus: Gegen die Bemerkung des Abg. Göring, das S.-A.-Verbot bedeute die moralische Abrüstung des deutschen Freiheitswillens lege ich auf das ernsteste Verwahrung ein.

Von den Nationalsozialisten werden nach diesem Satz Zwischenrufe gemacht, von den Sozialdemokraten Gegenrufe. Abg. Dr. Frick (Natsoz.) ruft drohend nach links: „Infame Burschen! Jetzt der da gesagt, wir verlangen Ausweisung oder wir greifen zur Selbsthilfe!" Minutenlang dauert darauf der Lärm an, bis der Vizepräsident endlich dem Minister wieder Ruhe schaffen kann.

Minister Groener: Herr Abg. Göring hat in außerordentlich warmer Weise . . .

Hier wird der Minister durch schallendes Gelächter der Mehrheit unterbrochen. Es kommen Rufe: „Röhm II" — „die Vaterlandsliebe der S. A. gerühmt", fährt der Minister fort. Es war aber für die Staatsautorität nicht erträglich, daß 400 000 tatbegierige junge Leute nur ihrem Parteiführer zur Verfügung stehen und nicht dem Staat. Ich kann hier nicht das Material vortragen, das uns in die Hände gefallen ist, aber einiges muß einmal gesagt werden zur Erläuterung der Worte, die Hitler in Lauenburg gesagt hat.

Hier steht schwarz auf weiß in einem Originalbefehl, aus dem die wahren Absichten der Führer hervorgehen: „Kleine polnische Banden sind abzuwehren. Sobald ein Aufmarsch regulärer Truppen erfolgt, rückt die S. A. in die befohlenen Bereitstellungsräume." Als Grund ist angegeben: „Wir wollen unserem Führer unbedingt die S. A. zur Verfügung halten." (Zuruf von den Nationalsozialisten: „Na Ihnen doch nicht etwa!" — Vor links wird geant-

»Landesverrat« wird – auch in diesem Fall – nur hinter verschlossenen Türen verhandelt.
Reichswehrminister Groener stürzt über Intrigen im eigenen Haus, nur zwei Tage nach dem Haftantritt Ossietzkys. Die offizielle Begründung: die Leitung zweier Ministerien überfordere ihn. Unterrichtete Kreise hingegen, schreibt die *Vossische Zeitung*, »wissen davon zu erzählen, daß die führenden Generale des Reichswehrministeriums in den letzten Tagen beim Reichskanzler [Brüning] vorstellig geworden seien, in dem Sinne, daß ein weiteres Verbleiben Dr. Groeners von der Wehrmacht schwer ertragen werden könnte.« Führend in diesem Machtkampf ist General Schleicher, der nach den Wahlerfolgen der NSDAP in Preußen, Bayern, Württemberg, Hamburg und Anhalt eine Zusammenarbeit mit dieser Partei und ihren Gliederungen befürwortet. Die *Deutsche Zeitung* gibt Schützenhilfe: »Wenn Groener fällt, muß Brüning nach.«
Das Mißtrauensvotum kann Reichskanzler Brüning am 12. Mai noch einmal abwenden. Kurz zuvor ist es im Reichstag zu einer blutigen Auseinandersetzung gekommen: Vier Abgeordnete der NSDAP haben den Kapitänleutnant a. D. Klotz, den Herausgeber der *Antifaschistisch-sozialistischen Korrespondenz*, im Restaurant des Hohen Hauses verprügelt. Das *Berliner Tageblatt* bemerkt:
»Wenn man beobachtet hat, wie sich heute die gesamte Fraktion solidarisch zeigte mit den Männern, die zu viert einen einzelnen Wehrlosen niedergeschlagen haben, wenn man beobachtet hat, wie heute, sobald es zu Lärmszenen kam, aus den hinteren Reihen der nationalsozialistischen Fraktion eine Art Rollkommando vorrückte, um sofort mit den Fäusten loszugehen, dann weiß man, daß diese Partei keinen Anspruch erheben kann, irgendeine andere Rolle in der deutschen Politik zu spielen, als die, die sie sich selbst zuteilt: die Rolle disziplinloser Ruhestörer, Krawallmacher und Raufbolde.«
Am 13. Mai steht Groeners Rücktritt fest. Zwei Tage später, schreibt Theodor Wolff im *Berliner Tageblatt*:
»Jene Fronde in der Reichswehr, die vielleicht für Hitler, ganz bestimmt aber für sich selbst arbeitet, forderte nun mit patriotischer Energie den Kopf ihres Ministers Groener, der ihr noch gefallen hatte, als er gegenüber dem Gnadengesuch Ossietzkys hart blieb, jetzt aber, durch die Auflösung der S.A. und die Schonung des Reichsbanners, ein politischer Kopf geworden war.«

14. Mai 1932

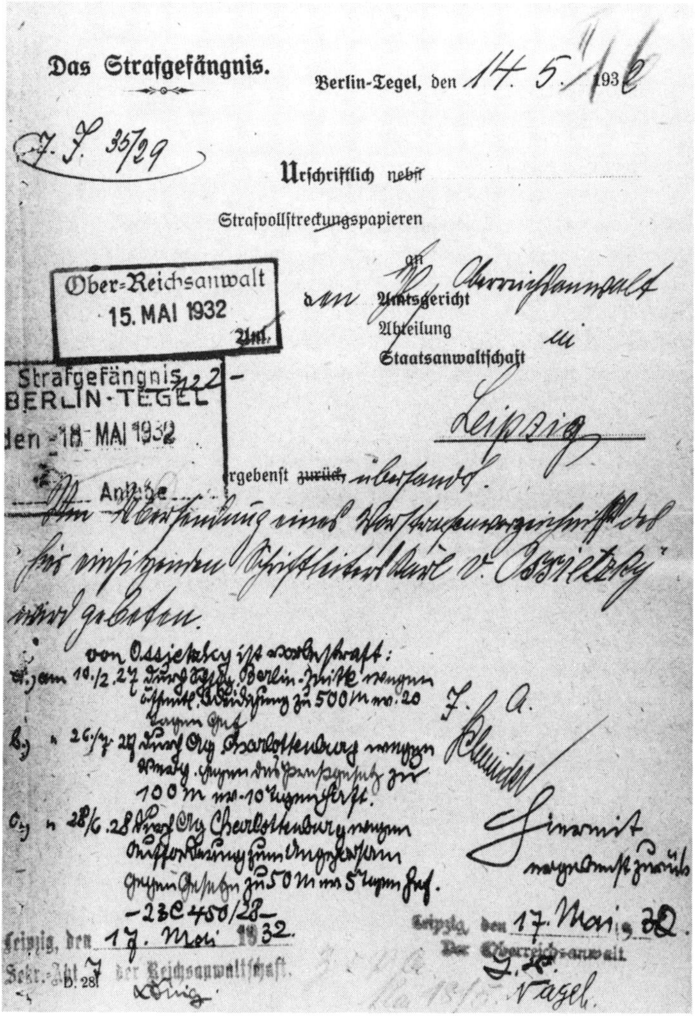
Das Strafgefängnis.

Berlin-Tegel, den 14. 5. 1932

Ursch̄riftlich nebst

Strafvollstreckungspapieren

an Oberreichsanwalt

Amtsgericht

Abteilung

Staatsanwaltschaft

in Leipzig

ergebenst zurück übersandt.

Ober-Reichsanwalt 15. MAI 1932

Strafgefängnis BERLIN-TEGEL den 18. MAI 1932

Anlage

Leipzig, den 17. Mai 1932.

Sekr.-Abt. 7 der Reichsanwaltschaft.

Leipzig, den 17. Mai 1932.

Der Oberreichsanwalt

Tegel.

Das Strafgefängnis Tegel schreibt an den Oberreichsanwalt in Leipzig und bittet »um Übersendung eines Vorstrafenverzeichnisses des hier einsitzenden Schriftleiters Karl v. Ossietzky«. Auf dem selben Blatt listet die Oberreichsanwaltschaft drei Vorstrafen Ossietzkys auf: »am 10./2. 27 durch Sch[öffen]g[ericht] Berlin-Mitte wegen öffentlicher Beleidigung zu 500 M er[satzweise] 20 Tagen Gef. Am 26./7. 27 durch A[mts]g[ericht] Charlottenburg wegen Verg[ehen] gegen das Preßgesetz zu 100 M er. 10 Tagen Haft. Am 28/6. 28 durch Ag Charlottenburg wegen Aufforderung zum Ungehorsam gegen Gesetze zu 50 M er. 5 Tagen Gef.«

Ossietzky schreibt an Tucholsky. Beide sind befreundet, seit Ossietzky den Kollegen im schwedischen Hindås im Herbst 1930 besucht hat. »Lieber Doktor« ist die wiederkehrende Anrede.

Absender: Berlin-Tegel, den 14. Mai 1932
Name: v. Ossietzky Seidelstraße 39 Ru.
Buch-Nr.: 337 Dr. Tucholzki

Lieber Doktor,
wie Sie sehen, habe ich mein neues Quartier bezogen. Sie können mir ruhig schreiben, wir können geschäftliche Dinge erörtern. Da ich die Weltbühne geliefert erhalten soll, bleibt mir auch der Überblick bewahrt. Unterrichten Sie mich also über Ihre jeweiligen Meinungen und Pläne – wenn ich auch nicht augenblicklich reagieren kann, so bleibe ich doch auf dem Laufenden. Was ich am meisten fürchte, das ist: die geistige Verbindung zu verlieren und später in eine Situation zu geraten, die mir fremd erscheinen muß. Heute spüre ich zwischen mir und den Dingen schon die dicken Mauern, das muß ich überwinden.
Das 8 Uhr Abend-Blatt hat sich ungeheuer für uns eingesetzt; Zucker, Victor, Pinthus standen in der ersten Front. Zucker und Pinthus haben mich auch nach Tegel herausgebracht. Bitte schreiben Sie doch ein paar freundliche Zeilen an Zucker und danken Sie auch in meinem Namen.
Ich wäre Ihnen auch verbunden, wenn Sie an meine Frau ein paar nette Zeilen schrieben. Sie ist in ziemlich übler Nervenverfassung zurückgeblieben. So ein von außen kommender Brief bedeutet immer eine Auffrischung.
Der Termin im Soldatenprozeß findet am 1. Juli statt. Ich bin deswegen in Connex mit Apfel.
Lassen Sie also bitte mal von sich hören. Herzlichst Ihr *Oss*

Kurt Tucholsky um 1931

Drei Tage später, am 17. Mai, schreibt Tucholsky den von Ossietzky angeregten Brief an dessen Frau Maud, in dem es heißt:
»Zunächst einen Händedruck. Ferner: bitte schreiben Sie mir *immer*, wenn etwas besonders schief geht – was ich tun kann, soll getan werden. Wenn Oss über die ersten Wochen herübergekommen ist, die ja erfahrungsgemäß die schwersten zu sein pflegen, dann wird das, glaube ich, nicht so schlecht gehn, wie man denkt. Wir müssen durchsetzen, daß die Strafe wenigstens in Festung umgewandelt wird. Und zwar vor dem Winter.
Wenn er schreiben darf, wäre das allerbeste, er machte ein Buch, wozu er ja bekanntlich draußen nie kommt. Ich habe ihm das bisher nicht geschrieben, das klingt so anmaßend – und es muß auch der erste Chock vorüber sein. Aber dann sollte er es tun – abgesehn von der günstigen Konjunktur, die für ihn herrscht, ist das eine gute Sache. Er sollte es unbedingt tun. (Nicht eine Sammlung seiner Artikel, sondern ein selbständiges Buch.)«

16. Mai 1932

Der *Montag Morgen* meldet unter der Überschrift »Ossietzkys Kulturgeschichte«:
»Carl von Ossietzky wird, wie wir hören, sowie ihm die Arbeit im Gefängnis gestattet ist, eine Kulturgeschichte der letzten hundert Jahre zu schreiben beginnen.«
In der Gefangenenakte findet sich ein »Auszug aus dem Arztbuch«:
»Mit Rücksicht auf seine starke Nervosität, halte ich Raucherlaubnis u. 2te Freistunde für erforderlich.«
Beides wird zunächst – von M. – genehmigt. Am 21. Mai jedoch erfolgt ein weiterer Eintrag: »Herr Oberdirektor teilt am Apparat mit, daß die Raucherlaubnis widerrufen ist«, was Ossietzky am 22. »mitgeteilt« wird.
Eine Armbanduhr, die Ossietzky am 15. »mitgebracht« wurde, wird »1.) der Kasse zur Aufbewahrung« übergeben. Unter »2.)« die lakonische Anweisung: »mitteilen«.

17. Mai 1932

Die Gefangenenakte verzeichnet den Eingang von zwei Büchern: »Die Welt als Wille und Vorstellung, I. Teil, II. Teil«, ein Geschenk des Schriftstellers Felix Gross, der im ersten Band von Schopenhauers Hauptwerk ein Zitat aus Goethes Gesprächen mit Eckermann *mit einer Widmung an Ossietzky verbindet.*

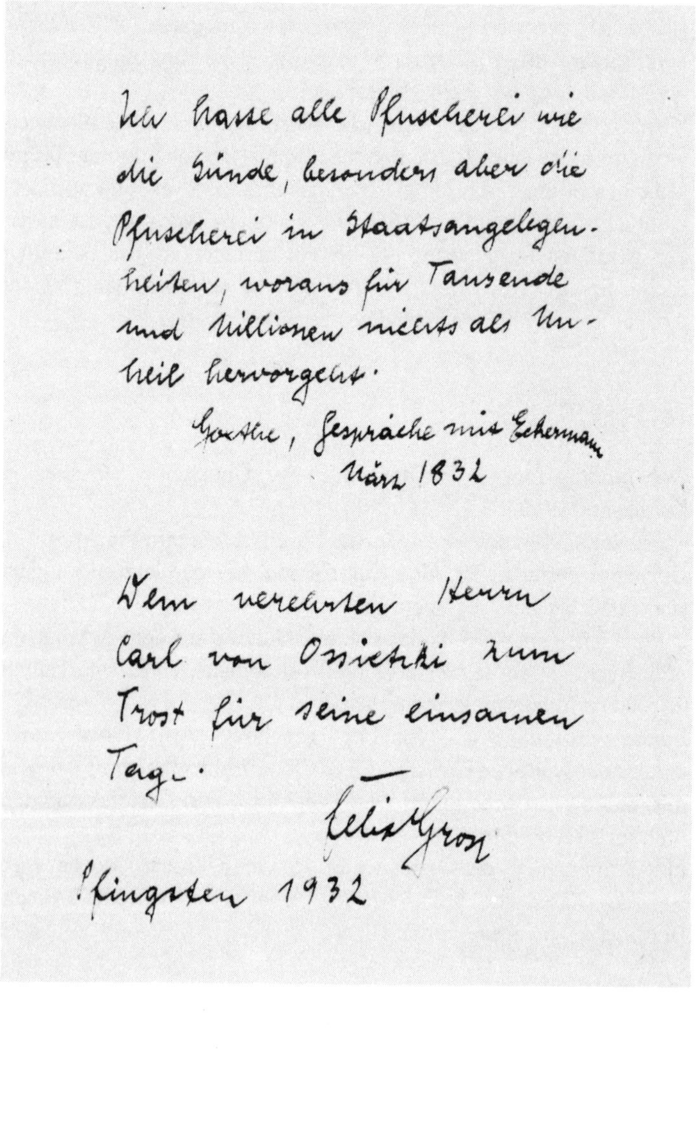

Ich hasse alle Pfuscherei wie die Sünde, besonders aber die Pfuscherei in Staatsangelegenheiten, woraus für Tausende und Millionen nichts als Unheil hervorgeht.

Goethe, Gespräche mit Eckermann
März 1832

Dem verehrten Herrn Carl von Ossietzki zum Trost für seine einsamen Tage.

Felix Gross

Pfingsten 1932

Die erste Nummer der *Weltbühne* nach Ossietzkys Haftantritt erscheint. Walther Karsch zeichnet als Verantwortlicher Redakteur im Impressum, Hellmut von Gerlach leitet die *Weltbühne* und verfaßt, im Wechsel mit Hanns-Erich Kaminski, die Leitartikel. Am 1. März hatte Ossietzky in einem Brief Tucholsky auf die neue Situation vorbereitet: »Es ist von uns nicht beabsichtigt, daß Herr von Gerlach auch die juristische Verantwortung übernehmen soll. Das halten wir schon aus dem Grunde für gefährlich, weil jetzt möglicherweise eine Prozeß-Serie beginnt und wir nicht in der Lage wären, eine leitende Person nach der andern an die Justiz abzugeben.«

Unter der Überschrift »Militärdiktatur« kommentiert Hanns-Erich Kaminski die Vorgänge um den Sturz Groeners:
»Am 12. Mai 1932 hat ein neuer Abschnitt der deutschen Geschichte begonnen. Seit dem 12. Mai 1932 herrscht in Deutschland die Militärdiktatur. Wir leben nicht mehr in der demokratischen Republik, wir stehen längst an der Schwelle des Dritten Reichs. Um uns über diese Schwelle zu stupsen, haben jetzt die Generale des Reichswehrministeriums die Macht übernommen. [...] Die Frage ist jetzt, wie lange Brüning sich noch halten kann.« Und der Kommentar endet: »Deutschland geht nach dem Weltkrieg und dem Ruhrkrieg seiner dritten Niederlage entgegen, und der Zusammenbruch wird die letzten Tragbalken des 1918 begründeten Systems mit sich reißen. Die Militärdiktatur ist immer der Anfang vom Ende.«

Ein paar Seiten weiter ist Tucholskys Gruß an Ossietzky zu lesen. Ossietzky hatte vor seinem Haftantritt mit ihm und seinen Mitarbeitern die weitere Arbeit für die *Weltbühne* besprochen; am 2. April schrieb er an Tucholsky:
»Worum ich Sie aber sehr bitte, das ist ein Artikel für das erste Heft nach meiner Inhaftierung. [...] Wie der aussehen muß, davon habe ich keine Vorstellungen. Nur würde ich es für verfehlt halten, etwa auf das ›Echo de Paris‹ Bezug zu nehmen, das wäre gefährlich [...]. Überhaupt rate ich Ihnen ab, sich darauf zu versteifen, man müsse, um Eindruck zu erzielen, ›frech‹ werden. Ich glaube, es handelt sich nicht darum, sondern um die klare Formulierung.« Tucholsky antwortete am 4. April: »Ich werde also natürlich schreiben, wenn es soweit ist. Und ich werde nicht frech sein, sondern sehr ruhig und sehr gesammelt ohne Bezugnahme auf das Echo de Paris sagen (wenn Sie das für richtig halten), daß: nichts verraten worden ist, weil es bekannt war; daß also die behaupteten Tatsachen wahr gewesen sein

mußten (darf man das?) und daß sich die Leute Ihnen gegenüber benommen haben wie…«

Für Carl v. Ossietzky

General-Quittung von Kurt Tucholsky

Carl von Ossietzky geht für achtzehn Monate ins Gefängnis, weil sich die Regierung an der Weltbühne rächen will, rächen für alles, was hier seit Jahren gestanden hat. Ossietzky geht ins Gefängnis nicht nur für den Mitarbeiter, der den inkriminierten Artikel geschrieben hat — er geht ins Gefängnis für alle seine Mitarbeiter. Dieses Urteil ist die Quittung der Generale.

Der Hexenprozeß wurde unter sehr erschwerenden Umständen geführt.

Um Ossietzky zu verhindern, beizeiten loszuschlagen, wurde die Anklage auch wegen militärischer Spionage erhoben, ein Delikt, das nicht vorgelegen hat; der einschlägige Paragraph bestimmt aber, daß wie bei einem Prozeß der westfälischen Feme oder wie in einem Verfahren der Inquisition die Öffentlichkeit nicht einmal von der Erhebung der Anklage etwas wissen darf. Ossietzky konnte sich also vor dem Prozeß überhaupt nicht zur Wehr setzen.

Der Prozeß fand hinter verschlossenen Türen statt. Die Angeklagten hatten vor der Öffentlichkeit nichts zu befürchten — die Regierung alles. Die Angeklagten hatten ein gutes Gewissen. Die Regierung hatte das nicht.

Den Angeklagten und den Verteidigern wurde strenge Schweigepflicht auferlegt; es durfte nichts über das, was Gegenstand der Verhandlung gewesen war, veröffentlicht werden — auch nicht nach dem Urteilsspruch. Es ist eine Frage der Taktik und des Temperaments, ob man das befolgt.

Ossietzky hat alle diese Schweigebote nicht nur befolgt — er hat sich in gradezu heroischer Weise hinter die Sache gestellt. Vom ersten Augenblick an bis heute gibt es keinen Satz, den dieser Mann geschrieben oder gesprochen hätte, wo er sich beklagt, sich rühmt, sich herausstellt. Ossietzky hat mir, als das Urteil herausgekommen ist, ebenso freundschaftlich wie fest verwehrt, ihn „anzusingen" — ich habe also damals nicht sagen können, was alle Beteiligten längst wissen: wie er noch im Prozeß versucht hat, sich vor den Schreiber des Artikels zu stellen; wie er versucht hat, die ganze Schuld auf sich zu nehmen und wie phrasenlos und still er diese böse Wartezeit durchgestanden hat. Nicht wissen, was morgen mit einem geschieht — und dabei seine Arbeit tun: das ist nicht leicht. Das hat Ossietzky seit etwa zweieinhalb Jahren getan.

Es ist nun nachträglich versucht worden, den Erlaß der Strafe oder die Umwandlung der Gefängnisstrafe in eine Festungshaft auf dem Gnadenwege zu erreichen, und dazu ist Folgendes zu sagen:

Carl von Ossietzky hat, während diese Bestrebungen im Gange waren, selbstverständlich nicht nur Groener, sondern auch den Mann, der letzten Endes über das Gnadengesuch zu entscheiden hat, dauernd angegriffen. Er hat gegen Hindenburg geschrieben, also genau das Gegenteil dessen getan, was man als Opportunismus bezeichnen könnte. Diese Angriffe hat er mit seinem Namen gezeichnet.

Grund genug, um nach gewissen Begriffen deutscher Ritterlichkeit zu argumentieren: „Er greift uns ja doch an — wozu soll man so einen begnadigen?"

Ein Funke von Ritterlichkeit auf der amtlichen Seite wäre vielleicht zu erwarten gewesen — ich habe das nie erwartet, und es hat auch nicht gefunkt. Der „alte Herr" versteht in Sachen der Armee keinen Spaß, die Weltbühne auch nicht — und Ossietzky geht ins Gefängnis. Die meisten Begnadigungsversuche sind dem Reichspräsidenten gar nicht erst vorgelegt worden.

Nach Kenntnis der ausländischen Pressestimmen fasse ich zusammen:

Die behaupteten Tatsachen sind wahr. Das Reichswehrministerium hatte Butter auf dem Kopf.

Es ist gar nichts verraten worden — und zwar deshalb nicht, weil die behaupteten Tatsachen, insbesondere bei den Franzosen, bekannt gewesen sind. Es ist also auch vom Standpunkt des Militärs der deutschen Republik kein Schade entstanden. Nicht die Enthüllung hat geschadet — die Tatsachen haben geschadet.

Die gegnerische Presse tut so, als wollte Carl von Ossietzky für sich eine Extrawurst gebraten haben. Das ist unrichtig.

Die Begnadigungsaktion will geschehnes Unrecht mildern, weiter nichts. Denn hier ist ein schweres Unrecht geschehn. Für dieses Delikt, das keines ist, über einen solchen Mann wie Carl von Ossietzky diese Strafe zu verhängen, das ist eine Schande. Sie auf sich zu nehmen ist keine.

Die Strafe ist und bleibt nichts als die Benutzung einer formalen Gelegenheit, einem der Regierung sehr unbequemen Kreis von Schriftstellern eins auszuwischen. Die Mitarbeiter und die Leser der Weltbühne haben in der Tat etwas getan, was den fascistischen Gegner bis aufs Blut gereizt hat: er ist hier ausgelacht worden. Hier ist gelacht worden, wenn andre gedonnert haben. Hier sind jene nicht ernst genommen worden. Und sie können ja vieles. Aber eines können sie nicht. Sie können nicht erzwingen, daß man zu ihnen anders spricht als von oben nach unten. Im geistigen Kampf werden sie auch weiterhin so erledigt werden, wie sie das verdienen. Und das muß doch gesessen haben. Denn sonst wären jene nicht so wütend und versuchten es nicht immer, immer wieder. Es wird ihnen nichts helfen.

Es ist mir unmöglich, einem so unpathetischen und stillen Kameraden wie meinem Freunde Ossietzky markige Abschiedsworte zuzurufen; wir sind keine Vereinsvorsitzende. Ich wünsche ihm im Namen aller seiner Freunde, daß er diese Haft bei gutem Gesundheitszustande übersteht.

Alle anständig empfindenden Menschen werden die Begnadigung fordern. Gummiknüppel sind keine Argumente. Und weiter ist dieses Urteil nichts.

Das Blatt aber wird, getragen von dem gewaltigen Auftrieb, den ihm Carl von Ossietzky gegeben hat, das bleiben, was es immer gewesen ist.

Anderthalb Jahre Gefängnis für eine gute Ware erhalten zu haben — das kann bescheinigt werden.

Die Ware wird weitergeliefert.

Im Anschluß an Tucholskys »General-Quittung« veröffentlicht die *Weltbühne* die »Eingabe an den Herrn Justizminister«, die Max Alsberg am 13. Februar verfaßt hatte, außerdem zwei der vielen Antwortschreiben auf Alfred Apfels Gnadengesuch: das von Justizrat Mamroth und das von Thomas Mann. Daran schließt sich an Alfred Polgars Bericht vom 10. Mai.

Ossietzky geht ins Gefängnis von Alfred Polgar

Dienstag vormittags haben wir Abschied genommen von unserm Freunde Ossietzky, der nun achtzehn Monate Zeit hat, fern von der ‚Weltbühne' (wo er niemals welche hatte) über verschiedenes nachzudenken, zum Beispiel über die Schrullen der Ethymologie, die fest behauptet, Justiz komme von justitia.

Achtzehn Monate. Ein Sommer, ein Herbst, ein Winter, ein Frühjahr, noch ein Sommer und noch ein Herbst. Anderthalb Jahre Gefängnis. Dafür könnte man sich, außer auf dem Gebiet der freien Meinungsäußerung, nach dem Tarif des deutschen Strafgesetzbuches Verschiedenes leisten. Zum Beispiel: die Schändung von ein paar minderjährigen Mädchen; oder mehrere Einbruchsdiebstähle; oder die Unterschlagung größerer Summen. Und ebenfalls anderthalb Jahre also muß, wenn nicht Gnade vor Unrecht ergeht, Ossietzky, dieser bis in den letzten Seelenwinkel integre Mann, Pein und Unehre des Gefängnisses dulden, für ein Delikt, das selbst nach der Meinung unbedingter Gegner des Verurteilten, keines war, und das er, wenn es eines wäre, aus reiner Überzeugung und achtbaren Motiven begangen hätte. Sicher wird ihm das Bewußtsein untadeligen Handelns eine Hilfe sein in den langen Tagen langer Haft; aber es scheint fraglich, ob einem Strafgefangenen die Vorstellung, er sühne für irgendwelche Schuld, nicht leichter verdaulich ist, als die, er sühne für etwas, das er nicht begangen hat. Im Kerker mag vielleicht das schlechte Gewissen ein sanfteres Ruhekissen sein als das gute. Es kommt da wohl ganz auf die geistige Konstitution und das Temperament dessen an, dens trifft.

Schwer, einen Menschen, dem alle Freundschaft von der ihm aufgeladenen Not nichts abnehmen kann, solcher Freundschaft zu versichern, und ihm zu sagen, man schmecke das Bittre, das er allein durchkosten muß, mit. Es ist schwer, weil es so leicht ist. Den engeren Kollegen, die Dienstag vormittags Ossietzky von seiner Arbeitsstätte zu dem Ausflug nach Tegel abholten, half er aus der Verlegenheit. Er hatte es durchaus nicht nötig, „aufgerichtet" zu werden, er hielt sich so grade wie in der ganzen Zeit seit dem ungeheuerlichen Urteil, die ihm an Plagen, Widrigkeiten und enttäuschten Hoffnungen nichts schenkte. Wie er in diesen letzten, durch die Spannung der Ungewißheit für ihn wohl kaum erträglichen, Wochen nicht einen Augenblick schlapp machte, die ganze Angelegenheit mehr unter dem Gesichtspunkt ihrer politischen und moralischen Auswirkungen sah, als unter dem des Übels, das sie für ihn selbst bedeutete, wie er dieses Übel weder groß beklagte, noch, um gute Haltung zu wahren, bagatellisierte, allen Verführungen, über die Grenze zu gehen, ein gelassenes Nein entgegensetzte, mit dem gleichen stillen Fanatismus wie immer bei seiner Arbeit blieb, die auch unterm Druck der unabwendbar gewissen achtzehn Monate in keiner Zeile die Fülle der inneren und äußeren Ablenkungen von ihr verriet, aber mit vielen Zeilen Ossietzkys Ruhm als glänzender politischer Kritiker und Polemiker mehrte... das war schon bewundernswert an diesem Mann von alles eher als robuster Nervenverfassung. Beim Abschied haben weniger die Freunde ihm, als er ihnen die Sache leicht gemacht. Fast durfte man Ossietzky glauben, daß er, zumindest für die erste Zeit, an die Ruhe und Einsamkeit der Zelle nicht mit Unlust denke. Und er, wenn irgend einer, könnte es wohl auch fertig bringen, aus dem Zustand des Gefangenseins nicht nur das Qualvolle, sondern auch das erlebnishaft-Besondere herauszuspüren, gewissermaßen als kleinen Gewinn des Freiheitsverlustes. (So tröstet sich der Mensch über das Unglück des Nebenmenschen.)

Obschon ich es gern täte, kann ich doch nicht sagen, daß Ossietzky, als er an jenem Vormittag das Zimmer der ‚Weltbühne' verließ, seinem Arbeitstisch einen wehmütigen Blick zugeworfen hat. Eher ihm der Tisch, an dem er fünf Jahre lang das schriftstellerische Hand- und Geistwerk, als Meister der Profession, übte. Einen besseren Herrn wird das Möbel nicht so bald finden.

Tegel ist ein freundlicher Vorort Berlins. Sogar das Gefängnis macht, im Mittagssonnenschein des wunderschönen Monats Mai, und besonders, wenn man beim Tor wieder umkehren und nach Hause gehen darf, keinen finsteren Eindruck. Sehr viele Kollegen waren da, um Ossietzky Lebewohl zu sagen, auch viele Menschen, die ihn gar nicht kannten, aber gekommen waren, um ihre Sympathie für den Verurteilten und ihre Überzeugung zu bekunden, daß er dies zu unrecht wäre. Leute, die auf der Straße gingen oder radelten, machten neugierig halt und sahen mit Erstaunen zu, wie alles sich drängte, einem Verbrecher die Hand zu schütteln und einem als unehrenhaft Gebrandmarkten Achtung zu erweisen. Es wurde auch eine Ansprache an Ossietzky gehalten und er gab als Antwort — in deren Tonfall die zurückgestaute Erregung der letzten Tage merkbar wurde — der Hoffnung Ausdruck, das stärkere Echo seines Falls werde von Nutzen sein für die achteinhalbtausend politischen Gefangenen, die in deutschen Gefängnissen für ihre Gesinnung büßen. Hernach sagten ihm alle und er allen „Auf Wiedersehen". Dann ging er den ersten Schritt in den langen Schacht seiner achtzehn Monate, die andern in die Stadt zurück, zu ihrer Arbeit oder Arbeitslosigkeit, und zündeten sich eine Zigarette an, was in jenem Augenblick der Strafgefangene Carl von Ossietzky schon nicht mehr durfte.

Leiter des Gefängnisses Tegel ist Herr Oberstrafanstaltsdirektor Brucks. Tegel-Erfahrene berichten, der Oberstrafanstaltsdirektor ließe es die Menschenwürde seiner Häftlinge nicht entgelten, daß sie ihre bürgerliche Würde verloren hätten, und fasse sein Amt nicht als das eines irdischen Racheengels auf. Und die Rechtsanwälte, die dabei waren, sagen, die erste Begegnung des Direktors mit Ossietzky wäre so verlaufen, daß alle, die um das Schicksal des ausgezeichneten Schriftstellers bangen, Vertrauen haben dürfen, es werde ihm als Strafgefangenen nicht mehr Unbill widerfahren, als schon in der Tatsache, Strafgefangener zu sein, einbegriffen ist.

Abgeschlossen wird dieser Ossietzky gewidmete Teil der *Weltbühne* mit einem kleinen Porträt, verfaßt von Edith Jacobsohn, seit dem Tod ihres Mannes Siegfried Jacobsohn am 3. Dezember 1926 Verlegerin der Wochenschrift.

C. v. O. von Edith Jacobsohn

Anfangs war Carl von Ossietzky für mich eine mythische Gestalt, denn S. J. brachte ihm ein mehr als phantastisches Vertrauen entgegen. Ossietzky sandte seine Artikel in die Setzerei, ohne daß sie den Prüfungsweg über unser sommerliches Kampen zu machen brauchten. Ossietzky war der Einzige, an dessen Artikeln der fanatischste aller Redakteure nichts zu ändern, nichts zu korrigieren hatte. Ich erwähne sicherlich kein Einzelschicksal, wenn ich gestehe, daß mich Ossietzky das Abrakadabra der Politik lieben und verstehen gelehrt hat. Nach Ossietzkys Artikeln, nach den Gesprächen, die ich mit meinem Mann über ihn führte, stellte ich mir ihn als einen jener weißhaarigen, ewig jungen älteren Herren vor, in denen sich Weisheit mit Esprit, sich abgewogenes Wesen und Ungestüm liebenswürdig paaren.

Ossietzky lernte ich erst nach dem Tode meines Mannes kennen. Es war nötig umzuschalten, und meine Verehrung auf einen Mann in der zweiten Hälfte der Dreißiger zu übertragen. In langen und tastenden Gesprächen erwogen wir die Frage, daß er die Leitung des Blattes übernähme. Ich war von Anfang an zuversichtlich und um Vieles überzeugter von ihm als er von sich. Vor fast genau fünf Jahren wurde er Leiter der ‚Weltbühne'. Ich habe meine Überzeugung nicht einen Tag zu bereuen gehabt. Das Geschick, das er für die ‚Weltbühne', für das Blatt S. J.s trug und trägt, hat mich ihm fester verbunden, die Art, wie er es trägt, meine Bewunderung und Dankbarkeit für den Mann Ossietzky gesteigert.

Seit dem Abend des 23. November, als wir den ritterlichen Politiker Carl von Ossietzky mit dem „diffamierenden Urteil gebrandmarkt" vom Bahnhof abholten, und er auf der schweigsamen Rückfahrt als Antwort auf diesen Raub von anderthalb Jahren Licht und Freiheit die Marseillaise vor sich hinsummte, hat er die nervenzerrenden sechs Monate des Wartens mit einem Kampflied auf den Lippen getragen. Es wird ihn in den noch schwereren achtzehn Monaten der Haft nicht verlassen. Ich, die ich an jenem Abend mit ihm durch das dunkle Berlin fuhr, werde jene Fahrt nicht vergessen. Der Verlag der ‚Weltbühne' wird keinen Weg unbeschritten lassen, der Ossietzkys Haft kürzen oder erleichtern kann. Ca ira! Wir alle warten auf Sie, Carl von Ossietzky.

Eine regelmäßige Rubrik der *Weltbühne* heißt »Antworten«. Sie gelten nicht nur Leserzuschriften, auch Tagesmeldungen werden aufgegriffen, Äußerungen von Politikern glossierend »beantwortet«. Oft sind die Adressaten auch fiktive Personen. In der Nr. 20 befaßt sich die Rubrik vor allem mit Ossietzky.

Antworten

Hellmut v. Gerlach an die Weltbühnenleser. Viele freundliche, manche minder freundliche Worte sind an meine Adresse gekommen, als die Kunde von meiner künftigen Tätigkeit an der ‚Weltbühne' ergangen war. Ich weiß, daß ich nur Platzhalter bin — Platzhalter nicht im Sinne Horthys, um den Platz dauernd zu halten. Im Gegenteil, mit dem Wunsche und dem Bemühen, daß der falsche Waldemar dem richtigen möglichst bald den ihm zukommenden Platz wieder einräume. Der Platzhalter würde seine Rolle übel verkennen, wenn er sich herausnähme, den Urlaub des Eigentümers dazu zu benutzen, seinem Heim einen andern Charakter zu geben. Andrerseits bleibe ich natürlich ich und wandle mich nicht, weil mein Tätigkeitsfeld sich gewandelt hat. Was jedermann an Ossietzky noch über allem andern schätzt, ist sein Charakter: Impavidum ferient ruinae! Er am wenigsten würde es billigen, wenn auch nur einen Tag an seinem Platz jemand stünde, der Ossietzky kopiert, statt ein Eigener zu sein. Wir alle wollen daran arbeiten, Ossietzky sein politisches Heim, während er selbst vorübergehend verhindert ist, sauber zu halten. Könnten wir es ihm bei seiner Rückkehr noch ein wenig geräumiger übergeben — der Hausherr würde nicht schelten. Ihm geht es um die Sache, nur um die Sache. Das ist das Große an ihm.

General Groener. Zwei Tage, nachdem sich die Gefängnistüren hinter dem Opfer Ihrer Militärpolitik, Carl v. Ossietzky, geschlossen hatten, sind Sie von den ehrgeizigen Generalen Ihres Bureaus gestürzt worden. Statt uns so blindwütig zu verfolgen, wäre es besser gewesen, Sie hätten uns aufmerksamer gelesen. Am 5. April dieses Jahres schrieb hier Carl v. Ossietzky: „Groener hat den Ehrgeiz, gleichzeitig an den zwei großen politischen Hochzeiten teilhaben zu wollen. Ich bin nicht geneigt, Herrn Groeners Rundungen Unrecht widerfahren zu lassen, aber um zugleich bei der Republik und beim Fascismus zu sitzen, dazu langt nicht einmal der dickste deutsche Ministerarsch. Groener wird bald zwischen die Stühle plumpsen, und niemand sollte den Sturz aufhalten." Jetzt sitzen beide. Aber Ihre Position zwischen den Stühlen scheint uns die minder ehrenvolle.

Der Weltbühnen-Prozeß. In unserm Verlag ist eine 64 Seiten starke Broschüre erschienen, in der außer den in dieser Nummer abgedruckten Schreiben Professor Alsbergs, Justizrat Mamroths und Thomas Manns die Eingabe von Rechtsanwalt Doktor Apfel an den Reichspräsidenten, Äußerungen hervorragender Vertreter der deutschen Öffentlichkeit und wichtige Stimmen der Weltpresse zum Weltbühnenprozeß veröffentlicht sind. Wer sich für diese Schrift interessiert, erhält sie gegen Einsendung von 30 Pfennig in Marken an den Verlag der ‚Weltbühne', Berlin-Charlottenburg 2, Kantstr. 152.

Allen Freunden und Lesern der ‚Weltbühne', die zum Strafantritt Carl v. Ossietzkys seiner und unser in einer Unzahl von Briefen gedacht haben, müssen wir auf diesem Weg unsern herzlichsten Dank aussprechen, da es uns bei der Fülle der Schreiben leider nicht möglich ist, Jedem zu antworten. Bei dieser Gelegenheit bitten wir, alle Sendungen und Zuschriften, die für Carl v. Ossietzky bestimmt sind, nicht direkt an die Strafanstalt richten zu wollen, sondern an den Verlag der ‚Weltbühne', da dieser Weg eine erhebliche Erleichterung der Zustellung bedeutet und im Interesse Carl v. Ossietzkys liegt.

Die Weltbühne wurde begründet von Siegfried Jacobsohn und wird von Carl v. Ossietzky unter Mitwirkung von Kurt Tucholsky geleitet. — Verantwortlich: Walther Karsch, Berlin.
Verlag der Weltbühne, Siegfried Jacobsohn & Co., Charlottenburg.
Telephon: C 1, Steinplatz 7757. — Postscheckkonto: Berlin 11958.
Bankkonto: Darmstädter u. Nationalbank. Depositenkasse Charlottenburg, Kantstr. 112.

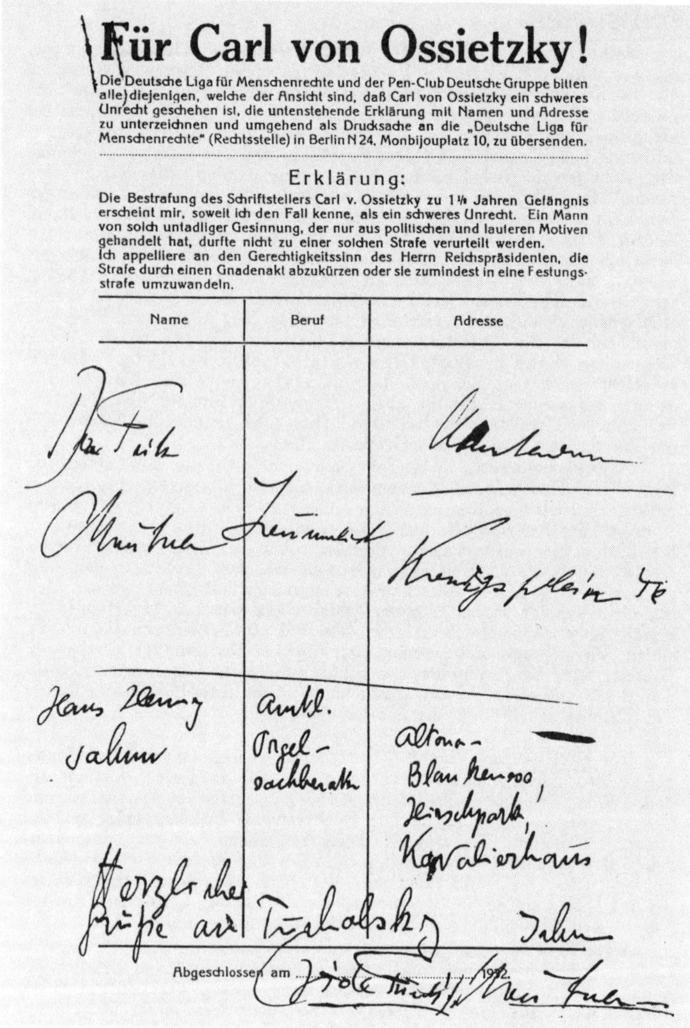

Für Carl von Ossietzky!

Die Deutsche Liga für Menschenrechte und der Pen-Club Deutsche Gruppe bitten alle diejenigen, welche der Ansicht sind, daß Carl von Ossietzky ein schweres Unrecht geschehen ist, die untenstehende Erklärung mit Namen und Adresse zu unterzeichnen und umgehend als Drucksache an die „Deutsche Liga für Menschenrechte" (Rechtsstelle) in Berlin N 24, Monbijouplatz 10, zu übersenden.

Erklärung:

Die Bestrafung des Schriftstellers Carl v. Ossietzky zu 1½ Jahren Gefängnis erscheint mir, soweit ich den Fall kenne, als ein schweres Unrecht. Ein Mann von solch untadliger Gesinnung, der nur aus politischen und lauteren Motiven gehandelt hat, durfte nicht zu einer solchen Strafe verurteilt werden.
Ich appelliere an den Gerechtigkeitssinn des Herrn Reichspräsidenten, die Strafe durch einen Gnadenakt abzukürzen oder sie zumindest in eine Festungsstrafe umzuwandeln.

Name	Beruf	Adresse
Hans Henny Jahnn	Orgelsachverständiger	Altona-Blankenese, Hirschpark, Kavaliershaus

Herzliche Grüße an Tucholsky Jahnn

Abgeschlossen am .... 1932.

Die Deutsche Liga für Menschenrechte und der Pen-Club hatten zum Haftantritt Ossietzkys eine Unterschriftenaktion gestartet, womit ein Gnadenakt des Reichspräsidenten angeregt oder zumindest die Umwandlung der Gefängnisstrafe in Festungshaft erzielt werden sollte. Die Vordrucke liegen der Weltbühne *seit dem 17. Mai bei. Mit einem »Gruß an Tucholsky« hat Hans Henny Jahnn sich an der Aktion beteiligt. Am 8. Juni macht die Justizpressestelle den »Herrn Oberstrafanstaltsdirektor« auf die Unterschriftenaktion aufmerksam, ein Vordruck befindet sich in der Gefangenenakte.*

18. Mai 1932

Der Tegeler Pazifistenrummel

Dem vom Reichsgericht wegen Verrats militärischer Geheimnisse zu einer eineinhalbjährigen Gefängnisstrafe verurteilten pazifistischen Schriftsteller Carl von Ossietzky haben seine jüdisch-pazifistischen Gesinnungsfreunde beim Strafantritt in unmittelbarer Nähe der Strafanstalt Tegel eine Huldigung dargebracht. Etwa 200 Leute hatten sich zu diesem Zweck auf Verabredung unter freiem Himmel versammelt. Es sind dabei politische Reden gehalten worden. Mit einem Wort: Es hat eine regelrechte Kundgebung stattgefunden, bei der dem rechtskräftig wegen eines der schimpflichsten Verbrechen Verurteilten von den Versammlungsteilnehmern ganz offenkundig nicht nur Beifall gespendet, sondern auch ihre Zustimmung zu seiner Handlungsweise zum Ausdruck gebracht worden ist.

Wir haben bereits unmittelbar nach Bekanntwerden der Kundgebung diesen unerhörten Vorfall gebührend gekennzeichnet und zugleich bei der zuständigen preußischen Amtsstelle nachgefragt, ob die Kundgebung vorschriftsmäßig angemeldet und polizeilich genehmigt worden sei. Eine sofortige Beantwortung unserer Frage war zunächst nicht zu erhalten. Erst am 17. Mai, also genau eine Woche nach dem Vorfall, ist uns nach zweimaligem Wiederholen unserer Frage mitgeteilt worden, daß über den Vorfall eine polizeiliche Untersuchung eingeleitet worden sei, wobei erklärt wird, daß Zeugen für die Vorgänge, die sich bei der Kundgebung abgespielt hätten, nicht ermittelt worden seien!

Wir sind in der glücklichen Lage, die mit der Untersuchungsführung betrauten Stellen unterstützen zu können. In der „Berliner Volkszeitung“ vom 10. d. M., Nr. 220 und im „8 Uhr-Abendblatt“ vom gleichen Tage Nr. 108 sind spaltenlange Berichte über die Herrn v. Ossietzky am 10. d. M. dargebrachte Huldigung enthalten, in denen nicht nur die Namen zahlreicher Kundgebungsteilnehmer, sondern auch die Ansprachen enthalten sind, die Herr v. Ossietzky und sein Gesinnungsfreund Herr Toller aneinander gerichtet haben. Die Anschriften der in den Berichten genannten Teilnehmer dürften sich leicht ermitteln lassen, handelt es sich doch dabei um hervorragende Mitglieder der „Eisernen Front“ im allgemeinen und des Reichsbanners im besonderen. Bei dem „staatserhaltenden“ Charakter des Reichsbanners ist es mit Sicherheit zu erwarten daß die an der Kundgebung beteiligten Mitglieder des Reichsbanners, wie beispielsweise der Oberst Lange, alles tun werden, um die Bemühungen der untersuchungsführenden Behörde zu unterstützen.

Die Strafverfolgung gegen Herrn v. Ossietzky ist seinerzeit vom Reichswehrministerium eingeleitet worden. Es ist anzunehmen, daß auch von dieser Stelle aus das Erforderliche veranlaßt wird, um den Sachverhalt zu klären, soweit das auf Grund der vorliegenden Zeitungsberichte überhaupt noch nötig erscheint.

E. L./

Auf dem Dienstweg landet ein Zeitungsausschnitt in der Gefangenenakte: Die Deutsche Zeitung *weist auf die Ordnungswidrigkeit der Demonstration vom 10. Mai hin – es herrscht Versammlungsverbot – und leistet, mit der Angabe von Namen, den Strafverfolgungsbehörden ›Amtshilfe‹.*

19. Mai 1932

Wie die Nazis ihre Pressekampagnen gestalten, zeigt der *Stürmer*, das *Nürnberger Wochenblatt zum Kampfe um die Wahrheit*, seit 1923 von Julius Streicher redigiert.

Der Juden Gott ist das Geld, bekannte der Jude Karl Marx. Geld aber kann der Jude in allen Ländern der Welt verdienen. Weil es dem Juden gleichgültig ist, in welchem Lande er seinen Rebbach macht, hat er kein Vaterland, das Deutschland heißt. Für den Juden ist es deshalb kein Vaterlandsverrat, wenn er andern Völkern verrät, was das deutsche Volk geheim halten will. Darum tobte es im alljüdischen Blätterwald, als im vergangenen Jahr der Jude Ossietzky wegen Landesverrates zu eineinhalb Jahren Gefängnis verurteilt wurde. Er hatte in der ›Weltbühne‹ Dinge veröffentlicht, die im Interesse der deutschen Landesverteidigung hätten verschwiegen bleiben sollen. Als nun Ossietzky seine Strafe hätte antreten sollen, war er verschwunden. Er hatte sich in das Gaunerparadies Sowjetjudäa geflüchtet. Am 10. Mai hat sich nun Jud Ossietzky im Strafgefängnis in Tegel gestellt. Zu seiner Verabschiedung führten die Hebräer ein richtiges Judentheater auf. Gegen hundert Prominente aus dem Stamm Juda hatten sich ein Stelldichein gegeben, um sich von dem famosen Rassegenossen am Gefängnistor zu verabschieden. [...] Man fragt sich nun, wie es kommen mag, daß Ossietzky plötzlich Lust verspürte seine Strafe anzutreten? Jud Ossietzky weiß es und die übrigen Juden wissen es auch: Jud Ossietzky bekam von maßgebender Seite zugesichert, daß er von den eineinhalb Jahren nur ein Weniges abzusitzen brauche. Schon nach kurzer Zeit soll er begnadigt werden. Es ist doch vorteilhaft, wenn man als Landesverräter zugleich ein Jude ist...

In seinem Lebenslauf, abgefaßt 1907, hatte Ossietzky geschrieben: »Ich bin katholisch getauft und protestantisch konfirmiert.« Im »Lebenslauf« zum Strafantritt notierte er: »Dissident«.

21.–23. Mai 1932

Unruhe im preußischen Landtag meldet das *Berliner Tageblatt*: »Das preußische Staatsministerium hat, nachdem die Wahlperiode des alten Landtags am 20. Mai abgelaufen ist, am letzten Tag offiziell dem Landtag seinen Rücktritt angezeigt. Das Kabinett Braun wird als Geschäftsministerium bis zur Wahl eines neuen Ministerpräsidenten durch den Landtag die Geschäfte weiterführen.« »Hochspannung über Preußen«, schreibt die *Vossische Zeitung* zwei Tage später, weil 24 Stunden vor Eröffnung des neugewählten Preußischen Landtags noch immer ungewiß ist, wer neuer Landtagspräsident wird und wann der neue Ministerpräsident gewählt werden soll.

24. Mai 1932

Ossietzky bittet »um Aushändigung der heute abgegebenen 12 Bücher laut Aufstellung, sowie 2 P. Strümpfe und 1 Büchse Puder.« Zusammen mit einem Brief erhält er die gewünschten Dinge. Eine Aufstellung der Bücher ist in der Gefangenenakte nicht enthalten. In einem Brief bittet er seine Frau um eine Aufsatzsammlung zur Judenfrage, die 1932 in Berlin erschienen ist.

Absender: Berlin-Tegel, den 24. Mai 1932
Name: v. Ossietzki Seidelstraße 39 Sp. 25/5.32
Buch-Nr.: 337 Frau

Liebste Maudie,
ich bitte dich, mir doch noch das Buch »*Klärung*« zu schicken. Du erinnerst dich, ich habe es Dir am letzten Tage noch bezeichnet. Es hat, wenn ich mich nicht irre, einen roten Einband und heißt im Untertitel ›Diskussion über den Antisemitismus‹. Ich habe mir viel Arbeit vorgenommen und lebe mich langsam ein.
Sei doch so freundlich und rufe den dicken Dr. Apfel an, daß ich ihn am Freitag erwarte.
Am Sonntag war ein sehr gutes Bild von mir im Weltspiegel. Ich weiß nicht, ob Du es gesehn hast. Schicke es doch Baby. Sie wird sich freuen.
Alles Gute Dein Carl

Bitte eine Dose Lanolin zum Rasieren!

Am 29. Mai schreibt Maud von Ossietzky an ihre Tochter Rosalinde: »Ich schicke dir die Weltspiegel Bild von sein Abschied mit Hochrufen + Hurrah ist er durch das Gefängnis Tor gegangen – wir haben so eine edeler guter Vati – du weißt nicht wie viele schöne + netter Briefe ich von vielen berühmten Menschen bekommen habe –«. Maud von Ossietzky ist, als Tochter eines Kolonialoffiziers, in Indien geboren und in England aufgewachsen. In einem Brief an ihre Tochter Rosalinde schreibt sie dazu: »Ich kamen von Indien mit 8 Jahre und konnte kaum das A.B.C. schreiben obgleich ich Englisch + Französisch sprechen konnte und mit 17 Jahre wie du weisst, nur *nicht* von mir aber auch von Vati habe ich mein Abitur bestanden.«

Der Schriftsteller Carl von Ossietzky, der als verant
eineinhalbjähriger Gefängnisstrafe verurteilt wurde,
seinen Berufskollegen und Mitgliedern der Liga für

Das Foto aus dem Weltspiegel, auf das Ossietzky seine Frau hinweist, zeigt von links: Lion Feuchtwanger, Alfred Wolfenstein (mit Brille), Carl von Ossietzky, rechts dahinter Willi Wolfradt, C. Z. Klötzel (mit Brille), Ernst Toller (mit Hut), dahinter

ner Redakteur der „Weltbühne" vom Reichsgericht zu
schiedet sich vor dem Portal des Gefängnisses von
henrechte

verdeckt Roda Roda, daneben Rudolf Olden (mit Brille), vorn neben Toller Alfred Apfel (mit Hut); weiter zu sehen sind Martha Maria Gehrke (hinten links mit Kopfbedeckung) und Hermann Kesten (rechts von Olden).

25. Mai 1932

Ossietzky erhält Besuch von seinem Anwalt Alfred Apfel, der 20 Kaugummi und 1 Mentholzigarette mit Spitze mitbringt. Damit ist für heillose Verwirrung in der Gefängnisbürokratie gesorgt.
»Was ist das: Mentholzigarette?«, schreibt am 26. der Beamte M. in die Gefangenenakte. »Wozu wird sie benutzt? Befürworten Sie die Aushändigung u. aus welchen Gründen?«
Die Antwort: »Angeblich zur Abgewöhnung des Rauchens, mir sonst nicht bekannt. Ärztliche Bedenken gegen Aushändigung bestehen nicht. Wenn ihm Raucherlaubnis nicht gewährt werden kann, empfehle ich diesen Ersatz«, schreibt der Gefängnisarzt. Die Mentholzigarette wird ausgehändigt.

Die *Vossische Zeitung* meldet in ihrer Abend-Ausgabe, daß das Präsidium des preußischen Landtags nun gewählt sei, der Landtag habe sich jedoch bis zum 1. Juni vertagt, erst dann solle die Wahl des neuen Ministerpräsidenten stattfinden. Den Nationalsozialisten Kerrl nennt die Abend-Ausgabe des *Berliner Tageblatt* als möglichen Landtagspräsidenten, den Sozialdemokraten Wittmaack als Ersten Vizepräsidenten.

26. Mai 1932

»Blutige Saalschlacht im Landtag«, lautet die Überschrift der *Vossischen Zeitung*.
»Die Nationalsozialisten prügelten die Kommunisten mit Stühlen, Tischen, schweren Schreibzeugen und Schubladen, die sie als Wurfgeschosse benutzten, zum Sitzungssaale hinaus. Fünf kommunistische und ein völlig unbeteiligter sozialdemokratischer Abgeordneter trugen Kopfverletzungen davon, die zum Teil als schwer bezeichnet werden. Die Sitzung wurde abgebrochen. Die Nationalsozialisten sangen nach der Saalschlacht das Horst-Wessel-Lied. [...]
Es war das traurigste, beschämendste und grauenhafteste Schauspiel, das je in einem Parlament vorgeführt worden ist.«

28. Mai 1932

In seiner 22. Folge veröffentlicht der *Illustrierte Beobachter* zusammen mit Fotografien vom 10. Mai das Gedicht »Schwerer Abschied«.

Vor dem Gefängnis Tegel: Kurt R. Grossmann, Rudolf Olden, Ossietzky, Alfred Apfel, Kurt Rosenfeld (von links)

Schwerer Abschied

Ach, wie war, Sie armer Ossietzky, einst die Welt bequemer!
Nun umsteht ein ganzer Troß Sie
leidgeknickter Abschiednehmer.

Fern der bunten Weltenbühne,
mußt du nun mit Wehmutschauern
hinter einer Stahlgardine
über Deutschlands Rettung trauern.

Wer verfaßt nun die Artikel,
die für Panjudäa werben — —?
Wai, der Untat Aktfaszikel
muß im Feuerbrand verderben!

Bitter flennt da die Mischpoke
über ihren „Idealiste",
der doch statt im Sträflingsrocke
landverraten gehen müßte.

Aus dem „prominenten" Kreise
tönt jetzt vor des Kittchens Toren
die vertraute Mauschelweise
einmal noch an deine Ohren.

Einmal noch weht vor dem Fasten
lind um dich das Knoblauchdüftchen — —
wenn du rauskommst aus dem Kasten,
säuselt wohl ein anderes Lüftchen!

Pidder Lüng.

30.–31. Mai 1932

»Kabinett Brüning zurückgetreten«, meldet die *Vossische Zeitung* am 30. Das Vertrauen des Reichspräsidenten von Hindenburg in den Reichskanzler ist durch Intrigen – auch von Seiten der ostelbischen Großgrundbesitzer – endgültig zerstört. Es wird damit gerechnet, »daß der Reichspräsident nicht einen Parteipolitiker, sondern einen Mann seines persönlichen Vertrauens mit der Kabinettsbildung betrauen will, der sich dabei politisch an eine bestimmte Richtlinie halten soll.«

Die *Vossische Zeitung* stimmt zum Abgesang des Alt-Kanzlers ein Loblied an: »Auch seine schärfsten Gegner müssen zugeben, daß dieser Mann Großes gewollt und sein Bestes gegeben hat, mit einer Opferbereitschaft, die keine Rücksicht kannte, weder auf die eigene Person, noch auf die Partei. Er diente nicht um Dank, er geht ohne Groll, ein ganzer Mann, ein guter Deutscher, ein Führer, den die Nation auch in Zukunft brauchen wird.«

Das *Berliner Tageblatt* stellt nüchtern fest, »daß nunmehr das ›System‹ gestürzt ist«.

Und Wolfgang Bretholz schreibt im *Berliner Tageblatt*:

»Der Weg ins Dunkle. – Zwei Jahre und zwei Monate hat das Kabinett Brüning in Deutschland regiert; es wurde, nach dem Rücktritt Hermann Müllers, gebildet als ein ›Kabinett der Frontsoldaten‹ und es war gedacht als eine ausgesprochen konservative Regierung, die eher gegen die Sozialdemokratie als mit ihr regieren sollte und regieren wollte. Die politische Entwicklung in den beiden letzten Jahren, das Anschwellen der rechtsradikalen Welle, die Verschärfung der Wirtschaftskrise, die Wandlungen des Regierungssystems haben den ursprünglichen Charakter des Kabinetts Brüning entscheidend geändert, haben angesichts der Gefahr des politischen und wirtschaftlichen Chaos eine Schicksalsgemeinschaft zwischen ihm und der Sozialdemokratie geschaffen, in die, in zunehmendem Maße, auch der Reichspräsident einbezogen war.«

Die *Weltbühne* druckt Verse von Theobald Tiger
(d. i. Kurt Tucholsky):

Heute zwischen Gestern und Morgen

von Theobald Tiger

Wie Gestern und Morgen
sich mächtig vermischen!
Hier ein Stuhl — da ein Stuhl —
und wir immer dazwischen!
Liebliche Veilchen im März —
Nicht mehr.
Proletarier-Staat mit Herz —
Noch nicht.
Noch ist es nicht so weit.
Denn wir leben —
denn wir leben
in einer Übergangszeit —!

Geplappertes A—B—C
bei den alten Semestern.
Fraternité — Liberté —
ist das von gestern?
Festgefügtes Gebot?
Nicht mehr.
Flattert die Fahne rot?
Noch nicht.
Noch ist es nicht so weit.
Denn wir leben —
denn wir leben
in einer Übergangszeit —!

Antwort auf Fragen
wollen alle dir geben.
Du mußt es tragen:
ungesichertes Leben.
Kreuz und rasselnder Ruhm —
Nicht mehr.
Befreiendes Menschentum —
Noch nicht.
Noch ist es nicht so weit.
Denn wir leben —
denn wir leben
in einer Übergangszeit —!

Und wieder »Antworten« der Redaktion:

Freunde und Leser der Weltbühne. Wir wiederholen hiermit unsre schon einmal ausgesprochene Bitte: Schicken Sie alles, was für Carl v. Ossietzky bestimmt ist, seien es nun Zuschriften, Zeitungen, Bücher oder sonst etwas, nicht direkt an die Strafanstalt, sondern in jedem Fall an den Verlag der ‚Weltbühne', der die Weiterleitung übernimmt. An der Dringlichkeit, mit der wir unsre Bitte aussprechen, mögen Sie erkennen, daß ihre Erfüllung im Interesse Carl v. Ossietzkys geboten ist.

»Täglich 1000 Unterschriften für Ossietzky!« meldet die *Berliner Volks-Zeitung* zur Unterschriftenaktion der Deutschen Liga für Menschenrechte und des Pen-Club.

1. Juni 1932

»Franz von Papen wird Kanzler«, meldet die *Vossische Zeitung*: »Alle Mitglieder des Kabinetts Papen sollen Nicht-Parlamentarier sein, aber politisch der Rechten angehören.« Eine parlamentarische Mehrheit dafür wird nicht erwartet, die *Vossische* rechnet mit Neuwahlen. Vom »Auflösungs-Kabinett« spricht der Kommentator und erläutert: »Die Regierung der ›nationalen Konzentration‹ hat nichts zusammenzufassen vermocht, weil sie das Werk einiger Großagrarier und einiger Schwerindustrieller ist, die zwar Einfluß in der Wilhelmstraße, aber nicht den geringsten Rückhalt im Volke haben. Welche Idee, mitten in einer der tiefsten und stärksten sozialen Erschütterung, von denen das deutsche Volk je erfaßt worden ist, eine Regierung von so ausgesprochener antisozialer reaktionärer Tendenz ans Ruder bringen zu wollen.« Am 4. Juni ist die Auflösung des Reichstags vollzogen; ein Termin für Neuwahlen wird noch gesucht. Papen führt in seiner Regierungserklärung aus: »Es muß eine klare Entscheidung darüber fallen, welche Kräfte gewillt sind, das neue Deutschland auf der Grundlage der unveränderlichen Grundsätze der christlichen Weltanschauung aufbauen zu helfen.« »Rückschritt auf der ganzen Linie«, überschreibt das *Berliner Tageblatt* den Wortlaut der Regierungserklärung.

5. Juni 1932

Carl v. Ossietzky II/337 5. 6. 32 Sp. 6/6. 32

Liebste Maudie,
da unser Bote Augstenberger in diesen Tagen zu mir kommt, um mir Papier und Umschläge zu bringen, bitte ich, ihm auch etwas mitzugeben. Ich brauche Schnürbänder und Seife, am besten Glyzerinseife. Vielleicht besorgst Du gleich zwei oder drei Stück oder ein recht großes.
Dann weiter aus dem Bücherschrank Julius Caesar von Brandes, zwei Bände. Ich habe jetzt Zeit genug, um mich hindurchzulesen.
Wie geht es zu Hause? Schreibe doch öfter, was Du machst. Bist Du bei Frau Jacobsohn gewesen? Was macht Baby? Laß es Dir gut gehn, mein Kind, und viele Küsse
Grüße an Frau Müller Dein Carl

Am 8. Juni verzeichnet die Gefangenenakte die Aushändigung von »Georg Brandes Julius Caesar I + II, 2 Stck. Seife, 2 Paar Schnürsenkel, 1 Flasche Birkenwasser« an Ossietzky.

7. Juni 1932

Eintrag in der Gefangenenakte: »Bittet um Licht bis 21 ½ Uhr.« – Diese Bitte wird in der Akte nicht beantwortet. Ausgehändigt werden »Matadore der Politik von Server« und »›Bismarck‹ von Kersten« sowie »Schreibmaschienenpapier«.

»Die demokratische Republik ist nicht besiegt, sie ist ganz einfach abgebaut worden«, schreibt Hanns-Erich Kaminski in der *Weltbühne* und setzt hinzu:
»Der Doktor Heinrich Brüning aber war ihr Totengräber. [...] Er war ja kein Mann der Linken, er hat aus seiner reaktionären Gesinnung nie ein Hehl gemacht, und gefühlsmäßig steht er seinen Nachfolgern sicher näher als seinen ehemaligen Bundesgenossen. [...] Da Doktor Brüning nicht mit der Rechten regieren konnte, regierte er zwar mit der Linken, aber er machte die Politik der Rechten. [...] Und nun ist das Ende da. Herr von Hindenburg, Generalfeldmarschall, Rittergutsbesitzer und Reichspräsident, hat den Leutnant Brüning weggeschickt und den Major von Papen ernannt. Manche Leute überlegen jetzt, ob es besser ist, von der Militärdiktatur erschossen oder vom Fascismus gehängt zu werden. [...] Jahrelang hat man gesagt, Deutschland sei eine Republik ohne Republikaner. Jetzt sind wir Republikaner ohne Republik. [...] Noch ist der Kern der Arbeiterklasse intakt, noch gibt es Republikaner in Deutschland, noch können wir kämpfen, wenn wir uns nur zusammenfinden. Aber nötig ist, daß wir uns auch von den letzten Illusionen freimachen. Die alte Linke ist tot, wir müssen von vorn anfangen. Es lebe die neue Linke!«
»Heimlicher Kanzler« – Wolfgang Bretholz analysiert in der Abend-Ausgabe des *Berliner Tageblatt* die Hintergründe des Papen-Kabinetts: »Es wird von Tag zu Tag sichtbarer, daß in dem neuen Reichskabinett Adolf Hitler der heimliche Kanzler ist. [...] Bei den Nationalsozialisten allein findet das Kabinett mit allem, was es tut und plant, uneingeschränkte Zustimmung. [...] Einstweilen jedenfalls beschränkt sich die praktische Tätigkeit des Kabinetts von Papen darauf, den Wünschen des heimlichen Kanzlers Schritt um Schritt nachzukommen. Es hat den Reichstag aufgelöst, denn Hitler verlangte die Auflösung, es hat Neuwahlen ausgeschrieben, denn Hitler fordert Neuwahlen, es ist im Begriff, das Verbot der nationalsozialistischen Privatarmee rückgängig zu machen, denn Hitler braucht für den Wahlkampf seine Terrortruppen. Und es rüstet sich zum Angriff

gegen Preußen. [...] Ein Reichskommissar soll dann der jetzigen preußischen Regierung die Geschäfte abnehmen und die Übereinstimmung zwischen der Politik im Reiche und der in Preußen herbeiführen, die für den bevorstehenden Reichstagswahlkampf der heimliche und der wirkliche Kanzler dringend wünschen. Diese Pläne kranken nur daran, daß ihre Durchführung einen glatten Staatsstreich bedeuten würde. [...]«

12. Juni 1932

Ossietzky schreibt an seine Frau. In diesem Brief findet sich ein Hinweis auf einen zurückliegenden Besuch, in sieben weiteren Briefen gibt es Hinweise auf zukünftige Besuche. Maud von Ossietzky hat ihren Mann wohl vier oder fünf Mal besucht, Anträge oder Genehmigungen für sie sind in der Gefangenenakte nicht vermerkt.

Carl v. Ossietzky — Tegel, 12. 6. 32
II/337 — Sp. 13/6. 32

Liebste Maudie,
ich habe die Sachen erhalten, die Du mir geschickt hast und danke Dir dafür. Es kam mir alles sehr gelegen. Ich bitte jetzt, den Boten am Mittwoch oder Donnerstag herauszuschicken, um meine Wäsche abzuholen. Es ist das Beste, Du läßt sie selbst waschen, und schickst mir dann etwa alle zwei Wochen, was ich brauche. Schicke mir also, wenn Du abholen läßt, etwa zwei Hemden mit, zwei paar Strümpfe, zwei Taschentücher und die kurzen Unterhosen, die ich noch habe. Damit komme ich dann bis zum nächsten Mal aus. Ich bitte möglichst bei den Hemden um ältere und schlechtere, die andern sind zu schade. Vielleicht besorgst Du mir auch ein paar ganz gewöhnliche blaue oder graue Kragen, es ist unsinnig, daß ich meine neuen weißen hier abnutze. Weiter brauche ich wieder Kaugummi, mein einziger Trost; rufe auch Frl. Hünicke an: ich lasse sehr schön grüßen und Sie soll mir ein paar Dutzend Briefumschläge mitschicken; Papier habe ich genug. Das ist mein Wunschzettel.
Von mir selbst ist nicht viel zu sagen. Es geht mir gut, ich lese und schreibe und komme damit über die Zeit hinweg. Ich schlafe auch ganz anständig. Jetzt möchte ich aber auch wissen, wie es Dir geht. Ich habe weder aus Deinen Briefen noch aus Deinem Aussehen bei Deinem Besuch einen wirklich beruhigenden Eindruck gehabt. Du schienst mir ungeheuer nervös zu sein. Willst Du nicht etwas dagegen tun? Bist Du, wie ich Dir sofort anriet, bei Dr. Tittel gewesen? Bitte, suche ihn doch auf, lasse Dir von ihm eventuell einen Nervenarzt empfehlen, aber auch Apfel kann Dir da Rat geben. Ich

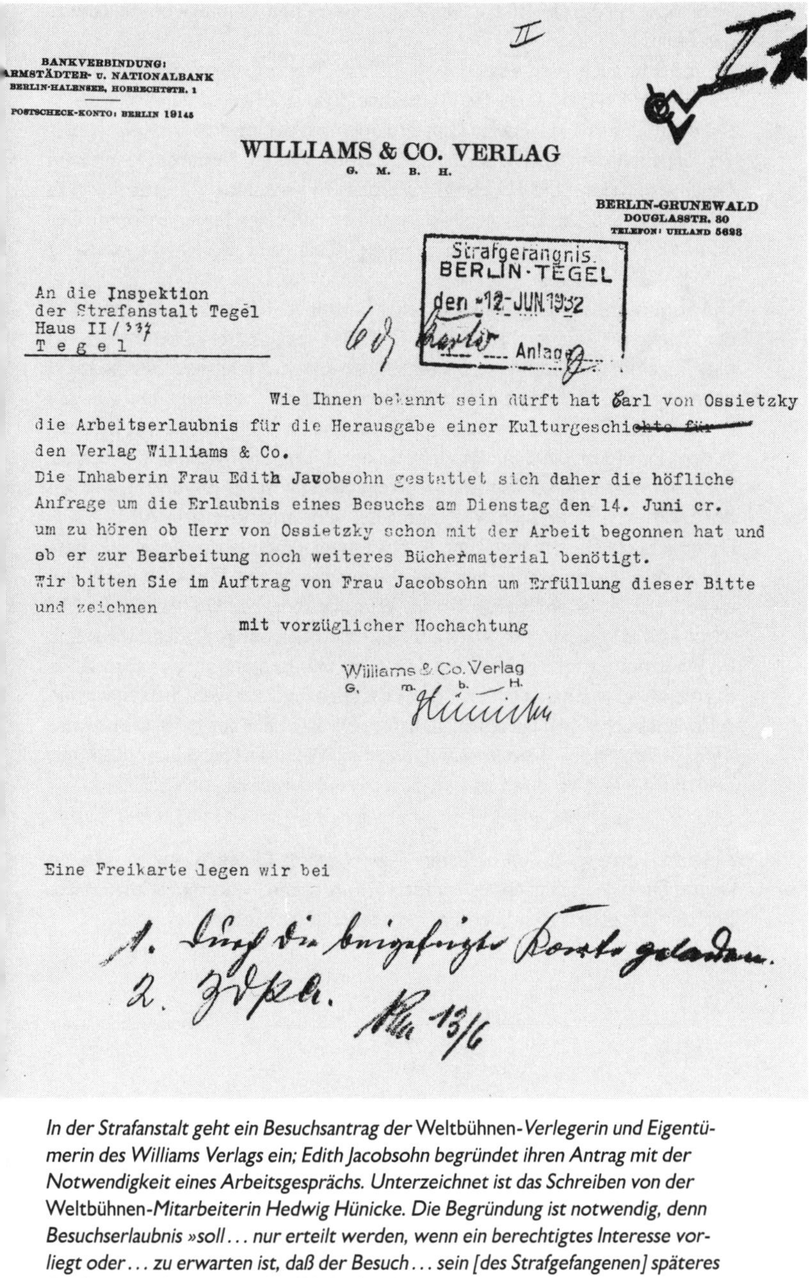

BANKVERBINDUNG:
DARMSTÄDTER- U. NATIONALBANK
BERLIN-HALENSEE, HOBRECHTSTR. 1

POSTSCHECK-KONTO: BERLIN 19145

II

WILLIAMS & CO. VERLAG
G. M. B. H.

BERLIN-GRUNEWALD
DOUGLASSTR. 30
TELEFON: UHLAND 5828

Strafgefängnis
BERLIN-TEGEL
den 12. JUN. 1932
Anlag

An die Inspektion
der Strafanstalt Tegel
Haus II / 337
T e g e l

Wie Ihnen bekannt sein dürft hat Carl von Ossietzky die Arbeitserlaubnis für die Herausgabe einer Kulturgeschichte ~~für~~ den Verlag Williams & Co.
Die Inhaberin Frau Edith Jacobsohn gestattet sich daher die höfliche Anfrage um die Erlaubnis eines Besuchs am Dienstag den 14. Juni cr. um zu hören ob Herr von Ossietzky schon mit der Arbeit begonnen hat und ob er zur Bearbeitung noch weiteres Büchermaterial benötigt.
Wir bitten Sie im Auftrag von Frau Jacobsohn um Erfüllung dieser Bitte und zeichnen

mit vorzüglicher Hochachtung

Williams & Co. Verlag
G. m. b. H.
Hünicke

Eine Freikarte legen wir bei

1. Durch die beigefügte Karte geladen.
2. Z.d.PA.
Klu 13/6

In der Strafanstalt geht ein Besuchsantrag der Weltbühnen-*Verlegerin und Eigentümerin des Williams Verlags ein; Edith Jacobsohn begründet ihren Antrag mit der Notwendigkeit eines Arbeitsgesprächs. Unterzeichnet ist das Schreiben von der* Weltbühnen-*Mitarbeiterin Hedwig Hünicke. Die Begründung ist notwendig, denn Besuchserlaubnis »soll … nur erteilt werden, wenn ein berechtigtes Interesse vorliegt oder … zu erwarten ist, daß der Besuch … sein [des Strafgefangenen] späteres Fortkommen fördern wird«. (DVO, § 112)*

bitte dich sehr darum, laß die Dinge nicht so treiben. Es muß wohl bald etwas geschehn.
Ich möchte auch gern wissen, wie Du den Tag verbringst. Bekommst Du Zeitungen? Bekommst Du die Weltbühne? Was tust Du? Wofür interessierst Du dich? Das sind doch alles Dinge, die ich wissen möchte und wo ich Dir weiterhelfen kann, auch wenn ich nicht da bin. Weiter. Kommst Du mit dem Gelde aus? Kriegst Du es richtig? Verwende es vernünftig. Besorge Dir gute Garderobe. Laß Dir Sommerkleider machen und einen Sommermantel. Das brauchst Du, und Du hast doch genügend Geld dafür. Also nicht knauserig sein gegen dich selbst.
Die Sommerreise mußt Du rechtzeitig betreiben. Ich halte es für richtig, in der Odenwald – Gegend zu bleiben. Du fährst vor Schulschluß hin, bleibst ein paar Tage dort, um den Unterrichtsbetrieb kennen zu lernen. Das mußt Du unbedingt tun, Du findest in dem Pensionat schöne Unterkunft, und von den Gören in der Schule wirst Du so gefeiert werden. Vielleicht kannst Du auch in dem Pensionat bleiben, das nicht teuer ist, und die Kleine in der Schule. Auch das wäre eine Lösung, und vielleicht die billigste. Es ist wirklich herrlich dort und es wird gefallen. Was hörst Du von Lütt? Wie geht es?
Dein nächster Besuch hier kann in etwa zwei Wochen also gegen Monatsschluß sein. Komme aber nur nach Vereinbarung mit Dr. Apfel, nicht auf eigne Faust. Es ist am richtigsten so. Ich hoffe sehr, daß Du das nächste Mal schon etwas sicherer bist. Aber Du mußt alles tun, um gesünder zu werden. Ich weiß, daß die letzten Wochen dich sehr, sehr mitgenommen haben. Aber das muß überwunden werden, und es tut auch mir sehr weh, daß Du wie ein verlorenes Schäfchen herumläufst. Laß es Dir also sehr gut gehn, mein armes Kind, es muß doch wieder besser werden. Wenn Du besondern Kummer hast, bitte, sei ganz offen zu mir. Sage, was los ist, was dich quält.

Dein *Carl*

Apfel ist verreist, in den nächsten Tagen kommt Olden zu mir. – Decken kannst Du nicht schicken, es ist auch schon wieder wärmer. Schicke bitte Berliner Tageblatt vom Sonntag. Meines ist ausgeblieben.

Carl, Rosalinde und Maud von Ossietzky, vermutlich im Sommer 1931. Es ist das einzige vorhandene Familienfoto.

14. Juni 1932

In der Antwort an einen »Kommunisten« gibt die Redaktion der *Weltbühne* einen Hinweis auf die beginnende Amnestiedebatte im preußischen Landtag, außerdem wird ein »Unorientierter« auf die Broschüre »Der Weltbühnen-Prozeß« hingewiesen.

Kommunist. Deine Presse freut sich, daß es gelungen ist, im Rechtsausschuß des Landtages weitgehende Amnestieanträge durchzudrücken. Noch ist zwar nicht entschieden, wie sich der Landtag dazu stellen wird, doch gestatte, daß wir schon jetzt einen kleinen kritischen Zwischenruf machen. Wer fällt unter diese Amnestie, die ja nur von preußischen Gerichten gefällte Urteile umfaßt? Alle Die, die sich ihrer Überzeugung wegen Dienssträfen zugezogen haben. Gut. Wer noch? Der Hochverräter Scheringer? Keine Spur. Der angebliche Landesverräter Carl v. Ossietzky? Nicht daran zu denken. Sie wurden ja vom Reichsgericht abgeurteilt. Dafür aber all die Krawallmacher und Totschläger. Deine Partei ist gegen den individuellen Terror; wir wissen natürlich ebenso gut wie sie, auf wessen Konto die meisten politischen Mordtaten kommen. Aber grade weil durch diese Amnestie die Unmasse der nationalsozialistischen Mörder und Radaubrüder freikommt, während die wirklichen politischen „Verbrecher" weitersitzen müssen, die keiner Fliege ein Haar gekrümmt haben, die ihre Überzeugung in offener Rede und Schrift vertreten haben und nicht mit der Revolverkugel oder gar aus dem Hinterhalt, eben deshalb halten wir diese Amnestie für verderblich. Die Tatsache, daß eine ganze Anzahl deiner Leute freikommen, die wegen politischer Morde und ähnlicher blutiger Delikte hinter Kerkermauern geraten sind, sollten deine Parteifreunde wirklich nicht veranlassen, dem nationalsozialistischen Mob zur Freiheit zu verhelfen. Politischer Mord bleibt politischer Mord, auch Deiner Überzeugung nach ist die Kugel kein Argument. Gewiß, manch einer ist unschuldig, und man kann ihm nur wünschen, daß er freikommt. Dafür gibt es aber andre Wege als eine Amnestie. Ist es in Deinem Sinne, daß die Terroristen freikommen, während die andern, die mit dem Wort fochten, weiter in Gefängnissen, in Zuchthäusern bleiben müssen; darunter die besten Leute Deiner Partei? Siehst Du, weil das ein peinliches Mißverhältnis ist, darum können wir uns über diese Amnestie nicht freuen. Erst recht nicht, seitdem bei der zweiten Kommissionslesung die in der ersten angenommene Amnestie für Delikte aus sozialer Not wieder beseitigt worden ist. Ihr helft den Nazis, ihre Mörder freizubekommen, die Nazis aber stimmen gegen Eure Arbeitslosen!

Unorientierter. Ihnen und vielen andern Briefschreibern ist noch manches an den Vorgängen unklar, die Carl v. Ossietzky für achtzehn Monate ins Gefängnis gebracht haben. Leider können wir hier den Fall nicht noch einmal in aller Ausführlichkeit aufrollen und müssen Sie daher immer wieder auf die in unserm Verlag erschienene, 64 Seiten starke Broschüre hinweisen, in der die Eingabe von Rechtsanwalt Doktor Apfel an den Reichspräsidenten, das Schreiben Professor Alsbergs an Justizminister Joel, Äußerungen hervorragender Vertreter der deutschen Öffentlichkeit und wichtige Stimmen der Weltpresse zum Weltbühnenprozeß veröffentlicht sind. Carl v. Ossietzky selbst hat in drei Nummern der ‚Weltbühne' — 1931 Heft 48 „Der Weltbühnenprozeß", Heft 49 „Offener Brief an Reichswehrminister Groener" und 1932 Heft 19 „Rechenschaft" — zu dem Prozeß, zu seiner Verurteilung und zu seiner Inhaftierung Stellung genommen; soweit das bei einem geheim durchgeführten Verfahren möglich war. Solange noch Exemplare vorhanden sind, können Sie die Broschüre gegen Einsendung von 30 Pfennigen, die drei Hefte für den Gesamtpreis von einer Mark in Briefmarken vom Verlag der ‚Weltbühne', Berlin-Charlottenburg 2, Kantstraße 152, beziehen.

»Wer Hitlers Selbstbiographie ›Mein Kampf‹ gelesen hat«, schreibt Hellmut von Gerlach in der *Weltbühne*, »wird sich mit Entsetzen fragen, wieso ein solcher sadistischer Oberkonfusionsrat zum Führer eines starken Drittels des deutschen Volkes werden konnte. In Hitler steckt jedoch etwas mehr als in seinem Buch. Er hat Instinkt. [...] Sein Instinkt macht ihn zum Menschenfänger.«

15.–16. Juni 1932

»Neue schwere Belastung der Massen«, meldet die *Vossische Zeitung* am 15. Juni:
»Papens erste Notverordnungen veröffentlicht«. Hohe Steuern, harte Rentenkürzungen und schwere Eingriffe in bisherige Prozeßordnungen sind zu verzeichnen. »Sie bedeuten Aufbürdung der Lasten auf die schwächsten Schultern, bedeuten Kürzung der öffentlichen Leistungen bis unmittelbar an die Grenze, an der der Hunger beginnt, bedeuten Abstempelung des Heeres der Arbeitslosen zu öffentlichen Armen«, stellt der Kommentator in der Abend-Ausgabe fest.
Endgültig klar ist nun auch, daß die SA mit Wirkung vom 17. Juni wieder zugelassen sein wird.
Die *Vossische Zeitung* vom 16. Juni, berichtet über den Beginn der Lausanner Konferenz, die bis zum 9. Juli dauern wird. Die französisch-englische Verhandlungsbasis sieht »eine Zahlungsaussetzung« vor, »die nicht befristet sein soll«. Das hieße, Deutschland müßte ab 1. Juli keine Reparationszahlungen mehr aufbringen, die Restschuld wäre aufgehoben.

Ein weiterer Besuchsantrag geht ein, diesmal für Gusti Hecht, die ein ›Arbeitsgespräch‹ anmeldet. Die jüdische Architektin und Chefredakteurin illustrierter Blätter des Mosse-Verlags ist eine gute Freundin Ossietzkys. Auf der Rückseite des Antrags die handschriftliche Notiz: »Die Besuchserlaubnis für Frl. Hecht an einem Werktage der nächsten Woche – bis 3 Uhr nachm. – wird erteilt. Die gegenwärtige Benachrichtigung gilt als Ausweis.«

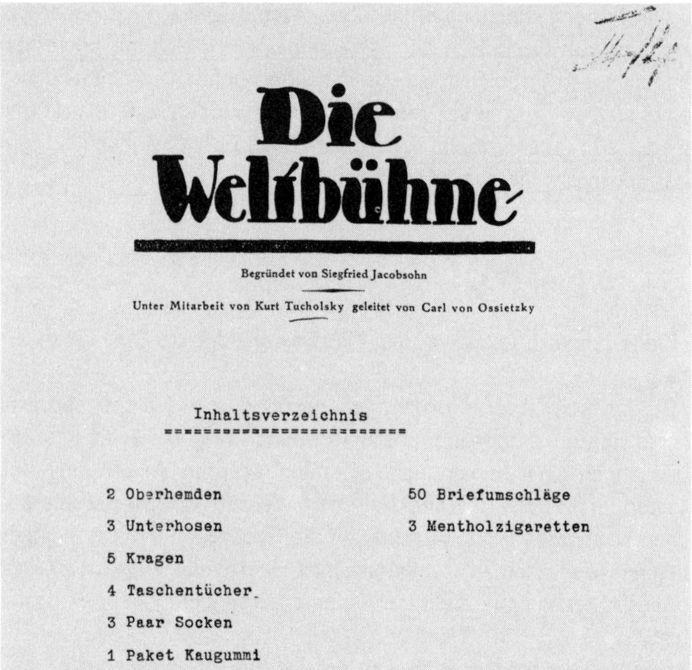

Die Weltbühne

Begründet von Siegfried Jacobsohn

Unter Mitarbeit von Kurt Tucholsky geleitet von Carl von Ossietzky

Inhaltsverzeichnis

2 Oberhemden
3 Unterhosen
5 Kragen
4 Taschentücher
3 Paar Socken
1 Paket Kaugummi
50 Briefumschläge
3 Mentholzigaretten

Erhalten
Ossietzky

ERLIN-CHARLOTTENBURG 2, KANTSTRASSE 152 • TELEGRAMME: WELTBÜHNE
ERNSPRECHER: STEINPLATZ C 1, 7757 • POSTSCHECK-KONTO: BERLIN 11958

In der Gefangenenakte findet sich ein ›Lieferschein‹ der Weltbühnen-*Redaktion, angefordert hatte Ossietzky diese Dinge im Brief an seine Frau vom 12. Juni.*

23. Juni 1932

Ossietzky wird zum Prozeßtermin am 1. Juli geladen. »Beleidigung der Reichswehr« lautet die Anklage, gemeint ist Ignaz Wrobels (d. i.: Kurt Tucholskys) Artikel vom 4. August 1931 in der *Weltbühne*. Die Ladung wird am 25. Juni zur Gefangenenakte genommen.

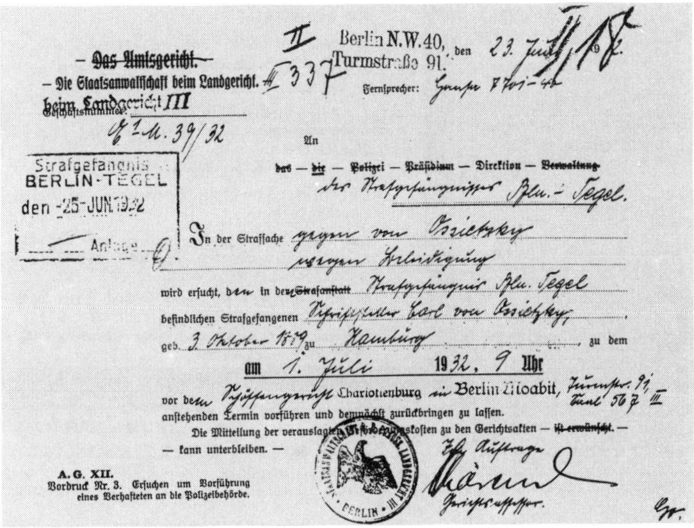

II

– ~~Das Amtsgericht.~~ –
– Die Staatsanwaltschaft beim Landgericht. III 337
beim Landgericht III
Geschäftsnummer: 1 M. 39/32

Berlin N.W. 40, Turmstraße 91, den 23. Juni 1932
Fernsprecher:

Strafgefängnis BERLIN-TEGEL den 25. JUN 1932 Anlage

An
das – die – Polizei – Präsidium – Direktion – ~~Verwaltung~~
des Strafgefängnisses Bln.-Tegel.

In der Strafsache gegen von Ossietzky wegen Beleidigung

wird ersucht, den in der ~~Strafanstalt~~ Strafgefängnis Bln. Tegel
befindlichen Strafgefangenen Schriftsteller Carl von Ossietzky,
geb. 3. Oktober 1889 zu Hamburg, zu dem
am 1. Juli 1932, 9 Uhr
vor dem Schöffengericht Charlottenburg in Berlin-Moabit, Turmstr. 91, Saal 567 III
anstehenden Termin vorführen und demnächst zurückbringen zu lassen.
Die Mitteilung der veranlagten Vorführungskosten zu den Gerichtsakten – ~~ist erwünscht.~~ –
– kann unterbleiben. –

Im Auftrage
[Unterschrift]
Justizsekretär.

A. G. XII.
Vordruck Nr. 3. Ersuchen um Vorführung eines Verhafteten an die Polizeibehörde.

Am selben Tag erhält Ossietzky das Buch »... muß man sich gleich scheiden lassen?«, verfaßt von Gusti Hecht und Georg Greko (in der Akte notiert als »Man muß sich gleich scheiden lassen«). Am 24. Juni veröffentlicht die *Berliner Volks-Zeitung* ein kleines Kapitel daraus mit der redaktionellen Vorbemerkung: »[...] ein Buch [...] in dem Kurt und Lore trotz vieler Tücken und Gefahren eine glückliche und amüsante Ehe führen. Innenarchitekt und Hund, Speisekammer und Wochenende, Bridge und Untreue, Briefwechsel und Zwillinge spielen mit. Das literarische Ehepaar Gusti und Georg beweisen auf 189 in Leinen gebundenen Seiten für 2,25 Mark, daß es richtig ist, mit dem Falschen verheiratet zu sein.«

Die Journalisten
Volksbühne
Die goldene Uhr
Geld ohne Arbeit
Joseph Plaut in
Raub der Sabinerinnen.
ZIRKUS.
Geschichten für die Jugend,
PLAZA
Schwarzwaldmädel
Trabrennen Ruhleben
LUNA PARK
Tanz im Freien
FEUERWERK
TÄGLICH WELLENBAD

Jetzt erst recht
gilt es für
Friede, Freiheit und Gerechtigkeit
zu kämpfen!
Die finsterste Reaktion herrscht,
Carl von Ossietzky sitzt im Gefängnis,
jeder Tag bringt neue Willkür!
Gibt es da noch ein Besinnen?
Auch Du
musst Dich noch heute
der Deutschen Liga für Menschenrechte
anschliessen!
Melde sofort Deinen Beitritt bei der Geschäftsstelle: Berlin N. 24, Monbijouplatz 10, Eingang IV/3 Tr.
Sende Deinen Beitrag auf das Postscheckkonto: Berlin 21255.
Druckschriftenmaterial unentgeltlich durch die Geschäftsstelle zu beziehen.

Grundstücksve
m 6–24

In der Morgen-Ausgabe der Berliner Volks-Zeitung *vom 19. Juni erscheint auf Seite 4 eine Anzeige der Deutschen Liga für Menschenrechte.*

24. Juni 1932

»Hitlers Ultimatum« ist die Schlagzeile des *Berliner Tageblatt.* »Die Ereignisse der letzten Tage erbringen zusammen mit der herausfordernden Sprache der nationalsozialistischen Redner und Blätter den Beweis, daß die Nationalsozialisten planmäßig darauf hinarbeiten, die Reichsregierung zur Verhängung des militärischen Ausnahmezustandes zu zwingen. Gefordert wird in offenen Worten der Ausnahmezustand mit der Spitze gegen die süddeutschen Länder, um sie dem Machtwillen Hitlers zu unterwerfen, aber auch mit der Spitze gegen die Kommunistische Partei, um sie durch ein Verbot überhaupt zu beseitigen. Gleichzeitig bemühen sich die nationalsozialistischen Führer, Goebbels voran, ihre Anhänger durch eine bisher unerhörte Hetze aufzupeitschen; es liegt offenbar System darin, durch das herausfordernde Tragen der neuen S.-A.-Uniform, namentlich in

Berlin Zusammenstöße herbeizuführen, damit man so einen Vorwand zum Eingreifen in Preußen erhalte.«
Bürgerkrieg droht.

26. Juni 1932

Das *Tageblatt* meldet den »Überfall auf den ›Vorwärts‹.« Etwa fünfzig uniformierte Nationalsozialisten drangen in das Verlagsgebäude am Belle-Alliance-Platz ein, schossen um sich, zogen sich wieder zurück. Ergebnis der planmäßigen Terroraktion: drei Schwerverletzte.
»Das Wiedererscheinen der Hakenkreuzuniformen hat unleugbar in vielen Teilen Deutschlands zu Blutvergießen geführt [...], noch mehr als je zuvor sind die Bürgerkriegsinstinkte aufgereizt«, stellt Theodor Wolff in seinem Kommentar fest.

Ossietzky schreibt an seine Frau: zum bevorstehenden Prozeßtermin, zum geplanten Besuch bei der Tochter Rosalinde, die in der Odenwaldschule in Oberhambach bei Heppenheim lebt, zum Tagesablauf des Strafgefangenen.

Carl v. Ossietzky Tegel, 26. Juni 32
II/337

Liebste Maudie,
ich nehme an, daß Du inzwischen von Dr. Apfel gehört hast, am Freitag habe ich in Moabit Termin in dem Soldatenprozeß. Wir wollten zuerst eine Vertagung durchsetzen, aber es ist uns nicht gelungen. Übrigens wird diese Sache nicht gefährlich werden, und ich komme einmal für ein paar Stunden in andre Umgebung. Laß Dir bitte von Apfel genau sagen, wann es ist und wo. Vormittags neun Uhr, das andre habe ich vergessen. Ich halte es für das Richtigste, wenn Du mit Frau Jacobsohn oder Frl. Hünicke dich verabredest und zusammengehst. Die Sache wird wahrscheinlich öffentlich interessieren, es wird viel Presse da sein. Mache dich also recht nett und suche so sehr wie möglich, Haltung zu bewahren. Bedenke, daß es auch für mich sehr schwierig werden würde, wenn ich sehe, daß Du die Nerven nicht behältst. Du mußt Dir fest vornehmen, bei dieser Gelegenheit gute Figur zu machen. Du kannst ja vorher Dr. Tittel konsultieren und ihn um Beruhigungsmittel bitten. Jedenfalls werden wir Gelegenheit haben, uns zu sehen und zu sprechen.
Was die Sommerreise angeht, so wirst Du schon was [finden], wenn Du mit Frl. Hünicke zusammen suchst. Im Tageblatt ist jeden Freitag eine Reisebeilage mit viel Inseraten, in der Voss jeden Mittwoch. Da muß es doch eine

Menge Anregungen geben. Im Allgemeinen sind die Preise nicht mehr so hoch, wie Du in dem einen Falle angegeben. Das ist natürlich zu teuer, aber Du brauchst nur ein paar Tage dort zu bleiben, das Kind kann auf der Schule bleiben, wo ja doch bezahlt wird, und dann fährst Du mit Balgi weiter. Aber die Schule mußt Du unbedingt noch in Betrieb sehn und dort die Honneurs machen.

Was die Frage angeht, ob Du mit der Kleinen am Ende der Ferien nach Berlin kommen sollst, so bin ich heute der Meinung: besser nicht. Es würde die Kosten sehr erhöhen und hätte auch keinen rechten Sinn, weil ja doch bald wieder Herbstferien kommen. Vielleicht vertagen wir Babys Reise nach Berlin bis Herbst oder Weihnachten. Vielleicht liegen dann auch unsre Verhältnisse schon klarer. Grüße Baby recht schön – zum Naschen darf ich hier leider nichts haben. Aber später vielleicht.

Liebste Maudie, ich bitte dich, mit dem Geld recht vorsichtig umzugehn. Nichts verlieren, nicht wahr! Nicht wieder! Kaufe Dir nette Sommersachen, es ist alles nicht sehr teuer jetzt. Was Du mir von Hamburg schriebst, ist recht bitter. Kannst Du nicht monatlich etwa 30 Mark erübrigen und hinschicken, das muß doch gehn. Sieh mal zu. Ich möchte gern etwas unter die Arme greifen.

Es geht mir gut. Du brauchst um mich keine Sorge zu haben. Ich arbeite viel und habe allerlei zu lesen da. Ich stehe morgens um ½7 auf, von 9 bis 10 Spaziergang auf dem Hofe, um 12 Uhr Mittag, um ½7 Abendessen, mit dem Dunkelwerden legt man sich in die Falle – so vergeht ein Tag. Weil ich tätig [bin], vergeht die Zeit nicht so langsam.

Also denn, auf Wiedersehn am Freitag.

Ich grüße und küsse dich, mein Kind Dein *Carl*

27. Juni 1932

Rechtsanwalt Apfel beantragt, Ossietzky am 1. Juli mit dem Privatwagen zum Gerichtstermin fahren zu dürfen. Die handschriftliche Notiz besagt, daß ein Beamter das Büro des Rechtsanwaltes angerufen und dort mitgeteilt hat, »daß über die Art der Vorführung des [Angeklagten] die StA [Staatsanwaltschaft?] zu entscheiden habe«. An diese solle man sich wenden. Weiterer Schriftverkehr erübrige sich, so die Fortsetzung der Notiz auf der Rückseite des Briefs. Am 28. ruft »der R.A. Dr. Apfel, der am 26.6. bereits wegen der Terminsache mündlich vorgesprochen hat«, nochmal im Gefängnis an und »bittet um Ausführung des v.O. zum 1.7. in der näher erklärten Weise«. In der Spalte »Erledigung« verweist ein Beamter am 29. auf die schriftliche Eingabe: »s[iehe] hinten.«

[illegible]

r. Apfel, Dr. Kurt Beck
Rechtsanwälte und Notare

Fernsprecher: Amt Merkur 5500-5501
Postscheckkonto: Nr. 60251
Bankkonto: Rechtsanwalt Dr. Apfel
Hagen & Co., W 8, Charlottenstraße 58

Sprechstunde: 2–3½ Uhr nachmittags
(außer Sonnabends)

I/E

Berlin W 8, den 27. Juni 1932
Friedrichstraße 59/60
(Ecke Leipziger Straße, Equitable-Palast)

Rohrpost

Strafgefängnis
BERLIN-TEGEL
den 27. JUN. 1932
Anlage

An die

Direktion des Strafgefängnisses

Berlin-Tegel

Ladung [illegible] beigefügt

Am 1.Juni 1932 findet ein Termin vor dem Schöffengericht Charlottenburg gegen den dort befindlichen Strafgefangenen Carl von Ossietzky statt. Ladung ist in der Anlage beigefügt.

Es wird beantragt, zu gestatten, dass Herr von Ossietzky zum Termin hin und zurück in einem Privatwagen gebracht wird, selbstverständlich unter Bewachung. Ich selbst werde ihn abholen und zurückbringen. Es handelt sich um eine für Herrn von Ossietzky sehr schwierige und seine volle geistige Frische erforderliche Verteidigung, deren wirkungsvolle Durchführung gefährdet ist, wenn er etwa in einem Gefangenenwagen zum Termin gebracht wird.

Es wird ergebenst gebeten, dem Unterzeichneten möglichst umgehend telefonisch Bescheid zukommen zu lassen.

Bejahendenfalls bitte ich es so einzurichten, dass Herr von Ossietzky am Terminstage punkt 8 Uhr abholungsfähig ist.

Mit vorzüglicher Hochachtung

Dr. Apfel

Dr. Apfel telef. angerufen. [illegible]
Ich habe ihm mitgeteilt, dass [illegible]
[illegible]
zu entscheiden habe und
habe ihm anheimgestellt, sich an [illegible]
zu wenden

Dr. Apfel

[illegible]

28. Juni 1932

Die *Vossische Zeitung* meldet: »Am 1. Juli hat sich der verantwortliche Schriftleiter der ›Weltbühne‹, Carl von Ossietzky, vor dem Schöffengericht Charlottenburg erneut zu verantworten, diesmal wegen Beleidigung der Reichswehr. Im August vorigen Jahres erschien in einer ›Friedensnummer‹ der ›Weltbühne‹ ein Artikel von Ignaz Wrobel, in dem sich der Satz befand: ›Soldaten sind Mörder‹. Der Reichswehrminister hatte daraufhin Strafantrag wegen Beleidigung der Reichswehr gestellt. Das Schöffengericht hatte die Eröffnung des Hauptverfahrens im Hinblick auf die Judikatur des Reichsgerichts über die Kollektivbeleidigung abgelehnt. Auf Beschwerde hat aber die Strafkammer des Landgerichts III das Verfahren eröffnet. Ein Antrag der Rechtsanwälte Dr. Apfel und Rudolf Olden, die Verhandlung mit Rücksicht auf die bevorstehende Amnestie und außerdem mit Rücksicht auf den Gesundheitszustand des Angeklagten, der sich zur Verbüßung der gegen ihn vom Reichsgericht erkannten Strafe von 1 1/2 Jahren Gefängnis zur Zeit in der Strafanstalt Tegel befindet, zu vertagen, ist vom Gericht abgelehnt worden.«
Die Redaktion der *Weltbühne* gibt den Abschluß der Unterschriftenaktion für Carl von Ossietzky bekannt.

Für Carl v. Ossietzky. Als Endtermin der Einzeichnung in die Petitionslisten für Carl v. Ossietzky hat die Liga für Menschenrechte den 10. Juli festgesetzt. Wir bitten daher, die Listen, die auch einem Teil der Auflage dieser Nummer beiliegen, ausgefüllt bis zu diesem Tag an die Geschäftsstelle der Liga, Berlin N 24, Monbijouplatz 10, einzusenden.

30. Juni 1932

Rechtsanwalt Apfel erhält nun doch schriftlich Nachricht, daß »Ihrem Mandanten die Hin- und Rückfahrt zum Hauptverhandlungstermin am 1. Juli 1932 in einem selbst zu stellenden Privatwagen unter Begleitung eines Beamten gestattet« ist. Telefonisch wird 8 Uhr als »Zeitpunkt der Abholung« vereinbart. Am selben Tag wird im Gefängnis die Kleidung für den Prozeßtermin abgegeben: »1 Oberhemd, 1 bl. Anzug komplett« und anderes.

Derweil meldet das *Berliner Tageblatt* in seiner Abend-Ausgabe, daß die Verhandlungen in »Lausanne vor dem Abbruch« stehen. Die Gegensätze zwischen den Vertragspartnern sind zu groß, »eine Lösung in der Reparationsfrage erscheint nicht erreichbar«.

1. Juli 1932

Gerichtstermin. Der Sitzungssaal 567 des Schöffengerichts Charlottenburg reicht nicht aus, um alle Freunde und Kollegen aufzunehmen, die wieder ihre Solidarität bekunden wollen; doch in einen größeren Saal wird die Verhandlung nicht verlegt. Berthold Jacob ist diesmal unter den Zuschauern, »weil ich am nächsten Tage aus Deutschland wegzugehen beabsichtigte und Ossietzky vorher noch sehen wollte«.

Die *Berliner Volks-Zeitung* läßt in ihrem Morgen-Kommentar einen Pastor zu Wort kommen:

»Ist die unerbittliche Kritik, die Ignaz Wrobel in der ›Weltbühne‹ (vom 4. August 1931) am Soldatenberuf geübt hat, und derentwegen Carl von Ossietzky heut wiederum vor dem Staatsanwalt steht, vom christlichen Standpunkt aus verwerflich?« fragt Hans Francke und gibt die unmißverständliche Antwort: »Sie berührt sich sogar sehr eng mit den ethischen Grundsätzen, besonders des Neuen Testaments; ja sie kann sich auf dessen Moral geradezu berufen.«

»Schon um unsere Jugend vor weiterer Verblendung zu hüten«, begrüßt der christliche Kommentator Wrobels Beitrag, »um den ihm die Bekenner des Evangeliums Christi nicht gram sein können.«

Die Abend-Ausgaben der Tagespresse berichten vom Prozeßbeginn und melden den Antrag der Staatsanwaltschaft: Sechs Monate Gefängnis für Ossietzky.

Der Prozeß beginnt mit Vertagungsanträgen der Verteidigung. Rechtsanwalt Apfel verweist auf die Amnestieverhandlungen im preußischen Landtag, »beruft sich darauf, daß in Moabit aus diesem Grunde eine Fülle von Vertagungen stattfindet«. Und fügt hinzu: »Man kann von Ossietzky nicht verlangen, daß er, um den Segnungen des augenblicklichen Stadiums der Amnestie teilhaft zu werden, Nationalsozialist wird oder Bomben wirft.« Der Staatsanwalt lehnt ab ohne Angabe von Gründen.

»Aber auch noch aus einem anderen Grunde sei Vertagung notwendig«, führt Apfel aus: »Carl von Ossietzky sei entgegen der Reichsverfassung seinem ordentlichen Richter entzogen worden. Das Schöffengericht Charlottenburg tage sonst unter dem Vorsitz von Landgerichtsdirektor Schmitz. Dieser habe aber das Verfahren gegen Ossietzky abgelehnt, und erst durch Beschwerde der Staatsanwaltschaft sei das Gericht dann gezwungen worden, das Verfahren durchzuführen. Wenn man auch berücksichtigen müsse, daß Landgerichtsdirektor Schmitz, wenn er jetzt den Vorsitz gehabt hätte,

BVZ Berliner Volks-Zeitung

DEUTSCHES REICH 1932 4

Freitag, 1. Juli 1932 ABEND-AUSGABE Nr. 309 – 80. Jahrgan

Wieder Gefängnis für Ossietzky?

Die beleidigte Reichswehr – Staatsanwalt beantragt 6 Monate Gefängnis

Heute vormittag begann vor dem Schöffengericht Charlottenburg der Prozeß gegen Karl von Ossietzky. Ossietzky ist wegen Beleidigung der Reichswehr angeklagt, die die Staatsanwaltschaft in einem Artikel der „Weltbühne" sieht, in dem die Worte stehen: Soldaten sind Mörder. Ossietzky wurde von seinen Verteidigern aus dem Tegeler Strafgefängnis, in dem er seine Strafe von eineinhalb Jahren Gefängnis abbüßt, abgeholt. Zahlreiche seiner Freunde hatten sich in Moabit eingefunden, und der Saal reichte nicht aus, sie aufzunehmen. Aber man machte trotzdem keinen der größeren Schwurgerichtssäle frei, wie das sonst in solchen Fällen üblich ist. Scheut man die allzugroße Oeffentlichkeit?

Die Gefängnishaft merkt man Ossietzky besonders dann an, wenn er spricht. Er kann es nur mit leiser Stimme tun. Rechtsanwalt Dr. Apfel, der gemeinsam mit Rechtsanwalt Rudolf Olden Karl von Ossietzky verteidigt, stellt zunächst den Antrag, die Verhandlung zu vertagen. Er begründet sie mit den Verhandlungen über die Amnestie im preußischen Landtag, die außerordentlich viele Vertagungen von politischen Prozessen in Moabit zur Folge gehabt hätten. Dann aber begründet er den Vertagungsantrag auch damit, daß Karl von Ossietzky

seinem ordentlichen Richter, entgegen den Bestimmungen der Reichsverfassung entzogen

worden sei. Das Schöffengericht Charlottenburg tage sonst unter dem Vorsitz von Landgerichtsdirektor Dr. Schmitz, der die Eröffnung des Verfahrens abgelehnt habe. Erst die Beschwerde der Staatsanwaltschaft habe dann zur Durchführung des Verfahrens geführt.

Rechtsanwalt Apfel: Man kann von Ossietzky nicht verlangen, daß er, um den Segnungen des augenblicklichen Stadiums der Amnestie teilhaft zu werden, Nationalsozialist wird oder Bomben wirft. Ossietzky selbst sagt zu dem Antrag auf Vertagung folgendes: Die Amnestie ist für mich keine Hintertür, durch die ich entschlüpfen möchte. Aber es findet in diesen Tagen eine Konferenz in Genf statt, in der die deutsche Regierung sich über die Abrüstung zu entscheiden hat. Es kann das ein Wendepunkt des deutschen Schicksals sein, und während die deutschen Vertreter in Genf erklärten, daß ihnen der Abrüstungsvorschlag Hoovers nicht weit genug geht, wird

in der Heimat ein Prozeß geführt, in dem der Vertreter der Anklage nur von einer Verherrlichung des Soldatenstandes sprach,

und ich befürchte von diesem Prozeß schlimme außenpolitische Folgen; ebenso, wie sie nach dem Prozeß vor dem Reichsgericht eingetreten sind. An sich überrascht mich dieser Prozeß nicht. Das Gericht

berät kurze Zeit über den Vertagungsantrag und lehnt ihn ab.

Es erfolgt dann die Verlesung des Artikels in der „Weltbühne", der der Anklage zugrunde liegt. Er stammt von Kurt Tucholsky ist am 1. August 1931 in der „Weltbühne" erschienen und trug den Titel „Der bewachte Kriegsschauplatz". Dann bekommt Ossietzky das Wort zu seiner Rechtfertigung. Er sagt: Seit 1912 habe ich den Krieg bekämpft. Den Artikel in der „Weltbühne", der ja nicht von mir persönlich stammt und wegen dessen ich hier angeklagt bin, vertrete ich vollständig. Ich habe niemals lieber vor dem Gericht gestanden, als gerade wegen dieses Artikels, der ganz meiner Auffassung entspricht. Ich bin kein Novembersozialist. Schon vor dem Kriege gehörte ich einer pazifistischen Organisation an. Dr. Tucholsky, den Verfasser des Artikels, habe ich 1919 in Berlin in einem Kreise kennengelernt, der alljährlich im August die „Nie-wieder-Krieg"-Demonstration organisierte. Bei dem Ausdruck „Soldaten sind Mörder" erscheint mir als selbstverständlich, daß in diesem keineswegs eine persönliche Bezichtigung enthalten ist. Es heißt ja nicht „die Soldaten", und es ist auch nicht von deutschen, französischen oder englischen Soldaten gesprochen worden.

Karl von Ossietzki wieder auf der Anklagebank

Links und rechts seine Verteidiger Rudolf Olden und Alfred Apfel

Ossietzky sprach dann über die Pflichten des Pazifisten in der heutigen Zeit. Wir Anhänger des Friedens, haben die Pflicht, immer wieder darauf hinzuweisen, daß

der Krieg nichts Heroisches enthält, sondern daß er nur Schrecken und Verzweiflung über die Menschheit bringt.

Gerade weil wir wissen, daß die machtpolitische Situation für uns im Augenblick nicht günstig ist, gerade deshalb müssen wir eine lapidare Sprache reden. Aber diese lapidare Sprache geht – dafür ist gleich der Nachweis zu bringen – von der Bibel her durch die ganze Literatur. Auch Immanuel Kant hat den Krieg als Mord und das Soldatenhandwerk als Mörderhandwerk gekennzeichnet. Das Wort Mörder wird hier nicht in einem juristischen, sondern in einem sittlichen Sinne gebraucht. Über diese Dinge streiten wir uns schon seit zwei Jahrtausenden herum. Man kann das auf die Formel bringen:

dem kleinen Mörder schlägt man den Kopf ab, dem großen setzt man einen Lorbeerkranz darauf.

Ossietzky spricht dann im weiteren Verlauf seiner Ausführungen von der Enzyklika des Papstes des Papstes Benedikt XV. vom Jahre 1915, in der der Krieg als grauenhafte Schlächterei bezeichnet wird. Er sagt hierzu: Wenn der Artikel Tucholskis unter Anklage gestellt wird, dann muß auch die Enzyklika des Papstes Benedikt XV. unter Anklage gestellt werden.

Vors.: War Ihnen der Artikel Tucholskis vorher bekannt?

Ossietzky: Jawohl, ich habe ihn vorher gelesen und kann mich mit ihm identifizieren. Es ist damals auch unter dem Eindruck der Notverordnung jeder Artikel einer juristisch vorgebildeten Persönlichkeit vorgelegt worden, aber es ist nichts beanstandet worden.

Vors.: Juristisch ist das für uns unerheblich. – Ossietzky: Ich wollte auch nur sagen, daß wir uns bemüht haben, bei aller Kritik jeden persönlichen Angriff nach Möglichkeit auszuschalten. Ich möchte hinzufügen, daß in dem Artikel schon deshalb von der deutschen Armee nicht die Rede sein kann, als die Reichswehr bisher noch keinen Krieg geführt hat. Es wird ja immer betont, daß sie nur zur Verteidigung da sei. – Vors.: Es kann aber doch eines Tages der Fall eintreten, daß der Soldat wieder in die Lage kommen kann ... – Rechtsanwalt Olden: ... zu morden, wollten Sie sagen. (Heiterkeit.) – Vors.: Nein, das wollte ich nicht sagen, sondern einen Menschen zu töten.

Die Beweisaufnahme wird dann – Zeugen sind nicht geladen – geschlossen. Rechtsanwalt Olden stellt den Antrag, die Enzyklika des Papstes Benedikt XV. zum Gegenstand der Verhandlung zu machen, und er verliest sogleich einige Stellen aus dieser Enzyklika, wogegen der Staatsanwalt Protest erhebt.

Das Gericht lehnte alle Anträge der Verteidigung ab. Nach einer Pause begannen die Plaidoyers.

Der Staatsanwalt beantragte dann eine Gefängnisstrafe von sechs Monaten, außerdem die Veröffentlichung des Urteils in der „Weltbühne", im „Heeresverordnungsblatt" und in zwei Tageszeitungen, sowie die Einziehung der betreffenden „Weltbühnen"-Nummer.

Käuferstreik auf dem Viehmarkt

Protest gegen die Schlachtsteuer / Das Fleisch wird teurer

Das Inkrafttreten der preußischen Schlachtsteuer, von der über 100 Millionen Mark Einnahme im Jahr erwartet werden, wurde heute morgen mit einem Kaufstreik der Großschlächter auf dem Berliner Viehmarkt eingeleitet. Bis zum Mittag wurde auf dem städtischen Schlacht- und Viehhof nicht ein Stück Schlachtvieh gekauft. Die Ladenschlächter verhielten sich im Streik der Großschlächter solidarisch und kauften ebenfalls nicht.

Dagegen sind die Ladenfleischergeschäfte weiter geöffnet. Ein Mangel an Fleisch- und Wurstwaren besteht nicht, da zum Vormarkt ein reichlicher Auftrieb an Vieh vorhanden war und die Ladenfleischer sich genügend eingedeckt hatten. Wie uns gemeldet wird, soll

das Fleisch in der nächsten Woche um 10 Pfennig pro Pfund verteuert werden.

Es sei den Fleischern nicht möglich, die Schlachtsteuer zu tragen. Von anderer Seite wird uns erklärt, daß nur die gangbaren Artikel um 10 Pfennig erhöht würden. Eine genaue Kalkulation scheint also noch nicht vorzuliegen. Doch ist auf alle Fälle mit einer Verteuerung der Fleischpreise zu rechnen.

Der gesamte Auftrieb zum heutigen Viehmarkt, über 1000 Schafe, 300 Rinder und 500 Schweine, wird bis zum nächsten Markttag, Dienstag, in den Ställen des Schlachthofs untergebracht. Ob der Proteststreik dann wiederholt wird, steht noch nicht fest. Die Ansichten über die Wirksamkeit des Streiks sind geteilt.

‚Vorwärts' verbote

Entscheidung des Reichsgerich

Der vierte Strafsenat des Reichsgeri hat betreffend das Verbot des „Vorwä folgenden Beschluß gefaßt:

„Das Verbot wird für zulässig erkl der Senat ist der Auffassung, daß die Frage kommenden Artikel geeignet s den Reichspräsidenten und die Rei regierung verächtlich zu machen, zu aber auch lebenswichtige innen- und au politische Interessen zu gefährden. Senat hält, zumal in der jetzigen Zeit, wirksamen Schutz dieser Interessen für bedingt erforderlich."

Goebbels wil aufhängen!

Eine blutrünstige Rede

Kiel, 1. Ju

Der Reichspropagandachef der N.S.D.A Dr. Josef Goebbels, sprach Donnerstag aben Kiel in der Nordostseehalle und erklärte u anderem, es helfe dem Novemberregime ni wenn seine Verfechter heute behaupteten, sie hä das Elend nicht gewollt. Wenn das deutsche zur N.S.D.A.P. Vertrauen habe, so wolle sie suchen, eine Besserung herbeizuführen. Ob es lange, könne er nicht sagen, denn Versprechu wolle er nicht machen.

Vor den Augen des deutschen Vo stehe jetzt eine stolze Armee von Solda einer nationalistischen Revolution und hinreißendste Millionenbewegung, jemals der deutsche Boden getragen ha Diese Bewegung bleibe legal bis zur let Minute, aber: „Gehenkt wird doch."

Die Ziffernfrage

Das Ringen um die Endlösung

Lausanne, 1. Ju

Die Entscheidungsschlacht in Laus geht weiter. Mit größter Energie kämp besonders die Engländer darum, noch positives Ergebnis herbeizuführen.

Der Reparationsausschuß, der gestern u Vorsitz MacDonalds elf Stunden lang bis tie die Nacht getagt hatte, ist heute schon wieder 10 Uhr vormittags abermals ohne die Deut zusammengetreten. Bereits um 9 Uhr empfing englische Premier den Reichskanzler von Pa und den Reichsfinanzminister von Krosigk. D Aussprache, die ca. dreiviertel Stunden dauerte, ist große Bedeutung beizumessen. Mit größter O heit haben die deutschen Delegierten ihren St punkt zu der in den letzten Tagen so heiß umstr nen Verknüpfung der Schlußregelung mit der E scheidung Amerikas in der Schuldenfrage darge Sie haben ausgeführt, daß sie keiner Lösung stimmen könnten, die das Risiko der amerikani Entscheidung einseitig auf Deutschland abwä würde. Es sei unmöglich, eine Regelung zu tre die nicht praktisch auf eine Endregelung hina laufe. Aus diesem Grunde habe Deutschland her auch abgelehnt, irgendeine Ziffer der deuts Zahlungen in den europäischen Gemeinschaftsfo in diesem Stadium zu diskutieren.

Man kam schließlich dahin überein, daß Ausschuß ein neues Zahlungsschema ausarbe solle, wobei es ihm überlassen bleibe, konkrete fern einzusetzen. Die Engländer scheinen deutsche Zahlung von maximal vier Milliar Mark ins Auge zu fassen, und zwar in einer Fo die Deutschland eine gewisse Schonfrist gibt.

Die Titelseite der Berliner Volks-Zeitung *vom 1. Juli 1932* sozusagen gegen seine Überzeugung das Verfahren durchführen müsse, so müsse man doch diesen Mut von einem Richter verlangen. Aber gerade am ersten Urlaubstage des Landgerichtsdirektors Schmitz sei der Prozeß angesetzt worden.« Auch das wird abgelehnt. Der Angeklagte habe keinen Anspruch auf einen bestimmten Richter. Die Verhandlung kann ihren Verlauf nehmen.

Die Zeitungen zeichnen wesentliche Teile des Disputs zwischen Ossietzky und dem Vorsitzenden Richter, Amtsgerichtsrat Thiemann, im Wortlaut auf. Das *Berliner Tageblatt*:

»Vors.: War Ihnen der Artikel Tucholskys vor seiner Drucklegung bekannt?

Ossietzky: Jawohl, ich habe ihn vorher gelesen und kann mich mit ihm identifizieren.«

Die *Berliner Volks-Zeitung:*

»Ossietzky: Es ist damals auch unter dem Eindruck der Pressenotverordnung jeder Artikel einer juristisch vorgebildeten Persönlichkeit vorgelegt worden, aber es ist nichts beanstandet worden.

Vors.: Juristisch ist das für uns unerheblich.

Ossietzky: Ich wollte auch nur sagen, daß wir uns bemüht haben, bei aller Kritik jeden persönlichen Angriff nach Möglichkeit auszuschalten.«

Weiter im *Berliner Tageblatt*:

»Ich möchte hinzufügen, daß in dem Artikel schon deshalb von der deutschen Armee nicht die Rede sein kann, weil die Reichswehr bisher noch keinen Krieg geführt hat. Es wird ja immer betont, daß sie nur zur Verteidigung da sei.

Vors.: Es kann aber doch eines Tages der Fall eintreten, daß der Soldat wieder in die Lage kommen kann...

Rechtsanwalt Olden: ... zu morden, wollten Sie sagen. (Heiterkeit).

Vorsitzender: Nein, das wollte ich nicht sagen, sondern einen Menschen zu töten.

Der Vorsitzende richtet dann an Ossietzky die Frage, ob sich nicht vielleicht ein alter Frontsoldat durch den Artikel beleidigt fühlen könne.

Ossietzky: Jeder Frontsoldat würde einen solchen Vorwurf einstekken, höchstens die Offiziere könnten sich beleidigt fühlen, die in den Krieg einen Ehrbegriff hineingebracht haben, der nicht in ihn hineingehört.«

Ossietzky wird freigesprochen.

»In der Urteilsbegründung sagte Amtsgerichtsrat Thiemann, der Prozeß habe eine Bedeutung gewonnen, die ihm vielleicht nicht zukäme. Es sei in diesem Prozeß kein Kampf um geistige Freiheit auszufechten gewesen; auch mit der Notverordnung, sofern sie das Recht der freien Meinungsäußerung einschränke, hätte diese Verhandlung nichts zu tun. Eine strafbare Handlung sei nur auf Grund der allgemein gültigen Gesetze in Frage gekommen, und es sei zu untersuchen gewesen, wie weit durch den Artikel in der ›Weltbühne‹ eine Beleidigung von Soldaten erfolgt sei. Das Gericht habe die Überzeugung gewonnen, daß in dem Artikel keine bestimmte Anzahl von Personen gemeint wäre, und es hat auch nicht feststellen können, daß gerade die Angehörigen der Reichswehr, die am Weltkrieg teilgenommen haben, gemeint seien. Fehle es aber an dieser Bestimmbarkeit eines Kreises von beleidigten Personen, so lehne das Reichsgericht in seiner Rechtsprechung das Vorliegen einer Beleidigung ab.«

3. Juli 1932

Das *Berliner Tageblatt* meldet den Revisionsantrag der Staatsanwaltschaft gegen den Freispruch und fügt kommentierend hinzu:
»Wir haben schon nach dem Freispruch Carl von Ossietzkys darauf hingewiesen, daß hier das einzige, sachlich und juristisch mögliche Urteil gefällt worden ist. Es kam bekanntlich in der Begründung des Urteils zum Ausdruck, daß hier eine Entscheidung einzig und allein im Sinne des Gesetzes getroffen worden ist. Man kann nicht verstehen, daß sich die Staatsanwaltschaft mit einem auf einer neuzeitlichen Rechtsprechung beruhenden Urteil nicht zufrieden gibt und den Versuch macht, einen Prozeß weiterzubetreiben, der ebenso überflüssig und sinnlos wie aussichtslos ist.«

5. Juli 1932

Ohne den Antrag der Staatsanwaltschaft zu erwähnen, läßt die *Berliner Volks-Zeitung* den Pazifisten Otto Lehmann-Rußbüldt mit seiner Darstellung zu Wort kommen:
»Der Freispruch war gar nicht so ›selbstverständlich‹, wie das eine Reihe von Blättern erklärte. Politische Prozesse sind seit den Prozessen gegen Sokrates, Jesus Christus und Johann Huß nichts anderes als die Arena, in der miteinander kämpfende politische Strömungen ihre Kräfte messen. Solange eine Seite noch nicht zu 100

Ossietzky während der Verhandlung in Moabit, links von ihm Rudolf Olden, rechts Alfred Apfel.

Prozent gesiegt hat, kann es Überraschungen geben. [...] Wer dem Prozeß beigewohnt hat, erkannte, warum Ossietzky freigesprochen wurde – noch einmal freigesprochen wurde. Weil die Religion vom feststehenden Taschenmesser des ›Dritten Reichs‹ ihre Ausstrahlung zwar bis zum Strafantrag bewirken konnte, aber nicht bis zum Urteil.«
Noch einmal nennt Lehmann-Rußbüldt die Namen all der ›historischen Zeugen‹ gegen Krieg und Soldatenhandwerk, auf die Ossietzkys Verteidigung sich berufen hatte – diese »Genien der Menschheit« seien alle »nur« Zivilisten gewesen. Aber ein »merkbarer Ruck« sei durch alle Anwesenden gegangen, »als Dr. Olden nun gar einen Hohenzollern, Kaiser Friedrich III., als Sachverständigen mit einem gleichen Ausspruch aus der vierten Dimension auftreten ließ. ›Na ja‹, fügte Olden gelassen hinzu, ›man wird sagen, der Friedrich, das war ja so ein Liberaler. Gut. Hören Sie einen anderen Hohenzollern.‹
Dann kam eine Auslassung, zunächst ohne Verfasserangabe, worin Soldaten mit Taugenichtsen und Henkern nicht bloß verglichen, sondern gleichgesetzt werden... Man kann es kaum hinschreiben – so schlimm ist es! ›Ja – und dieses ist von Friedrich dem Großen‹, verriet Olden den Namen. Doch die Staatsanwaltschaft erhielt keine Zeit, sich zu verschnaufen. ›Wenn der Herr Staatsanwalt‹, fuhr Olden fort, ›vorhin den Vergleich zwischen Ossietzky und dem Dieb

gezogen hat, so müßte man ja auch den Schluß ziehen, daß auch Friedrich der Große gestohlen hätte.‹
Es ist zu schade, daß kein Filmoperateur zugegen war, der der Mitwelt den Augenblick verewigt hätte, wie bei dieser schlichten Pointierung des eigenen Vergleichs des Herrn Staatsanwalts dieser auf seinem Stuhl hin und her rutschte. Die Zuhörer werden diesen Anblick nie vergessen.
Wenn nun der geehrte Leser glaubt, daß dieses juristisch-pazifistische Drama damit seinen Höhepunkt erreichte, so irrt er sich –, wie auch der Schreiber dieses sich irrte, der bis dahin für Ossietzkys Freisprechung keinen Pfennig gewettet hätte.
Denn nun kam ein lebender General selber. Nicht so einer von den bekannten ›Verrätern‹ à la Deimling. Sogar ein Generalfeldmarschall – nämlich der Herr Reichspräsident von Hindenburg. Olden erzählte, wie einmal unser Reichspräsident durch die Straßen Hamburgs gefahren sei, an seiner Seite der Oberbürgermeister Petersen. In die üblichen Beifallsstürme der Menge tönen plötzlich Mißklänge. ›Massenmörder‹ ruft es vernehmlich im Chor von einer Ecke. Der Oberbürgermeister stammelt: ›Es sind Irrsinnige.‹ Hindenburg aber, mit der Jovialität, die wohl das Innerste seines Wesens ist, und die auch den politischen Gegner menschlich versöhnen kann, beruhigt ihn, das ›wäre so Ansichtssache‹.
Die Wirkung dieses ›Sachverständigenurteils‹ auf den Staatsanwalt übergipfelte noch die vorher gezeigte Nervosität. Er legte sich in seinen Stuhl zurück, die Augen nach oben, vielleicht geschlossen. Jedenfalls abgekämpft!
Von da an wettete ich nur noch auf Geldstrafe für Ossietzky.
Wenn sogar Freispruch erfolgte, so behaupte ich als Nichtjurist, daß die ›Rechtsgründe‹ nur die Handhabe waren, um dem inneren Empfinden des Gerichts einen Ausdruck zu geben. Gewiß hat die Vorführung der großen Toten der Menschheit die Unterlage gegeben. Aber den Ausschlag gaben doch – drei preußische Generalfeldmarschälle, zwei Tote und ein Lebender. Deren Ketzereien gegen die königlich preußische Weltanschauung in der deutschen Republik haben deren Staatsanwaltschaft den schon mundgerechten Braten aus den Zähnen gerissen.«

Auch die *Weltbühne* berichtet vom Prozeß, der Artikel, nicht namentlich gezeichnet, soll von Alfred Apfel stammen. Ossietzkys Verteidigungsrede wird abgedruckt nach der Mitschrift von Johannes Bückler (d. i. Milly Zirker).

Ein guter Tag für die Justiz von * * *

Am 1. August 1914 brach das große Unglück über Europa herein. Jede erste Augustnummer dieser Zeitschrift ist seitdem der Verunglimpfung des Krieges gewidmet. Denn es soll nicht geleugnet werden — obwohl Leugnen heute nützlich sein könnte —, daß hier Leute schreiben, denen der Sinn für das Frisch-Fröhliche fehlt und die einen Krieg für ein großes Unglück halten.

Im August 1931 veröffentlichte die ‚Weltbühne' ein Dokument, das besonders geeignet war, dem Krieg eins auszuwischen: die Exhortatio des Papstes Benedikt XV. vom 28. Juli 1915. War sie bis dahin unbekannt? Keineswegs. Aber erstens kann man etwas wahrhaft Gutes immer wieder abdrucken, es ist immer neu. Und dann kannten wir Deutschen das päpstliche Rundschreiben nur in der Form, in der es 1915 Deutschland bekanntgemacht worden war, und diese Form war eine Fälschung. Um uns den Geschmack am Krieg nicht zu verderben, hatte man Milderungen vorgenommen, die einen väterlichen Tadel für den Weltkampf enthielten. In Wahrheit aber hatte der katholische Oberhirt in gellenden Worten des Entsetzens über das große Verbrechen mehr geschrieen als geschrieben, es war eine Sprache von schneidender Wucht, die er führte. Durch die ‚Weltbühne' zuerst erfuhren die deutschen Katholiken, daß ihr kirchlicher Oberherr den Krieg „eine entsetzliche Geißel" und „eine grauenvolle Schlächterei" und „ein entehrendes Gemetzel" genannt hatte.

Die Veröffentlichung der Exhortatio war von Kurt Tucholsky veranlaßt worden, und er schrieb dazu eine Glosse, in der es gleichfalls an schimpflichen Ausdrücken für den Weltverderber Krieg nicht fehlte. Die schärfsten Sätze lauteten so:

„Da gab es vier Jahre lang ganze Quadratmeilen Landes, auf denen war der Mord obligatorisch, während er eine halbe Stunde davon entfernt ebenso streng verboten war. Sagte ich: Mord? Natürlich Mord. Soldaten sind Mörder."

Der Herr Reichswehrminister, damals noch Groener, stellte Strafantrag gegen Carl von Ossietzky als verantwortlichen Redakteur. Der Anklageerhebung soll der Chef der Staatsanwaltschaft beim Landgericht III aus juristischen Gründen widersprochen haben. War es so, so war es vergeblich. Aber das Schöffengericht Charlottenburg lehnte den Antrag der Staatsanwaltschaft auf Eröffnung des Hauptverfahrens ab. Ossietzky sei des Vergehens der öffentlichen Beleidigung beschuldigt, sagte das Gericht, „aber er ist dieser Tat nicht hinreichend verdächtig. Der von ihm veröffentlichte Aufsatz Ignaz Wrobels betrifft die Reichswehr nicht".

Gegen den Beschluß beschwerte sich die Staatsanwaltschaft, die Strafkammer entschied: „Er ist der Tat hinreichend verdächtig", und eröffnete das Hauptverfahren.

Am 1. Juli — bald wieder jährt sich der arge Tag, an dem viele Törichte mit Jubel den blutigen Untergang begrüßten — wurde in Moabit verhandelt. Unsre Freunde wissen, wie es endete: Ossietzky wurde freigesprochen. Und durfte in die Strafanstalt Tegel, von wo er gekommen war, zurückkehren, ohne daß die lange Zeit der Haft, die noch vor ihm liegt, verlängert worden war. Aber es lohnt sich, von dem Tag, der denkwürdig ist gerade durch die Zeit, in die er fällt, zu berichten.

Es begann damit, daß Rechtsanwalt Apfel die Verlesung des Urteils verlangte, in dem der IV. Strafsenat des Reichsgerichts eineinhalb Jahre Gefängnis über den heute wieder Angeklagten verhängt, wegen Landesverrats und Verbrechens gegen das Spionagegesetz, wie es dort heißt.

Dem Staatsanwalt war es unerfindlich, was die Entscheidung des Reichsgerichts mit dem jetzt behandelten Fall zu tun habe.

Dem konnte erwidert werden: Tausend und abertausend Mal ist der Krieg Mord, sind die Soldaten Mörder genannt worden. Es ist nichts davon bekannt, daß irgendwann und irgendwo eine Armee, auch nicht die Reichswehr, sich dadurch beleidigt gefühlt hätte. Warum grade hier, warum grade durch Ossietzky? Hier ist ein politischer Prozeß, ein Politiker wird verfolgt, aus persönlichen Gründen wird er verfolgt. Warum er schon früher und mit welchen, guten oder schlechten, Gründen er verfolgt worden ist, kann für das Gericht nicht gleichgültig sein. Es ist die Frage, ob er vernichtet werden soll und mit welchen Mitteln, ist es so, man das erreichen will.

Das Gericht zog es vor, als wahr zu unterstellen, daß er das, wofür er früher bestraft wurde, aus lauteren Motiven getan habe.

Dann verantwortete sich Ossietzky. Etwas muß man wohl, ehe seine Worte folgen, über die Art sagen, in der er sich verteidigte. So wenig wir Personenkultus treiben wollen, so sei doch konstatiert, daß die Widerstandskraft, die er zeigt, vorbildlich ist. Bismarck hat beklagt, wir hätten zu wenig Zivilcourage. Was Ossietzky leistet, geht längst darüber hinaus, es ist nicht mehr Zivilcourage, nicht Zivilmut, es ist Ziviltapferkeit. Solange er wegen Landesverrat verfolgt wurde, solange er, verurteilt, die Verwerfung der Gnadengesuche und die Strafvollstreckung erwartete, — er ist nie auch nur um Fingerbreite von der gleich schroffen, gleich maßvollen Vertretung seines Standpunktes abgewichen. Jetzt sitzt er seit acht Wochen in Tegel, eine neue gefährliche Strafdrohung steht ihm bevor, aber er spricht, wie er früher geschrieben hat, ebenso schroff, ebenso maßvoll. Viele, die Grund haben, ihm zu grollen, weil er sie kritisierte, haben nicht genug Verständnis für das Beispiel, das er uns gibt. Der Mann ist nicht niederzuwerfen. Er ist auch, das bedeutet noch mehr, nicht aus seiner Ruhe zu bringen. Es ist, das ist zu bedenken, keiner zurückgeschlagenen Opposition damit gedient, wenn einer der ihren im Unglück anfängt, zu toben, zu exzedieren. Man sagt: begreiflich! Aber der Sache nützt er nicht mehr. Wie es um die andern steht, es sind heute nicht wenige, die vor dem Wind umfallen, nun, sie sind zu gar nichts mehr nütze. Wenn einer so steht, unbewegt, unbesorgt um sich — denkwürdig, daß die Anhänger des Vulgärheroismus gar keine Anerkennung dafür empfinden.

Die Exhortatio des Papstes Benedikt wurde verlesen, die mächtigen, die verzweifelten Worte des christlichen Oberhauptes hallten wider von den Wänden im Sitzungssaal 567, vor Atheisten, Lauen, Lenin-Jüngern, Anbetern Hitlers. Der Vatikan sprach in Moabit. 1915 hat 1932 jede Aktualität.

Dem Staatsanwalt fiel die schwerere Aufgabe zu. Man muß ihm, wenn es nicht gegen den Respekt ist, das Verhältnis umzukehren, mildernde Umstände zubilligen. Ein Beamter, der eine unvertretbare Sache vertreten muß, kann es auf zweierlei Arten tun, — dieser Anklagevertreter wählte die zweite Art. Schließlich ist es eine Temperamentsfrage.

Waren die Soldaten des Weltkriegs nicht beleidigt, von denen es in Deutschland allein zehn Millionen gab, von denen vielleicht eine Million in den Verbänden der Frontkämpfer organisiert ist, so soll die Reichswehr, von deren hunderttausend Mann nur ein Bruchteil im Krieg gewesen sein kann, beleidigt sein? Auch ein kluger Debatter würde sich vergeblich um den Nachweis bemühen.

Wenn seit tausenden Jahren der Krieg dem Mord, die Krieger Mördern gleichgesetzt worden sind, so ginge das, meinte der Staatsanwalt, die Richter so wenig an, wie wenn ihm, verhandelte ein Gericht gegen einen Dieb, bewiesen werde, daß schon andre gestohlen haben.

Weil Ossietzky den Soldatenstand diffamieren wollte, weil die harten Strafen der später, nach der „Tat", ergangenen Notverordnungen „analog" anzuwenden seien, beantragte der Staatsanwalt sechs Monate Gefängnis.

Rechtsanwalt Apfel konnte mitteilen, daß eine Strafkammer, ebenfalls des Landgerichts III, es dem Revolutionär Max Hölz versagt hat, sich beleidigt zu fühlen, als er von einer nationalistischen Zeitung Mörder und Massenmörder genannt wurde. „Im volkstümlichen Sprachgebrauch" werde nur in den seltensten Fällen der so genannt, der sich nach § 211 des Strafgesetzbuchs strafbar gemacht habe, vom „eigentlichsten, formaljuristischen Sinn" sei dabei nicht die Rede.

Aber er konnte vor Allem nicht wenige Urteile des Reichsgerichts benennen, in denen bei Beleidigungen von Kollektiven regelmäßig die Legitimation, sich beleidigt zu fühlen, verweigert wurde, weil nicht ein genau umschriebener Kreis gemeint und gekennzeichnet war. Die Juden erreichen, trotz nicht geringer antisemitischer Hetze, nie eine Verurteilung. Was ihnen recht sein muß, muß, gilt noch Recht, der Wehrmacht billig sein.

Rechtsanwalt Olden trug die Masse der Zitate vor, von Laotse, Erasmus, Friedrich dem Großen, Voltaire, Kant, Goethe, Klopstock, Herder, Schubert, Hoffmann von Fallersleben, Rosegger, Kaiser Friedrich III., Victor Hugo, Raabe, in denen Soldaten Mörder, Henker, Schlächter genannt wurden. Nie hat eine Armee deshalb Strafantrag gestellt, nie ein Staatsanwalt angeklagt, ein Gericht verurteilt.

Er zeigte, daß es hier gar nicht um Pazifismus gehe sondern um das Recht, richtig zu denken und logisch zu sprechen, und daß Zensur, geistige Unfreiheit, ein Volk auch soldatisch entnerven müsse.

Den flüchtigen Veränderungen der Machtverhältnisse im Staat dürfe das Gericht sich nicht anbequemen und müsse darum Ossietzky freisprechen.

Nach Ossietzkys Schlußrede erging Freispruch.

Der Vorsitzende begründete: es sei nicht einzusehen, daß grade Kriegsteilnehmer, die in der Reichswehr dienen, gemeint seien. Erhoben über rechts und links seien die deutschen Gerichte unabhängig, der einzige stetige Faktor im Leben des Staats. Ein Verteidiger habe gesagt, es gehe um die geistige Freiheit. Keineswegs. Aus rein juristischem Grunde sei der Angeklagte freizusprechen. (Wie wahr! Wird das Recht richtig angewendet, so ist die Freiheit nicht bedroht.)

Ossietzky spricht

Nach Notizen von Johannes Bückler

Ich betrachte die in Aussicht stehende Amnestie nicht als eine Hintertür, durch die ich entschlüpfen möchte. Aber es findet in diesen Tagen eine Konferenz in Genf statt, in der die deutsche Regierung sich über die Abrüstung zu entscheiden hat. Es kann dies ein Wendepunkt des deutschen Schicksals sein. Und während die deutschen Vertreter in Genf erklären, daß ihnen der Abrüstungsvorschlag von Hoover nicht weit genug geht, wird in der Heimat ein Prozeß geführt, in dem der Vertreter der Anklage den Soldatenstand nur verherrlichen kann. Ich fürchte von diesem Prozeß schlimme außenpolitische Folgen; ebenso wie sie durch das Urteil des Reichsgerichts im Weltbühnenprozeß eingetreten sind. Der Prozeß kann zu größeren Schädigungen des deutschen Ansehens führen, als die ganze Sache wert ist.

Seit 1912 habe ich den Krieg bekämpft. Ich gehörte schon vor dem Krieg einer pazifistischen Organisation an. Ich bin kein Novembersozialist oder -pazifist. Was ich im Krieg gesehen, hat meine Meinung über ihn und das Kriegshandwerk durchaus bestätigt. Den Artikel in der ‚Weltbühne', der ja nicht von mir selbst stammt, und wegen dessen ich hier angeklagt bin, vertrete ich vollständig. Ich habe niemals lieber vor dem Gericht gestanden als grade wegen dieses Artikels, der ganz meiner Auffassung entspricht. Doktor Tucholsky, den Verfasser, habe ich 1919 in Berlin in einem Kreise kennen gelernt, aus dem die alljährlich im August stattfindenden „Nie-wieder-Krieg"-Demonstrationen entstanden sind.

1919 erschienen auch in der ‚Weltbühne' die ersten pazifistischen Glossen von Tucholsky. Aus jener Zeit stammt die Abneigung des Reichswehrministeriums gegen die ‚Weltbühne'. Später waren wir geradezu der Gegenpol der Politik des Reichswehrministeriums.

Wir Anhänger des Friedens haben die Pflicht, immer wieder darauf hinzuweisen, daß der Krieg nichts Heroisches bedeutet, sondern daß er nur Schrecken und Verzweiflung über die Menschheit bringt. Grade weil wir wissen, daß die machtpolitische Situation für uns im Augenblick nicht günstig ist, grade deshalb müssen wir eine lapidare Sprache führen. Aber diese lapidare Sprache geht von Laotse über die Bibel und Kant durch die ganze Literatur. Alle haben den Krieg als Mord und das Soldatenhandwerk als Mörderhandwerk gekennzeichnet. Das Wort Mörder wird hier nicht in einem juristischen sondern in einem sittlichen Sinne gebraucht. Seit zweitausend Jahren streitet man sich um diese Dinge herum. Es scheint sich hier um eine Frage der Quantität zu handeln. Das ist der ewige Zwiespalt zwischen der Staatsmoral und dem Individuum. Man kann das auf die Formel bringen: dem kleinen Mörder schlägt man den Kopf ab, dem großen setzt man einen Lorbeerkranz auf.

Wir sind keine Fanatiker und keine Bilderstürmer, aber wir halten es für nötig, daß eine deutliche Sprache geführt wird. Wenn die Anhänger des Kriegs gegen uns aufmarschieren, dann heißt es auch Verräter, Feigling, und der Pazifist gilt als zuchthauswürdig. Wir aber, die wir in einem ständigen Angriff gegen den Krieg stehen, müssen uns der Terminologie bedienen, die dafür seit zweitausend Jahren vorliegt.

Wir vertreten heute keine isolierten Gedanken mehr. Seit einigen Jahren besteht der Kelloggpakt, durch den die Reihe der Mittel, die die Staaten gegeneinander anwenden dürfen, beschränkt worden sind, und der den Krieg out of law stellt.

Ich fasse den Prozeß als ein Kesseltreiben des Reichswehrministeriums gegen Pazifisten auf. Es ist auch kein Zufall, daß keine der großen Frontsoldatenorganisationen mit ihren Hunderttausenden von Mitgliedern sich beleidigt fühlt; jeder Frontsoldat würde den Vorwurf ruhig einstecken. Höchstens die Offiziere können sich beleidigt fühlen, die in den Krieg einen Ehrbegriff hineingetragen haben, der nicht hineingehört.

Ich habe eben einen der merkwürdigsten Augenblicke meines Lebens gehabt, als in das Plaidoyer meines Verteidigers von der Straße die Klänge der Militärmusik hereintönten. Ich weiß nicht, ob man darin ein bedenkliches Symbol sehen soll oder einen belanglosen Zufall. Aber vielleicht ist durch diesen Klang der Staatsanwaltschaft von heute die Stimme ihres Herrn mitgeteilt worden.

Ich bin vielleicht der Einzige hier im Saal gewesen, der über den Strafantrag auf sechs Monate Gefängnis nicht erstaunt gewesen ist. Denn es bleibt für mich bestehen, daß eine bestimmte Denkrichtung verfolgt werden soll. Es ist aber falsch, wenn man annimmt, daß es sich in dem Weltbühnenartikel um die Diffamierung eines Standes handelt, es handelt sich um die Diffamierung des Krieges. Wir greifen aber hier nicht nur an, sondern wir verteidigen das Recht auf Leben. Was nützt den Toten des Weltkriegs die Ehre, die hier angeblich geschützt werden soll? Was nützen Denkmäler des unbekannten Soldaten den Gefallenen? Erst muß der Mensch leben, dann kann seine Ehre geschützt werden!

Der Antrag des Staatsanwalts beweist, wie sehr die Staatsanwaltschaft unter den Einfluß des Nationalismus geraten ist, der sich einbildet, die wahre deutsche Nation zu verkörpern.

Ich wende mich an das Gericht mit der Beteuerung, daß ich durch zwanzig Jahre eine gute und anständige Sache vertreten habe. Eine Gesinnung kann man nicht unter Beweis stellen. Hier muß geglaubt werden. Ganz gleich, wie das Urteil ausfällt, ich werde mit allen mir zur Verfügung stehenden Mitteln für die Idee weiter kämpfen, die ich für Recht erkannt habe.

Berlin am Morgen beschreibt die Szenerie nach Ossietzkys Polemik: »Dieser Hieb saß. Der Staatsanwalt sprang wie von der Tarantel gestochen von seinem Stuhl auf und verlangte vom Gericht mit zornbebender Stimme, daß er gegen den Beifall, der sich da bemerkbar gemacht habe, mit allen Mitteln einschreite. Er selbst werde, wenn sich so etwas wiederhole, gegen die betreffenden Personen Strafantrag stellen.«

33000 für Carl v. Ossietzky von Walther Karsch

So viele hatten sich in die Petitionslisten eingezeichnet, als diese Zeilen in Druck gingen. Ein Besuch bei der Deutschen Liga für Menschenrechte, die gemeinsam mit der Deutschen Gruppe des PEN-Clubs das Gesuch um Abkürzung oder Umwandlung der Strafe in Festungshaft einreichen wird, verschaffte mir Einblick in die ungezählten Mappen mit ihren Unterschriften. Am 10. Juli soll die Einzeichnung abgeschlossen werden. So wie sie einliefen, sind die Listen aneinandergereiht, nebeneinander stehen da Menschen verschiedenster Herkunft, verschiedenster Berufsschichten, Menschen aus allen Gegenden Deutschlands und Auslandsdeutsche. Der Arbeitslose wechselt sich mit dem Landrat a. D. ab, der Bergmann mit dem Polizeipräsidenten, der Metallarbeiter mit dem Schriftsteller, die Hausfrau mit der Schauspielerin, der Handwerker mit dem Fabrikdirektor, der Bankangestellte mit dem Verkäufer, der Student mit dem Laufjungen, der Redakteur mit dem Setzer, der Gewerbetreibende mit dem Abteilungsleiter: sie alle geben durch ihre Unterschrift kund, daß Carl v. Ossietzky seine Strafe nicht absitzen soll. Aber es sind nicht nur Menschen unsrer Gesinnung, die sich mit ihrer Stimme für den Inhaftierten einsetzen, auch der Gegner meldet sich, um kundzutun, daß ihm die Behandlung Carl v. Ossietzkys ungerechtfertigt erscheint. Hier gibt ein Mitglied der Deutschnationalen Volkspartei seine Stimme für den Verurteilten ab; dort schreibt einer, er sei Mitarbeiter am ‚Vorstoß', dem Wochenableger der ‚DAZ.'; und einer war da, der zählte sich sogar zur Schar Adolf Hitlers. Und so hatte sich denn neben dem Pastor der Freidenker eingetragen, neben den Mitgliedern einer kommunistischen die einer Zentrumsredaktion. Wäre das Wort nicht zu anrüchig, man dürfte sagen, der Appell für Carl v. Ossietzky habe eine Volksgemeinschaft der anständigen Menschen zustandegebracht.

Daneben fällt aber der häufige Widerstand auf, der sich gegen das Gnadengesuch richtet. Manch einer hat zwar unterschrieben, aber er bemerkt ausdrücklich, daß er dies nur aus Sympathie für Carl v. Ossietzky tue, es widerstrebe ihm eigentlich, daß hier „um Gnade gewinselt" werde. Und da diese Ansicht nicht nur in einigen Briefen sondern auch in manchem Organ der Linken geäußert worden ist, scheint es angebracht, einmal den Irrtum aufzuklären, der bei vielen durch die Bezeichnung „Gnadengesuch" entstanden ist.

Es gibt gegen ein vom Reichsgericht gefälltes Urteil nur zwei Rechtsmittel. Das eine ist das Wiederaufnahmeverfahren. Wer einigermaßen über die Verhältnisse unterrichtet ist, wird wissen, daß die Aussicht, ein Wiederaufnahmeverfahren durchzudrücken, ganz minimal ist, und daß auf jeden Fall eine sehr erhebliche Zeit vergeht. Das zweite Mittel ist ein Gesuch an den Reichspräsidenten um Niederschlagung, Verkürzung oder Umwandlung einer Strafe. Das Anrecht, diese Handlungen vorzunehmen und somit gewissermaßen oberster Richter zu sein, ist dem Präsidenten durch die Verfassung gewährleistet. Wenn also in der Petition der Liga und des PEN-Clubs der Reichspräsident um sein Eingreifen gebeten wird, so machen diese Organisationen eben nur von einem Rechtsmittel Gebrauch; davon, daß hier um Gnade gewinselt werde, kann also nicht die Rede sein. Das Wort „Gnadengesuch" ist nun einmal der für eine solche Aktion gebräuchliche Ausdruck; wir wissen selber, daß er nicht angenehm klingt, aber wir wissen auch, daß Carl v. Ossietzky, der noch kurz vor seiner Inhaftierung den Reichspräsidenten in schärfster Form angegriffen hat, niemals um die Gnade des Herrn von Hindenburg winseln würde. Wer hier also glaubt, sich aus Überzeugungsgründen von der Petition fernhalten zu müssen, befindet sich im Irrtum.

Daß dieses Urteil, daß die durch Herrn Joel erfolgte Ablehnung des nicht an ihn sondern an den Reichspräsidenten gerichteten Gnadengesuches, daß die Inhaftierung Carl v. Ossietzkys, daß dies alles nichts mit Recht zu tun hat, davon sind wir natürlich alle fest überzeugt. Und wenn auch dieses neue, von 33 000 unterstützte Gesuch einer Ablehnung verfällt, dann werden wir wiederum bestätigt bekommen, daß hier ein gefürchteter Kämpfer mundtot gemacht werden soll.

Auch der Feind hat nicht vergessen, seine Visitenkarte abzugeben. Trieben es schon einige Zeitungen reichlich toll, allen voran die vor Hysterie überschnappende ‚Börsen-Zeitung', so dekuvriert sich die nationalistische Geistesverfassung noch offener in einigen anonymen Zuschriften an die Liga. Ein Herr Stein findet die Strafe richtig und findet es wahrscheinlich genau so richtig, daß er seine Adresse nicht angibt. „Ein Freund der ‚Weltbühne' " hält es „für dringend notwendig, daß die Strafe verdoppelt und in Zuchthaus umgewandelt wird". Herr Kramer wiederum, der als nähere Personalien immerhin angibt: „ehemaliger Parteigenosse der SPD", schreibt an die „Deutsche Liga für Menschenrechte, Deserteure und Zuchthäusler": „Die Bestrafung des Schriftstellers Carl v. Ossietzky mit 1½ Jahren Gefängnis erscheint mir viel zu niedrig. Ein pollnischer Nachkomme von solch schlechter Gesinnung hat für eine derartige Handlung lebenslängliche Zuchthausstrafe verdient." „Viel zu wenig für den Hund!" plädiert ein dritter und schreibt darunter „Heil Isidor!", wobei nicht festzustellen ist, ob Isidor der Vorname dieses sympathischen Herrn ist. Nur ein Herr Plaßmann fand den Mut, seine Adresse mitzuteilen, er schrieb: „Es ist allein zu bedauern, daß der Landesverräter Carl v. Ossietzky die geringe Strafe von 1½ Jahren Gefängnis erhalten hat. Zuchthaus war am Platz!"

Im letzten Absatz seines Artikels gibt Karsch die »tief empfundenen, formal leider nicht ganz einwandfreien Verse« des Pidder Lüng wieder, die am 28. Mai im *Illustrierten Beobachter* erschienen waren.

Die *Weltbühne* veröffentlicht den ersten Artikel Ossietzkys nach Haftantritt: unter dem Pseudonym Thomas Murner, das er bereits zu Beginn seiner publizistischen Tätigkeit verwendet hatte.

Der Kaiser ging . . . von Thomas Murner

Theodor Plivier, der starke Chronist der Matrosenrevolte von 1917, macht einen interessanten Versuch, eine Geschichte der deutschen Revolution zu schreiben. Der erste Band liegt vor: „Der Kaiser ging — die Generäle blieben." (Malik-Verlag.) Er beginnt mit der Oktoberwende, mit dem Abschied Ludendorffs, und endet am 9. November mit dem Pakt Ebert-Groener, die Revolution niederzuhalten, in dem das ganze spätere Schicksal der Republik enthalten ist.

Der Verfasser nennt seine Arbeit einen Roman, was keine durchaus zutreffende Bezeichnung ist. Gewiß, es fehlt nicht an novellistischen Zügen, es sind ein paar durchaus wegdenkbare erfundene Figuren eingefügt, und es werden auch die historischen Figuren in ihrer verborgenen seelischen Existenz, in Traum und Selbstgespräch, bloßgelegt. Aber Plivier hat nicht nur gründliche Quellenstudien gemacht, er hat auch Mitspieler von damals eingehend befragt. Gespräche mit Arbeitern, Matrosen, Soldaten, Offizieren, Parteimännern, Ministern, zweiundneunzig an der Zahl, hat er geführt und verwendet. Nein, es ist kein Roman geworden, denn der Roman ist eine ganz andre und viel strengere Kunstform, wohl aber eine hinreißende politisch-historische Reportage, in deren besten Partien sich Exaktheit und Intuition glücklich gefunden haben. So ist das Resultat nicht einheitlich, aber höchst liebenswert. Und es soll Plivier die Anständigkeit hoch angerechnet werden, mit der er das behandelt, was von den Konflikten der sozialistischen Parteien von Achtzehn heute noch unverjährt ist und weiterbrennt. Er sagt manchmal Grobheiten, aber er streut kein Salz in die Wunden.

Es galt niemals als besonders fein, an den 9. November zu erinnern; heute ist es lebensgefährlicher als je. Desto größer ist Pliviers Verdienst, denn er gibt einer totgeschwiegenen oder besudelten Epoche ihre Ehrenrechte wieder. Bei Michelet und Krapotkin oder andern bedeutenden Darstellern der Französischen Revolution haben wir die heroische Rolle der kleinen Leute aus den Vorstädten kennengelernt, ihr Elan stößt und treibt die Revolution, neben ihnen wird die Gloriole der berühmten Tribunen und demagogischen Rhetoren blasser und dünner. Plivier hat diese namenlosen deutschen Novembermänner, die vergessen und versunken schienen, für die Geschichte gerettet. Es sind in seinem Werke viele Episoden, die nicht leicht in der Erinnerung verwehen wie der in Fieber phantasierende Reichskanzler Max von Baden, wie die kieler Matrosendemonstration oder Otto Wels in der Alexander-Kaserne die Truppen zum Übertritt auffordernd. Aber nichts ätzt sich dem Gedächtnis so tief ein wie die Gestalten der Revolutionären Obleute, so hieß dieses Gremium, das ohne schriftliches Mandat aus dem schöpferischen Geist des duldenden und schweigenden Volkes gewachsen zu sein schien. Damit kehren auch Namen wieder, die mit der Vorbereitung und

Durchführung der Revolution aufs engste verknüpft sind, so wie Laukant oder Richard Müller, der dann später der „Leichen-Müller" wurde und übrigens eine als Material wichtige Darstellung dieser Zeit geschrieben hat. Lebendig wird wieder der Maschinist Sult, der die Turbogeneratoren im Kraftwerk Rummelsburg zum Stillstand bringt und damit den ganzen berliner Osten dunkellegt. Das ist Sult, der später im Polizeigefängnis „auf der Flucht" erschossen wurde, ebenso wie Dorrenbach. Unter diesen proletarischen Verschworenen gab es echtes revolutionäres Spartanertum und eine Unterdrückung natürlicher Gefühle, die in ihrer Wortlosigkeit manchmal antike Größe annahm. So schildert Plivier, wie Emil Barth, der Bürgerschreck mit der roten Revolutionstolle, der von der Polizei verfolgt wurde und tagelang nicht zu Hause war, am Abend des 5. November in die Nähe seiner Wohnung kommt:

Als er von der Straßenbahn abstieg, erblickte er seinen dreijährigen Jungen, der auf ihn zulief, gleich danach sah er seine Frau aus der offenen Tür eines Sarggeschäfts herauskommen.

Barth erriet sofort die Zusammenhänge.

Als er drei Tage vorher von Hause weggegangen war, lag sein ältester Sohn grippekrank und mit Fieber im Bett.

Er folgte seiner Frau in den Hausflur.

„Montag Nacht ist er gestorben, um sechs wird er eingesargt, du kommst grade zurecht..."

Barth blickte auf seine vergrämte Frau und den an ihr Kleid geschmiegten Jungen. Über ihre Schultern weg sah er ein Kind mit rachitischen Beinen über den Hof laufen. „Auch wenn Vater und Mutter, wenn Bruder und Schwester auf dem Totenbett liegen...", hatte er vor kurzem in einer seiner pathetischen Ansprachen vor den Obleuten ausgeführt.

Er machte sich von seiner Frau los:

„Nein, es geht nicht — ich kann nicht mit nach oben. Geh schnell und bring mir den andern Anzug, den braunen — ich muß gleich wieder weg."

Die Republik hat den Menschen dieser Zeit kein Cenotaph gesetzt. Jetzt hat ein Schriftsteller, selber ein oppositioneller Mann und in der Revolutionsära verwurzelt, diese Ehrenpflicht nachgeholt. Wie weit weg liegt das alles, wie prähistorisch wirkt das. Aber auch die Generale werden einmal abreisen.

Ossietzky schreibt an seine Frau Maud, bittet um Prozeßberichte. (Einige »Zeitungsnotizen« werden Ossietzky am 9. Juli, weitere »3 Zeitungen« am 13. ausgehändigt.) Der Brief deutet daraufhin, daß die Eheleute während des Prozeßtermins keine Gelegenheit zu einem persönlichen Gespräch gefunden hatten.

II/337 Tegel, 5. 7. 32
Carl v. Ossietzky Sp.

Liebe Maudie,
bitte doch Frl. Hünicke, Sie möchte mir doch noch einige Prozeßberichte schicken, etwa 8 Uhr Blatt von Sonnabend, Volkszeitung, Welt a. Abend, Berlin a. Morgen. Vielleicht hat sie das auch von sich aus schon getan, aber

rufe sie doch mal an. Erinnere auch, daß Augstenberger die Bibliotheksbücher abholen soll. Es hieß doch, er sollte schon am Montag kommen.
Ich hatte eigentlich erwartet, Du würdest mich gestern oder heute besuchen. Komme dann bitte noch in der Woche, Donnerstag oder Freitag. Wie geht es Dir, mein Kind? Hoffentlich hat dich der Termin neulich nicht zu sehr aufgeregt. Laß es Dir gut gehn. Ich küsse dich

Dein *Carl*

[Handschriftliche Notiz von Maud von Ossietzky:] Inspection des Hauses II. Ich bitte um die Erlaubnis meinen Mann am Montag d. 11. Juli besuchen zu dürfen – Ein Antwort Karte lege ich bei.

7. Juli 1932

Ossietzky berichtet Tucholsky vom Prozeß um dessen *Weltbühnen*-Artikel. Eine Äußerung Tucholskys vom 2. Juli ist bisher nicht bekannt, doch erwähnt Kurt R. Grossmann einen Telefonanruf Tucholskys noch am 1. Juli:
»Carl von Ossietzky, Hellmut von Gerlach, Milly Zirker, Edith Jacobsohn und ich gingen nach der Verhandlung mit dem Kriminalbeamten die Treppe hinunter. Einen Stock tiefer war eine Telefonzelle, von der aus einer von uns das Büro der *Weltbühne* anrief, um die gute Nachricht von dem Freispruch weiterzugeben. Tucholsky hatte das Büro schon angerufen, um zu erfahren, wie der Prozeß ausgegangen sei. Ob er darüber schreiben solle? Ossietzky schaute uns fragend an – ich schüttelte den Kopf. Ossietzky ließ Tucholsky bestellen, daß der Artikel in Berlin geschrieben werden würde. Er erschien dann unter den drei Sternen. Sein Verfasser war, soviel ich weiß, Ossietzkys Verteidiger Dr. Alfred Apfel.«

Carl v. Ossietzky — Tegel, 7. 7. 32
II/337 — Sp.

Lieber guter Doktor,
Vielen Dank für Manifestation v. 2.7. Ich freue mich, von Ihnen wieder zu hören, bin aber sehr traurig, daß, wie mir von andrer Seite gesagt wurde, es Ihnen körperlich wenig wohlgeht, Sie außerdem müde sind, unlustig, déroutiert – jedenfalls zu nichts Vernünftigem fähig.
Mein Freispruch ist unser erster juristischer Sieg seit langem, obgleich die Anwälte sagten, hier könnte nach der Rechtslage – höchstgerichtliche Judikatur – an dem Freispruch kein Zweifel sein, so rief dieser doch einiges Aufsehen hervor. Ich ging mit gemischten Gefühlen hinein, weil ich keine allzu große Sicherheit empfand. Denn so gewiß der Freispruch juristisch

berechtigt ist, so selbstverständlich finde ich ihn nicht. Unsre politische Justiz trägt nun mal einen Lotteriecharakter. Hier hatten wir einen über den Anlaß hinaus scharfen Staatsanwalt, aber einen katholischen Vorsitzenden. Compris–? Sehn Sie, an solchen Zufällen hängt alles!
Es ist Revision eingelegt worden. Ich kann nicht beurteilen, wohin das führen wird und will mir auch heute noch nicht den Kopf darüber zerbrechen. Natürlich ist die Diskrepanz zwischen Strafantrag und Urteil ungeheuerlich. Dafür habe ich den Staatsanwalt auch furchtbar geärgert. Ich habe ihn gefragt, ob er noch von dem Recht von Weimar dirigiert wird oder schon von dem von Boxheim und ähnliches. Der Zwischenfall mit der Militärmusik ist Ihnen wohl bekannt. Ich habe in dem Augenblick beklagt, daß Sie nicht im Saale gesessen haben. Es war stimmungsmäßig einer der tollsten Augenblicke, die ich erlebt habe.
Ich lebe hier ganz anständig, verfolge allerdings die Ereignisse draußen mit einer besorgten Spannung. Ich hoffe – und ich bitte darum –, daß Sie über mich ganz ruhig sind und nicht der Gedanke an mein Schicksal Ihre krisenhafte Verfassung noch beschwert. Sie hätten hier absolut nichts ändern können. Daß ich hier geblieben bin, rührt aus meiner eignen Entscheidung. Das ist großenteils Raison, Überlegung, daß der andre Ausweg nichts bessert. Was es sonst noch ist, werde ich Ihnen einmal mündlich sagen.
Daß Sie zu der Affäre keinen Kommentar geschrieben haben, scheint mir richtig. Ich versichere Ihnen – und, glauben Sie mir, ohne Überheblichkeit des an der Front durch einen Streifschuß Verletzten – es ist, wenn man längere Zeit nicht hier war, unmöglich, den Ton zu treffen. Einmal die Klippe der Zensur – Ihnen wohlbekannt. Zum andern – Ihnen auch wohlbekannt, die Gefahren einer Dämpfung des Tons, die nicht aus der Situation heraus sich ergibt. Der Ihnen eigne Pamphletstil würde sofort zu Retorsionen führen, die diplomatische Temperierung muß aber auch aus der Kenntnis der Dinge hier erfolgen, sonst wirkt sie verwaschen. Das sind sehr, sehr schwierige Sachen.
Ich bin traurig, daß es mit Ihrer Produktivität nicht gut steht. Wollen Sie nicht mehr Literarisches schreiben wie den Lichtenberg, der mir sehr gefallen hat? Ich stimme mit Ihnen in der Beurteilung dieser Edition, die ich kenne, überein. Aber ob Sie schreiben oder nicht, Sie sollen gesund sein und guter Laune bleiben. Ich habe mich mit meinem Schicksal so gut es geht abgefunden. Denn wenn ich auch nicht dessen schuldig bin, wessen man mich schuldig gesprochen hat – ich habe meine achtzehn Monate schon verdient.
Bitte lassen Sie wieder von sich hören. Wir müssen doch wieder in eine Unterhaltung über alle laufenden und schwebenden Dinge kommen.

Herzlichst Ihr Oss

8. Juli 1932

Ein Brief an Maud von Ossietzky: noch immer Reisevorbereitungen; im Nachsatz einer der wenigen Hinweise auf die Einsamkeit des Gefangenen. – Die gewünschten Kaugummis, als Ersatz für Zigaretten, erhält Ossietzky am 12. Juli.

Carl v. Ossietzky Tegel, 8. 7. 32
II/337 Sp.

Liebste Maudie,
die im letzten Briefe erwähnten Wünsche sind inzwischen erledigt. Du wirst wohl inzwischen auch Frl. Hünicke gesprochen haben.
In der nächsten Woche wird Augstenberger mir neue Bibliotheksbücher bringen. Gib ihm bei der Gelegenheit doch wieder etwas Kaugummi mit und eine Büchse Chlorodont-*Pulver*. Aber das eilt nicht, ich sage das nur, damit eventuell ein Weg gespart wird.
Wie steht das mit der Sommerreise? Habt ihr schon etwas gefunden? Ich nehme an, daß Du auch von Heppenheim aus, etwas finden wirst, falls Du dich hier nicht entschließen kannst. Vielleicht ist die Bergstraße selbst grade in der Reisesaison etwas teuer. Aber nicht teuer, ist der Taunus mit den vielen schönen kleinen Orten (von Frankfurt aus zu erreichen.) Oder auch die Pfalz auf der andern Seite des Rheines, etwa bei Landau oder Pirmasens. Der Weg geht über Worms, auch nicht weiter als Frankfurt. Die Pfalz zählt zu den schönsten Teilen Deutschlands und ist vom Fremdenverkehr nicht überlaufen, gilt als billig. Sage das doch mal Frl. Hünicke; sie soll vom Reisebureau (vielleicht Ullstein oder K. d. W.) Prospekte kommen lassen.
Bitte, liebste Maudie, laß doch wieder von Dir hören. Ich möchte auch, daß die Sache mit der Reise bald in Ordnung kommt. Wie geht es Dir? Hoffentlich hat dich das Gericht neulich nicht allzu nervös gemacht. Ich freu mich sehr, daß das so gut ausgegangen ist.
Eigentlich hatte ich dich in dieser Woche erwartet. Komme jetzt also, wenn nicht ganz Besonderes vorliegt, erst übernächste Woche. Bis dahin ist wohl alles, was die Reise angeht, geklärt, und wir können die Dinge in Ruhe besprechen.
Pflege dich gut, mein Kind, sorge für anständige Reiseausstattung. Grüße das Kleinchen! Hast Du ihr Gerichtsbilder geschickt?
Ich umarme dich aufs innigste Dein Carl

Jetzt, wo ich wieder allein in meinem Käfig sitze, fühle ich das schwerer als zuvor. Trotzdem war der Ausgang interessant und ich möchte ihn nicht missen.

9. Juli 1932

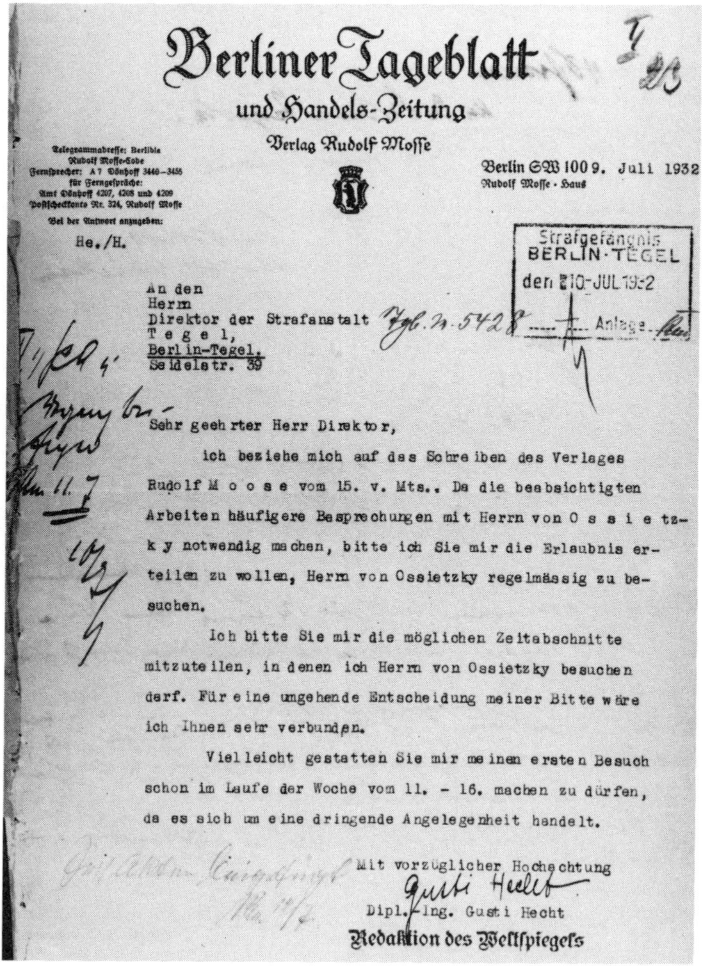

Berliner Tageblatt
und Handels-Zeitung
Verlag Rudolf Mosse

Telegrammadresse: Berlible
Rudolf Mosse-Code
Fernsprecher: A 7 Dönhoff 3440–3455
für Ferngespräche:
Amt Dönhoff 4207, 4208 und 4209
Postscheckkonto Nr. 324, Rudolf Mosse

Bei der Antwort anzugeben:
He./H.

Berlin SW 100 9. Juli 1932
Rudolf Mosse-Haus

Strafgefängnis
BERLIN-TEGEL
den 10. JUL 1932
Anlage

An den
Herrm
Direktor der Strafanstalt Tgb. Nr. 5428
T e g e l,
Berlin-Tegel.
Seidelstr. 39

Sehr geehrter Herr Direktor,

ich beziehe mich auf das Schreiben des Verlages Rudolf M o o s e vom 15. v. Mts.. Da die beabsichtigten Arbeiten häufigere Besprechungen mit Herrn von O s s i e t z k y notwendig machen, bitte ich Sie mir die Erlaubnis erteilen zu wollen, Herrm von Ossietzky regelmässig zu besuchen.

Ich bitte Sie mir die möglichen Zeitabschnitte mitzuteilen, in denen ich Herrm von Ossietzky besuchen darf. Für eine umgehende Entscheidung meiner Bitte wäre ich Ihnen sehr verbunden.

Vielleicht gestatten Sie mir meinen ersten Besuch schon im Laufe der Woche vom 11. - 16. machen zu dürfen, da es sich um eine dringende Angelegenheit handelt.

Mit vorzüglicher Hochachtung
Gusti Hecht
Dipl.-Ing. Gusti Hecht
Redaktion des Weltspiegels

Auf der Rückseite des zweiten Besuchsantrags von Gusti Hecht ist die Antwort der Gefängnisleitung handschriftlich skizziert:
»Mit Rücksicht auf die bestehenden Vorschriften, wonach Insassen der Gefangenenanstalt in der Regel alle 6 Tage monatlich empfangen dürfen, bin ich zu meinem Bedauern nicht in der Lage, dem umseitigen Wunsche entsprechen zu können.« Es sei von Fall zu Fall zu entscheiden, in den schriftlichen Anträgen müsse der Grund des Besuchs genannt werden. Am 15. Juni hatte Karl Vetter geschrieben: »Wir stehen mit Herrn Carl von Ossietzky seit langem in Verhandlungen über bestimmte literarische Arbeiten.« Diese hätten mit der Strafsache nichts zu tun, bedürften der mündlichen Besprechung, mit deren Durchführung »wir die verantwortliche Redakteurin unserer illustrierten Zeitungen, Dipl. Ing. Gusti Hecht, beauftragt haben«.

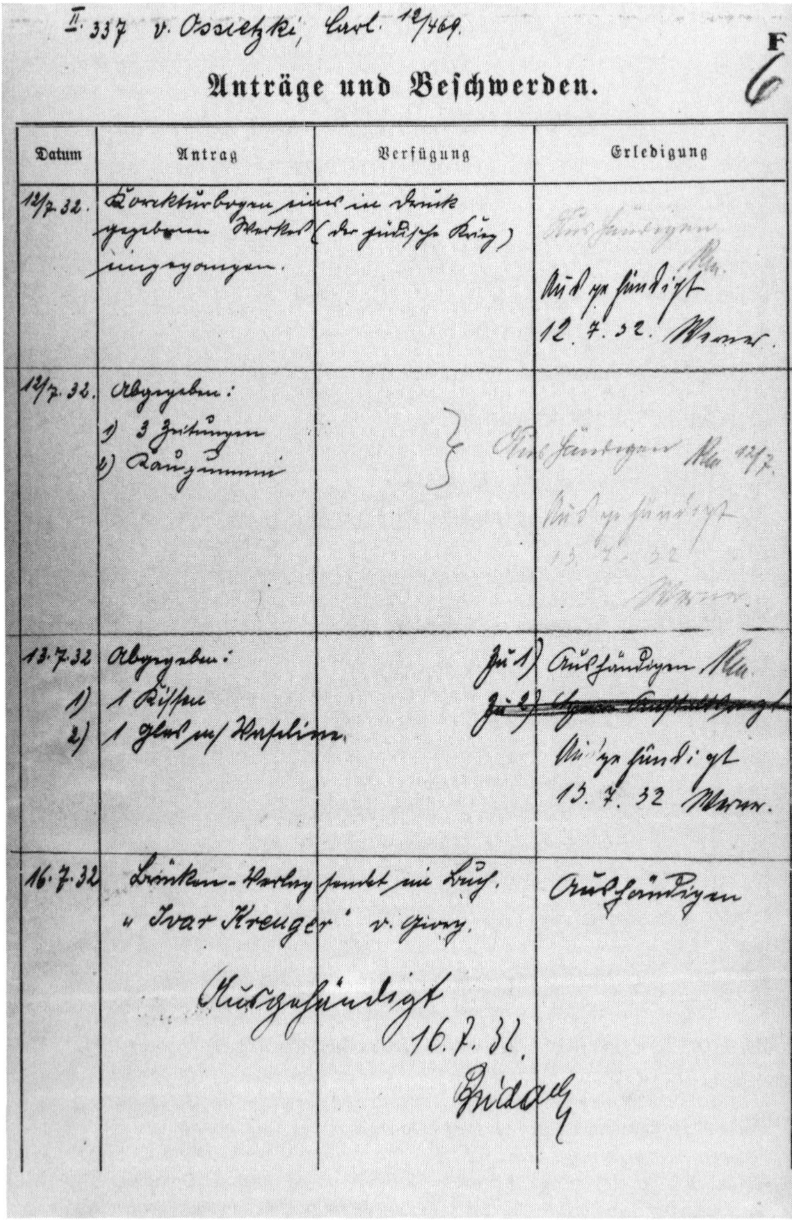

II. 337 v. Ossietzki, Carl. 12/469 F 6

Anträge und Beschwerden.

Datum	Antrag	Verfügung	Erledigung
12/7.32.	Korrekturbogen eines in Druck gegebenen Artikels (der jüdische Krieg) eingegangen.		Aushändigen [illegible] Ausgehändigt 12.7.32. [illegible]
12/7.32.	Abgegeben: 1) 3 Zeitungen 2) [illegible]	}	Aushändigen [illegible] 12/7. Ausgehändigt 13.7.32 [illegible]
13.7.32	Abgegeben: 1) 1 Kissen 2) 1 Glas mit [illegible]		zu 1) Aushändigen [illegible] zu 2) ~~[illegible]~~ Ausgehändigt 13.7.32 [illegible]
16.7.32	Brücken-Verlag sendet ein Buch „Ivar Kreuger" v. Georg. Ausgehändigt 16.7.32. [illegible]		Aushändigen

Auszug aus der Gefangenenakte

»Bei der neuen Amnestie-Debatte kam es [...] gestern mittag im preußischen Landtag zu neuen schweren Lärm- und Krawallszenen, die von den Nationalsozialisten inszeniert wurden und deren der nationalsozialistische Präsident Kerrl selbst nicht Herr werden konnte«, berichtet das *Berliner Tageblatt.* Eine Woche zuvor hatte der preußische Staatsrat gegen die Amnestievorlage des preußischen Landtags gestimmt. Jetzt steht der Antrag zur Debatte. Die wegen des Einspruchs des Staatsrats erforderliche Zweidrittelmehrheit wird nicht erreicht, Sozialdemokraten und Zentrum stimmen dagegen. Die Nazis machen ihrer Enttäuschung lauthals Luft, alles endet im brüllenden Chaos. Der Landtag vertagt sich bis zur Reichstagswahl.

In Lausanne steht die Entscheidung bevor: »Der Pakt von Lausanne schließt vierzehn Jahre nach Beendigung des Weltkriegs das Kapitel der Reparationen«, faßt der Kommentator im *Berliner Tageblatt* zusammen und fügt hinzu: »Daß das Kabinett von Papen schließlich die Früchte pflücken durfte, die seine Vorgänger gepflanzt hatten, ist innenpolitisch vielleicht bedauerlich, aber außenpolitisch ohne Bedeutung.« Drei Milliarden Mark hat Deutschland jetzt noch zu zahlen. »Das Ende der Reparationen« überschreibt die *Vossische Zeitung* ihren Bericht auf der Titelseite und stellt im Kommentar fest: »Es zeigt sich, daß es doch noch so etwas wie gesunde Vernunft, guten Willen, internationale Zusammenarbeit gibt. [...] Im großen gesehen bedeutet diese Verständigung den Schlußstrich unter das häßliche Kapitel des Versailler Vertrags.«

12. Juli 1932

Ossietzky erhält drei Zeitungen, Kaugummi und »Korrekturbogen eines in Druck gegebenen Werkes (Der jüdische Krieg)«. Lion Feuchtwanger, Autor des historischen Romans, erzählt: »Ich erinnere mich der letzten Botschaft von ihm, die mich erreichte. Ich hatte ihm die Korrekturbogen eines Buches von mir ins Gefängnis geschickt. Er antwortete mit freundlichem Scherz, dieses Geschenk freue ihn besonders, nicht nur, weil er nun fesselnde Lektüre habe, sondern auch, weil die Korrekturen ihn an seine Lieblingsbeschäftigung erinnerten. Kein Wort der Klage, kein Wort falsch-stolzen Märtyrertums.«

Der zweite Artikel, mit Thomas Murner gezeichnet, erscheint in der *Weltbühne*: die Besprechung eines Buches, das Ossietzky am 7. Juni erhalten hatte. Ein »Wißbegieriger« wird belehrt, daß der Strafgefangene Ossietzky keine Artikel schreiben dürfe. Viel später vermutet Walther Karsch, daß Rechtsanwalt Apfel die Manuskripte aus dem Gefängnis herausgebracht hat.

O. B. Server

Glauben Sie mir, die Politiker sind durchweg nicht so interessant wie ihr Beruf. Vor Jahren hat sich Johannes Fischart in der ‚Weltbühne' bemüht, ihnen pittoreske Seiten abzugewinnen. Ihm folgt ein neuer Mann, der sich O. B. Server nennt. Er hat in einem Buch „Matadore der Politik" (Universitas-Verlag, Berlin) zwei Dutzend Porträts gesammelt, und Erich Goltz hat die Herrschaften sehr lustig karikiert. Politiker sind heute mehr denn je „Exponenten von Machtgruppen", in ihrem unpolitischen Wesensteil indifferent. Aber damit gibt sich das liebe Publikum nicht zufrieden. O. B. Server weiß, daß Heinz Neumann mit einer Nichte von Stalin verheiratet gewesen sein soll, daß bei Lambachs noch immer vor Tisch gebetet wird, daß über den Prälaten Schreiber ein Schlüsselroman umgeht, der keinen Verleger findet. Der Verfasser hat fleißig herumgehört, viele Kleinigkeiten aufgelesen. Aber alles hat er sicher und geschmackvoll zusammengestellt.

Am besten sind ihm die Leute der zweiten Garnitur geraten oder die mit den wirklich bewegten Lebensläufen, wie Abel oder Goering, am wenigsten die Großkopfeten. Hier kommt man wohl doch mit der Anekdote nicht aus, hier muß Stellung genommen werden. Der Versuch mit Groener scheint mir ganz danebengegangen zu sein. Möglich, daß wir ungerecht sind, aber hier kann man von uns keine Objektivität verlangen. Auch der alte Oldenburg-Januschau, ein feistes Gespenst aus der Feudalzeit, läßt sich nicht mit den Mitteln des burgfriedlichen Feuilletons abhandeln. Da heißt es hauen — für ihn oder auf ihn, jedenfalls hauen! Der Autor nimmt ihn als einen urwüchsigen alten Herrn, einen schrulligen Royalisten von achtenswerter Konsequenz. Ich würde gern zustimmen, wenn dieser unerbittliche Royalist im November Achtzehn die Plempe für seine Dynastie gezogen und für sie „Feuer auf den Frack" gekriegt hätte, um ein beliebtes Bild von ihm zu gebrauchen. Der Januschauer hat damals nicht gemuckst. Er ist ein Komödiant und Poltron; man kann nicht, ohne zu posieren, mit fünfundsiebzig Jahren den jungen Bismarck spielen.

Herr O. B. S., der sich in diesem Buche nicht grade hinter einer eisernen Maske verbirgt, sollte sein nicht sehr klangvolles Pseudonym ganz abtun. Es steckt eine gute und launige Feder dahinter, die sich mit diesen Skizzen für größere Aufgaben freigeschrieben hat.

Thomas Murner

Wißbegieriger. Carl von Ossietzky darf in seiner Haft keine Artikel schreiben. Bei der Sichtung des in seinem Schreibtisch liegenden Materials haben wir jedoch noch einige nicht für den Tag geschriebene Beiträge gefunden, die wir bald bringen werden.

14.–16. Juli 1932

Wieder Tote und Schwerverletzte in Berlin, Schießereien, Schlägereien, Unruhe: Seit die »Mörder in Uniform« wieder erscheinen dürfen, wütet die SA ungehemmt auf den Straßen der Republik. »Bürgerkriegsähnliche Zustände in Deutschland«, stellt die SPD-Führung in einem Telegramm an Hindenburg fest.
Am 16. Juli fordert die NSDAP die Verhängung des Ausnahmezustands und das Verbot öffentlicher Demonstrationen – mit Ausnahme solcher der SA. »Hitlers Privatarmee soll offiziell als die Trägerin der öffentlichen Macht anerkannt werden.« Als Frist werden der Reichsregierung 24 Stunden gesetzt, um diese Forderungen umzusetzen.

17.–18. Juli 1932

Ossietzky schreibt an seine Frau, die in diesen Tagen die lang besprochene Reise zu ihrer Tochter Rosalinde antreten will. Ins Gästebuch der Odenwaldschule trägt sie sich ein, irrtümlich unter dem 18. 9., gemeint ist wohl der 18. Juli. Ossietzkys Brief hat Maud von Ossietzky in Berlin nicht mehr erreicht. Sie ist abgefahren, ohne sich zu verabschieden. Etwa fünf Wochen bleibt sie an der Bergstraße, kurz vor dem 29. August ist sie zurück in Berlin.

Carl v. Ossietzky
II/337 Tegel, 17. 7. 32

Liebste Maudie,
ich hatte in diesen Tagen noch einen Brief erwartet, den ich dann noch vor Deiner Abreise hätte beantworten können. Aber wahrscheinlich wird nichts besonderes sein.
Sage bitte dem Boten Bescheid. Er soll etwa am Donnerstag oder Freitag bei mir Wäsche abholen. Frau Müller soll dann für das Weitere sorgen und mir in der Woche darauf zwei Hemden und einige Paar Socken schicken. Damit werde ich dann auskommen, bis Du zurück bist. Wenn ich noch weitere Wünsche wegen der Wäsche habe, schreibe ich an Frau Müller direkt. Bitte eine Schachtel Chlorodont-Pulver mitschicken. Ich hoffe sehr, daß dich dieser Brief noch hier erreicht.
Du wolltest wohl am 20ten fahren, wenn ich mich nicht irre. Das Wetter war nicht schön in diesen Tagen, aber es soll bald wieder wärmer werden. Jedenfalls darfst Du die Reise deswegen nicht verschieben. Es wird Dir sehr gefallen an der Bergstraße, ich weiß es, denn es ist eine herrliche Gegend. Du fährst morgens gegen 9 Uhr vom Anhalter Bahnhof, selbstverständlich

Schnellzug, in Frankfurt gegen ½6 Uhr Umsteigen, dann bist Du etwa ½7 in Bensheim. Das ist das Einfachste. Reise recht bequem, iß unterwegs gut und sieh die schöne Landschaft an – von Erfurt ab ist meistenteils gute Aussicht. Grade in Thüringen ist viel zu sehn, in Eisenach siehst Du die Wartburg. Am richtigsten, Du machst es wie Baby. Die hatte während der ganzen Fahrt gefuttert und wollte überhaupt nicht aus dem Speisewagen.
Wegen der Unterkunft habe ich keine Sorge. Es wird gewiß viel zu haben sein in dem Sommer. Falls ich etwas wichtiges haben sollte, schreibe ich in den nächsten Tagen nach der Schule. Aber nur für diesen Fall. Du wirst doch so bald wie möglich die Adresse mitteilen, damit ich weiß, wo ihr steckt.
Grüße und küsse das Baby recht, recht vielmals von mir. Wahrscheinlich wird sie inzwischen noch länger geworden sein und sehr sonnenverbrannt aussehn. Sie soll sich recht manierlich aufführen und ihre Mutter nicht so ärgern. Doch glaube ich, sie wird inzwischen selbständiger geworden sein durch den ungezwungenen Umgang mit andern. Du wirst nicht so viel Angst zu haben brauchen wie früher. Die Schule wirst Du Dir gewiß genau ansehn, es ist schon der Mühe wert. Und die Owlies auch. Baby wird gewiß den Fremdenführer machen und gegen anständiges Trinkgeld Mammie alle Kostbarkeiten zeigen.
Also, liebes, gutes Kind, erhole dich sehr gut. Du hast es nötig, wieder aus der Stadt herauszukommen. Es wäre schöner gewesen, wenn wir auch in diesem Sommer zu dreien hätten reisen können wie voriges Jahr in der grünen Tatra und in Prag, wo es Dir so gut gefallen hat. Man muß versuchen to make the best of it. Es könnte auch jetzt alles schlimmer sein, und Du weißt, ich bin weder vergessen noch verlassen. Und auch wo ich entbehre, da ist das noch kein Grund für dich, das gleiche zu tun. Davon wird nichts besser, nur ich werde unruhiger. Du wirst dich freuen, wenn Du siehst, wie gut es Baby geht, und deshalb sollt ihr beide heiter sein in diesem Sommer und lauter gute Sachen essen. Das ist mein Herzenswunsch und das müßt ihr mir beide schon zum Gefallen tun.
Bestelle bitte Herrn und Frau Geheeb meine Empfehlungen. Wenn Du in dem Pensionat oben wohnst – Namen vergessen – grüße die beiden Damen bitte von mir. Sie nehmen großen Anteil an meinem Schicksal.
Liebste Maudie, mein ganzes Herz ist auf eurer Sommerreise, ich umarme dich vielmals

Dein *Carl*

Auszug aus dem Gästebuch der Odenwaldschule, Oberhambach

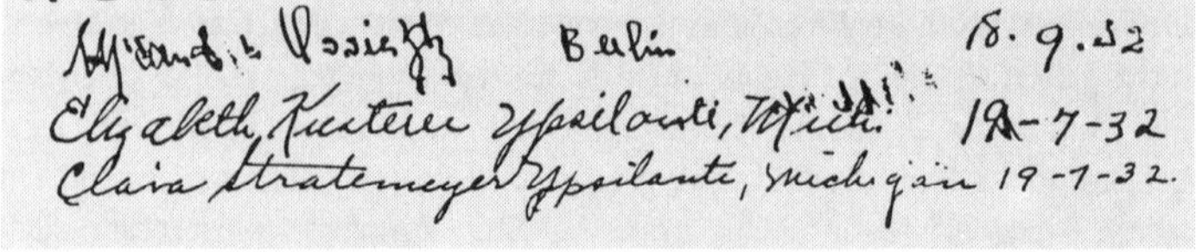
[illegible] M. Kobbé [illegible] 18-9.32.
[illegible] Berlin 18.9.32
Elizabeth Kusterer Ypsilanti, Mich. 19-7-32
Clara Stratemeyer Ypsilanti, Michigan 19-7-32.

Arbeiter im Hamburger Gängeviertel diskutieren über den »Altonaer Blutsonntag«. Ossietzky ist im Gängeviertel aufgewachsen.

»Demonstrations-Verbot für das ganze Reich« meldet das *Berliner Tageblatt.* Am Abend zuvor ist es in Hamburg zu blutigen Zusammenstößen gekommen. Ein Demonstrationszug der Nazis führt ausgerechnet durch das Arbeiterviertel Altona; Polizei schützt die Provokation, es fallen Schüsse. Amtliche Bilanz am Ende der Straßenschlacht: 17 Tote, mehr als 100 Verletzte. Vor allem Polizei und Arbeiter haben sich gegenübergestanden; die nationalsozialistische Demonstration wird zu ihrem Ende geführt. Das *Berliner Tageblatt* kommentiert:

»Ein großer Teil der Verantwortung für die Opfer fällt denen zur Last, die in gewissenloser Hetze den Bürgerkrieg fortgesetzt vorbereitet haben. Sein lokaler Ausbruch an der unteren Elbe ist die Folge einer radikalen Demonstrationspolitik, die sich rücksichtslos hinweggesetzt über alle Gefahren, die in einer verhetzten, in Not und Elend zur Verzweiflung gebrachten Bevölkerung ruhen.«

19. Juli 1932

Ossietzkys Artikel »Antisemiten« erscheint in der *Weltbühne*. Die Redaktion bedankt sich für Zuschriften an Ossietzky. – In den »Antworten« der Redaktion vom 26. Juli wird auf einen Satzfehler hingewiesen: »*Antisemit*. In Carl von Ossietzkys Aufsatz, der sich mit dir befaßte, sollte von dem ›wackeren und ehrlichen Hans‹ (nicht ›Mann‹) die Rede sein, der ›die gottgesegnete Kraft seiner Arme gebraucht‹. Durch diesen Satzfehler wurden die späteren Hinweise auf die wackeren Hansen unverständlich.«

Antisemiten von Carl v. Ossietzky

Zu den Dingen, von denen die republikanische Linke kaum mehr zu sprechen pflegt, gehört auch der Antisemitismus. Die Presse begnügt sich damit, seine Existenz zuzugestehen, ohne sich über seine Erscheinungsformen näher auszulassen; gelegentlich nur werden einige allzu knotige Exzesse niedriger gehängt. Im ganzen ist man bereit, wie so vieles andre, auch Israel still zu opfern. Die Menschen- und Bürgerrechte des Juden sind, wenn nicht angefochten, so doch wieder Gegenstand lebhafter Diskussion. Wieder ist es der Konterrevolution gelungen, das Thema aufzunötigen; sie hatte die Initiative, und die Demokratie sucht nur dadurch, daß sie nicht mitmacht, den Eindruck zu erwecken, als gäbe es die ganze Diskussion nicht.

Der Antisemitismus ist dem Nationalismus blutsverwandt und dessen bester Alliierter. Die beiden gehören zusammen. Denn ein Volk, das sich ohne Territorium und ohne materielle Autorität zweitausend Jahre in der Weltgeschichte herumtreibt, ist eine lebendige Widerlegung aller nationalistischen Ideologie, die den Begriff der Nation ausschließlich von machtpolitischen Voraussetzungen abhängig macht. Niemals hat der Antisemitismus in der Arbeiterschaft Wurzel gefaßt, er war von je Sache des Mittelstandes und des kleinen Bauerntums; heute, wo sich diese Schichten in ihrer größten Krise befinden, ist er ihnen zu einer Art von Religion geworden, mindestens zu einem Religionsersatz. Nationalismus und Antisemitismus bestimmen das innere politische Bild Deutschlands. Sie sind die großen revolutionär kreischenden Jahrmarktsorgeln des Fascismus, welche das viel leisere Tremolo der sozialen Reaktion übertönen.

Vor etwa fünfundzwanzig Jahren war die antisemitische Welle der Stöckerzeit schon abgeebbt. Im Reichstag saß eine antisemitische Fraktion, die an Stärke und parlamentarischer Haltung etwa der heutigen Wirtschaftspartei entsprach. Der Radauantisemitismus lag bei dem berüchtigten Grafen Pückler-Tschirne, dem sogenannten „Dreschgrafen", der indessen keine Bewegung repräsentierte sondern nur den eignen wirren Kopf, und in allgemeinem Gelächter unterging, als er in einer Hotelhalle mit einem jüdischen Geschäftsreisenden in Tätlichkeiten geriet und dabei fürchterlich verhauen wurde. Der intellektuelle Antisemitismus lag dagegen bei Houston Stewart Chamberlain, der in den „Grundlagen des XIX. Jahrhunderts" die nach Bayreuth gedrungenen Phantasien Gobineaus aktualisierte und aus der Sprache eines harmlosen Snobismus in die eines modernen zugkräftigen Mystagogentums übersetzte. Ein Ausläufer dieses Kreises war der Kunstschriftsteller Artur Moeller van den Bruck, der mit einem noch heute lesenswerten Werke „Die Deutschen" eine Typologie des deutschen Wesens versuchte, und dessen Buch „Das Dritte Reich" einer Bewegung das Schlagwort gegeben hat, obgleich es sich hier um keine dröhnende Agitationsschrift handelt sondern um ein politikfremdes Lamento von monotoner Melancholie.

Der literarische Antisemitismus von heute hat sich insofern besser gedeckt, als er nicht mehr mit längst als brüchig erkannten Rassetheorien aufwartet und auch mit dem „Ariertum" und dem „nordischen Menschen" nicht mehr viel hermacht. Gobineau wollte von Hakon Jarl abstammen, und das bayreuther Parvenutum der Jahrhundertwende suchte seinen Stammbaum möglichst bis in die Wikingerzeit zu verfolgen; mit alledem wagen heute nur noch subalterne Broschürenschreiber zu kommen. Die antisemitische Literatur dieser Jahre, soweit sie sich nicht ausschließlich auf die rohe Hetze stellt sondern Anspruch auf geistige Wertung erhebt, begnügt sich im ganzen damit, ein feierliches Deutschtum zu postulieren, das sich jedoch bei kritischer Betrachtung wie einer der schönen Götter Epikurs in schimmernden Dunst auflöst. In dieser Phraseologie spielt das „Blut" eine große Rolle; das „Blut", die unveränderliche Substanz bestimmt das Schicksal der Völker und Menschen. Aus den Geheimgesetzen des „Blutes" werden sich Germanen und Judäer entgegenstehen bis ans Ende der Tage, werden sie sich niemals mischen können, werden sie sich ewig innerlich fremd bleiben müssen. Das ist mehr balladenhaft als tief, und eine reale Völkerbetrachtung läßt sich nicht so schwach fundamentieren. Denn „deutsch" und „jüdisch" etcetera sind keine in mythischer Vorzeit festgemauerten Kategorien sondern durchaus fließende Begriffe, die mit den der allgemeinen historischen Dynamik unterliegenden geistigen und ökonomischen Voraussetzungen auch die Inhalte wechseln. Was hat der Dürerdeutsche etwa mit dem Rokokodeutschen zu tun? Was der amerikanisierte Stalinrusse der Pjatiletka mit dem trägen Oblomowrussen der sechziger Jahre? Alles was der literarische Antisemitismus aufbietet, bleibt wolkig und flockig. Er unterscheidet sich in dieser Unbestimmtheit nicht von dem Neokonservativismus oder der heute beliebten nationalen Romantik. Wir wollen uns im folgenden mit einigen Dokumenten eines literarisch aufgemachten Antisemitismus beschäftigen, nicht weil wir diese für besondere Leistungen halten, wohl aber weil sie wie das berühmte Lazarettpferd alle Krankheiten der Gattung vereinen und weil einzelne der dort versuchten Formulierungen rapide umlaufen und Unfug anrichten.

Wenn ich meinem Krawattenmacher an den wucherischen Hals will, so genügt, wenn die eigne Empörung nicht auslangt, ein Flugzettel aus irgend einem Braunen Haus. Wenn ich dagegen nach einem Grunde zur Abrechnung mit meinem Nachbarn, dem alten jüdischen Augenarzt, suche, der ein Wohltäter der Menschen ist, so muß ich, um zu erfahren, warum er trotzdem mein und aller Feind ist, schon zu einem Buche von Hans Blüher greifen.

Was ist aus dem Propheten des „Wandervogels" geworden? Was aus dem Entdecker der geschichtsbildenden Kraft der Männerbünde, einem Schriftsteller von wirklich produktiven Einfällen also —? Es erfordert Mühe, mit der „Erhebung Israels gegen die christlichen Güter" (Hanseatische Verlagsanstalt, Hamburg) zu Ende zu kommen. Wiederholt ist gesagt worden, daß in Herrn Charles Maurras, dem eisenklirrenden Bayard der ‚Action Française', ein heimlicher Spaßvogel steckt. Auch bei Blüher fragt man sich immer wieder, ob hier nicht die satirische Laune eines Mystifikators der klugen Welt eine Nase gedreht hat. Wenn Blüher wie ein royalistischer Ultra, wie ein intellektueller Januschauer herumfuchtelt, wenn er wie ein schottischer Jakobit, wie ein evangelischer Ulstermann, wie ein Kavalier aus der Vendée für den sakralen Charakter des Königtums die Klinge hebt, dann ist wirklich ein kleiner Zweifel an der Ernsthaftigkeit der Attitüde berechtigt. Da liest man es so:

„Die einzige für einen Christen wirklich annehmbare Verfassung ist das Gottesgnadentum des Königs."

„... so wie die deutsche Seele nicht ohne Kaiser und Reich zu leben vermag."

„... es gibt keine republikanische Geschichtsauffassung. Diese führt nur, gestützt durch die korruptiven Gedankengänge des Judentums, ein vorübergehendes Dasein in den amtlichen Publikationen und der hörigen Presse."

Gut gebrüllt, Herr Elard von Blüher!

„Jeder Jude, ganz gleichgültig, welchen Willens er ist oder zu sein glaubt, untersteht diesem Sendungsauftrag des messianischen Reiches, vertreten durch den jeweilig regierenden Fürsten der Verbannung."

„Dieser Fall liegt auch vor bei den sogenannten ‚Protokollen der Weisen von Zion'. Auch hier besagt die Echtheit oder Unechtheit gar nichts sondern nur ihr intelligibler Inhalt. Dieser aber ist wie bei jenem Erlaß des Fürsten der Verbannung unbedingt wahr. Denn das Judentum hat danach gehandelt."

„Henry Fords hochwichtiges Buch über den ‚Internationalen Juden' ist überwiegend richtig, aber es steht kein wahres Wort drin..."

Das ist wirklich ungewollte Travestie. Wir werden durch Astrologie, Magie und Mantik und die ganzen furchtbaren Geheimnisse des Freimaurertums geschleift, das alles wirkt etwas komisch und auch etwas blamabel — einen Kopf, der vielen etwas bedeutet hat und noch bedeutet, auf der Tour von Mathilde Ludendorff zu sehen. Doch dann zeigt sich plötzlich ein zergrübeltes und zerquältes Intellektuellengesicht, an der innern Ehrlichkeit ist kein Zweifel erlaubt. Blüher hält auf Abstand gegen den politischen Antisemitismus, es fallen ein paar klatschende Hiebe auf Hitler, aber so sehr er sich auch bemüht, die Würde des geistigen Menschen zu wahren, er rettet sie nur in der schriftstellerischen Form, nicht in den Mitteln der Argumentation. So geht es oft ebenso platt und wüst zu wie in einer beliebigen Sechserbroschüre:

„Soll man hier sagen: eine deutsche Frau, der es möglich ist, ihr Geheimnis den Blicken eines jüdischen Arztes preiszugeben und seine Eingriffe willenlos zu dulden, hat soviel an Instinkt verloren, daß man auf sie verzichten muß? Oder soll man lieber hier doch noch warnen...? Die Unerträglichkeit dieser Vorstellung: der Jude am Lebenstor der deutschen Rasse ist kaum zu überbieten."

Was hat Blüher nun dem Judentum vorzuwerfen? Versuchen wir zusammenzufassen: Das Judentum zehrt die germanische Substanz auf. Das Judentum kann die Figur eines andern Volkes annehmen. Es gibt eine „organisch-plastische Begabung der jüdischen Substanz zur Mimikry. Das Judentum hat etwas Entscheidendes zu verbergen." Blüher will weder mit politischem noch mit wirtschaftlichem Antisemitismus etwas zu tun haben. Der „jüdische Sendungsauftrag", von dem er fabelt und wobei er sich auf mittelalterliche Pergamente stützt, ist ausschließlich religiös. Deshalb gibt es auch keine wirkliche Verständigung:

„Wie das Dasein der primären Rasse im Judentum auf die Spitze nach oben getrieben worden ist, so das der sekundären nach unten. Der wissende Jude gibt es ohne weiteres zu, daß die Tiefengrade, die sein Volk erreichen kann, erheblich unter denen der andern Völker liegen und daß gewissermaßen der Mittelstand fehlt. Zehn verfluchte Stämme und zwei heilige! Mit den verfluchten haben wir es im täglichen Leben zu tun, und die zwei heiligen leiten die Politik des Reiches Jehuda gegen uns. Nur mit diesen also kann man sich ernsthaft auseinandersetzen, nur sie sind unser eigentlicher Feind. Wie töricht der Antisemitismus ist, wenn er etwa meint: es gäbe auch anständige Juden, und die seien selbstverständlich ausgenommen — erhellt wohl zur Genüge aus diesem Sachverhalt."

Damit wären wir also wieder bei der Weisheit des Großinquisitors angelangt: „Tötet sie alle, Gott kennt die Seinen!" Damit holt sich der Gläubige das gute Gewissen, selbst gegen den besten Juden die Hand zu erheben. Deshalb wirkt es nicht konsequent und nicht einmal mutig, wenn Blüher selbst, nachdem er jeglichen Gedanken der Versöhnung unbarmherzig in die Wüste getrieben hat, etwas verlegen stehen bleibt und keine Antwort darauf gibt, was nun in der Praxis geschehen soll. Wir erfahren es auch nicht bei dem Schriftsteller, den Blüher einen der „wenigen echten Antisemiten" nennt, die es in Deutschland gebe, bei Herrn Doktor Wilhelm Stapel, der einige frühere Artikel aus seiner Zeitschrift in einer Broschüre „Antisemitismus und Antigermanismus" (Hanseatische Verlagsanstalt, Hamburg) gesammelt hat. Bleibt Blüher bei aller seiner Verranntheit doch immer ein seltsames und oft ergreifendes Bild des in Zeitstürmen verwehten geistigen Menschen, ein Diener der Finsternis zwar, aber doch mit einem paracelsischen Kern, so ist der Herr Doktor Stapel einfach der wildgewordene Pauker, der Oberlehrer, der sich als Prophet aufgetan hat. Herr Stapel wird von Bewunderern für die beste Feder der Rechten gehalten, und ich gebe zu, Herr Doktor Stapel verfügt über reiche Ausdrucksformen, er wäre indessen ein viel besserer Schriftsteller, wenn er nicht so rhetorisch bewegt schriebe und seine Bildung nicht so prätentiös auftischte. Er legt wie ein von seinem Publikum verwöhnter Redner Pausen ein, wo er auf Beifall wartet. Ein seltenes Zitat trägt er so zeremoniös auf wie der Ober eine besonders teure Platte, mit zwei neuen blütenweißen Servietten, und vor seinen eignen Pointen tanzt er mit wehenden Rockschößen her wie David vor der Bundeslade Der Schriftsteller soll sich ernst nehmen, ja wohl — aber nicht so furchtbar wichtig.

Auch Stapel lehnt einen Antisemitismus aus wirtschaftlichen Gründen ab. Er will auch die Juden nicht ausbürgern.

Nur soll auf Distanz gehalten werden, zum Beispiel sollen sich die Juden nicht um Politik kümmern, und im übrigen regelt auf beiden Seiten guter Takt die Grenzverhältnisse. Nur ist manchmal der Kampf unausweichlich:

„Den Kampf der ‚rohen Gewalt' nennt der Jude das handfeste ‚Rittertum' der Antisemiten. Wir werten den Geist höher als den Leib. Aber nicht immer ist der Geist bei den ‚Geistigen', sondern oft auch bei dem wackern und ehrlichen Mann, der die gottgesegnete Kraft seiner Arme für sein braves Gefühl, über dessen Berechtigung er nicht erst einen Philosophen fragen muß, gebraucht. Ich bin nicht unter allen Umständen geneigt, einem begabten Tintenspritzer, bloß weil er vom sichern Ort aus mit ‚Geist' arbeitet, den moralischen Vorzug zu geben vor einem wackern Kämpfer, der immerhin sein Leib und Leben der Gefahr aussetzt."

Es hat sich bisher noch nirgends gezeigt, daß bei Pogromen — so nennt man nämlich gewisse mit jüdischen Mitbürgern gesuchte Auseinandersetzungen — die Angreifer ihr Leib und Leben der Gefahr ausgesetzt hätten. Diese wackern und ehrlichen Hansen haben die gottgesegnete Kraft ihrer Arme gewöhnlich nur in Gesellschaft angewandt, wenn sie fünfzig gegen fünf standen. Herr Doktor Stapel predigt die Distanz, aber er selbst hat eine merkwürdige Neigung, immer wieder Tuchfühlung mit dem Reiche Jehuda zu suchen. Sein Takt hindert ihn nicht an einem so bizarren Versuch:

„Ich machte einmal in einer überwiegend von Juden besuchten Versammlung das Experiment, am Schluß meiner Debatterede in einem zugespitzt formulierten, aber nichts als die bloße Tatsache enthaltenden Satze auf die Tötung Jesu durch die Juden hinzuweisen. Der Satz wirkte explosiv. Es gab einen plötzlichen und heftigen Aufruhr der Gefühle durch den ganzen Saal hin, eine heiße, kochende unbeschreibliche Empörung, die völlig verschieden war von den Empörungen, die man etwa in deutschen Arbeiterversammlungen erleben kann. Während ich dann beobachtend durch den Saal auf meinen Platz ging, umwehte mich diese heiße, brennende, haßvolle Empörung auf das heftigste. Aus Gesprächen, die ich nachher mit einzelnen mir auf die Straße folgenden Juden führte, wurde es mir ganz deutlich, daß durch das Anschlagen dieses Komplexes Angst- und Wutgefühle sowie schreckhafte Vorstellungen aus der Zeit der mittelalterlichen Judenverfolgungen wach geworden waren."

Was sollte mit diesem Experiment bewiesen werden? Gar nichts wird damit gegen die jüdischen Versammlungsbesucher bewiesen, die mit Recht empört waren. Wohl aber wird sehr viel gegen Herrn Stapel selbst bewiesen, nämlich, daß er, der in einer modernen großstädtischen Versammlung, in einem Saal mit Dampfheizung und elektrischer Beleuchtung, ein Argument aus der Begriffs- und Empfindungswelt der mittelalterlichen Hexen- und Juden- und Ketzerrichter gebraucht, damit selbst in diese Kategorie gehört. Er ist zu selbstgefällig, um den entstandenen Krach anders als in einem für ihn triumphalen Sinne zu deuten. Er bildet sich ein, ein paar hundert Judäer demaskiert zu haben, und hat sich doch nur dadurch kompromittiert, indem er öffentlich zeigte, was bei ihm unter der Schwelle des Bewußtseins ruht. Wer hat es nicht schon erlebt, daß einmal ein Ahnungsloser in einem psychologisch geschulten Kreise seine Träume erzählte, aus denen der Erfahrene schnell seine Schlüsse ziehen konnte? Herr Stapel glaubt, auf einige hundert jüdische Gesichter mitten im nüchternen Alltag den Flackerschein lange verglommener Scheiterhaufen gezaubert zu haben. Aber er hat nur den Scheiterhaufen im eignen Hirn peinlich offenbart.

Diese um des Vaterlandes Wohl besorgten Antisemiten erinnern alle an die Prinzessin auf der Erbse. Warum machen ihnen die paar Juden so viel Unruhe? Auf hundert Deutsche kommt ein Jude, das betont auch Stapel; dennoch:

„Ein Stückchen Saccharin von der Größe eines Stecknadelknopfes genügt, um ein Glas Wasser zu versüßen. Es kommt nicht nur auf die Masse sondern auf die chemischen Eigenschaften an. Ist auf unsern Hochschulen auch nur ein Jude unter hundert, oder bei unsern Theatern, im Kunsthandel, in den Zeitungen?"

Ich habe von Deutschland keine so geringe Vorstellung wie der heiße Patriot. So dünn und farblos ist Deutschland nicht, um durch eine fremde chemische Eigenschaft gleich in seiner Natur bedroht zu werden. Wenn Juden in akademischen Berufen prozentual stark vertreten sind und auch einige kulturelle Schlüsselstellungen innehaben, so frage ich den, der sich darüber beschwert: was hat Deutschland denn in der Zeit seiner höchsten Prosperität, in der Kaiserzeit nämlich, für eine Auslese seiner begabten armen Jungen getan? Das Judentum hat auch in schlechten Zeiten für seine fördernswerten Kinder immer Mittel übrig gehabt. Aber die deutschen Jungen aus dem Proletariat, die mußten früh aufs Feld oder in die Fabrik; Kraft, die nicht hochkam. Das einzige Sprungbrett, das der Klassenstaat bot, war die Unteroffiziersschule. Übrigens wird in vielen Ländern der kulturelle Wettbewerb mit Menschen andern Stammes als anfeuernd, mindestens nicht als lästig empfunden. In der englischen Presse und Literatur dominieren zum Beispiel die beweglichen Keltenköpfe. Und in der Schule haben wir die Weisheit des Großen Kurfürsten bewundern gelernt, weil er die französischen Refugiés in Preußen aufnahm. Dieser energische Hohenzoller hat gewiß nicht unter dem Minderwertigkeitskomplex des heutigen deutschen Nationalismus gelitten.

Immer wieder kehren bei Stapel die Worte „Volkstum" und „Volk" wieder. Sie ersparen ihm, mit etwas Mystik verbrämt, viele Beweise. Wie Blüher verzichtet Stapel darauf, mit dem Begriff „Rasse" zu operieren. Er weiß, daß es damit keine Lorbeeren zu holen gibt. Aber es ist nicht weniger nebelhaft, wenn er ständig jüdisches gegen deutsches „Volkstum" stellt. Auch hier spielt die leidige Ökonomie eine Rolle. Das „Volkstum" eines kleinen jüdischen Angestellten ist nicht das gleiche wie das seines jüdischen Chefs, der drei Autos hat. Das „Volkstum" des jüdischen Proleten wird sicher erwachen, wenn ein paar Hakenkreuzlümmel die gottgesegnete Kraft ihrer Arme an ihm erproben wollen. Ob dies gleiche Bewußtsein jedoch in ihm rege wird, wenn man seinen Chef so mitnimmt — wir können es nicht untersuchen. Es ist auch ein Irrtum der nationalistischen Theorie, daß wir den ganzen Tag „als Deutscher", „als Jude" etcetera herumlaufen. Der heutige Berufsmensch ist ganz anders fixiert. Überhaupt ist „Volkstum" kein Begriff, mit dem sich viel anfangen läßt. Staat und Wirtschaft bestimmen das Schicksal des Einzelnen im weitesten Sinne und geben die Stichworte für die Trennung in Parteien, während der soziale Alltag die allgemein gültigen Denk- und Lebensformen prägt. „Volkstum" läßt sich nicht auf eine Nation von mehreren Dutzend Millionen anwenden,

„Volkstum“ ist ein vorwiegend landschaftlich begrenzter Begriff, durchsetzt von bäuerlichen Erinnerungen. Es gibt kein „deutsches Volkstum“, wohl aber eines der deutschen Stämme, wohl ein thüringisches, rheinisches oder bayrisches. Es gibt kein britisches, französisches oder spanisches „Volkstum“, wohl aber eines von Schottland, von der Normandie oder von Viscaya. Es gibt nicht einmal einen genormten deutschen Judentyp. Der schwäbische Jude ist anders als der aus Hamburg oder Lübeck, und das nicht, weil das Judentum so besonders anpassungsfähig ist sondern weil der Prägestock der engern Umwelt sich immer noch stärker erweist als eine mitgebrachte Tradition.

„Die Menschheit ist nicht die Summe der Menschen sondern der Völker... Das eigentümliche Gebilde ‚Volk‘ ist nicht ein wesenloser Begriff, ist auch nicht wie Verein oder Staat nur ein Werk des menschlichen Willens; sondern es ist eine naturhafte, gewachsene oder zusammengewachsene Einheit, wie der Baum, das Korallenriff, der Bienenschwarm.“

Falsch, falsch und nochmals falsch. Nur der Einzelne ist naturgewachsen, nicht das Volk. Das Volk ist ein menschlicher Organisationsbegriff. Die Natur hat die Bäume wachsen lassen, aber nicht die Grenzpfähle. Die Natur hat die Tiere in ihrem Plan, aber nicht den Käfig, in den der Mensch sie einsperrt. Es macht der Natur nichts aus, ob der Mensch au pair auf dem Kokosbaum haust oder in einer von Professor Taut entworfenen Siedlung. Die Natur ist indifferent.

Selbstverständlich wäre Stapels scharfsinnige Untersuchung nicht vollständig ohne ein kräftig Wörtlein zur Verjudung der Literatur.

„Wie Lessing sich einst gegen das Franzosentum wehrte, so wehren wir uns heute mit Recht gegen das Judentum.“

Halt. Selbst wenn die Gleichstellung Franzosentum — Judentum widerspruchslos hinzunehmen wäre: Lessing hatte das historische Recht auf seiner Seite, denn er verhalf der jungen deutschen Literatur zum Durchbruch. Lessing hat aber nicht nur gegen Voltaire gekämpft sondern außerdem noch für einen andern Ausländer, nämlich Shakespeare. Seit hundert Jahren observieren mißtrauische Literaten die angebliche jüdische Überfremdung unsrer Literatur. Seit hundert Jahren muß sich jeder Autor von Belang die physische Kontrolle durch dummdreiste Präputial-Inspizienten gefallen lassen. Und was ist nun dabei herausgekommen? Da ist der alte Judenriecher Adolf Bartels, der sich jetzt schon zwei Menschenalter das Plastron vollsabbert — was hat er denn mit seinen Denunziationen bewirkt? Seit Jahrzehnten sind alle anerkannten Dichter als Juden oder Halbjuden verstänkert worden, aber hat denn dieser ganze Aufwand auch nur einem einzigen wertvollen, unverfälscht deutschblütigen Dichter den Weg geebnet? Haben die Herren auch nur einen einzigen entdeckt? Wen denn —? Artur Dinter läßt schön grüßen.

„Sehr deutlich“ spürt Stapel jüdischen Tonfall in den Schriften von Karl Marx. Es ist mir noch nie aufgefallen, daß das Kommunistische Manifest gemauschelt wäre. Aber auch der Ökonomist Ferdinand Fried wittert ähnliches. Nach Fried ist der eigentliche Begründer des wissenschaftlichen Sozialismus der „wuppertaler Patriziersohn“ Friedrich Engels, der sich dann leider von dem Juden Marx „überschatten" ließ. Was Stapel mit Heinrich Heine aufstellt, ist ein Zirkus für sich. Um an Heines Lyrik die jüdischen Bestandteile zu demonstrieren, wendet er ein Verfahren an, das nichts Philologisches mehr an sich hat sondern ganz der wissenschaftlichen Kriminalistik entnommen scheint. Stapel knöpft sich die arme „Loreley" vor, indem er sie einer höchst detektivischen Sprachanalyse unterwirft, die natürlich seine These erhärtet. Zwar läßt er bestehen, daß Heine ein großer Wortkünstler war, aber als Intellektueller doch unfähig, ein deutsches Volkslied zu dichten. Diese Resultate präsentiert er mit der moralischen Genugtuung eines übelgelaunten Polizeiarztes, der bei einer mißliebigen Frauensperson, nachdem man ihr keinen Taschendiebstahl nachweisen konnte, wenigstens Gonokokken gefunden hat. Stapel konfrontiert die raffinierte jüdische Loreley Heines mit einer viel keuschern Loreley-Edition Eichendorffs. Dann beginnt er zu vergleichen und zu messen und fährt in der Hitze des Gefechtes den beiden Mädchen dabei unter die Kleider, daß es eine Freude ist, das zu sehen.

„Während die Reime Eichendorffs etwas Verhaltenes, Geheimnisvolles, Weites haben, haben die Reime Heines etwas Spitzes, Scharfes, ja fast etwas Heiseres. Bezeichnend ist für den Juden die Häufung von K- und G-Lauten, also von Gutturalen an dieser Stelle —"

Ein Gedicht, mag man es sympathisch finden oder nicht, ist jedenfalls kein Kriminalvergehen, das vergißt dieser beflissene Forscher. Es kann deshalb auch nicht analysiert werden wie ein am Tatort zurückgelassenes blutiges Taschentuch. Übrigens will ich mich verpflichten, nach diesem Rezept mühelos festzustellen, daß ein frommer Choralsänger, nach der für ihn charakteristischen Häufung von Ä- und Ü-Lauten zu schließen, von Hühneraugen geplagt war, daß ein feuriger Liebesdichter sich mit Hämorrhoiden quälen mußte, und daß Stapel, bei dem die offenen Laute überwiegen, sich danach Gottseidank einer heitern und unbeschwerten Verdauung erfreut. Und nun kommt ein Humoristikum ganz großen Ranges:

„Man gebe sich der Innervation des Satzes: ‚Ich weiß nicht, was soll es bedeuten' hin, sofort fahren uns die Worte in die Arme und zwingen uns zu einem Zucken der Achseln, während die Handflächen auseinandergehen: eine typisch jüdische Geste. Und der Schluß mit dem ‚Ich glaube...' und dem ‚und das hat mit ihrem Singen die Loreley getan' ist ein Musterbeispiel der jüdischen Sentimentalität, der Sentimentalität des schräg gehaltenen (ein wenig nach hinten geneigten) Kopfes mit dem verlorenen Blick, aus welcher Stellung der Jude sofort mit einem Sprung, mit einem Witzwort heraushupfen kann; denn diese Sentimentalität ist der Ironie benachbart, sie hat nicht das Schwerblütige der deutschen Sentimentalität."

Ein lebhafter Leser, in der Tat, so wie ihn sich der Dichter wünschen mag. Jeder Eindruck setzt sich sofort in Gestik um, und man wagt gar nicht an die körperlichen Verrenkungen zu denken, zu denen ihn die Lektüre des „Götz von Berlichingen" verleiten könnte.

Es ist viel Finsternis, viel Wirrwarr und noch mehr unfreiwillige Komik bei dieser Art von geistigem Antisemitismus. Ich versichere dem hochgelahrten Herrn Doktor: so unheimlich ich auch über die ihm geglückte kühne Synthese von Literaturkritik und Kriminalistik habe lachen müssen, so reicht doch das Vergnügen dieser Stunden bei weitem nicht an das

Bedauern heran, daß es heute notwendig geworden ist, sich mit solchem Mumpitz abgeben zu müssen. Herr Stapel ist gewiß nur ein larmoyanter Schönredner, das, was man im Kirchenwesen einen Damenprediger nennt. Aber auch einem härtern Intellekt würde es nicht gelingen, einen geistigen Antisemitismus zu statuieren. Denn der Geist ist gewiß kein sanftes Lämmerschwänzchen und kann sich sehr wohl mit der Gewalt vertragen. Aber niemals ist der Geist mit der Vergewaltigung einer Minderheit, der sich nichts andres vorwerfen läßt als ein mit mehr oder weniger Recht vermutetes Anderssein. Niemals wird der Antisemitismus ein andres Symbol finden als den Knüppel.

Hans Blüher und Wilhelm Stapel beschwören beide emphatisch, weder die physische noch geistige Mißhandlung der Juden zu versuchen, auch nicht deren bürgerliche Entrechtung. Die Herren vergessen den Zeithintergrund und welche Resonanz sie finden können. Heute braucht sich kein schwachnerviger Skribler selbst zu bemühen. Ein gutgezieltes Wort genügt, um Hände in Bewegung zu bringen. In dieser Zeit liegt viel Blutgeruch in der Luft. Der literarische Antisemitismus liefert nur die immateriellen Waffen zum Totschlag. Das Weitere mögen dann die wackern und ehrlichen Hansen mit ihrer gottgesegneten Kraft besorgen. Kommt es aber einmal wirklich zum Pogrom, so hat sich Blüher die folgende etwas primitive Sicherung geschaffen:

„Und es ist überhaupt einer der größten politischen Aktivposten, die das Reich Jehuda mit seiner Blutsverfluchung für sich buchen kann, daß es fast jederzeit in der Lage ist, die Gastvölker in das Fluchbereich zu verstricken.

Und das geschieht dadurch, daß sie sie zum Pogrom reizen und damit schuldig machen."

Totgeschlagenwerden ein Aktivposten? Jedenfalls ist der Jude schuldig, auch wenn er mit zerbrochenem Schädel auf dem Pflaster liegt, von zehnfacher Übermacht zur Strecke gebracht. Nun behauptet Stapel zwar: „Taktvolle Juden und taktvolle Deutsche stören einander nicht." Das hört sich ganz annehmbar an, aber wie es mit Stapels Takt beschaffen ist, davon hat uns seine Erzählung, was er in einer Versammlung an Provokation der jüdischen Besucher geleistet hat, eine immerhin bedenkliche Probe gegeben. Sollte es also wirklich einmal zu Peinlichkeiten kommen, so hat Hans Blüher für diesen Fall ja schlüssig dargelegt, daß der Jude sowieso verdammt ist. Ihm ein Leid antun, bedeutet also nur, einen von Gott vorgesehenen Tatbestand erfüllen.

Diese literarischen Antisemiten müssen in einem argen Dilemma herumlaufen. Sie bewegen sich immer am Rande des Pogroms, sie naschen gleichsam davon, aber sie scheuen sich, so aktiv zu werden wie weniger intellektuell beschwerte Zeitgenossen. Warum so schüchtern, meine Herren? Geben Sie sich doch einen Ruck, entbinden Sie das Stück Pöbel in sich, das in jedem Antisemiten steckt! Nehmen Sie doch den Pferdeapfel auf, werfen Sie ihn dem jüdischen Mitbürger ins Gesicht und rufen Sie „Saujud" hinter ihm her! Sie werden Erleichterung fühlen und, da wir in Deutschland leben, auch ein Gericht finden, das Ihrer bedrängten Seelenlage Verständnis entgegenbringt. Diese kleine Anstrengung befreit Sie von einem häßlichen, kotigen Stück Atavismus und enthebt Sie

> der unangenehmen Verpflichtung, Bücher zu schreiben, deren subjektive Redlichkeit nicht bezweifelt werden soll, die jedoch durch ihre verquollene Art durchaus geeignet sind, die allgemeine Verlogenheit in diesem Lande noch zu vergrößern. Statt dessen findet Stapel Herzenstöne, die an die berühmte Proklamation des neuhebräischen Klassikers Erich Ludendorff „An die Jiden in Paulen!" erinnern. „Jüdische Mitbürger!", ruft Stapel mit seiner unleidlichen Prädikantensalbung aus, „vergesset doch nie, wo Gott die Grenze gezogen hat!" Was soll das? Laß doch den Herrgott aus dem Spiel, Pharisäer —!

Die Gefangenenakte verzeichnet eingegangene Bücher und Zeitschriften: zwei Romane von Rafael Schermann – »Die 3 Testamente des Fürsten X. Schicksale des Lebens, Band 1« und »Um die halbe Minute. Schicksale des Lebens, Band 2« – sowie zwei Zeitschriften: die völkische Monatsschrift »Die Tat« und die pazifistische Halbmonatsschrift »Deutsche Zukunft«. Am gleichen Tag wird diese Sendung ausgehändigt. Einen Tag länger dauert dagegen die Prüfung der Bände, die die *Weltbühnen*-Redaktion an Ossietzky geschickt hat: »Ausgehändigt 20. 7. 32.«

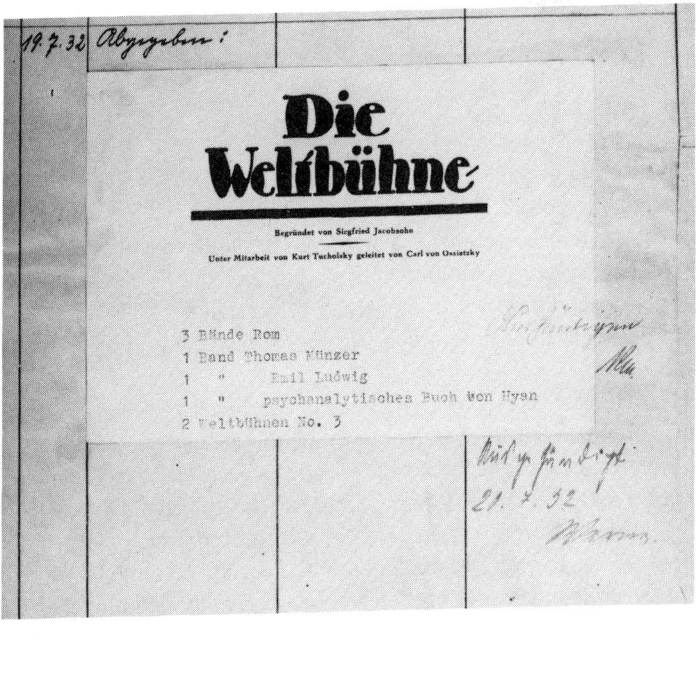

19.7.32 Abgegeben:

Die Weltbühne

Begründet von Siegfried Jacobsohn

Unter Mitarbeit von Kurt Tucholsky geleitet von Carl von Ossietzky

3 Bände Rom
1 Band Thomas Münzer
1 " Emil Ludwig
1 " psychanalytisches Buch von Hyan
2 Weltbühnen No. 3

Ausgehändigt
21. 7. 32

Der Kommandeur der Berliner Schutzpolizei Heimannsberg wird von Reichswehrsoldaten in Gewahrsam genommen.

20. Juli 1932

Den »Schlag gegen Preußen« meldet das *Berliner Tageblatt* in seiner Abend-Ausgabe.
»Militärischer Ausnahme-Zustand über Berlin-Brandenburg. Papen Reichskommissar. – Dr. Bracht Stellvertreter und Minister des Innern. – Preußische Regierung leistet Widerstand. – Die Führer der Polizei abgesetzt. – Beratung bei den Sozialdemokraten und Gewerkschaften.«
Es ist also endlich so weit gekommen. Die Reichsregierung hat den preußischen Ministerpräsidenten Braun und Innenminister Severing ihrer Ämter enthoben; Polizeipräsident Grzesinski, Polizeivizepräsident Weiß und der Kommandeur der Schutzpolizei, Oberst Heimannsberg, werden verhaftet, die wichtigsten Grundrechte, die Freiheit der Person und des Eigentums, Presse-, Versammlungs- und Vereinsfreiheit, Post- und Telegraphengeheimnis sind aufgehoben. Diktatur im Herzen der Republik, die letzte Bastion gegen den Faschismus im Reich ist gefallen. Das *Berliner Tageblatt* kommentiert: »Es besteht die hohe Gefahr, daß man die Geister, die man rief, niemals mehr los werden wird.«

Die entmachtete preußische Regierung ruft den Staatsgerichtshof an, um eine juristische Klärung des Staatsstreichs zu erzielen. Auf den Straßen der Reichshauptstadt aber bleibt alles ruhig, auch, als sich am Abend die Nachricht verbreitet, die übrigen preußischen Minister seien ebenfalls ihrer Ämter enthoben.
Die Nazis begrüßen die neue Situation in Preußen: als Vorstufe zur eigenen Herrschaft und der seit langem verkündeten großen Abrechnung. »Allgemeine Säuberungsaktionen« werden angekündigt, und Papen spurt. Mißliebige Staatssekretäre werden abgesetzt, ein »ausgiebiger Personalwechsel« durchgeführt.

21. Juli 1932

Das *Berliner Tageblatt* meldet eine erneute Anklageerhebung gegen Ossietzky – der Auftakt zum »Reemtsma-Prozeß«:
»Gegen Carl von Ossietzky und Fritz Tetens ist von der Staatsanwaltschaft III Anklage wegen übler Nachrede gegen Beamte des Reichsfinanzministeriums erhoben worden. Die Anklage bezieht sich auf zwei Artikel in der ›Weltbühne‹, die unter den Überschriften ›System Reemtsma‹ am 2. Februar 1932 und ›Reemtsma kauft‹ am 29. März 1932 erschienen waren. In beiden Artikeln werden von dem Verfasser Tetens schwere Vorwürfe gegen Beamte des Reichsfinanzministeriums erhoben. Es wird ihnen die Mitschuld in einem Erpressungsverfahren, das seinerzeit in Karlsruhe schwebte, nachgesagt. Diese Vorwürfe sollen sich nach den Feststellungen der Staatsanwaltschaft als völlig unwahr herausgestellt haben. Die Anklage gegen die beiden Schriftsteller ist vor der Großen Strafkammer des Landgerichts III erhoben.«

22. Juli 1932

Rechtanwalt Apfel teilt dem *Berliner Tageblatt* mit:
»In der ›Weltbühne‹ waren vier Aufsätze des Schriftstellers Tetens erschienen, die scharfe Angriffe gegen die Beamten des Tabaksteuerreferats des Reichsfinanzministeriums und gegen die Firma Reemtsma enthielten. Darauf wurde vom Reichsfinanzministerium Strafanzeige gegen Tetens und Herrn von Ossietzky (verantwortlicher Redakteur) erstattet. Das Verfahren steckt, wenigstens soweit Herr von Ossietzky in Betracht kommt, noch im Ermittlungsstadium.

Bevor Anklage erhoben wurde, sollte der gesamte Fragenkomplex objektiv geprüft werden, damit dann etwaige unberechtigte Angriffe rektifiziert werden könnten. Ich persönlich halte die Angriffe gegen das Reichsfinanzministerium und gegen die Firma Reemtsma in der hier in Betracht kommenden Form für haltlos; anscheinend hat Herr von Ossietzky auf Grund der Tatsache, daß ähnliche Angriffe schon jahrelang, ohne Widerspruch zu finden, in Fachzeitschriften erhoben worden waren, den allerdings falschen Schluß gezogen, die Angriffe seien fundiert. Sollte sich Herr von Ossietzky meiner Ansicht anschließen, so wird er zweifellos seinerseits die notwendigen Konsequenzen ziehen.«

Ossietzky schreibt an Frau und Tochter nach Oberhambach, ungeduldig, fast gereizt seiner Frau gegenüber, väterlich und beratend an die Tochter. Die – hilflose – Sorge um Maud von Ossietzky bestimmt den Ton. Von der erneuten Anklage noch kein Wort.

Carl v. Ossietzky Tegel, 22. 7. 32
II / 337 Sp.

Liebe Maus,

ich habe nicht gewußt, daß Du schon eher abfahren würdest. Deshalb habe ich Dir noch in die Wohnung geschrieben. Dieser Brief hat dich nicht erreicht. Er soll Dir aber nachgeschickt werden.

Ich bin sehr glücklich, daß Du doch gereist bist, denn ich fürchtete schon, Du würdest schließlich doch noch dableiben. Jetzt ist es Deine Aufgabe, dich so gut wie möglich zu erholen. Das Wetter ist augenblicklich nicht sehr günstig, doch wird es gewiß bald wieder schöner werden. Aber dort unten ist herrliche Landschaft und beste Luft. Das ist schon etwas. Ich weiß nicht, ob Du schon einen Entschluß gefaßt hast, woanders hinzugehn. Jedenfalls bitte ich dich die Ferien voll auszunutzen und nicht plötzlich nach Berlin zurückzukommen, wo Du nichts ändern kannst. Du warst beim letzten Besuch wieder furchtbar nervös, Du mußt dringend für dich etwas tun. Vergiß nicht: ich fühle mich viel ruhiger und wohler, wenn ich weiß, daß Du angenehm untergebracht bist und es Dir so gut wie möglich geht. Für dich vernünftig zu sorgen und es Dir recht nett einzurichten, das ist das Beste, was Du tun kannst. Damit tust Du mir den einzigen wirklichen Gefallen, den Du mir tun kannst.

Du sagtest mir neulich, Du hättest die Dinge zu Haus anders arrangiert und wolltest mir noch darüber schreiben. Warum hast Du das nicht getan? Darüber möchte ich gern Bescheid wissen.

Deine letzten beiden Briefe waren sehr aufgeregt. Ich bitte dich, ganz ruhig zu sein. Die Ereignisse draußen gehn mich nichts an. Ich lebe hier so sicher, regelmäßig und gesund, wie noch niemals. Keine störenden Nikotin- und Coffein- Einwirkungen. Fordere bitte nicht so oft Briefe von mir. Warum tust

Du das? Du weißt doch, daß das nicht geht. Als Pensionär des Staates kann ich nicht tun und lassen, was ich will. Also bitte, nimm Deine Nerven etwas zusammen. Ich weiß ganz gut, in was für einer Lage Du draußen bist und wie trüb sich das alles ansieht, aber wenn Du Dir selbst die Zügel locker läßt, tust Du niemandem einen Gefallen. Entschuldige, daß ich das sage, aber Du weißt, wie gut ich es mit Dir meine.
Falls Du eine neue Adresse hast, teile Sie mir gleich mit. Ich bin in Gedanken immer bei Dir, mein Kind, ich grüße und küsse dich vielmals. Dein Carl

Liebes Baby,
ich weiß zwar nicht, wer von euch beiden das größere Baby ist, Du oder Deine Mutter. Jedenfalls möchte ich, daß Du gut aufpaßt, ob Deine Mamie auch anständig ißt und sich pflegt. Dann hast Du gleich etwas nützliches zu tun. Das war wohl eine große Überraschung, als Mamie plötzlich einlief? Zeige ihr alles, was es da zu sehn gibt, natürlich auch die Tiere, und dann mache recht schöne Ausflüge mit ihr.
Ich hätte dich so gern gesehn, mein Kind. Aber es geht leider nicht. Ich habe hier manches zu entbehren, aber ich muß mich abfinden. Was ich von Mamie und Dir verlange, das ist, daß ihr euch gut amüsiert und gut erholt, also einen recht schönen Sommer miteinander habt, genau so schön, wie voriges Jahr, wo wir alle zusammen waren. Jetzt mußt Du auch photographieren lernen, nachdem Du einen Apparat bekommen hast. Laßt euch unterwegs einmal zusammen aufnehmen, damit ich euch sehe. Ihr sollt beide schön rund und dick werden.
Liebstes Baby, schreib mir recht bald wieder, was ihr treibt und wo ihr hingeht. Ich werde auch wieder von mir hören lassen. Ihr solltet keine Sorgen um mich haben, meine lieben Kinder.
Ich küsse dich, mein Baby Dein *Papi*

Die Odenwaldschule in Oberhambach bei Heppenheim, um 1932

II/24

Der Präsident
des Strafvollzugsamts.
V.84 O.5.32/StrVA.4.

Berlin W.57, den 22. Juli 1932.
Elßholzstrasse 32.

Eing. 13/7 32
1.5803

Persönlich !

An

den Herrn Oberstrafanstaltsdirektor
in
Berlin-Tegel.

In einer den Strafgefangenen von O s s i e t z k y betreffenden Zuschrift wird folgendes ausgeführt:

"Dem Gefangenen Ossietzky ist nämlich durch den Herrn Oberreichsanwalt Werner ausdrücklich die Überzeugungstäterschaft abgesprochen worden.

Ossietzky trägt dieses Schicksal wie ein anständiger Mensch und er denkt nicht daran, sich zu beschweren und ganz besonders will er die mit ihm befaßte Beamtenschaft, vom Aufseher bis zum ersten Direktor, nicht in Konflikte bringen, um sich irgendwelche Vorteile zu verschaffen. Von Ossietzky ist Ende Vierzig. Er ist kein schwacher Mensch, aber auch keineswegs eine starke, durable Natur. Er leidet, wie jeder Mensch von Kultur, sehr unter dem ganz unzulänglichen, man kann ruhig sagen: schlechten Essen der Preußischen Gefangenanstalten. Für einen Mann seines Alters und seiner Lebensgewohnheiten ist eine eineinhalbjährige Strafe schwer tragbar und ohne ganz ernste Schädigung der Gesundheit nur dann auszuhalten, wenn man dem Inhaftierten wenigstens etwas mehr Fett zuführt. Ossie

kp

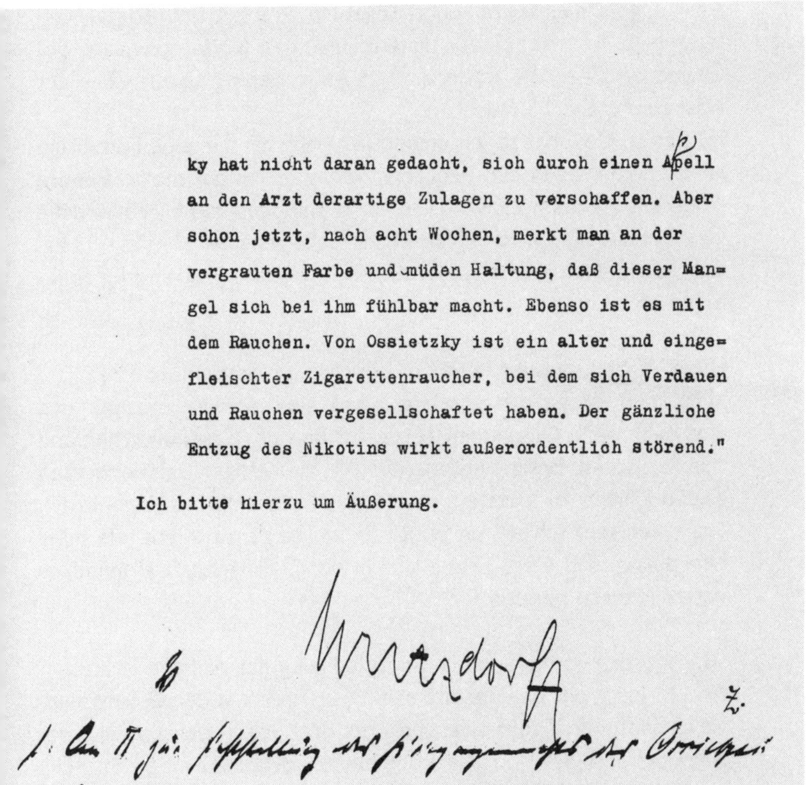

ky hat nicht daran gedacht, sich durch einen Apell an den Arzt derartige Zulagen zu verschaffen. Aber schon jetzt, nach acht Wochen, merkt man an der vergrauten Farbe und müden Haltung, daß dieser Mangel sich bei ihm fühlbar macht. Ebenso ist es mit dem Rauchen. Von Ossietzky ist ein alter und eingefleischter Zigarettenraucher, bei dem sich Verdauen und Rauchen vergesellschaftet haben. Der gänzliche Entzug des Nikotins wirkt außerordentlich störend."

Ich bitte hierzu um Äußerung.

Der Präsident des Berliner Strafvollzugs schreibt an den »Herrn Oberstrafanstaltsdirektor in Berlin-Tegel«. Er hat eine Zuschrift erhalten, worin über die Behandlung Ossietzkys geklagt wird. Der Präsident bittet die Gefängnisleitung um Stellungnahme. Wer die Eingabe formuliert hat, geht aus der Gefangenenakte nicht hervor.

Am 23. geht dies Schreiben in Tegel ein. Weitere Schritte werden festgelegt: »1. An II zur Feststellung des Körpergewichts des Ossietzky«. Am 26. notiert, nach Aufforderung unter »2.«, der Anstaltsarzt Dr. Mönnich:
»Da er an Gewicht abgenommen hat, habe ich ihm eine Fettzulage verordnet. Wegen des Rauchens verweise ich auf meine frühere Äußerung [?].« Am 25. wird Ossietzky gewogen, das Ergebnis in die Gewichtstabelle auf Formblatt D der Gefangenenakte notiert: 72 kg, seit seinem Haftantritt vor zweieinhalb Monaten hat er 6 kg abgenommen.

Hilde Walter schreibt in einem Bericht vom September 1935:
»Man muß wissen, daß er schon damals eine zarte Konstitution und eine sehr labile Gesundheit hatte. Er litt viel an neuralgischen und rheumatischen Beschwerden, die oft zu heftigen schmerzhaften Krisen führten, er hatte ein chronisches, empfindliches Magenleiden und einen sehr schlechten Schlaf. Er wußte genau so gut wie seine Umgebung, daß diese Dinge sich in der Gefängnishaft empfindlich verschlimmern mußten.«

»3.« werden »5 Tage« Frist zur Erledigung der Anfrage gesetzt. Am 27. Juli greift der Beamte selbst zur Feder. In der Gefangenenakte, Blätter F, findet sich über gut drei Seiten der Entwurf des Antwortschreibens an die vorgesetzte Behörde, in großer Eile geschrieben und nicht in allen Teilen sicher zu entziffern.

Äußerung vom 22. Juli
Ich habe dauernd den Strafgefangenen von Ossietzky unter Augen, stehe mit ihm in persönlicher Verbindung und beobachte ihn dauernd. Auf mich hat von Ossietzky noch niemals einen derartigen Eindruck in seiner Gesundheit und in seinem Befinden gemacht, wie ihn der ungenannte Beobachter nach seinen Ausführungen erhalten haben will. Die Beobachtungen scheinen reichlich vom [unleserlich] durchtränkt zu sein, eine verweichlichte Lebensauffassung, an der wir ja leider heute kranken, hat wohl Anlaß gegeben, zu dem vermeintlichen Mitgefühl mit dem angeblich leidenden Mann.
von Ossietzky hat 6 kg abgenommen (vgl. Gewichtstabelle D.) aber weiß er. Wir beide haben uns darüber unterhalten, worauf diese Abnahme zurückzuführen sei. von Ossietzky hat mir darauf erklärt, daß diese Abnahme ihn keineswegs schrecke, sondern nach seiner Meinung lediglich eine Folge seiner veränderten Lebenslage und Lebensführung sei. Er sei in der Freiheit besonders an starken Kaffee und Tabak in Form von Zigaretten gewöhnt gewesen. Auf diese Entziehung von Kaffee u. Tabak habe sein Körper mit Abnahme des Gewichtes reagiert. Irgendwelche andern Anzeigen krankhaf-

ter Natur habe er sonst an sich nicht wahrgenommen. Ich habe von Ossietzky bestätigt, daß er nach meiner Meinung das Richtige getroffen habe. Erfahrungsgemäß pflegen körperliche Gewichtsabnahmen in den ersten Monaten der Strafvollstreckung in Folge der veränderten Lebenslage vielfach beobachtet zu werden; später [?] nach erfolgter Einstellung des Körpers auf die jeweilige Lebenslage pflegen diese Gewichtsabnahmen wieder ausgeglichen zu werden. von Ossietzky hat auch keinerlei Einwände [?] gegen die Verpflegung gehabt. Daß sie nicht so sein kann wie draußen in der Freiheit, das ist ihm als denkendem und überlegtem Menschen klar. Er erklärt, daß er auch in der Freiheit dem Essen ziemlich indifferent gegenübergestanden habe. Er habe gegessen, eben weil es die Natur verlangte; er sei aber niemals ein Vielesser oder ein Genießer gewesen. Um jedoch einer weiteren Körperabnahme vorzubeugen, hat der Anstaltsarzt von sich aus – d. h. ohne Zutun des von Ossietzky – ihm eine Fettzulage verschrieben.
Allerdings vermißt von Ossietzky das Rauchen sehr. Als Ersatz hat er bisher Kaugummi mit meiner Genehmigung gebraucht. Er hat mich gebeten, wenigstens im beschränkten Umfange ihm täglich einige Zigaretten zu gestatten. Bereits bald nach seinem Strafantritt war die Frage der Raucherlaubnis Gegenstand der Erörterung gewesen. Der Anstaltsarzt hatte damals empfohlen, Ossietzky die Raucherlaubnis ›wegen seiner starken Nervosität‹ zu erteilen, und steht auch heute noch auf diesem Standpunkt. Ich hatte damals dem von Ossietzky erklärt, daß ich aus grundsätzlichen Erwägungen heraus ihm die Raucherlaubnis nicht erteilen könnte. von Ossietzky war durchaus einsichtig und erklärte seinerseits, er wolle zunächst sich abwartend verhalten, wie die Entziehung des Tabaks auf ihn wirke, und vorläufig keine Anträge stellen. Jetzt hat er mir gegenüber geäußert, daß ihm der Tabak doch zu sehr fehle. Er fühle dauernd eine gewisse Leere im Körper, ihm fehle die Beschwingung, kurzum: es fehle die Nervenanregung. Er bittet daher nur ausnahmsweise die Ermächtigung zu erteilen, ihm Raucherlaubnis u. Beschaffung von 10 Zigaretten täglich aus eigenem Gelde zu bewilligen.

Unterzeichnet mit »M.« am 27., »Ausgefertigt«, laut Stempel, am 28. Juli 1932: Die Fünf-Tage-Frist wird pünktlich eingehalten.

25. Juli 1932

Hedwig Hünicke unterzeichnet einen Besuchsantrag für den 28. Juli, der nicht auf eine bestimmte Person bezogen ist. Auf dem Antrag handschriftlich vermerkt: »Ist durch Postkarte geladen«.

Die Weltbühne

Begründet von Siegfried Jacobsohn

Unter Mitarbeit von Kurt Tucholsky geleitet von Carl von Ossietzky

An die
Inspektion des Hauses II
Strafanstalt
Berlin-Tegel

25.Juli 1932

Wollen Sie uns bitte die Erlaubnis erteilen, Herrn v. Ossietzky am Donnerstag Vormittag besuchen zu dürren. Wir haben in redaktionellen Sachen verschiedene Fragen zu stellen. Gleichzeitig müssen wir betreffs Zahlung mit ihm über verschiedene Sachen reden. Wir legen dem Schreiben eine Antwortkarte bei und bitten Sie, uns dieselbe möglichst umgehend einzusenden.

Mit vorzüglichster Hochachtung
Verlag der Weltbühne

---

fängnisverwaltung der Strafanstalt Tegel II/25

Wir bitten, dem Ueberbringer die Wäsche von Herrn von Ossietzky auszuhändigen,

Hochachtungsvoll
Verlag der Weltbühne

Charlottbg, 25. Juli 32.

RAMME: WELTBÜHNE
KONTO: BERLIN 1195

Die vor den Besuchsantrag geheftete Karte ist vom Boten der Weltbühne *Augstenberger unterzeichnet.*

Der Antrag auf einstweilige Verfügung gegen die Reichsregierung ist abgelehnt: Der Staatsgerichtshof in Leipzig schließt sich der Meinung der entmachteten preußischen Regierung vorläufig nicht an, Reichskanzler Papen habe am 20. Juli unrechtmäßig gehandelt. Über die Hauptklage soll frühestens im August verhandelt werden, also keineswegs mehr vor den Reichstagswahlen.
»Es ist bedauerlich«, kommentiert Wolfgang Bretholz im *Berliner Tageblatt*, »daß der Staatsgerichtshof die staatspolitische Notwendigkeit, eine einstweilige Regelung für die Zeit bis zu dieser endgültigen Entscheidung zu treffen, nicht über die formalen Bedenken gegen den Erlaß einer einstweiligen Verfügung stellte.«
Der fortbestehende Ausnahmezustand wird weidlich genutzt. Nachdem am 22. Juli das *8 Uhr-Abendblatt* für vier Tage, die *Rote Fahne* für fünf Tage verboten worden waren, ist von heute an die *Berliner Volks-Zeitung* für fünf Tage vom Verbot betroffen. Der Schriftsteller, der rechte Sozialdemokrat und frühere Mitarbeiter der *Weltbühne*, Robert Breuer, ist immer noch in Haft, Begründung: Verdacht des Hochverrats. Vorausgegangen war eine Denunziation in der *Berliner Börsen-Zeitung* vom 21. Juli, die zwei Tage später zur Verhaftung führte. Der Wahrheitsgehalt des Zeitungsberichts ist mittlerweile von über fünfzig Zeugen bestritten worden, die Haft wird weiter geprüft.

26. Juli 1932

Die *Weltbühne* gibt Ausblicke auf die Reichstagswahlen vom 31. Juli. Felix Stössinger schreibt:
»Seit 1919 gab es keine Wahl, in der die Außenpolitik eine so geringe Rolle gespielt hat wie diesmal. Bisher diente die Außenpolitik zur Verhetzung der Massen. Jetzt sind sie verhetzt genug.«
Der Ausnahmezustand über Berlin und Brandenburg endet, die Militärgewalt ist wieder eingeschränkt, der Staatsbürger hat seine Rechte offiziell zurück, doch die Zeitungsverbote bleiben bestehen. Der politische Sinn des Ausnahmezustandes hat sich innerhalb von ein paar Tagen erfüllt: Regierung und Polizei in Preußen sind »gleichgeschaltet«, Papen kann seinen Durchmarsch fortsetzen.

Wahlkampf in Berlin, Juli 1932

27. Juli 1932

»Am Sonntag Entscheidungsschlacht!« Mit dieser Schlagzeile ruft das *Berliner Tageblatt* zu den Wahlen auf.
»Gegen Hitler und seine braune Terror-Armee, gegen die politische, soziale und geistige Unterdrückung! [...] Wer sich aus Bequemlichkeit und Egoismus drückt, bescheinigt sich selbst seine staatsbürgerliche Minderwertigkeit. Gleichgültigkeit wird zum Verbrechen, wenn es sich um die Entscheidung handelt: Verwüstung oder Aufbau, Einzug der brutalsten Gewalt oder Rückkehr zu einer friedlichen Aufwärtsentwicklung. Drei Parteien treten für die republikanische Freiheit, für die Freiheit des Staates und des einzelnen ein. Wir nennen sie in der Reihenfolge und unter Hinzufügung der Nummer, wie sie auf den Stimmlisten stehen. Es sind

1. Sozialdemokratische Partei.
4. Zentrum
8. Deutsche Staatspartei.

Man muß noch die Bayerische Volkspartei hinzufügen, die aber nur für die in Bayern wohnhaften Wähler in Frage kommt. Alle anderen auf der Stimmliste genannten ›bürgerlichen‹ Parteien haben sich bereit erklärt oder sind bereit, dem Nationalsozialismus an die Macht zu helfen, und wer ihnen seine Stimme gibt, der stimmt für das Hakenkreuz.«

Im Innenteil findet sich eine Meldung zum Reemtsma-Prozeß:
»Die neue Anklage gegen Ossietzky. – Zu der unter dieser Überschrift veröffentlichten Notiz in Nr. 344 teilt uns der Verteidiger des Schriftstellers Tetens mit, daß Herr Tetens nach wie vor zu seinen Behauptungen stehe und die Klärung im Prozeßwege erwarte.«
Im *Tabak Tage Buch*, der allwöchentlich am Sonntag erscheinenden tabakwirtschaftlichen Fachzeitschrift, beginnt der Herausgeber Paul Zimmermann am 31. Juli seine Serie »Apfelchen!, wohin rollst Du?«. Im ersten Teil seines Berichts zur Reemtsma-Affäre teilt der Autor mit, daß »T. H. Tetens bereits am 22. Juli 1932, also dem Tage der Veröffentlichung des Herrn Dr. Apfel im ›Berliner Tageblatt‹ gegen diesen bei der Generalstaatsanwaltschaft des Landgerichts III Strafanzeige wegen Parteiverrats erstattet« hat. Denn Rechtsanwalt Apfel war und ist Rechtsberater der *Weltbühne*; Apfel ist Prozeßvertreter für Ossietzky (unter anderem gegen Reemtsma), Apfel war Prozeßvertreter für Tetens in derselben Angelegenheit. Und nun hatte er sich in der Zuschrift an das *Berliner Tageblatt* vom 22. Juli von Tetens

quasi distanziert, im Namen Ossietzkys die Rückzugsmöglichkeit angedeutet. Eine mysteriöse Affäre, die bis in die Spitzen von Ministerien reicht, nimmt ihren Lauf. Daß Tetens dabei in der Öffentlichkeit weitgehend ungreifbar bleibt, macht die Beurteilung nicht leichter. Als es Ende des Jahres zum Prozeß kommen soll, verweigert er alle Angaben zur Person.

Die Abend-Ausgabe des *Berliner Tageblatt* meldet die Haftentlassung von Robert Breuer: »Damit sind alle politischen Verhaftungen, die unter dem Ausnahmezustand erfolgt sind, wieder rückgängig gemacht worden. Sie haben sich sämtlich als Fehlschläge erwiesen.« Hartnäckig halten sich Gerüchte, daß die Nazis nach den Reichstagswahlen ihren »Marsch auf Berlin« durchführen werden. Es sei an der Zeit, hatte der NSDAP-Reichstagsabgeordnete Zillkens am 23. erklärt, daß die Nationalsozialisten die Macht übernähmen. Der Wahl am 31. Juli werde der »Marsch auf Berlin« folgen; ob dieser Marsch legal oder sonstwie durchgeführt werde, das liege allein bei den anderen. Und der NSDAP-Reichstagsabgeordnete Rust tönte in der gleichen Versammlung, daß nach dem 31. Juli nur Adolf Hitler regieren werde, »möge die Wahl ausfallen, wie sie wolle.«

29.–31. Juli 1932

Die *Vossische Zeitung* meldet, daß »Burgfrieden« gelten solle, ein »politisches Versammlungsverbot vom 31. Juli bis 10. August«.
Bis zum Wahlsonntag fordert das *Berliner Tageblatt* seine Leser immer wieder zur Stimmabgabe auf:
»Es gibt kein anderes Mittel, der Nation und jedem einzelnen den Leidensweg durch das Fegefeuer der nationalsozialistischen Diktatur zu ersparen, als die geschlossene Abstimmung aller vernünftigen, aller fortschrittlichen und verfassungstreuen Kräfte für die Listen der Parteien, die allein die Abwehr der Diktatur verbürgen: Die Liste 1 (Sozialdemokratie) oder die Liste 4 (Zentrum) oder die Liste 8 (Staatspartei).«
»Um alles!« – so überschreibt Theodor Wolff seinen Kommentar am Wahlsonntag: »Wähler und Wählerinnen, ihr habt heute vielleicht zum letzten Male die Möglichkeit, selbst über euer Schicksal, über das Schicksal Deutschlands und über euer eigenes, zu bestimmen.«

Nach der Wahlschlacht 1932 – papierübersäte Straßen

1. August 1932

Das Wahlergebnis steht fest: »Mehrheit gegen Papen und Diktatur« lautet die Schlagzeile des *Berliner Tageblatt.*
»Den 277 Abgeordneten, von denen die derzeitige Regierung eine Unterstützung erwarten könnte, stehen 6 indifferente und 324 oppositionelle Abgeordnete gegenüber, die die Regierung Papen-Schleicher nicht zu unterstützen bereit sind. Die Mehrheit gegen eine rein nationalsozialistische Parteiherrschaft ist im neuen Reichstag noch größer: Denn den 230 nationalsozialistischen Abgeordneten, zu denen sich gegebenenfalls noch die 45 rechtsbürgerlichen Abgeordneten hinzugesellen würden, stehen 332 antifaschistische Abgeordnete gegenüber.« Der Kommentator Oskar Stark: »Wir wußten schon vorher, nach dem Ergebnis der Landtagswahlen, daß die Nationalsozialisten ihre Stimmen- und Mandatszahl mindestens verdoppeln würden, wir wußten, daß die Parteien der bürgerlichen Mitte ihren endgültigen Zusammenbruch erleben würden, wir wußten, daß das Zentrum und die Bayerische Volkspartei sich nicht nur behaupten, sondern verstärkt an ihre Schlüsselstellung zurückkehren würden, und wir wußten vor allem, daß die Mehrheit des deutschen Volkes der Drohung der faschistischen Diktatur ein eindeutiges Mehrheitsvotum entgegenstellen werde.«

2. August 1932

Hellmut von Gerlach faßt seine »Wahlbilanz« in der *Weltbühne* zusammen:
»Der neue Reichstag gleicht dem neuen Landtag in allem Schlechten. Er hat eine sichere Mehrheit für jede Negation und für jeden Radau. Er hat keine positive Mehrheit, die auf irgend einer Gesinnungsgemeinschaft fußt.«
Im gleichen Heft erscheint Ossietzkys Besprechung des »höchst aufschlußreichen« Buchs von Manfred Georg: »Der Fall Ivar Kreuger«, eine Dokumentation über den schwedischen Zündholzmonopolisten. Am 16. Juli ist diese vom Brücken Verlag, Berlin, an Ossietzky ins Gefängnis geschickt worden.
Am 20. September bittet Manfred Georg um die Erlaubnis, »den Strafgefangenen Herrn Carl von Ossietzky in einer schriftstellerischen Angelegenheit zu besuchen«. Die »Sprecherlaubnis« wird erteilt.

I. K.

Von dem alten Johannes Scherr gibt es eine noch heute gelesene Essaysammlung „Menschliche Tragikomödie", eine Galerie von Helden und Schwindlern, aus Jahrhunderten zusammengeholt und mit trüben Kommentaren über den Wert des Menschengeschlechts versehen. Schade, daß der alte Polterer nicht mehr Ivar Kreuger erlebt hat.

Über diesen Ivar Kreuger hat Manfred Georg soeben ein höchst aufschlußreiches Buch veröffentlicht (Brücken-Verlag, Berlin). Es ist eine sehr sorgfältige Zusammenstellung alles dessen, was sich heute schon als authentisches Material über den Verewigten betrachten läßt. Wenn sich manche Abschnitte wie ein Indianerroman lesen, so ist das nicht die Schuld des Verfassers. Der Kapitalismus, früher eine solide, strohtrockne Sache, ist jetzt in eine Periode fataler Romantik geraten, über die in Polizeiakten mehr zu finden ist als in der Wirtschaftsstatistik.

Dennoch tut Georg recht, sich nicht in die pittoresken Seiten der Affäre zu verlieren sondern sie als symptomatisch zu nehmen für die gegenwärtige Situation des Kapitalismus. Er weiß sehr wohl, daß in jeder Form des Kapitalismus ein Stückchen Fiktion enthalten ist, ein unfundierter Bezirk, für den nur der Glaube zuständig ist. Georg erinnert an den mysteriösen Geldschrank der Therese Humbert, auf dem so viele Spekulationen aufgebaut waren und in dem schließlich nur ein Hosenknopf gefunden wurde. Deshalb ist es auch allzu primitiv, alle Schuld einfach auf Kreuger zu wälzen. Georg zitiert den berühmten schwedischen Nationalökonomen Gustaf Cassel: „Wenn man uns in Schweden im Ausland in weitem Maße für das Kreugerfiasko verantwortlich macht, können wir die Verantwortung in gewissem Umfang an die ausländischen Interessenten weitergeben. Jahrelang haben sie Kreuger & Toll moralisch gestützt, ohne auch nur Anstalten zu machen, die Lage der Firma zu prüfen."

So konnte Kreuger jahrelang bluffen. Der Geruch der Geldmacht wirkt ebenso betäubend wie der des glückhaften Spekulantentums. Wo sich möglicherweise Skepsis bilden konnte, zeigte Kreuger sich von übergroßer Kulanz. Es kam vor, daß er einem, der sich ohne Grund unterbezahlt fühlte, einfach das Doppelte gab. „In dieser Kulanz lag Kreugers große Schweinerei", sagte ein bedeutender Finanzmann. Damit verhinderte Kreuger eine Zone des Mißtrauens um sich, damit stellte er aber auch seine Konkurrenz unter einen Zwang.

Für die Welt blieb er immer ein Geheimnis. Er brauchte den Nimbus, er brauchte ihn auch im eignen Hause.

Die engsten Mitarbeiter selbst wußten wenig von ihm und fast gar nichts von den Geschäften. Alles glaubte an ihn, ohne zu sehen. So wurden die direktorialen Granden des Welthauses Kreuger & Toll einfach eine Statisterie, deren vornehmste Aufgabe gewesen zu sein scheint, vertrauenerweckend zu wirken. So konnte einer seiner engsten Mitarbeiter kurz nach der schrecklichen Enthüllung in hoffnungsloser Bestürzung schreiben: „Vorausgesetzt, daß die Zahlen richtig waren, war der Stand der Gesellschaft korrekt..." Ja, vorausgesetzt...!

Am Ende seines Lebens hat Ivar Kreuger 75 Prozent der gesamten Welt-Zündholz-Produktion und -Ausfuhr in die Hand bekommen, dazu das Zündholzmonopol in vierzehn Staaten auf Grund von Anleihen von insgesamt 1 249 010 000 Tschechenkronen. Ein völlig unbestimmter Betrieb, in dem niemand wirklich Bescheid weiß und wissen darf, darüber ein Einzelner, eine durchaus verfließende Persönlichkeit. Was steht nun eigentlich fest von Ivar Kreuger? Manfred Georg sagt sehr witzig, nichts sei verbürgt, als daß er leidenschaftlich Maiglöckchen liebte. Alles andre ist Dunst und Legende. So liest man heute nicht ohne Rührung in dem ersten Nachruf von Hugenbergs Nachtausgabe: „Ivar Kreuger sprach stolz von seiner deutschen

Abstammung, war in seinem Wesen und seiner Arbeit ein typischer Germane. Ivar Kreuger ist bis zu seinem Tode geblieben als was er begann: kein Spekulant und Abenteurer sondern ein gewissenhafter Baumeister, der Stein auf Stein legte."

Thomas Murner

3. August 1932

Ossietzky schreibt an Frau und Tochter nach Oberhambach. Selten belastet er seine Frau mit eigenen Schwierigkeiten, nun geht er doch ausführlich auf den bevorstehenden Reemtsma-Prozeß ein.

Carl v. Ossietzky Tegel, 3. 8. 32
II / 337 Sp. 4/8.

Liebste Maudie,
ich habe Briefe und Bilder bekommen und mich über alles sehr gefreut. Vor allem aber, daß Du gut untergebracht bist und dich mit Deinen Augen überzeugen kannst, wie richtig es war, unsre Kleine grade nach hierher zu schicken. Du siehst, daß ich in keiner Weise übertrieben habe. Ist es nicht wunderschön, wenn man abends den Weg von Heppenheim heraufkommt und die erleuchteten Fenster der Schulhäuser sieht? Sie hängen dann wie Sterne in der Luft. Ich erinnere mich, welchen Eindruck das auf die Kleine machte.
Jetzt hast Du alles selbst gesehen, die Landschaft, die Häuser, Paulus und die Kinder. Ich habe keinen Augenblick gezweifelt, daß dich das alles überwältigen würde. Nutze jetzt Deine Zeit recht gut aus, erhole dich, ruhe dich aus. Habt ihr schon Ausflüge in die Umgebung gemacht? Ich wage nicht nach dem Wetter zu fragen. Hier ist es herzlich schlecht, was mich allerdings wenig berührt, denn meine Ausflüge sind nicht groß. Aber selbst wenn die Witterung ungünstig bleiben sollte, bitte ich dich, doch so lange wie möglich am Odenwald zu bleiben. Denn Du hast dergleichen Ausspannung gründlich nötig. Deine Nerven waren vollständig kaputt. Dort hast Du eine schöne Umgebung, für das Auge angenehm, es sind Menschen um dich, mit denen Du reden kannst. Das fehlt Dir. Wenn Du nach Berlin zurückkommst, mußt Du gesünder und kräftiger sein. Und dann kannst Du mir erzählen, was für ein Mordskerl unser Balgie geworden ist. Wird etwas aus den englischen Kursen? Es wäre schön.
Meiner Wenigkeit geht es gut. Von mir ist nicht viel zu erzählen. Du weißt nicht, wie gleichförmig so ein Tag verläuft. Von der Aufregung der politischen Wirren draußen spritzt hier nichts herein. Aus der Zeitung sehe ich, ob die Leute draußen wild sind oder sich beruhigt haben. Ich betone immer wieder: eine Sorge um mich ist unnötig. Mein Leben hier verläuft umso besser, je sicherer ich euch untergebracht, je geborgener ich euch weiß. Ihr sollt schöne heitere Ferien haben und am Sonntag kriegt Baby auf meinen

besondern Wunsch eine Portion Schlagsahne extra. Nicht wahr? Und Du sollst dazu eine gute Ciggie rauchen. So seid ihr beide zufrieden, meine lieben kleinen Kerlchen.
Viel Kummer bereiten mir meine Anwälte Apfel und Olden. Du weißt, es steht noch immer der Cigarettenprozeß bevor, ob er jemals steigen wird, weiß ich nicht. Die Sache wegen der Reemtsma-Artikel von Tetens, ich weiß nicht, ob Du dich entsinnst. In der Vorbereitung der Sache sind sich Apfel und Olden in die Haare geraten. Herr Tetens, ein Querulant, wie er im Buch steht, hat jetzt gegen Apfel, und damit indirekt auch gegen mich, verrückte Beschuldigungen erhoben, so daß die beiden jetzt vor Gericht sich gegenseitig bekämpfen. Zum Überfluß hat Olden sich auch noch gegen Apfel gewandt. Wir alle, Gerlach und die ganze Weltbühne, sind darüber sehr empört. Es ist eine sehr widerwärtige Geschichte, die ich Dir im einzelnen gar nicht schildern kann; auch ich kapiere sie nur mühsam, Olden aber gar nicht. Ich glaube, der Spleen liegt in der Zeit und der Einzelne kann nichts dafür.
Laß bald von Dir hören, mein Kind. Es tut mir wohl zu wissen, was ihr treibt, auch wenn ich nicht gleich antworten kann. Bestelle den Damen von Haus Ketelhodt meine herzlichsten Grüße.

Ich bin Dein Carl

Liebes Baby,
Du siehst mit Deinem Herrenschnitt einfach verboten aus, so wie einer der Räuberhauptleute, die früher den Odenwald unsicher machten. Aber ich finde, daß Du gut aussiehst. Hoffentlich bist auch recht sonnenverbrannt. Das gehört sich so. Der Odenwald ist die wärmste Gegend Deutschlands. Kannst Du schon photographieren? Ihr müßt mir mal ein Bild schicken, das ihr gemacht habt. Ich glaube, das wird eine wilde Sache.
Es ist traurig, daß ich nicht mit euch beiden zusammen sein kann, aber ich bin trotzdem immer bei euch.
Bleibe gesund, mein Liebling, und sei immer recht lieb und sanft zu Deiner Mutter

Dein *Papi*

4. August 1932

Der Präsident des Strafvollzugsamtes antwortet dem »Herrn Oberstrafanstaltsdirektor« auf dessen Bericht vom 27. Juli. Es bleibt beim Rauchverbot, was Ossietzky – nach Weisung des Gefängnisbeamten M. – am 6. August eröffnet wird.

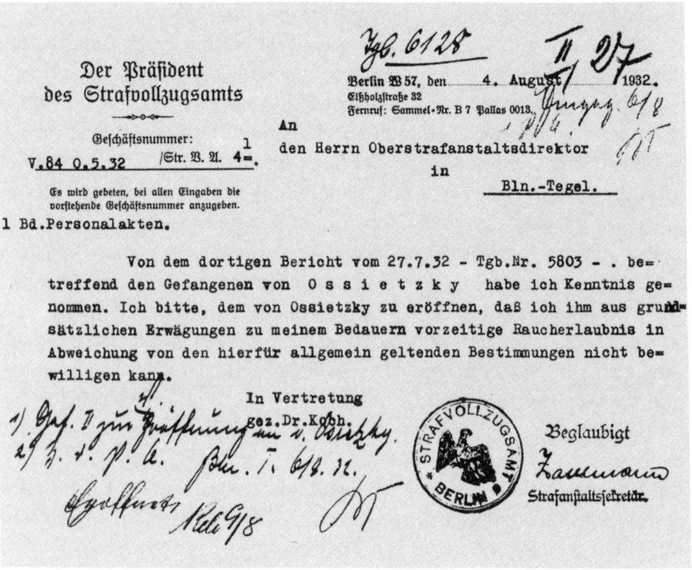

Tgb. 6128

Der Präsident
des Strafvollzugsamts

Geschäftsnummer: V.84 O.5.32 1/Str. B. A. 4.

Es wird gebeten, bei allen Eingaben die vorstehende Geschäftsnummer anzugeben.

Berlin W 57, den 4. August 1932.
Elßholzstraße 32
Fernruf: Sammel-Nr. B 7 Pallas 0013.

An
den Herrn Oberstrafanstaltsdirektor
in
Bln.-Tegel.

1 Bd.Personalakten.

Von dem dortigen Bericht vom 27.7.32 - Tgb.Nr. 5803 - . betreffend den Gefangenen von O s s i e t z k y habe ich Kenntnis genommen. Ich bitte, dem von Ossietzky zu eröffnen, daß ich ihm aus grundsätzlichen Erwägungen zu meinem Bedauern vorzeitige Raucherlaubnis in Abweichung von den hierfür allgemein geltenden Bestimmungen nicht bewilligen kann.

In Vertretung
gez. Dr. Kobh.

Strafvollzugsamt Berlin

Beglaubigt
Strafanstaltssekretär.

6. August 1932

Von einer innenpolitischen Befriedung, einem »Burgfrieden« kann auch nach der Wahl keine Rede sein. – »Neue Mordanschläge«, hatte das *Berliner Tageblatt* am 3. August gemeldet, Panzerwagen sind bei den Nazis beschlagnahmt worden, Dum-Dum-Geschosse wurden bei Überfällen eingesetzt. Einen »Bombenanschlag auf eine Synagoge« hatte die *Vossische Zeitung* mitgeteilt und einen Tag später gefragt: »Einsetzung von Sondergerichten?« Überall im Deutschen Reich Terroranschläge, Morde, organisierte Überfälle: In Braunschweig ein Sprengstoff-Attentat auf ein Arbeiter-Wohnviertel, das mehrere Gebäude schwer beschädigt; in Breslau ein Handgranatenschlag auf den Vorsitzenden der Sozialistischen Arbeiterpartei (SAP); in Kiel ein Kaufhaus verwüstet. Wolfgang Bretholz fordert im *Berliner Tageblatt* schärfere Maßnahmen der Regierung und stellt fest: »Wieder, wie bei der Attentatsserie zu Beginn dieser Woche, wurden alle Anschläge fast zu gleicher Stunde und fast nach gleicher Methode ausgeführt. Und wieder zwingt das Ziel aller Attentate von vornherein zu der Annahme, daß nur Rechtsradikale als Täter in Frage kommen.«

7. August 1932

Das *Tabak Tage Buch* setzt seine Enthüllungen zur Reemtsma-Affäre fort: Das Reichsfinanzministerium und Reemtsma hätten im März/ April 1932 endlich Ruhe in die Angelegenheit bringen wollen. Reemtsma sei bereit gewesen, »sich die Sache etwas kosten zu lassen«, auf Herrn Tetens wäre »ein recht erklecklicher Anteil entfallen, der ihn indessen verpflichtete, seinen Wohnsitz im Ausland zu nehmen.« Aber Tetens sei »bei der geheimnisvollen Affäre, die ihn in den Mittelpunkt eines Millionengeschäfts stellen sollte, schwül« geworden: er habe sich Alfred Apfel zum Rechtsbeistand genommen. Als Prozeßbeobachter für Tetens läßt sich Apfel daraufhin zu einem anderen Prozeß in einer Tetens betreffenden Sache nach Karlsruhe entsenden. »Und damit nähern wir uns der Schicksalskurve dieser Erzählung. (Fortsetzung folgt.)«

8. August 1932

Thomas Mann schreibt im *Berliner Tageblatt* einen Kommentar zu den Terrorakten im Reich:
»Was wir verlangen müssen. [...] Die Regierung hat, mit einer Stärke, die ihr sonderbar zu Gesicht steht, die langjährigen und verdienten Hüter der Ordnung in Preußen ihrer Ämter enthoben unter dem Vorwand, sie seien aus inneren Gründen ihrer Aufgabe nicht gewachsen. Wenige Tage später erlebt die Welt mit angewidertem Staunen Erscheinungen von Unordnung in eben diesem Land, wie sie sich unter dem Regiment der Vertriebenen niemals ereignet haben. [...] Das Deutschland, das diesen Namen verdient, hat es satt, endgültig satt, sich tagaus, tagein durch Prahlereien und Drohungen der nationalsozialistischen Presse und durch das halbnärrische Geifern sogenannter Führer, die nach Köpfen, Hängen, Krähenfraß und Nächten der langen Messer schreien und all das, mit Recht, wenn es nach ihnen ginge, als unmittelbar bevorstehend verkünden, die Lebensluft im Vaterland vergiften zu lassen.« Und Thomas Mann verlangt von dieser Papen-Regierung, in deren »Begriff der Überparteilichkeit [...] wesentlich anderes« stecke, »das Äußerste an blutigem Zerwürfnis im Innern abzuwenden und Deutschland Frist zur Besinnung und Erkenntnis zu schaffen.«
In derselben Ausgabe des *Tageblatts* neue Berichte über SA-Bluttaten: Ein Reichsbannerführer wurde ermordet, Bombenanschläge in

Schlesien. »Jeder Tag, der neue Verbrechen bringt, macht das Zögern und die Entschlußlosigkeit der Reichsregierung, die sich hier, wo es sich um das politische Verbrechertum auf der Rechten handelt, zu keinen scharfen Maßnahmen entschließen kann, unverständlicher und unverantwortlicher.«

9. August 1932

Die *Weltbühne* befaßt sich im Schwerpunkt der zweiten August-Nummer noch einmal ausführlich mit der Entwicklung seit Papens Machtantritt und den folgenden Reichstagswahlen. Hellmut von Gerlach schreibt zur Situation in Preußen:
»Erst erließen Papen und Bracht Warnungen. Sie hatten den vorauszusehenden Erfolg. Jetzt soll eine neue Notverordnung helfen, mit schärfsten Strafen, bis zur Todesstrafe hinauf. So kuriert man an den Symptomen herum, ohne dem Übel an die Wurzel zu gehen. Die Wurzel des Übels – das war die Freigabe der SA, die Zulassung der braunen Uniform.«
Hanns-Erich Kaminski zieht die Schlußfolgerung aus dem Ergebnis der Wahlen:
»Die Mehrheit des deutschen Volkes hat sich gegen die Diktatur ausgesprochen, sei sie militärisch oder nationalsozialistisch. Das ist das Ergebnis des Wahlsonntags, an dem durch keine Interpretationskünste zu rütteln ist. Ein ausgezeichnetes Ergebnis, denn es verweist die Rechte in die Schranken des parlamentarischen Systems.« Allerdings, führt Kaminski weiter aus: »Wenn es nach dem parlamentarischen System ginge, hätte ›die Regierung der nationalen Konzentration‹ am Tag nach der Wahl zurücktreten müssen, da ja die nationale Konzentration keine Mehrheit erhalten hat. Statt dessen ließ die Regierung erklären, sie habe niemals ein andres Ergebnis erwartet. Sie hat also die Herrschaft übernommen und die einschneidendsten Maßnahmen durchgeführt in dem vollen Bewußtsein, auch nachträglich durch keine Mehrheit gedeckt zu werden. [...] In Wirklichkeit haben sich in diesen Wochen die verfassungsmäßigen Grundlagen der deutschen Politik vollständig geändert. [...] In diesen Tagen entsteht ein neues Regime. Undenkbar, daß an seine Stelle einfach wieder das alte treten könnte.«
Das *Berliner Tageblatt* fragt auf seiner Titelseite: »Papen oder Hitler?« und berichtet über den »Machtkampf um die Führung in dem neuen Kabinett.«

»Neue Bomben, neue Opfer«, heißt es in der Abend-Ausgabe. Gleichzeitig wird eine neue Notverordnung gegen den Terror verkündet. Der Kommentator schreibt: »Die neuen Beschlüsse der Reichsregierung gegen den politischen Terror sind als Beweis eines aktiven Abwehrwillens in jedem Falle zu billigen, was man auch über die Einzelheiten denken mag, aber sie kommen leider so spät, daß die Besorgnis gerechtfertigt ist, sie könnten zu spät kommen. [...] Es ist, wie wenn von einer geheimen Zentralstelle aus täglich auf den Knopf gedrückt würde, damit dann mit unheimlicher Präzision bald hier, bald dort Explosionen aufflammen und Furcht und Schrecken verbreiten. Schwerer Schaden an Gebäuden, schmerzliche Verluste an Menschenleben bezeichnen den Weg der Attentatsseuche, aber noch viel schlimmer beinahe ist der Schaden, den ihr unheimliches Wirken der Autorität des Staates zufügt. Es kann dem Staate nichts Schlimmeres geschehen, als wenn sich ein terroristischer Nihilismus im Lande breitmachen und die friedliebende Bevölkerung, die auf staatlichen Schutz Anspruch hat, dem Gefühl der Schutzlosigkeit preisgeben darf.«

Reichskanzler Papen (rechts, mit Orden) bei der Verfassungsfeier am 11. August, rechts hinter Papen Innenminister Gayl, links Staatssekretär Meißner.

Hedwig Hünicke beantragt bei der »Inspektion der Strafanstalt Tegel, Haus 2« eine Besuchserlaubnis: Am 11. wollen Hellmut von Gerlach und die Redaktionsmitarbeiterin Milly Zirker, eine gute Freundin Ossietzkys, mit diesem »Rücksprache« halten »in Redaktionssachen und Prozeßsachen«. Und am 12., »aber erst [...] zwischen 2 und 3 Uhr«, möchte der Frauenarzt Dr. Tittel den Gefangenen aufsuchen, »in Krankheitssachen seiner Frau«.
Der Brief trägt die handschriftliche Notiz eines Gefängnisbeamten, datiert am 10.: »beide Sprechstunden gen[nehmigt].«

10. August 1932

Das *Berliner Tageblatt* veröffentlicht in seiner Abend-Ausgabe eine neue Notverordnung, »worin die Strafen für den politischen Terror außerordentlich verschärft werden«. Zudem wird der »Burgfrieden« bis zum 31. August verlängert. Die *Vossische Zeitung* meldet, daß Hitler Reichskanzler werden will: »Dem Reichswehrminister ist eröffnet worden, daß die Nationalsozialisten ein Präsidialkabinett unter Herrn von Papen ablehnen und die Betrauung Adolf Hitlers mit der Bildung der neuen Regierung erwarten.« Dennoch erhält Papen von Hindenburg den Auftrag, eine Regierung zu bilden. Unzweifelhaft aber ist mittlerweile auch, daß SA-Formationen um Berlin zusammengezogen worden sind, die Drohung eines »Marschs auf Berlin« liegt in der Luft.

12. August 1932

»Ich habe dem Strafgef. v. Ossietzky ein kleines Kopfkissen aus Roßhaar genehmigt«, lautet eine handschriftliche Notiz in der Gefangenenakte, hinzugesetzt wird: »Wenn es hier auf Kammer ist, kann es ihm ausgehändigt werden, andernfalls bei Zusendung Annahme genehmigt. Item habe ich ihm ›Vaseline‹ zur Körperpflege genehmigt, u. zwar erf. falls aus eigenem Geld.«
Ein weiterer Zettel enthält die handschriftliche Anweisung:
»v. Ossietzky mitteilen, daß ein Kissen auf der Kammer für ihn nicht vorhanden ist. Ferner, daß er Vaseline z. Körperpflege sich v. eigenem Gelde von der Anstalt ankaufen lassen kann, also nicht solche einbringen lassen darf.« »Mitgeteilt 15. 8. 32.«

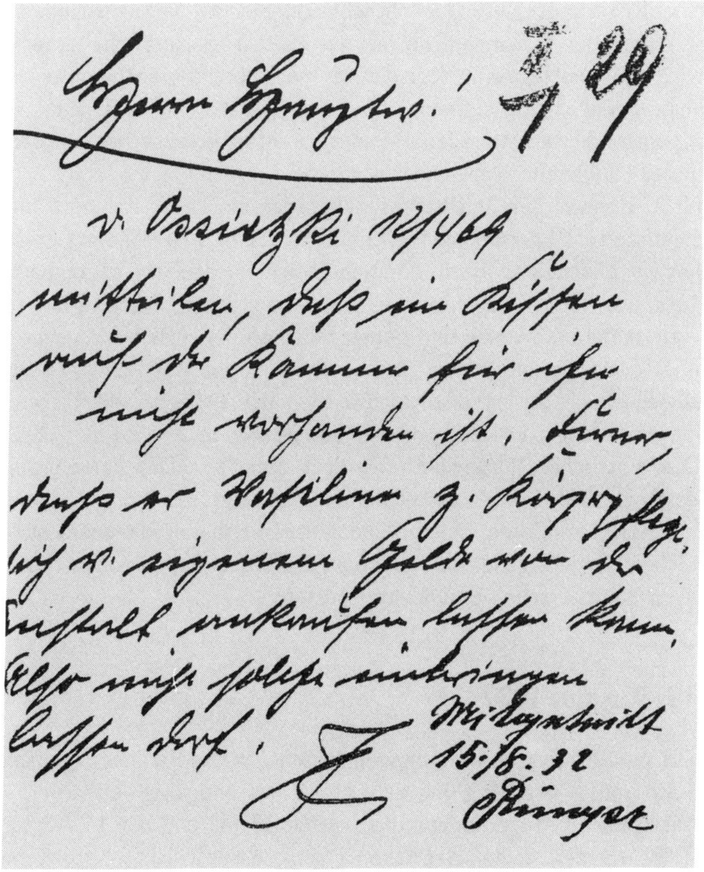
Herrn Hauptw.! 7 29

v. Ossietzki 10/469
mitteilen, daß ein Kissen
auf der Kammer für ihn
nicht vorhanden ist. Ferner
daß er Artikeln z. Körperpflege
sich v. eigenem Gelde von der
Anstalt ankaufen lassen kann.
Also nicht solche einbringen
lassen darf.
Mitgeteilt
15.8.32
Bürger

13.–14. August 1932

»Keine Einigung«, schreibt das *Berliner Tageblatt*: »Hitler lehnt Papens Vorschläge ab.« Die Begründung gibt die *Vossische Zeitung* mit ihrer Überschrift: »Hitler verlangt alle Macht«.

Am nächsten Morgen steht fest: »Papen bleibt. Hitlers Aussprache mit Hindenburg ergebnislos.«

Die »unbedingte Alleinherrschaft über das deutsche Volk, die Zustimmung zur Errichtung der nationalsozialistischen Parteidiktatur in Deutschland« hat Hitler nicht erhalten. »Und nur eines ist sicher: Ob das Kabinett Papen vor dem Reichstag besteht oder gestürzt wird, ob die vom Zentrum angebahnten Verhandlungen über die Bildung

einer Koalitionsregierung Erfolg haben oder nicht – die Forderungen, an denen die Verhandlungen mit der Reichsregierung scheiterten, wird Hitler auf legalem Wege niemals mehr durchsetzen. Denn es ist keine Konstellation in Deutschland denkbar, die eine Entscheidung zugunsten Hitlers ohne jene Mindestgarantien ermöglichen würde, die er Hindenburg verweigert hat.«
Neun Zehntel des Reichstages sind gegen ein Papen-Kabinett, im äußersten Fall könnte eine Mehrheit von 550 bis 570 Abgeordneten für ein Mißtrauensvotum stimmen. Doch Hindenburg bleibt hart gegenüber Hitler, weil er es, wie es in der amtlichen Mitteilung heißt, »vor seinem Gewissen und seinen Pflichten dem Vaterland gegenüber nicht verantworten könne, die gesamte Regierungsgewalt ausschließlich der nationalsozialistischen Bewegung zu übertragen, die diese Macht einseitig anzuwenden gewillt sei.«
Die *Vossische Zeitung* kommentiert am 14.: »Das persönliche Ansehen und die Machtstellung Hindenburgs ist und bleibt die stärkste Garantie des inneren und äußeren Friedens, die unerschütterliche Grundlage für das Vertrauen, das trotz allem draußen in der Welt zur deutschen Entwicklung besteht.«

15. August 1932

»Er wollte herrschen wie Mussolini«, schreibt das *Berliner Tageblatt* noch immer ungläubig und sieht Hitler nun endgültig »entlarvt«. Wolfgang Bretholz kommentiert: »Der 31. Juli und der 13. August 1932 werden in der deutschen Nachkriegsgeschichte historische Daten bleiben. Denn die beiden Entscheidungen, die an diesen Tagen gefallen sind, haben gezeigt, bis zu welchen Grenzen der Faschismus in Deutschland vordringen kann und wo der Wille des Volkes und die Verfassung der deutschen Republik seinem Vormarsch Einhalt gebieten. Die Entscheidung vom 31. Juli brachte den Beweis, daß Hitler nach der Aufsaugung der bürgerlichen Parteien keine neuen Ausdehnungsmöglichkeiten mehr unter den deutschen Wählern besitzt, daß ihm niemals die Vereinigung von mehr als 50 Prozent der deutschen Wählerstimmen auf seine Partei gelingen kann und daß sich das Kräfteverhältnis von 37 Prozent faschistischen und 8 Prozent halbfaschistischen gegenüber 55 Prozent antifaschistischen Stimmen nicht mehr zugunsten Hitlers verändern kann. Die Entscheidung vom 13. August brachte den Beweis, daß auch politisch dem Vormarsch Hitlers eine feste Grenze gezogen ist, daß sein Anspruch auf

Auslieferung der Staatsgewalt, als unvereinbar mit der Verfassung, vom Hüter dieser Verfassung nicht erfüllt werden kann, und daß die Kräfte, die zurzeit die Verantwortung für das Schicksal Deutschlands tragen, nicht gewillt sind, der Nationalsozialistischen Partei die Staatsgewalt in vollem Umfang auszuliefern. Wie der antifaschistische Wille der deutschen Volksmehrheit, so hat sich auch das Bollwerk der Verfassung als stark genug erwiesen, dem Ansturm der nationalsozialistischen Welle zu widerstehen. Mit dieser doppelten Entscheidung ist Hitlers Versuch, auf legalem Wege zur Macht zu gelangen, mit verfassungsmäßigen Mitteln aus dem deutschen Volksstaat einen nationalsozialistischen Parteistaat zu machen, mit den Mitteln der Demokratie die deutsche Demokratie zu beseitigen, endgültig gescheitert.«

16. August 1932

Die Redaktion der *Weltbühne* läßt Ossietzky unter vollem Namen zu Wort kommen: mit einem Auszug aus dem Artikel »Die Blutlinie« vom 21. Oktober 1930 – ein 1932 noch immer aktueller Kommentar zum Terror der SA. Im gleichen Heft erscheint Ossietzkys Auseinandersetzung mit dem »Sozialismus« des 1930 aus der NSDAP ausgetretenen Otto Strasser; diese ist gezeichnet mit dem Pseudonym Thomas Murner.

Zu diesen Terroristen von Carl v. Ossietzky

Es ist etwas kernfaul an diesem Volk, das ein Individuum zum Deputierten wählt, weil es ihm als Mörder empfohlen wird. Hier läßt sich mit Literatur nicht mehr kämpfen. Ist es nicht ein Jahrhundert her, daß uns der Triumph des Kriegsbuches von Remarque als eine spontane Wandlung zum Friedensgeist gedeutet wurde? Wir haben dem damals bei aller Anerkennung der Qualitäten des gutmeinenden Autors widersprochen. Die Friedensgesinnung ist dahin wie der Schnee vom vorigen Jahre. Denn so bunt gemischt die Wählerschaft des Nationalsozialismus auch sein mag, — sie hat sich doch dazu bekannt, daß Gewalt nach innen und außen das einzige noch mögliche Prinzip darstellt. Gegen eine Million Remarques recken sich ... Millionen Kriegsbeile.

,Weltbühne', 1930 Nr. 43

Otto Straßers „deutscher Sozialismus"

von Thomas Murner

Im Gegensatz zu seinem Bruder Gregor, dessen füllige volkstümliche Rhetorik durchaus zu seinem Äußern paßt, ist Otto Straßer ein sanfter Intellektueller, dessen hauptsächliches

Kampfmittel die Überredung bleibt und der einem schroffen Gegner, einer lärmenden Versammlung eine beinahe chinesische Höflichkeit entgegensetzt. Während Gregor ministrabel und ein hohes Tier am Hofstaate des braunen Cäsar geworden ist, genießt Otto das geistigere Vergnügen, schulebildend zu wirken und Apostel um sich zu sammeln, die für ihn mit der Feder fechten, es aber lieber mit einer guten Damascenerklinge tun würden. Denn Otto Straßer ist ganz gewiß nicht, wie er wohl selbst glaubt, der Gegenkönig Adolf Hitlers, viel eher einer jener tätigen Ideendolmetscher, deren Wirkung nicht im Geschriebenen liegt, nicht einmal in der Sache, sondern vornehmlich in der Intensität der Mitteilung.

Otto Straßer ist aus der nationalsozialistischen Partei nicht als ideologischer Widersacher geschieden. Neben dem Bruder Gregor hält er sich als der Radikale, der Linientreue; die Partei scheint, an ihm gemessen, lasch, liberalistisch, entartet. Es soll uns in diesem Zusammenhang nicht beschäftigen, ob die Trennung der Brüder faktisch ist oder nur taktisch. Wenn man Otto Straßers neue Programmschrift „Aufbau des deutschen Sozialismus" (W. R. Lindner, Leipzig) etwa mit der im ‚Völkischen Beobachter' erschienenen Rundfunkrede seines Bruders vergleicht, so erkennt man bei beiden die gleiche nationalistische Grundsuppe und fragt zunächst nach den Unterschieden. Der Antagonismus beginnt, wo vom Sozialismus gesprochen wird. Was Sozialismus ist, definiert Gregor so:

Wir verstehen unter Sozialismus die staatlich durchgeführten Maßnahmen zum Schutze des Einzelnen oder einer größern Gemeinschaft vor jeglicher Ausbeutung.

So etwas nennt man Sozialpolitik oder Sozialreform. Sozialismus bedeutet nicht Schutz vor Ausbeutung sondern Brechung aller ausbeutenden Mächte. In diesem Punkt ist der Bruder Otto reinster Revolteur:

Darum ... ist die Aufhebung des Privateigentums an Grund und Boden, Bodenschätzen und Produktionsmitteln die Hauptforderung des deutschen Sozialismus und die Voraussetzung einer planmäßigen Nationalwirtschaft.

Infolgedessen verwirft er auch das kapitalistische Wirtschaftsrecht von der Heiligkeit des Privateigentums:

Sinnfällig erlebte es jeder Einzelne, daß dieses unbeschränkte Verfügungsrecht des Besitztitels verstieß gegen die Lebensinteressen des Volkes, daß es aber auch keine innere Berechtigung habe zu einem Zeitpunkt, da die ganze Nation mit ihrem Blut dieses „Eigentum" verteidigen mußte.

Bravo, das ist ein deutliches Bekenntnis, wenn auch nur gute alte SPD von 1910, als bei jeder Maifeier deklamiert wurde:

Hinter Mauern und Schlöten
liegt euer Vaterland!
Ihr sollt euch dafür schlagen und töten
— ihr habt es niemals gekannt.

Wenn jemand so selbstbewußt wie Otto Straßer sich eine „totale Gestaltung des deutschen Lebens" zumutet und von der „konservativen Revolution" die Durchführung des „deutschen Sozialismus" erwartet, so muß er sich nicht nur die Frage gefallen lassen, wie dieser Sozialismus aussieht, sondern auch,

auf welche geschichtlichen Kräfte er ihn zu stützen gedenkt. Denn der Klasse erkennt der Nationalist Straßer keine geschichtliche Formkraft zu, nur der Nation, und selbst Marx behandelt er nur als besonderen Ausläufer des Liberalismus.

Der Straßersche Sozialismus stützt sich nicht auf ökonomische Gegebenheiten, er bedeutet, so radikal die Formulierung manchmal klingen mag, nur die Flucht in vergangene Jahrhunderte. In der Gesellschaft des „deutschen Sozialismus" soll zwar das Privateigentum ebenso aufgehoben sein wie das Monopol an Boden und Produktionsmitteln, aber die Nation soll die Bewirtschaftung den einzelnen Volksgenossen „nach Fähigkeit und Würdigkeit in Erblehen geben". Was Straßer vorschwebt, ist ein romantisches Feudalsystem, ständisch gegliedert, in dem, wie bei allen konservativen Ideologien, die Landwirtschaft die wichtigste Rolle spielen soll. Ja Straßer bezeichnet als vornehmstes Ziel die „Reagrarisierung Deutschlands".

Es ist schwer zu verstehen, warum es nicht nur volkswirtschaftlich sondern auch ethisch wertvoller ist, Kartoffeln zu buddeln, statt sich über einer schwierigen technischen Konstruktionszeichnung anzustrengen. Gewiß erlebt die Großstadt gegenwärtig unter dem ungeheuren Krisendruck einen Rückschlag, überall entstehen kleine periphere Siedlungen. Aber darf man auf einem vorübergehenden Notstand, auf einem Akt von Selbsthilfe, der morgen schon von bessern Mitteln abgelöst sein kann, ein sozialistisches System aufbauen? Und ist es wirklich so leicht, Menschen, denen die Großstadt in Blut und Nerven steckt, in Landleute zurückzuverwandeln? Ganz Deutschland soll also von kleinen Bauerntümern überzogen werden, von denen keins größer sein darf als sein Besitzer in eigner Arbeit verwalten kann. Auf die Industrie ist Straßer nicht gut zu sprechen, wie er denn überhaupt die „technische Götzendämmerung" erwartet. Man sollte mit solchen Prophezeiungen etwas vorsichtig sein. Ich wünsche Herrn Doktor Straßer nicht, daß die technische Götzendämmerung auf der Lokomotive ausbricht, wenn er grade Eisenbahn fährt. In der Industrie fällt die Verwaltung des Betriebs einer Dreiheit von Staat, Belegschaft und Führer zu, wovon der letztere einen höhern Anteil an Besitz und Gewinn erhält. Überall also strenge Bindung, jeder Einzelne lebt in fest gesteckten Grenzen, der Schützengraben wird aus der Kriegswissenschaft in die Soziologie eingeführt. Es ist eine neue Art Kastenstaat, in dem auch die Parias nicht fehlen dürfen, nämlich die Juden, die kein Bürgerrecht genießen und deshalb auch nicht Lehnsträger werden sollen. Nur eine Kategorie gibt es in diesem tristen Einerlei, der erhöhte Selbständigkeit eingeräumt wird, und das sind die Handwerksmeister. Denn das Gedeihen von Kleinbetrieben beruht „auf der Persönlichkeit des Handwerksmeisters". Hier beginnt man sich doch ernsthaft die Nase zu reiben. Auch wenn man nicht geneigt ist, mit dem Begriff der Unternehmerpersönlichkeit heroisierenden Unfug zuzulassen, so muß doch gefragt werden, ob der Budiker oder der Grünkramhändler mehr Persönlichkeit ist als, sagen wir, der Professor Junkers in Dessau!

Damit entlarvt sich der ganze Straßer-Sozialismus als ein Angstprodukt des versinkenden Mittelstandes, als die rettende

Theorie einer in Panik geratenen Schicht, die ihr Sonderdasein auf Kosten der Gesamtheit zu fristen wünscht. Ein reges, intelligentes Volk, seit Jahrhunderten in manueller Fertigkeit, Wissen, Technik und Kunst aufs beste erfahren und immer vorwärtstreibend, soll in ein mürrisches Agrar- ud Industriehelotentum verwandelt werden, während Herr Klamuffke, Fleisch- und Wurstwaren, Aufschnitt täglich frisch, selbstherrlich bleibt, nur einer Zunft Gleichartiger verbunden, auf seinem Boden ein Herzog, ein Than, begnadet mit dem Vorrecht, ein Individuum zu sein. Man fragt sich, wie in einem geistigen Menschen, der Otto Straßer doch ist, das Bild eines sozialen Systems entstehen kann, das die Rückständigsten, die schon heute von der Zeit fast Ausradierten zu Herren macht, während es die Beweglichen, die Leichtschreitenden, die Unternehmenden auf die Galeere bannen möchte. Was für ein Albdruck von einer Utopie!

Nicht nur Otto Straßer, der ganze Neokonservativismus nährt sich von ständischen Vorstellungen. Bei Heinrich von Gleichen und dem „Herrenclub" sieht es damit auch nicht anders aus als bei Ferdinand Fried in der ‚Tat'. Es ist keine Entschuldigung für die Herren, daß sie sich ihre Theorie nicht selbst ausgedacht sondern von Othmar Spann übernommen haben, der seinerseits das Entscheidende von Adam Müller bezieht, dem Ökonomisten der Romantik. Bei allen Anhängern der ständisch aufgebauten Gesellschaft, auch bei Otto Straßer, kehren die Worte „organisch", „gewachsen", „geworden" beängstigend oft wieder. „Organisch" kann aber heute nur sein, das Zeitalter des Industrialismus weiterzuführen, wie es die Russen tun, auf neuer sozialer Grundlage weiterzuentwickeln. Was aber wäre an der Wiedereinführung des Zunftwesens heute organisch? Adam Müller war ein Metternichreptil und publizistischer Verfechter der heiligen Allianz; seine sozialen Visionen entsprachen durchaus den Vorstellungen des damaligen Absolutismus, alle Reaktionäre haben seitdem auf den Ständestaat geschworen. Kein Wunder, denn er hält die aktiven Elemente nieder. Auch Bismarck sehnte sich vom freien Wahlrecht immer wieder zur ständischen Verfassung zurück. Otto Straßer mag sich als ein großer Revolutionär vorkommen, wenn er seine Heilswahrheiten von dem vergilbten Pergament Adam Müllers abliest. Aber ein reaktionäres Skriptum, das hundert Jahre in der Rumpelkammer der Weltgeschichte gemodert hat, ist in der Zeit nicht revolutionär geworden.

In der Blüte der Romantik hat Novalis, dessen hektischer Überschwang alles mit Kunst penetrieren mußte, die Forderung erhoben, auch „die Finanzwissenschaft müsse poetisiert werden". Das ist mindestens einigen der heutigen Nachfahren der Ideen Adam Müllers, den Anbetern der Autarkie und der ständischen Gliederung, aufs beste gelungen. Nur Otto Straßers „deutscher Sozialismus" kann wirklich nicht zu den schönen Künsten gerechnet werden. Diese Utopie ist eng und spärlich, die Phantasie haftet an den winzigsten Dimensionen und an den primitivsten Bedürfnissen. „Fremde Sprachen haben in der Volksschule keinen Platz." Oder: „Eine weitere notwendige Folge ist die, daß das Eingehen einer Ehe eines deutschen Staatsbürgers mit Angehörigen eines andern Volkes den Verlust der Staatsbürgerschaft nach sich zieht." Diese

Sätze charakterisieren den Barbarismus dieser Vision eines völkischen Idealstaates. Alles soll in Anlage und Funktion sehr klein, sehr simpel werden, alles ist von der Theke eines verärgerten Ladenbesitzers her gesehen. Darin unterscheidet sich Otto Straßer, der Häretiker, in keiner Weise von Gottfried Feder und den andern volkswirtschaftlichen Dreierlichtern des offiziellen Nazitums.

Wahrscheinlich kann man das Dumpfe, Trübe und Unfreudige dieser Utopie nicht einmal Straßer persönlich zur Last legen. Man findet das in allen von rechts kommenden Konzeptionen eines deutschen Staates auf ständischer Grundlage. Ein öffentliches Leben soll es nicht mehr geben, die Frauen werden wieder in die Küche gesteckt; es gibt überhaupt keine Politik mehr sondern nur noch Berufsangelegenheiten. Straßer hofft auf kulturelle Wundertaten eines völkischen Idealismus. Aber in Wahrheit würde eine also aufgebaute Gesellschaft in Wort und Schrift nicht über das platteste fachmännische Kannegießern hinauskommen. Phantasie, Initiative, Weltoffenheit, und nun gar in Verein mit künstlerischer Begabung, müßten als Ketzerei verpönt und verfolgt werden. Der proletarische Sozialismus hat ganz gewiß Paradiese weder versprochen noch geschaffen, aber für ihn handelte es sich um die Menschheit, er strebt zum Universalismus. Der völkische Pseudo-Sozialismus in allen seinen radikalen oder gemäßigten Spielarten dagegen kennt als sein Ideal nur die Abkapselung; sein Staat ist eine Feudalburg, von Mauern und Festungsgräben umgeben, während jeder echte Sozialismus sich bemühen muß, die Grenze zu sprengen. Der Sozialismus braucht gewiß nicht nur auf marxistischen Doktrinen aufgebaut zu werden, es gibt noch andre Möglichkeiten, aber aus dem Nationalismus kann zu allerletzt ein Sozialismus entwickelt werden. Denn der Nationalismus ist selbst ein Kind der kapitalistischen Aera, er muß mit dieser vergehen. Diese Zusammenkoppelung von Nationalismus und Sozialismus ist der Grundirrtum deutscher Nationalisten, für die eine sozialistisch organisierte Gesellschaft nicht mehr bedeutet als eine bessere Grundlage für den Revanchekrieg.

Der Nationalismus wird kaum jemals die Überzeugung eines ganzen Volkes werden können. Die Geschichte hat ihn uns nur gezeigt als die in Krämpfen und Krisen explodierende Selbstsucht einer herrschenden Klasse. Nationalisten wie Straßer haben immer den 4. August 1914 im Kopfe, wo ganz Deutschland, das sich unfähig gezeigt hatte, sein inneres Schicksal zu gestalten, aus unfreien, als unleidlich empfundenen politischen Zuständen in den Kriegsfuror flüchtete. Was für ein verbrecherischer Esel ist Wilhelm II. gewesen, solch Kapital zu verwirtschaften! Diese Stimmung ist für immer dahin, kein rebellierendes Kleinbürgertum kann sie jemals wiedererwecken.

Dennoch wird man grade Otto Straßer, auch wenn man seine Lehren aufs heftigste ablehnt, eine Reihe von sympathischen Zügen nicht absprechen mögen. Denn dieser unbestreitbare Reaktionär und Obskurant tritt in öffentlichen Kämpfen mit der Haltung und den Ansprüchen eines neuen Hutten auf. Es hat etwas Rührendes zu sehen, wie dieser Klopffechter einer für ewig versunkenen sozialen Ordnung mit der Gebärde eines Lichtbringers, eines Sankt Georg für seine Gedanken einsteht. Seltsames Paradox: dieser Kämpfer gegen alle Freizügigkeit, für den Liberalismus dasselbe bedeutet wie Zuchtlosigkeit, ist ausgesprochener Individualist und wäre erledigt ohne eine Gesellschaft, die liberal genug ist, das Recht des Individuums anzuerkennen. Durch seine besondere Art ist dieser Künder des „deutschen Sozialismus" der prägnanteste Liberale, der sich denken läßt. Das ist eine Zwiespältigkeit, die ihn reizvoller macht, als es seine Thesen sind. Eine Ahnung sagt, daß hier ein Ringender am Werke ist, der sein letztes Wort noch nicht gesprochen hat.

Antworten

Deutsche Liga für Menschenrechte. Nach Abschluß der von Ihnen und dem PEN-Club (Deutsche Gruppe) eingeleiteten Petitionskundgebung für Carl v. Ossietzky teilen Sie uns mit, daß im ganzen 42 036 Unterschriften eingelaufen sind.

Kurt Tucholsky bittet die Briefschreiber um Geduld. Infolge Krankheit ist ein Teil seiner Korrespondenz liegen geblieben. Er wird sein Möglichstes tun, das Versäumte nachzuholen.

17. August 1932

Die Journalistin Hilde Börnstein-Walter, seit 1928 Mitarbeiterin der *Weltbühne*, beantragt eine Besuchserlaubnis. Der Antrag wird »zum 26. August« genehmigt.
Über ihren Gefängnisbesuch schreibt sie im September 1935:
»Während der Zeit im Gefängnis in Tegel [...] hat er gelegentlich Besuche empfangen dürfen. Bei den kurzen Unterhaltungen in Gegenwart des wachthabenden Beamten bewahrte er eine bewundernswürdige geistige Haltung. Er selbst beschränkte die Unterhaltung über sein persönliches Wohlergehen auf ein Minimum, nicht nur mit Rücksicht auf die Aufsichtsperson. Er wollte die kurze Zeit benutzen, so viel wie möglich von der Außenwelt zu erfahren und so wenig wie möglich von sich persönlich zu reden. Bei dieser Gelegenheit muß übrigens zur Ehre der republikanischen preußischen Gefängnisverwaltung gesagt werden, daß die Aufsicht über diese Gespräche in der humansten Form geführt wurde.«

20. August 1932

Ossietzky schreibt an Frau und Tochter, es ist der letzte Brief in den Odenwald. Maud von Ossietzky hat ihm den Termin ihrer Abreise offenbar nicht genau mitgeteilt. Die im Brief erwähnten Fotografien sind nicht erhalten.

Carl v. Ossietzky Tegel, 20. 8. 32
II / 337 Sp. 22. Aug. 1932

Liebste Maudie,
es ist hier fürchterlich heiß seit 14 Tagen, ich nehme an, es wird auch bei euch nicht anders sein. Deine Erkältung wird inzwischen wohl besser geworden sein, aber man kriegt so etwas leicht in dieser Jahreszeit, weil man nicht aufpaßt, grade in den Bergen. In den Wochen vorher war es gar nicht schön, weshalb ich schon große Sorge hatte, eure Ferien könnten ganz verregnen. Nun freut euch an den schönen Tagen, auch wenn ich nicht dabei bin – ewig kann ich hier ja nicht sitzen, und einmal werden wir wieder zusammen sein. Nein, den 19. August habe ich nicht vergessen, mein Kind. Ich grüße dich von ganzem Herzen.
In diesen Tagen habe ich nicht geschrieben, weil ich dachte, ihr könntet schon auf Reisen sein. Das scheint nicht der Fall zu sein, deshalb schreibe ich jetzt nochmals nach Heppenheim. Fahrt also nach Frankfurt oder Mannheim und seht euch auch Heidelberg an. Denn ihr seid ja ganz in der Nähe, es liegt so wunderschön. Ich kenne es leider nur von einer Durchfahrt, dann sieht man das Schloß oben im Grünen liegen. Du mußt mit Balgy nach oben gehn, es ist keine große Kletterei. Habt ihr denn auch richtige Touren gemacht in die hübschen kleinen Nester rundum, oder habt ihr immer zu Hause gesessen. Ich traue da nicht ganz – wie ist es damit?
Schreibe mir bitte, wann Du zurückkommst. Ich werde Dir dann gleich schreiben, wann Du mich besuchen kannst. Du bist jetzt schon über einen Monat fort und ich bin neugierig, wie Du nach Deiner Sommerreise aussiehst. Hoffentlich ist sie Dir gut bekommen, so daß Du etwas ruhiger wirst. Ich sage Dir immer wieder, Du hast zur Unruhe keinen Anlaß. Es geht mir recht gut, meine Gesundheit ist in Ordnung. Jetzt ist schon mehr als ein Vierteljahr vorüber, so wird das ganze schneller ablaufen als man denkt. Nur die Nerven behalten! Du hast ja keinen Mangel zu leiden, vergiß das nicht!
Wegen Babies Füßen konsultiere doch bitte einen guten Orthopäden, es ist notwendig, daß rechtzeitig was geschieht; in diesem Alter läßt sich noch was dagegen machen. Wahrscheinlich ist ihr Wachstum sehr unregelmäßig, und sie hat recht lange Glieder. Auf dem letzten Bild sieht sie schon wie eine richtige kleine Dame aus, aber auf den andern ist sie noch immer dasselbe Kälbchen.
Laß es Dir gut gehn, mein Liebling. Ich denke immer an euch beide, wie ihr da zusammensitzt, zwei sehr liebe kleine Faultiere.

Ich küsse dich vielmals Dein *Carl*

Meinen Gruß an die Damen von Haus Keltelhodt, ich wünsche Ihnen über die schlechte Zeit bald hinwegzukommen.

Mein liebes Baby – Du siehst auf dem neuen Bild sehr gut aus, richtig erwachsen – aber das sieht wohl nur so aus. Ich hoffe, daß es Dir noch immer sehr gut im Odenwald gefällt. Schreib mit gelegentlich mal, wie es mit dem Unterricht steht, was für Fort- oder Rückschritte Du gemacht hast. Wahrscheinlich quält ihr euch nicht allzu sehr mit Aufgaben, und ich gönne Dir das auch. Aber Du mußt dabei doch den Ehrgeiz haben, auch ohne Zwang was Vernünftiges zu lernen. Aber einstweilen freue dich der letzten Ferientage noch. Es ist so schade, daß ich dich jetzt nicht sehen konnte!

Viele Grüße und Küsse　　　　Dein *Papi*

Rosalinde von Ossietzky, aufgenommen Anfang 1933 von Annette Arnheim

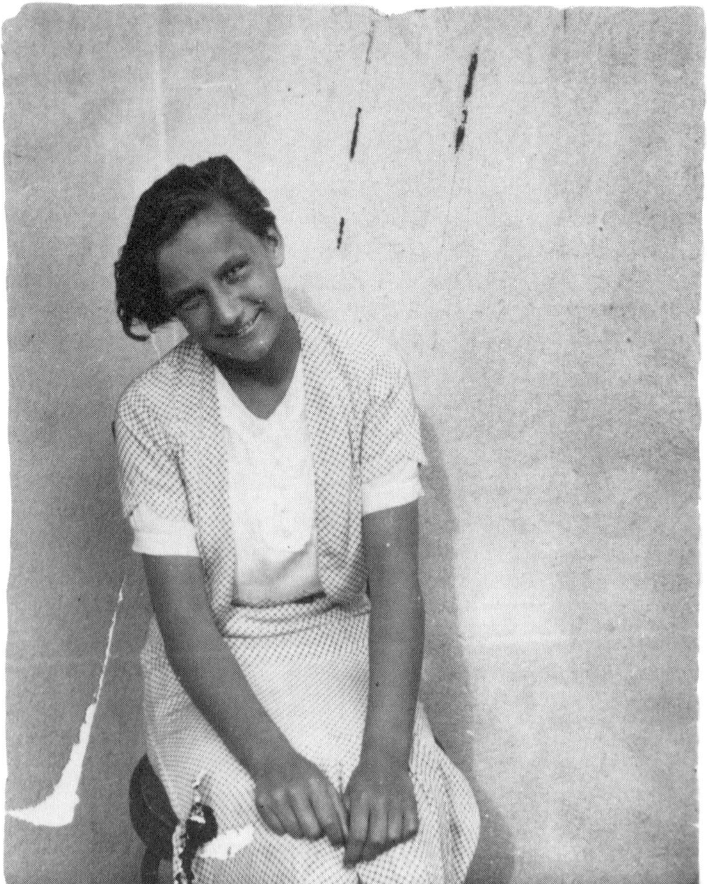

21. August 1932

Im dritten Teil der Enthüllungen zur Reemtsma-Affäre, im *Tabak Tage Buch* vom 14. August, hielt sich der Verfasser noch mit verschwommenen Andeutungen zum Prozeßverlauf in Karlsruhe auf. Die vierte Folge wird deutlicher und präsentiert brisantes Material, so will es scheinen.
Zunächst zitiert der Herausgeber aus einem Schreiben von Rechtsanwalt Apfel: »›Ich war verhindert, am Vormittag des dritten Prozeßtages zum Gericht zu gehen. In der Mittagspause begegnete ich zufällig im Vestibül des Schloß-Hotels Herrn Reemtsma. [...]‹ Zwei sehr markante Einzelheiten. Herr Dr. Apfel, der auf Kosten oder doch für Rechnung eines andern nach Karlsruhe fährt, eigens zum Zweck der Prozeßbeobachtung für diesen andern, ist ›verhindert‹, der einzigen Pflicht, die ihn nach Karlsruhe geführt hat, zu genügen. Just an diesem Tage aber trifft er ›zufällig‹ Herrn Philipp Reemtsma. [...]«
Es kommt, nach ein paar Tagen, zu einem Vertragsabschluß: Apfel läßt sich in die Dienste des Industriellen stellen. Seit Anfang Juni ist er damit beschäftigt, »›das riesenhafte Material durchzuarbeiten‹« und für Reemtsma ein Gutachten über die gesamte Affäre und die damit zusammenhängenden Korruptionsvorwürfe zu erstellen.
Für den Verfasser der Enthüllungen ist »die Frage: ›Apfelchen!, wohin rollst du?‹ [...] beantwortet; das Reemtsmageld hat seine Anziehungskraft wieder einmal bewährt.« Apfel verfaßt eine »Reemtsma-Denkschrift in 17 Kapiteln«.
Der Artikel schließt mit den Worten: »Ich kann mir denken, daß selbst Herrn Philipp Reemtsma ein Ekel davor überläuft, was heute alles mit Geld zu machen ist.«
Nach dem vierteiligen Bericht im *Tabak Tage Buch* steht Rechtsanwalt Apfel als käuflicher Parteiverräter da; gekauft für ein Gutachten zur Reemtsma-Verstrickung in Korruption und Verdrängungswettbewerb.
Am 8. September werden Ossietzky alle vier Ausgaben des *Tabak Tage Buchs* ausgehändigt.

23. August 1932

»Das Staatsstreichgespenst geistert durch Deutschland«, schreibt Hellmut von Gerlach in der *Weltbühne*. »Mancher möchte die Macht, die Alleinmacht, einerlei ob legal oder illegal. Aber keiner zahlt gern die Risikoprämie des eignen Lebens.«

Kaminski analysiert die Entscheidung vom 13. August: »Daß der Reichspräsident und seine Regierung sich geweigert haben, Hitler die gesamte Staatsmacht auszuliefern, hat in manchen Kreisen der Linken ein gewisses Aufatmen bewirkt. Dieses Gefühl der Erleichterung mag begreiflich sein; begründet ist es nicht. [...] Nichts wäre jetzt verkehrter als die Idee, die Linke müsse die Regierung Papen als das kleinere Übel tolerieren. [...] Sie muß diesem Präsidialkabinett nicht nur ihre Zustimmung versagen, sondern ihm Widerstand leisten bis zum äußersten, selbst wenn manchen Leuten eine andre Diktatur noch schlimmer erscheint.«

25. August 1932

Hedwig Hünicke beantragt im Namen von Edith Jacobsohn eine Besuchserlaubnis für den 26. Der Brief, den ihr Ossietzky zum Reemtsma-Prozeß geschrieben hat, ist nicht erhalten.
»Genehmigung erteilt. Karte abges.« notiert der Gefängnisbeamte am gleichen Tag.

26. August 1932

Die Liga berichtet in ihrem Mitteilungsblatt *Die Menschenrechte* über die Unterschriftenaktion für Ossietzky:
»Bisher sind 43 624 Unterschriften für Carl von Ossietzky eingegangen. Unter diesen Unterschriften befinden sich große gewerkschaftliche und parteipolitische Organisationen mit Hunderttausenden und Millionen Mitgliedern, die jedoch nur als eine Unterschrift gezählt worden sind. Besonders auffällig ist, daß neben tausenden von Arbeitern tausende von Schriftstellern und sonstigen geistigen Berufen die Petition, welche den Reichspräsidenten ersucht, die Gefängnisstrafe abzukürzen, zumindest aber in Festungshaft umzuwandeln, viele Beamte (Richter, Polizeibeamte) unterschrieben haben. Unter den Schriftstellern findet man Thomas Mann, Heinrich Mann, Arnold Zweig, Jacob Wassermann, Lion Feuchtwanger, Georg Bernhard, Theodor Wolff, Hermann Zucker, Leopold Schwarzschild, Dr. Werner Thormann, Dr. Reinhold Scharp, Ernst Toller, Hellmut von Gerlach, Adele Schreiber-Krieger, Friedrich Stampfer und viele andere mehr. Fast sämtliche Bühnenleiter der gesamten deutschen Theater haben die Petition ebenfalls unterschrieben.« Daneben

II/32

Die Weltbühne

hrpost

H/S

Begründet von Siegfried Jacobsohn

Unter Mitarbeit von Kurt Tucholsky geleitet von Carl von Ossietzky

Inspektion der
Gefängnisverwaltung
Haus II

25.August 1932

Sehr geehrte Herren,

Herr von Ossietzky schrieb in Sachen des Prozesses Reentsma an Frau Jacobsohn, Inhaberin der Weltbühne. Betreffs dieses Briefes ist eine dringende Rücksprache nötig und bitten wir Sie, Frau Jacobsohn zu erlauben, daß sie Herrn von Ossietzky am Freitag vormittag besucht. Eine Antwortkarte zur Erledigung legen wir bei.

Hochachtungsvoll

Verlag der Weltbühne

[illegible signature]

1. [illegible handwriting]
[illegible handwriting]

1 Anlage

2. [illegible handwriting] 25/8.

ERLIN-CHARLOTTENBURG 2, KANTSTRASSE 152 * TELEGRAMME: WELTBÜHNE
ERNSPRECHER: STEINPLATZ C 1, 7757 * POSTSCHECK-KONTO: BERLIN 11958

Schauspieler, Rechtsanwälte, Professoren, Ärzte, mehr als 200 Polizisten. »Bei der Fülle dieser Unterschriften ist es nicht möglich, auch nur eine geringe Anzahl der Namen von Klang zu nennen, die zum Ausdruck gebracht haben, daß der Fall von Ossietzky nun endlich bereinigt werden muß.«

Mehrere Seiten weiter findet sich ein Bericht über die Berliner Mitgliederversammlung vom 7. Juni:

»Rudolf Olden erstattete über den Stand der Angelegenheit Ossietzky Bericht. Er sprach über die Aussichten der Befreiung und über das Befinden Ossietzkys im Strafvollzug. Bekanntlich ist Ossietzky nicht die Überzeugungstäterschaft zugebilligt worden, so daß er keinerlei Vergünstigung hat.« Sodann wurde von der überfüllten Versammlung eine Entschließung angenommen, in der erneut die »unverbrüchliche Solidarität« mit Ossietzky ausgedrückt wurde.

Am 1. September wird das Heft an Ossietzky ausgehändigt. Über die Wirkung der Unterschriftenaktion berichtet Grossmann: »Auf diese eindrucksvolle Sammelpetition ließ der Reichspräsident beim Reichsjustizminister Dr. Gürtner ein Gutachten einholen. Es fiel jedoch negativ aus. Dasselbe wird man von der Stellungnahme des Reichswehrministeriums annehmen.«

29. August 1932

Maud von Ossietzky ist von ihrer Sommerreise nach Berlin zurückgekehrt. Am 9. September schreibt sie an ihre Tochter Rosalinde:
»Papi sieht nicht so schlecht aus wie ich dachte – aber mann weiss niemals wie er in wirklichkeit sich fühlt. [...] Die Geld Sorgen hier im Haushalt sind schrecklich.«

Carl v. Ossietzky — Tegel, 29. 8. 32
II/337 — Sp. 30. Aug. 1932

Liebe Maudie,

ich habe eure Karten aus Frankfurt erhalten. Ich freue mich, daß ihr noch einen angenehmen Tag verlebt habt. Hoffentlich ist Dir der Abschied von der Kleinen nicht so schwer geworden und Deine Nerven befinden sich einigermaßen im Gleichgewicht. Aus Deiner letzten Karte aus Heppenheim bin ich nicht recht klug geworden. Hattest Du eine Fußverletzung durch Stiche oder was war es sonst? Du hast in solchen Sachen ja immer ein besonderes Glück. Hat es Dir viel Beschwerden gemacht und sehr weh getan?

Du mußt dich jetzt langsam wieder auf Winter einrichten und die erforderlichen Anschaffungen vornehmen. Dazu ist eine gewisse weise Sparsamkeit von nöten, die uns allen nicht liegt. Es muß aber klappen, und es wird auch gehn, nicht wahr? Du hast angenehme Ferien hinter Dir und fühlst dich jetzt gewiß frischer als vor ein paar Monaten.
Also, gutes Kind, komme in den nächsten Tagen zu mir heraus. Ich muß doch wieder wissen, wie Du aussiehst. Apfel ist verreist, rufe aber vorher mal bei Frl. Hünicke an.

Ich grüße und küsse dich – auf Wiedersehn

Dein *Carl*

Papen stellt sein neues Programm vor, sein Kabinett will weiterregieren. »Gegen Hitlers Zügellosigkeit. – Keine Autarkie. – Zwei Milliarden für Arbeitsbeschaffung. – Änderungen im Tarifrecht.« – Stichworte, die das *Berliner Tageblatt* in seiner Überschrift liefert. Kaminski schreibt einen Tag später in der *Weltbühne*:
»In Wahrheit ist die Situation, in der wir uns befinden, leider sehr klar: Wir sind mitten in der Gegenrevolution, und die Reaktion schickt sich an, ihren Siegeszug zu vollenden. Es wäre gut, wenn sich alle, die es angeht, nun endlich fragen wollten, wie das möglich ist, obgleich Hindenburg Reichspräsident ist und die Rechte keine Mehrheit hat. [...] Weltgeschichte wird nicht von Staatsgerichtshöfen gemacht, und die Untersuchungen, ob die Verfassung gebrochen oder nur interpretiert ist und ob das in gutem oder in schlechtem Glauben geschah, können die Klärung, die die Linke braucht, nur verhindern.«
Und Kaminski setzt sich mit dem Artikel Hellmut von Gerlachs vom 23. August auseinander: »›Einen offenen Verfassungsbruch wird Herr von Hindenburg niemals mitmachen.‹ Möglich. ›Vielleicht wird er ihn nicht hindern können.‹ Warum nicht? ›Aber mit seinem Namen decken wird er ihn nicht. Lieber geht er.‹ Was hat es denn also für einen Sinn gehabt, ihn zum Hüter der Verfassung zu wählen? So führt auch diese Debatte wiederum zu dem entscheidenden Gegensatz: Sind die Fragen, die uns gegenwärtig bewegen, Rechtsfragen oder Machtfragen? Die ›Weltbühne‹ hat bisher die Ansicht vertreten, es seien Machtfragen. Die Führer der Sozialdemokratie hingegen meinen, es seien Rechtsfragen. Daß ich einen Mann wie Hellmut v. Gerlach diese Meinung teilen sehe, schmerzt mich.«
Programmatisch bestimmt Kaminski die politische Aufgabe der Zeitschrift:
»Die ›Weltbühne‹ ist kein Parteiorgan. Deshalb kann ich hier gegen Hellmut v. Gerlach polemisieren, ohne mißverstanden zu werden. Wir sind ein Kreis sehr verschieden gesinnter Mitarbeiter, die

untereinander und mit den Lesern nur durch einige grundlegende Ideen verbunden sind. Wir alle stehen links, und vermutlich sind wir alle einig in der Überzeugung, daß die Linke gereinigt und erneuert werden muß, um wieder aktionsfähig zu werden. Dies große Werk, das nur vollendet werden kann durch die Einigung der Arbeiterklasse, können wir hier freilich nicht schaffen. Wir können höchstens zu seinen Voraussetzungen beitragen, indem wir uns bemühen, Situationen zu klären und Fehler aufzuzeigen.«

30. August 1932

Eröffnungssitzung des Reichstags. Hermann Göring wird mit den Stimmen seiner Parteifreunde, sowie denen der Deutschnationalen, der Bayerischen Volkspartei und des Zentrums – insgesamt 367 von 587 möglichen Stimmen – zum Nachfolger Paul Löbes auf dem Posten des Reichstagspräsidenten bestimmt. »Die zweitstärkste Partei, die Sozialdemokratie, ist im Präsidium überhaupt nicht mehr vertreten, das sich jetzt aus Mitgliedern jener Parteien zusammen-

Reichstagspräsident Göring mit den NSDAP-Abgeordneten Frick und Fabricius in der Wandelhalle des Reichstages.

setzt, die sich zu der Wahl Görings zusammengeschlossen haben.« Göring nimmt die Wahl in seiner braunen SA-Uniform mit der Hakenkreuzbinde an. Zu weiteren Beschlüssen und Anträgen kommt es nicht. Dieselbe Mehrheit, die Göring soeben gewählt hat, stimmt für Vertagung auf unbestimmte Zeit. »Es ist damit zu rechnen, daß Nationalsozialisten und Zentrum diese Taktik des Hinauszögerns solange verfolgen werden, bis sie glauben, unter günstigeren Voraussetzungen einen neuen und erfolgreichen Vorstoß gegen die Regierung Papen unternehmen zu können.«

1.–5. September 1932

Am 1. September kann das *Berliner Tageblatt* melden: »Die nächste Reichstagssitzung ist jetzt für Donnerstag, den 8. September, in Aussicht genommen worden.«
Eine neue Notverordnung, diesmal »zur Belebung der Wirtschaft«, wird verabschiedet. »Starke Vollmachten für die Reichsregierung«, schreibt die *Vossische Zeitung* am 5. September, Senkung der Sozialausgaben, weitere Stärkung der Unternehmer seien die Ziele.

6. September 1932

Die Redaktion der *Weltbühne* gibt die Gründung der *Wiener Weltbühne* bekannt, deren erste Ausgabe Ende September erscheinen soll.

Oesterreichische Leser. Da Ihr immer wieder den Wunsch geäußert habt, die besondern politischen, wirtschaftlichen und kulturellen Verhältnisse Oesterreichs bei uns eingehender gewürdigt zu finden, als das bisher möglich war, soll ab Ende September allwöchentlich für Euch eine in engem Zusammenhang mit unserm Blatt stehende wiener ‚Weltbühne' erscheinen, die die wesentlichen Beiträge unsres Blattes übernimmt, darüber hinaus aber jedesmal auch Aufsätze bringt, die sich besonders an den österreichischen Leser wenden und von einer eignen wiener Schriftleitung redigiert werden. Die wiener Schriftleitung wird bei der Bearbeitung ihres Sondergebiets ganz die Linie einhalten, die unsre Leser seit siebenundzwanzig Jahren als die besondre der ‚Weltbühne' kennen. Wir hoffen, daß die wiener ‚Weltbühne' in Oesterreich die Verbreitung finden wird, die sie zur Erfüllung ihrer Aufgabe braucht, und wir bitten alle österreichischen Leser, für die wiener Weltbühne Leser zu werben. An unserm Blatt, das nach wie vor in Berlin herausgegeben wird, ändert sich selbstverständlich nichts.

Die *Weltbühne* veröffentlicht Ossietzkys Besprechung von Emil Ludwigs »Gespräche mit Mussolini«. Am 20. Juli hatte Ossietzky das Buch erhalten.

Benito Ludovico von Thomas Murner

Emil Ludwig hat ein Buch veröffentlicht, das achtzehn mit Mussolini geführte Gespräche umfaßt. Gespräche über Aktuelles und Vergangenes, über Politik und Geschichte, über Wesen und Moral des handelnden Menschen. Ludwig sieht in Mussolini die heroische Erscheinung im Sinne Nietzsches, den Condottiere von heute. „Ich habe Mussolini als historische Figur empfunden, und da mir vollkommene Freiheit zugesichert war, ihn nicht anders befragt, als ichs mit solchen gewohnt bin. Hier kann ich einen Unterschied zwischen Lebenden und Toten gar nicht empfinden." Nicht so sehr Mussolinis Politik bewegt den Biographen Bismarcks und Napoleons als vielmehr sein Charakter. „Seit fünfundzwanzig Jahren hatte ich den homo activus umkreist und dramatisch, historisch, psychologisch vorzustellen unternommen. Jetzt saß er mir gegenüber." Eine unerhört günstige Gelegenheit, in etwa vierhundert Fragen dem Diktator unter die Haut zu dringen. Trotzdem ist das Ergebnis enttäuschend. Durch keine Seite dieses Buches weht geschichtliche Luft, nirgends wird ein neues Kriterium zur Beurteilung Mussolinis bemerkbar. Bewiesen wird nur, daß der Duce ein äußerst belesener Mann ist, wohlbeheimatet in schwierigen, literarischen und philosophischen Diskussionen. Das aber brauchte nicht bewiesen zu werden, das weiß man aus seinen Reden und Schriften.

Vielleicht wäre der Eindruck stärker, wenn Ludwig sich auf die trockenen Stenogramme beschränkt hätte. Aber der Mann wirkte zu stark auf seine Phantasie, und so ließ er sich verleiten, ihm einen dämonischen Hintergrund zu schaffen, der nicht ganz frisch anmutet. Dieser neue „man of destiny" hätte im Sinne Bernhard Shaws ganz nüchtern, ganz in seinem Alltag festgehalten werden müssen; hier sprechen aus ihm allzu viel tote Helden und Diktatoren mit. Bald gleicht er dem Colleoni, bald sieht er napoleonisch aus, bald klingt sein Lachen leise und unheimlich. Während Shaw von seinem Cäsar oder den Richtern der heiligen Johanna den Staub der Geschichte abklopft und sie in unsre Gegenwart holt, um zu zeigen, daß sie Menschen waren wie wir, wird bei Emil Ludwig der zeitgenössische Tatbestand Mussolini eine Theaterfigur mit Requisiten des konventionellen Renaissancedramas. Ludwig hat seine Begeisterungsfähigkeit, sein künstlerisches Vermögen, in einer fremden Gestalt aufzugehen, auch seinem Helden mitgeteilt. Das ergibt aber keinen Mussolini sondern ein neues Doppelwesen, das man Benito Ludovico nennen möchte, einen humanisierten Diktator, der seine Flegeljahre als Tyrann hinter sich hat und zum Heile seines Volkes und der Menschheit konstruktiv zu werden beginnt. Das achtzehnte Jahrhundert trug immer das Idealbild des „guten Fürsten" in sich. Der nicht grade verwöhnte geistige Mensch dieser Krisenzeit formt sich nach seinen Wünschen den „guten" Diktator.

Mussolini war in diesen Reden und Gegenreden selbstverständlich wachsamer als Ludwig annimmt. Er hat in höherem Maße Ludwig geführt als dieser ihn. Er hat in den weichen Stoff des ihn bewundernden Interviewers das Bild geprägt, das er von sich wünschte. Mussolini wußte, daß diese zu Ludwig gesprochenen Worte nicht verhallen sondern in Europa und Amerika aufmerksam und kritisch gelesen werden würden. Ludwig scheint wirklich der Meinung zu sein, der Gebieter von zweiundvierzig Millionen bringe ein großes Opfer, sich mit ihm hinzusetzen und platonische Dialoge zu führen. Ludwig unterschätzt sich. Der Duce verkannte die Tatsache nicht, sich hier einem Autor von internationalem Ansehen gegenüber zu befinden, auf den namentlich die angelsächsische Welt viel gibt. Der Meister der Propaganda zauderte nicht. Im Gegensatz zu — sagen wir Herrn von Neurath — weiß er, was ein Schriftsteller bedeutet.

Dabei bleibt Mussolini toujours en vedette. Er verweilt lieber bei Macchiavelli, Nietzsche und Plato als bei der hartkantigen Gegenwart. Wo er sich herbeiläßt, Politik zu berühren und Meinungen abzugeben, ist es bei weitem nicht so ertragreich wie bei Briand, Churchill oder Lloyd George. Der Duce bändigt seine südländische Eloquenz. Wo es ernst wird — also interessant werden könnte — antwortet er knapp und ablenkend. Es ist kein Wunder, daß er über den Fascismus zu sprechen vermeidet. Der Chef der Firma wird nicht leicht das Fabrikationsgeheimnis preisgeben. So bleibt das Thema unberührt, und das ist das wirkliche Manko dieser Dialoge. Was hilft es da, daß beide Gesprächspartner manches Geistreiche über das Mirakel der Persönlichkeit sagen? Das ist ein weites und nirgendwo verpflichtendes Gebiet. Wäre aber von den geschichtlichen Kräften die Rede, die den italienischen Diktator tragen und deren Vollstrecker er ist, dann würde auch die Bildsäule des isolierten Willensmenschen verschwinden, dafür aber ein Politiker vor uns erstehen, der sich aus gesellschaftlichen Bedingungen ergibt und danach beurteilt werden muß. „Deshalb sind diese Gespräche, mögen sie politischer, historischer, moralischer Natur sein, doch immer nur psychologische Gespräche", sagt Ludwig und trifft damit glatt vorbei. Man kann die Psychologie eines Staatsmanns nur mit seinem Werk hinter ihm ergründen. Zu Mussolini gehört Italien — nicht eine Comparserie, die ihm zujauchzt, wohl aber das wirkliche Italien, das gekettete, in dessen großen Städten das Volk aus Furcht vor Angebern nicht laut zu sprechen wagt. Ludwig brauchte gewiß nicht so zu fragen wie ein Zwangsbewohner der Liparischen Inseln es tun würde, denn er war Gast, aber die Gemeinplätze seines Gesprächspartners über die Vortrefflichkeit der carta del lavoro und des vom Fascismus eingeführten sozialen Systems hätte er nicht ohne Widerrede hinnehmen dürfen. Ihn blendete die schimmernde Aura der Macht, die statuarische Römergeste. Er hatte den Colleoni im Kopfe und leider gar keine politische Ökonomie. So kam nur ein Renaissancebild heraus, aber auch das nur aus dritter Hand, nicht Verrocchio sondern Makart.

7.–8. September 1932

Walther Karsch unterschreibt für die Redaktion den Besuchsantrag seines Kollegen Hanns-Erich Kaminski. Besuchstermin soll der 10. September sein. Auf der Rückseite des Briefs die handschriftliche Notiz der Gefängnisverwaltung:
»Die beantragte Rücksprache wird genehmigt. Diese Vorlage gilt als Ausweis. Berlin-Tegel, den 8. 9. 1932.« Und in anderer Handschrift die Bemerkung: »Hat stattgefunden 10/9.«

Im Gefängnis wird ein Bücherpaket für Ossietzky abgegeben. Der ›Lieferschein‹ der *Weltbühnen*-Redaktion wird in die Gefangenenakte übertragen, Ossietzky quittiert den Erhalt der Sendung.

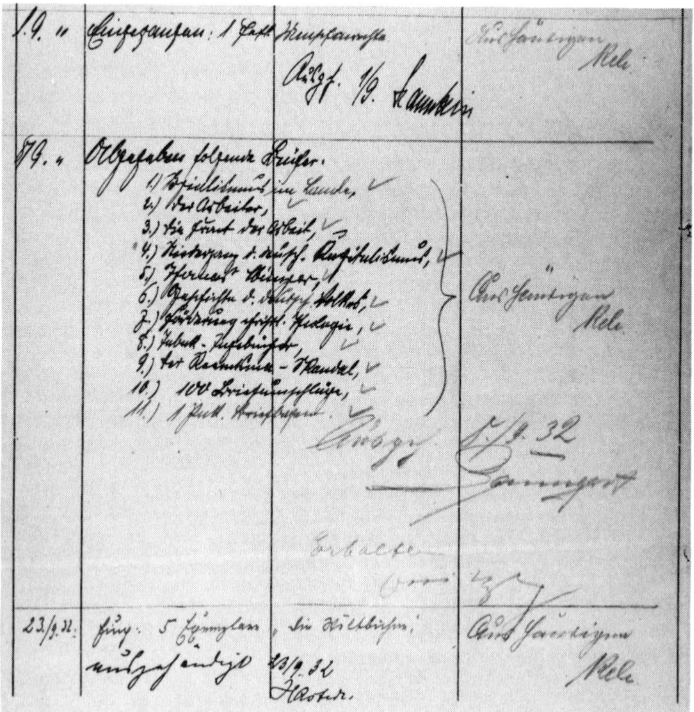

Auszug aus der Gefangenenakte

Ⅱ/33

Die Weltbühne

Begründet von Siegfried Jacobsohn

Unter Mitarbeit von Kurt Tucholsky geleitet von Carl von Ossietzky

errn
. Ossietzky
egel

8.IX.32.

Wir schicken Ihnen heute folgende Bücher :

Lenin: Sozialismus in eimem Lande

Ernst Jünger: Der Arbeiter

Paul Geflitter: Die Front der Arbeit

Fritz Sternberg: Niedergang des Deutschen Kapitalismus

Seidemann: Thomas Münzer

Janssen: Geschichte des deutschen Volkes 3 Bände

Beiträge z.Förderung christlicher Theologie

Tabak-Tagebücher No. 31-34

Tetens: Der Reemtsma-Skandal

100 Umschläge

Manila-Papier

Z. d. Akten
Rek. 8/9

N·CHARLOTTENBURG 2, KANTSTRASSE 152 · TELEGRAMME: WELTBÜHNE
SPRECHER: STEINPLATZ C 1, 7757 · POSTSCHECK-KONTO: BERLIN 11958

9. September 1932

Walther Karsch beantragt eine Besuchserlaubnis für Hellmut von Gerlach, den »derzeitige[n] Vertreter von Herrn von Ossietzky«, begründet mit einer dringenden Besprechung des Reemtsma-Prozesses. Gerlach wird, wie gewünscht, für Dienstag, den 13., »geladen«.

12.–13. September 1932

Im Reichstag findet sich keine regierungsfähige Mehrheit, der Streit der Parteien wird wieder lautstark und öffentlich ausgetragen. »Die Einberufung des Reichstages auf Montag, den 12. September, 3 Uhr nachmittags, ist heute offiziell erfolgt«, hatte die *Vossische Zeitung* am 7. gemeldet. Einziger Tagesordnungspunkt: Entgegennahme einer Regierungserklärung. Und: Die Auflösung des Reichstags ist wieder »in Sicht«. Gerüchte verstärken sich, daß Schleicher Reichskanzler werden soll, weil dann die Nationalsozialisten ihren Regierungsboykott aufgeben würden. Fünf Tage später ist es soweit.
»Reichstag aufgelöst!« meldet das *Berliner Tageblatt*. Doch »Reichstagspräsident Göring erklärt die Auflösung für ungültig und beruft eine neue Sitzung ein.« Dennoch, es wird zu Neuwahlen kommen.

Hellmut von Gerlach betrachtet in der *Weltbühne* die beunruhigte Stimmung in Frankreich:
»Ob Franzose, ob Deutscher, wer durch die französische Provinz kommt, ist gradezu fasziniert von dem bedingungslosen Friedenswillen der Massen der französischen Bauern und Arbeiter. Nur eins tritt jedem Fremden fast ebenso stark vor die Augen: die gradezu tödliche Angst, daß das deutsche Volk dem französischen Friedenswillen mit einem Kriegswillen begegne, der einen neuen Krieg unvermeidlich erscheinen lasse. Deutschen Friedensversicherungen glaubt man nicht: Und Stahlhelm? Und SA? Und Ossietzky-Prozeß? Und Schleicher? Der Franzose ist von Natur skeptisch.«
Im zweiten Artikel der Ausgabe vom 13. September sucht Hanns-Erich Kaminski nach einem »Weg zur Einheit« der beiden großen Arbeiterparteien und schließt: »Für beide gilt die gleiche Logik: durch Diskussion zur Aktion, durch Aktion zur Einheit, durch Einheit zum Sieg.« K. L. Gerstorff (d. i. Fritz Sternberg) stellt im folgenden Artikel »Spaltungstendenzen bei den Nazis« fest.

Die entscheidende Phase der Reichstagsdebatte vom 12. September: Reichstagspräsident Göring »übersieht«, daß Reichskanzler Papen sich zu Wort gemeldet hat, um die (vorbereitete) Auflösung des Reichstags zu verkünden.

17. September 1932

Der Termin für erneute Reichstagswahlen wird bekannt gegeben: Sonntag, der 6. November. »Das ist auch der nach der Verfassung äußerst zulässige Termin, da der neue Reichstag innerhalb von 60 Tagen und an einem Sonn- oder Feiertag gewählt werden muß. Der alte Reichstag wurde am 12. September aufgelöst.«

19. September 1932

In einem Brief bittet Ossietzky seine Frau um drei Bücher.
Die beiden Bände »Sebastian Franck, Paradoxa« und »Otto Flake, Ulrich von Hutten« werden am 3. Oktober, dem 43. Geburtstag Ossietzkys, »abgegeben«; vermutlich von seiner Frau, die ihn an diesem Tag besucht haben soll.
Die beiden Bände von Kautskys »Vorläufer des Sozialismus« erhält Ossietzky erst am 14. Oktober. Die Gefangenenakte hält fest: »eingegangen« – offenbar eine Postsendung.

Carl v. Ossietzky II / 337

Ru. 20/9
Tegel, 19. 9. 32

Liebste Maudie,

Vielen Dank für Deinen Brief. Ich erwarte Deinen Besuch in zwei Wochen, also in den ersten Oktobertagen. Suche bitte aus dem Bücherschrank ein paar Bücher heraus, die Du dann mitbringen kannst, nämlich

Sebastian Franck, Paradoxa,
Otto Flake, Ulrich von Hutten
Karl Kautsky, Vorläufer des Sozialismus.

Weiter muß wohl im Laufe der nächsten Woche bei mir Wäsche abgeholt werden und schicke mir bei der Gelegenheit ein Hemd mit. Sonst habe ich noch genug. Setze dich wegen des Boten mit dem Bureau in Verbindung, aber er soll nicht kommen, ehe ich nicht einen besondern Termin ausgemacht habe; er soll mir nämlich noch Bibliotheksbücher mitbringen und ich werde welche zurückgeben. Deswegen werde ich Herrn Karsch noch schreiben. Frl. Hünicke ist verreist, es scheint in der Kantstraße also ziemlich wild zuzugehen. Der Konflikt um Apfel hat leider üble Formen angenommen, insofern als Frau Jacobsohn zu allem Überfluß sich auch noch auf die Seite von Olden geschlagen hat. Ich will versuchen, die Geschichte wieder einzurenken. Aber einstweilen ist alles gründlich verfahren.

Und wie sieht es Wilhelmstraße 11a aus? Aus Deinem Briefe entnehme ich, daß es auch da Sorgen gibt. Ich gebe Dir den Rat, dich von alledem etwas fernzuhalten, ich kenne Deine gute mitleidige Seele, und am Ende trägst Du Schaden davon, was gar nicht nötig ist.

Baby hat mir einen netten kleinen Brief und einen Aufsatz geschickt, der wirklich recht gut ist. Bitte schreibe ihr das, ich möchte im Augenblick nicht selbst schreiben. Sage ihr, daß Papi damit zufrieden ist. Herbstferien gibt es wohl in Hessen nicht, dafür aber vier Wochen Weihnachtsferien, nicht wahr? Wenn wir erst im Oktober sind, müssen wir uns auch damit wieder beschäftigen. Die Zeit vergeht langsam, aber sie vergeht. Ich arbeite sehr viel, fühle mich infolgedessen ganz wohl. In dieser Hinsicht brauchst Du keine Sorge haben. Ich halte durch. Ich möchte auch in bezug auf dich ruhig sein. Neulich hast Du recht gut ausgesehen. Die Reise muß Dir doch recht gut bekommen sein.

Du sollst Dir auch sonst um mich keine Sorgen machen, verstehst Du? Es ist unnötig, und vor allem, was Du geträumt hast, ist Unsinn. Wie sage ich doch immer zu Dir? Maudie, sei friedlich!

Also denke an die Bücher und die Wäsche. Wenn Du hier bist, müssen wir besprechen, ob ich ein paar Wollstücke für den Winter gebrauche und was. Kauf auch für dich gut ein. Schreibe an Papa und grüß ihn recht schön. Wirst Du gelegentlich in der Lage sein, ihm etwas Geld zu schicken, wie ich neulich anregte oder geht das nicht?

Laß es Dir gut gehn und melde dich bald wieder.

Ich küsse dich vielmals

Dein *Carl*

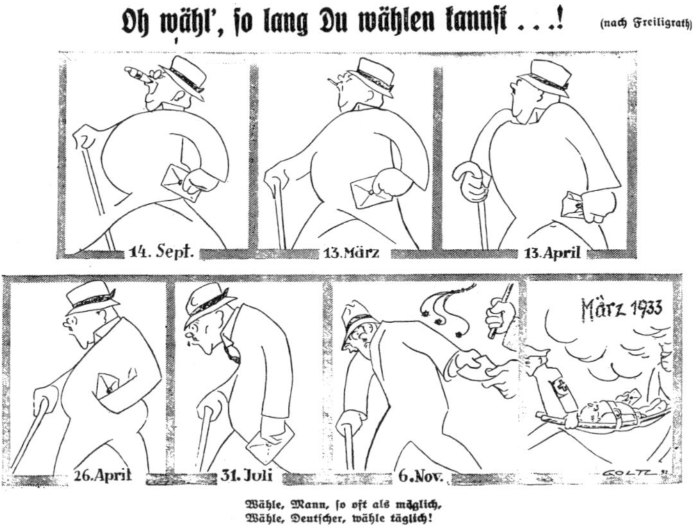
Oh wähl', so lang Du wählen kannst . . .!
(nach Freiligrath)
14. Sept.
13. März
13. April
26. April
31. Juli
6. Nov.
März 1933
GOLTZ
Wähle, Mann, so oft als möglich,
Wähle, Deutscher, wähle täglich!

Im Montag Morgen *vom 17. September: Frei nach Freiligrath, eine Karikaturenfolge von Erich Goltz zu den Wahlen der Jahre 1931/32.*

Am 20. September schreibt Maud von Ossietzky ihrer Tochter Rosalinde: »[...] Auch ich bitte dich nicht an Vatti direckt zu schreiben. Schicke mir immer deiner Briefe – hoffentlich hast du nett geschrieben und nicht wie du an mich schreibst [...]«.

20. September 1932

»Blutstreif am Horizont« nennt Hellmut von Gerlach seinen Leitartikel in der *Weltbühne*.

»Die Regierung hat sich in eine Sackgasse hineinmanövriert. Wer weiß einen legalen Ausweg daraus? Oft habe ich den Eindruck, daß die Deutschen selbst, weil sie den Dingen zu nahe stehen, gar nicht die Größe des Unheils erfassen, in dem wir uns befinden. [...] Fast jeder Ausländer, mit dem man jetzt spricht, ist der Meinung, Deutschland steuere auf einen auswärtigen Krieg los, um der innern Schwierigkeiten Herr zu werden. [...] Ruhe und Ordnung, scheinbare Ruhe und formelle Ordnung herrschen bei uns. Die Regierung hat nicht den geringsten Anlaß, mit der Anberaumung des Wahltermins auch nur einen Tag zu zögern. Das schwere Dunkel liegt nur über den Wochen nach der Wahl. Will die Regierung auch dann auf

jeden Fall [...] am Ruder bleiben, dann allerdings steht es verzweifelt um die Zukunft Deutschlands.«
Hanns-Erich Kaminski stellt den folgenden Artikel unter die Überschrift »Chaos«:
»Nun sind wir so weit! Die deutsche Politik hat keine Basis mehr, nichts steht noch fest, alle kämpfen gegen alle, jeder geht seinen Weg, und keiner weiß, wohin er führt, wobei sogar zweifelhaft ist, ob jeder seinen eignen und nicht einen fremden Weg geht. [...] Was die Lage so verworren macht, ist die Tatsache, daß es sich um zwei Konflikte handelt: einen zwischen zwei Diktaturen, den andern zwischen Regierung und Parlament. [...] Wer die Regierung als das kleinere Übel ansieht und sie toleriert, wer ihr auch nur den kleinen Finger reicht, der unterstützt also ihren Feldzug gegen das Parlament. [...] Hätte die Linke [...] die Möglichkeit, der Zwietracht der Rechten ihre Eintracht gegenüberzustellen, der Sieg wäre ihr gewiß: sowohl über die absolutistische wie über die demagogische Diktatur.«

Es erscheint in dieser Ausgabe auch eine Rezension Ossietzkys, wieder unter dem Pseudonym Thomas Murner, diesmal zur Reportage von Peter Martin Lampel: »Packt an, Kameraden! Erkundungsfahrten in die Arbeitslager«. Thema ist der freiwillige Jugendarbeitsdienst, den der Jungdeutsche Orden, ein nationaler Kampfbund, organisiert.

Kamerad Lampel von Thomas Murner

Der vielgewanderte Peter Martin Lampel, den wir im Laufe weniger Jahre als Rebellen und als Loyalisten, als Fememörder und als Philantropen staunend kennen gelernt haben, zieht jetzt mit dem Johanniterkreuz des Jungdeutschen Ordens durch die Lande und begeistert sich am freiwilligen Arbeitsdienst. Er hat im vergangenen Frühjahr in Hannover, Sachsen und Schlesien die Arbeitslager des Jungdo und andrer Organisationen besucht und gibt jetzt eine umfangreiche Reportage heraus („Pakt an, Kameraden! Erkundungsfahrten in die Arbeitslager", Rowohlt). Die Arbeit mußte wohl schnell fertig werden, und sie ist in der Tat unglaublich geschludert. Die Diktion hält glücklich die Mitte zwischen Arnolt Bronnen und Max Jungnickel. Das Deutsch ist vielfach nicht nur schlecht sondern auch falsch. Haben Rowohlts Lektoren das nicht gemerkt? „Zu mindestens" gibt es nicht. „Das Handmitanlegen" ist eine abscheuliche Wortbildung und sei hier nur als symptomatisch für den Stil des Ganzen vermerkt. Hat man das seufzend festgestellt, hat man sich verärgert durch dichtes Satzgestrüpp gearbeitet, hat man umfangreiche Partien als unlesbar aufgegeben, so gesteht man doch gern zu, daß vieles in unmittelbarer Frische gesehen ist, daß Lampel auch hier seine angeborene Begabung beweist, mit ein paar Strichen Menschen in ihrer sozialen Bedingtheit zu zeichnen. Aber das Talent verwildert, ohne dabei reicher zu werden. Zunächst einmal: Zwanzig Wochen freiwilligen Hilfsdienst über einem Lehrbuch der deutschen Sprache. Pack an, Kamerad Lampel!

Nun mag man sich zu Lampels Stil stellen, wie man will, wenn man sich durch sein Buch geschaufelt hat, weiß man über den freiwilligen Arbeitsdienst mehr als bisher. Der Verfasser möchte um alles in der Welt überzeugen, deshalb setzt er Detail auf Detail ein. Aber je mehr er gibt, desto weniger gelingt es ihm, alle Sträubenden zu sich herüberzuziehen. Wer den freiwilligen Arbeitsdienst ohnehin ablehnt, wird bei Lampel nur neue und recht konkrete Argumente finden. Zunächst erfaßt man sehr deutlich die Unterschiede zwischen den Beweggründen der Propagandisten und denen der Jugend, die sich um sie drängt. Die jungen Leute möchten nur der verrottenden Misere der Untätigkeit entrinnen. Da ihnen sonst niemand hilft, greifen sie zu, ohne zu fragen. Das ist ganz einfach. Aber es ist ein Unfug, ein Handeln aus zwingendem Notstande glorifizieren und zu einer spontanen Volksbewegung machen zu wollen. Lampels eilfertiger Überschwang sieht in dem Arbeitsdienst ein neues Instrument der Nationalerziehung und zur Selektion einer führenden Schicht. Dafür eifert er, mit dem flotten Temperament des Schnellgewonnenen, darüber vergißt er die auch noch vorhandene Frage, ob der freiwillige Arbeitsdienst überhaupt als volkswirtschaftlich nützlich zu vertreten ist.

Wie steht es aber mit dem pädagogischen Wert? Bedeutet dieser freiwillige Arbeitsdienst wirklich eine Vorbereitung fürs Leben? Ich halte die Spekulation Lampels für grundfalsch. Denn dieses Lagerleben mit Baracken und Zelten und bunten Fähnchen ist in seiner reizvollen Naturnähe und Primitivität keine wirkliche Vorbereitung auf die Arbeit, wie sie nun einmal ist und sein wird. Die wirkliche Arbeit ist ja ganz anders, trocken, eintönig, unromantisch. Da gibt es kein unterhaltsames Camping mehr, wo sich so nett über „Führertum" diskutieren läßt. Niemals habe ich so gut wie bei Lampel begriffen, warum sich die Reaktion schon so lange für den freiwilligen Arbeitsdienst interessiert. Es fing schon gleich nach der Abschaffung der Wehrpflicht an. Lampel schildert einige Lager und das Leben darin mit minutiöser Treue, und es ergibt sich immer der gleiche Eindruck: Wallensteinerei der Arbeit; hinter nicht ganz klarer Phraseologie fascistischer Drill; das ganze: die erste Orchesterprobe für eine spätere Militarisierung der Arbeit. Den jungen Leuten wird eine Ideologie eingeimpft, die antidemokratisch ist und antisolidaristisch, die das alte Klassengefühl der Arbeiterschaft durch Subordination unter den Willen von „Führern" ersetzt. So werden Betriebsbullen für die fascistische Fabrik gezüchtet. Zugleich aber läßt man den Glauben bestehen, es handle sich bei alledem um ein „antikapitalistisches" Werk, weil in Einzelfällen Zwischengewinne eines Unternehmers ausgeschaltet werden. Überall wimmeln frühere Offiziere herum, Angehörige eines Standes also, der noch niemals und nirgends ein sympathisch betontes Interesse an schwerer körperlicher Arbeit genommen hat, und wenn man erfährt, daß der ganze freiwillige Arbeitsdienst in Sachsen, zum Beispiel, einem alten Freikorpsmann und Verschwörer wie Heinz Hauenstein untersteht, so müßte Lampel schon mit einer die deutsche Grammatik virtuos beherrschenden Engelszunge reden, um zu überzeugen, daß es hier mit rechten Dingen zugeht.

Natürlich bedeutet der freiwillige Arbeitsdienst für seine Organisatoren nicht eine praktische Frage, über die man verschiedner Meinung sein kann, sondern eine neue Heilslehre wie Mazdaznan oder Gesundbeten. In Deutschland wird alles augenblicklich Weltanschauung, und während junge Leute in Heide und Moor schippen und schwer scharwerken, um endlich wieder abends einen Topf Essen zu haben, hat der Vereinsvorstand in seinem Bureau bereits das Ritual einer nicht sehr klaren, aber trotzdem oder eben deshalb sehr zugkräftigen Ideologie entwickelt. Die kleinbürgerliche Betätigungsmanie hat hier ein neues unbegrenztes Feld gefunden; es gibt sogar schon eine Volkshochschule für freiwilligen Arbeitsdienst, wie lange noch, und die Universitäten verleihen den Doktor frw. Arb. Es gibt ohne Zweifel einen Wandervogel-, einen Rucksacktyp, Menschen, denen es Spaß macht, unter freiem Himmel am Lagerfeuer ein paar Suppenwürfel in Wasser aufzulösen, dann nach eingenommener Mahlzeit befriedigt unter die Zeltbahn zu kriechen und sich dem Ursinne des Lebens näher zu fühlen.

Wir wollen ihnen nicht das Vergnügen stören, sie mögen in Gottes Namen ihre Weltanschauung pflegen, so viel und oft sie wollen, aber sie sollen uns in Ruhe lassen. So erzählt Lampel manche Episoden, von deren Komik er keine Ahnung hat. Da ist dieser Dialog mit einer Helferin in einem hannoverschen Lager:

Sie ist schlank, dunkelblond, etwa an vierzig. Mit einem klaren Gesicht und entschiedenem, männlichem Einschlag.

„Wie kommen Sie sich derart mutterseelenallein vor in dieser moorigen Öde und unter den vierzig handfesten Gesellen, gnädige Frau?"

Sie antwortet zurückhaltend und kühl: „Ein Privatleben wollte ich auch nicht, mich interessiert der Durchschnitt durch den deutschen Menschen."

Kamerad Lampel gibt das wieder, ohne mit der Wimper zu zucken. Warum sollte er auch lächeln? Das ist ja doch sein eigner Stil.

Packt an, Kameraden! Eine wunderschöne Parole, die leider nicht hilft, weil es für sechs Millionen eben nichts anzupacken gibt. So ein Freiwilligensystem wäre wohl denkbar in Pionierzeiten, wo ohne augenblicklichen Nutzwert für eine kommende Prosperity gedarbt, gespart, geschuftet wird. Einstweilen räumt die Wirtschaft noch eine Position nach der andern. Infolgedessen kann also der heutige Arbeitsdienst auch nur Pläne realisieren, die volkswirtschaftlich noch recht dubios sind. (In diesem Zusammenhang sei an Werner Hegemanns scharfe Fehde gegen Kanalbauten erinnert.) So bleibt bis auf weiteres alles ein Experiment, bei dem ein Aufwand, dessen Zweckmäßigkeit noch unbewiesen ist, aus Mitteln bezahlt wird, die wir nicht haben. Alles an diesen Fragen ist herzlich vieldeutig, und eindeutig ist nur die grimmige Not der Jugend, die sich selbst gegen Hunger und Verkommenheit schützen will. Deshalb ist es notwendig, daß überall die Gewerkschaften mitbestimmend hinzugezogen werden, nicht nur um der heute schon arg grassierenden Ausbeutung Grenzen zu ziehen, sondern auch um zu verhindern, daß diese Arbeitslager zu Zuchtanstalten von gelben Fabrikfeldwebeln werden. Bekanntlich ist das System der Betriebsräte in unsrer Verfassung „verankert". Das System des freiwilligen Arbeitsdienstes bedeutet die beste Möglichkeit, den Anker in aller Ruhe wieder hochzuziehen. Kamerad Lampel — gestern noch Genosse Lampel —, den Kopf vollgestopft mit bündischen Faxen, sieht das nicht und weiß wahrscheinlich auch gar nicht, was er tut, für welche Interessen er sich begeistert und andern den Sinn verwirrt.

22. September 1932

Ossietzky schreibt an Tucholsky, der sich in Wien befindet, um sein quälendes Nasenleiden zu kurieren. Dennoch kümmert er sich wohl mit Willi Schlamm um die Einrichtung der *Wiener Weltbühnen*-Redaktion.

Carl v. Ossietzky Tegel, 22. 9. 32
II/337 Ru. 23/9

Lieber Doktor,
vielen Dank für Ihren Brief. Schreiben Sie mir doch ruhig mehr. Auch wenn ich nicht immer im Augenblick und im nötigen Umfange reagiere, so ist es doch wichtig für mich zu wissen, was Sie tun und vorhaben. Und dann, weil Sie es sind...
Ich beklage Ihren schlechten Gesundheitszustand, der noch immer eine Wiederaufnahme Ihrer Arbeit verhindert. Sie wissen gar nicht, wie leid ich mir tue, daß es Ihnen so schlecht geht. In trübsten Stunden fürchte ich manchmal, der Artikel von Grumbach ist Ihnen in die Nase gefahren. Ach, wenn sie doch wieder... Aber Sie werden schon wieder.
In der Sache mit Apfel hoffe ich jetzt, daß eine Übereinkunft zustande kommt, die niemand wehe tut. Das heißt, A. gibt seine Tätigkeit als Verlagssyndikus auf – ohnehin eine etwas illusorische Sache – und bleibt mein Vertreter. Es ist ganz ausgeschlossen, daß er beim gegenwärtigen Stand der Dinge ohne schweren Schaden für mich ausscheidet, da er mitten in Verhandlungen steckt. Die Sache selbst – ich kann mir nicht helfen, ich finde, was er gemacht hat, nicht anstößig. Deshalb kann ich ihn auch jetzt nicht, wo eine Hetze gegen ihn eröffnet ist, die an Dummheit und Niedertracht nichts zu wünschen übrig läßt, abstoßen. Übrigens deuten ein paar Anzeichen darauf hin, daß Herr Tetens auch gegen mich bald aggressiv werden wird. Ich habe schon einen Brief dieser Art bekommen, der wie ein Ultimatum wirkt. Andrerseits ist natürlich unmöglich, daß Apfel und Frau J. noch zusammenarbeiten, er kann nach dem letzten unfreundlichen Briefwechsel nicht mehr den Verlag vertreten; das verstehe ich völlig. Wenn er dagegen mein persönlicher Anwalt bleibt, wenigstens bis auf weiteres, ist eine neue Frist

geschaffen, in der die Gegensätze sich ausgleichen oder die ganzen Beziehungen überhaupt abklingen.
Ich verzeihe mir heute noch nicht, daß ich mich von Tetens habe dupieren lassen. Er macht den Eindruck des blauäugigen flachsblonden Fanatikers von der Wasserkante. Darauf bin ich hereingefallen. Die Leute, denen er sein Material verdankt, sind durch die Bank Gauner. Von den Kronzeugen habe ich die Akten seines Erpressungsverfahrens gesehn. Hier kann ich zu meinem Bedauern nicht mehr Ihren Standpunkt einnehmen, in Reemtsma noch »die Gegenseite« zu sehen. Lieber Doktor, hier gibt es weder Gegner noch Freunde mehr, hier heißt es nichts wie raus! Hier ist nichts zu holen als Ohrfeigen, daß man sich mit solchem Kroppzeug eingelassen hat.
Zehrers Tägl. Rundschau habe ich noch nicht gesehn. Den Mann selbst halte ich für einen groben Bluff. Er steht ja nur in Wartestellung für einen freiwerdenden großen Chefredakteursposten. Ich habe das Gefühl, er wird lange warten müssen, und dann wird die Mode, die er repräsentiert, schon abgeblüht sein.
Wenn Emil Ludwig an Sie den fälligen Beschwerdebrief schreiben sollte, so teilen sie ihm mit *meiner* Erlaubnis mit, wer der Verfasser des Artikels ist.
Was meine Freiübungen hier angeht, so kann ich Ihnen sagen, daß ich mich nach meiner Entlassung sofort als Sportlehrer zur Reichswehr melde.
Also, liebster Doktor, gute Gesundheit und s. oben

Herzlichst — Ihr *Oss*

Wenn Frl. Hünicke noch dort ist – herzlichen Gruß; ich lasse bald von mir hören und wünsche ihr die besten Ferien.

27. September 1932

»Deutschland ist heute so isoliert, wie es seit dem Weltkrieg nicht mehr war«, stellt Hellmut von Gerlach in der *Weltbühne*, in einem Artikel zur Genfer Abrüstungskonferenz, fest:
»Es gibt keinen Staat der Erde, der Neigung bekundet, sich mit Deutschland solidarisch zu erklären. [... Weil] hinter den Abrüstungswünschen für die andern die eignen Aufrüstungswünsche allzu deutlich durchschimmern«, weil Schleichers Kommandoton die Verhandlungen bestimmt. »Der neupreußische Militarismus ist nur ein Ohnmachtsfaktor. Daß er ein Machtfaktor werden könnte, das zu verhüten ist der Wunsch aller Völker. Darum schließen sie sich instinktiv gegen ihn zusammen. [...] Denn sie glauben an den französischen Friedenswillen, aber sie zweifeln an dem deutschen. Ob dieser Zweifel berechtigt oder unberechtigt ist, darauf kommt es nicht an. Er ist da. Er beunruhigt die Welt. Er entscheidet die Stimmung gegen uns.«

29. September 1932

Eine Polizeistatistik wird veröffentlicht:
Seit Anfang des Jahres, in acht Monaten, sind 155 politische Morde zu beklagen. Auffallend ist der abrupte Anstieg der Todeskurve in den Monaten Juni und Juli, als das Verbot der Parteiuniform aufgehoben worden war; erst mit der Todesstrafen-Androhung vom 10. August wurde diese Entwicklung gestoppt.

In Wien erscheint die erste Ausgabe der *Wiener Weltbühne.*

Die Wiener Weltbühne

ist die österreichische Ausgabe der von Siegfried Jacobsohn begründeten Wochenschrift Die Weltbühne.
Die Wiener Weltbühne wird jede Woche aus dem gleichzeitig erscheinenden Heft der Hauptausgabe die wichtigsten Beiträge übernehmen und daneben solche Aufsätze veröffentlichen, die sich mit Fragen der österreichischen Politik, Kunst und Wirtschaft beschäftigen.
Die Wiener Weltbühne ist an keine Partei gebunden.
Carl von Ossietzky, der Herausgeber der Weltbühne, verbüßt eine eineinhalbjährige Gefängnisstrafe, weil er gegen die Reaktion in Deutschland gekämpft hat. Den gleichen Kampf wird Die Wiener Weltbühne in Österreich führen.

Berliner in Österreich?
Nein: Sozialisten bei Sozialisten!

von Kurt Tucholsky
Wenn der Norddeutsche zum Österreicher kommt, so ergibt das manchmal jene Figur, die vor dem Stephansturm steht und sagt: »Haben Sie keinen jrößern?« Denn solchen Ruf hat der Berliner, und zum Teil mit Recht.
Was will die Weltbühne in Wien?
Die reichsdeutsche Ausgabe unserer Wochenschrift hat in Wien viele Freunde. Doch kann man von keinem Österreicher verlangen, daß er sich nun auch noch mit reichsdeutschen Sorgen belade – gewiß hat die deutsche Politik Rückwirkungen auch in Österreich, aber die sind lange nicht so groß, wie es die Nationalsozialisten wahr haben wollen. Österreich ist nicht Deutschland.
Für unsere österreichischen Freunde geben wir nun eine Wiener Weltbühne heraus, denn österreichische Politik kann von Berlin aus nicht gemacht werden. Sie soll von Wien aus gemacht werden.

Was die Weltbühne will, hat sie in achtundzwanzig Jahren gezeigt. Von meinem Lehrmeister, dem unvergeßnen Siegfried Jacobsohn gegründet, wurde sie nach dem Tod des Begründers von Carl von Ossietzky und mir

weitergeführt. Ossietzky kann sich in dieser Wiener Ausgabe nicht äußern: er sitzt im Gefängnis. In dem Bestreben, gegen den Krieg zu arbeiten, wo immer er seinen bunten Schatten vorauswirft, hat mein Freund Ossietzky einen Artikel veröffentlicht, den wohl jeder Journalist hätte durchgehen lassen: die Arbeit befaßte sich mit eigenartigen Vorgängen in der deutschen Fliegerei. Das Reichsgericht hat den Verfasser des Artikels und den Verantwortlichen, Carl von Ossietzky, zu eineinhalb Jahren Gefängnis verurteilt, eine administrative Maßnahme, die mit Justiz wenig zu tun hat. Der Kampfeswille Ossietzkys ist ungebrochen; er wird so aus der Haft hervorgehen, wie er hineingegangen ist: ein reiner Soldat des Friedens.
Mit ihm und dem Verlag ist diese Wiener Weltbühne durchgesprochen worden. Wir wollen unsre Reichweite vergrößern.
Darf man das? Darf man sich in die Verhältnisse eines anderen Landes einmischen?
Man darf nicht nur – man muß es manchmal tun.
Man muß es allemal dann tun, wenn es gilt, fremde Bundesgenossen zu unterstützen. Dazu gehören Takt, Verständnis, Ruhe und viel Wissen – aber es gibt keine inneren Verhältnisse, die den Nachbar nichts angingen. Europa ist ein großes Haus. Seit wann darf eine Mietspartei im zweiten Stock ein Feuer anzünden und dann abwehrend rufen: »Mischt euch nicht in meine Verhältnisse! Das ist meine Wohnung!«? Jede Mietswohnung ist der Bestandteil eines Hauses – jedes europäische Land ist ein Bestandteil Europas. Wer sich abschließt, ist ein Dummkopf und ein Friedensstörer.
Und es ist ja nicht wahr, daß die Nationalisten sich nicht in die Verhältnisse andrer einmischen! Sie tun es dauernd. Die Fascisten machen außerhalb Italiens Proselyten, wo sie nur können, und sehr wenige Regierungen hindern sie daran. Das Pack schlägt sich nicht. Das Pack verträgt sich. Was hat Goebbels in Wien zu tun? Großmäuler habt ihr allein. Wer den Nationalismus predigt, bleibe zu Hause und nähre sich unredlich. Die Internationale der Nationalen ist die Rüstungsindustrie.
Anders aber liegen die Dinge, wenn Anhänger des internationalen Sozialismus sich zu Bundesgenossen gesellen. Für uns ist Österreich kein »deutscher Raum«, sondern ein Land, in dem eine sozialistische Partei mehr erreicht hat als die Sozialdemokraten Deutschlands. Wir bejahen die Erfolge der österreichischen Sozialisten; was es an ihnen zu kritisieren gibt, das mögen unsere österreichischen Freunde kritisieren.
Das besorgten wir gegenüber der deutschen Sozialdemokratie, der wir einen großen Vorwurf gemacht haben. Nicht den, daß die Leute paktiert haben, daß sie Grundsätze geändert haben. Politik ist keine Mathematik. Aber daß die deutschen Sozialisten dergleichen getan haben, ohne auch nur das leiseste für sich zu erreichen, daß sie von Fritz Ebert bis zu dem unsäglichen Breitscheid dauernd verraten, ohne etwas dafür nach Hause zu bringen, daß sie zu einem »Novemberverbrechen« viel zu feige gewesen sind: das machen wir ihnen zum Vorwurf. Was ist aus dieser Partei geworden? Ein Judas ohne Silberlinge.

Wir wünschen dem österreichischen Sozialismus größere Erfolge.
Da für uns die Interessen der arbeitenden Klassen an erster und die Staatsinteressen an zweiter Stelle stehen, so arbeiten wir auch in Österreich. Wir haben denselben Feind. Wir wollen ihn vereint schlagen.

Tucholsky hat den Einleitungsartikel der *Wiener Weltbühne* nun doch geschrieben. Einige Tage zuvor, am 12. September, in einem Brief an seine Freundin Hedwig Müller, hatte er sich eher abfällig geäußert:
»Die Wiener Ausgabe der ›Weltbühne‹ wird wohl nichts werden, denn ich kann mir nicht denken, daß mit diesen Arbeitsmethoden überhaupt irgend etwas zu erzielen ist. Es ist grauslich. Ich mische mich da nicht ein, dazu sind mir meine Nerven zu schade, maßen es nicht bezahlt wird. Hier gehen nicht einmal die Uhren richtig, so viel Schlamperei, Unprofiliertheit, vages Herumgerede ... also nicht mit mir.«
Ossietzky erhält die Zeitschrift am 30. September und kann sich ein eigenes Urteil bilden. Die erste Ausgabe enthält einen Originalbeitrag von Hanns-Erich Kaminski »Das Ende des Reichstags«: »Wir sind wieder da, wo wir vor 1918, nein, wo wir vor 1848 waren. Aber das Zeitalter des Liberalismus mit seiner verlogenen Toleranz ist vorüber. Auch der Reichstag wird nicht wieder auferstehen. Was er vergeudet hat, kann nur durch eine neue Revolution wiedererobert werden.« Es folgt ein Aufsatz des Verantwortlichen Redakteurs Willi Schlamm zur politischen Situation in Österreich; ein Originalbeitrag von Alfred Polgar – ein Vergleich zwischen Wiener und Berliner Theater, auch hinsichtlich des unterschiedlichen Publikums, mit eingestreuten Schnipseln zum Verhältnis von politischer Wirklichkeit und theatralischer Darbietung und einigen Aphorismen.

Der *Montag Morgen* stellt in seiner Meldung vom 10. Oktober die politische Absicht der Gründung einer Wiener Redaktion deutlicher heraus, als es Tucholsky mit »Vergrößerung der Reichweite« getan hatte:
»Seit voriger Woche erscheint in Wien eine Zeitschrift, die sich die ›Wiener Weltbühne‹ betitelt und die in ihrer Aufmachung und Ausstattung der bekannten Berliner Zeitschrift ›Die Weltbühne‹ gleicht wie ein Ei dem anderen. Tatsächlich fungiert der Herausgeber dieser Zeitschrift, Carl von Ossietzky, auch als Herausgeber des Wiener Ablegers, und auch Kurt Tucholsky wird in dieser als Mitarbeiter auf dem Titelblatt angeführt. Als verantwortlicher Re-

dakteur der Wiener Ausgabe zeichnet ein in weiteren Kreisen recht unbekannter Mann, Schlamm. Die Zeitschrift bringt teils die gleichen Artikel wie die hiesige Weltbühne, teils auf österreichische Verhältnisse zugeschnittene Beiträge. Der ›Weltbühne‹ ein größeres Verbreitungsfeld in Österreich zu sichern, dürfte der geringste Zweck der Neugründung sein.«
Bereits im Oktober 1930 hatte sich Ossietzky bei einem Besuch in Kopenhagen nach einem Ausweichquartier für die *Weltbühne* umgesehen, in der Hoffnung, »daß das alles nicht nötig sein wird«, wie er seiner Frau schrieb.

1. Oktober 1932

Die monarchistische Wochenschrift *Fridericus* veröffentlicht auf ihrer Titelseite einen langen Artikel zur Reemtsma-Affäre:

Die Reemtsma-Zigarettenfabrik ist hier bekämpft worden nicht nur wegen sehr sonderbarer Steuer- und Zollgeschichten, die im Haushalts-Ausschuß des Reichstages große Entrüstung hervorriefen, sondern vor allem deshalb, weil sich in ihr die hochkapitalistisch überspitzte Trustidee verkörpert, die sich zum Schaden der freien Wirtschaft auswirkt, indem sie das an Unternehmungen reiche Mittelgewerbe der Zigarettenindustrie, das überall in Deutschland Arbeitsmöglichkeiten geschaffen hatte, zum Schaden der Arbeiter, des Mittelstandes und der Raucher systematisch zugrunde richtet.
Trotz dieser Tatsache, daß zu den mächtigen Feinden des Mittelstandes, wie Warenhäuser, Konsumvereine, auch der Reemtsma-Konzern gehört, gelten die Inhaber der Reemtsma als nationalgesinnte Leute. Und nationale Blätter, einschließlich des nationalsozialistischen Hauptorgans, scheuen sich wohl, die Wahrheit über die Reemtsma zu verbreiten, nicht aber die gutbezahlten Anzeigen dieses schwerreichen Konzerns abzudrucken.
Mögen das die Leser mit ihren Blättern selber abmachen, hier soll heute einmal gezeigt werden, daß die nationalgesinnten Herren Reemtsma ihr Geld nach allen politischen Richtungen hin rollen lassen, auch zu den Kommunisten.
Der Berliner Rechtsanwalt Dr. Alfred Apfel ist ein großer Kommunist vor dem Herrn. Er ist aus mancherlei politischen Prozessen, insbesondere als Verteidiger des Max Hölz, bekanntgeworden.
Dieser Rechtsanwalt Dr. Apfel war als juristischer Vorzensor der pazifistischen Wochenschrift ›Weltbühne‹ mit einer Reihe von Aufsätzen gegen Reemtsma befaßt worden, die [...] T.H. Tetens in der ›Weltbühne‹ veröffentlicht hatte.
Im Laufe der Zeit legte der kommunistische Doktor soviel Interesse an dem Kampf gegen Reemtsma an den Tag, daß er sich schließlich erbot, zu dem

Prozeß gegen den Juden Levita, der eine Broschüre gegen Reemtsma immer aufs neue verbreitete, obwohl Reemtsma sie ihm bereits für schweres Geld abgekauft hatte, nach Karlsruhe zu fahren und dort im Auftrage des Herrn Tetens als Beobachter aufzutreten. Tetens war damit einverstanden, zumal die Begeisterung des kommunistischen Doktors inzwischen soweit gediehen war, daß er die Idee vortrug, eine Kampffront gegen Zigaretten-Korruption zu gründen, Presse und Parlamentarier für diesen Kampf zu interessieren und die mittlere Industrie zur Bildung eines Kampffonds zu veranlassen.
Einstweilen war Herr Bergmann, Zigarettenfabrikant in Dresden, so liebenswürdig, die Reise des Dr. Apfel zum Prozeß in Karlsruhe mit 1000 M. zu finanzieren.
Vom 14. bis 18. April d. J. weilte RA. Dr. Apfel als Beauftragter und Bevollmächtigter des Reemtsmagegners Tetens in Karlsruhe. Telefonisch teilte er mit, er sei von Reemtsmaleuten stark umlagert und habe vor, in der ›Weltbühne‹ über die Angelegenheit zu schreiben.
Er hat nicht geschrieben. Er ist auch kaum umlagert worden, denn die Reemtsma kannten ihn ja gar nicht. Aber er hat es verstanden, mit Herrn Philipp Reemtsma Beziehungen anzuknüpfen, Beziehungen geschäftlicher Art, die so wichtig waren, daß Apfel das Mandat des Herrn Tetens darüber ganz vergaß, und daß der nationale Herr Reemtsma mit dem Kommunisten Apfel lange Konferenzen im Schloßhotel zu Karlsruhe hatte.
Durch diese Konferenzen ist Herr Apfel von einem Saulus zum Paulus geworden. Er, der den Kampfbund gegen Zigaretten-Korruption aufziehen wollte und damit den Kampf gegen Reemtsma gemeint hatte, sah plötzlich alles in einem milden Licht. Er eröffnete Herrn Tetens, es sei das beste, wenn Reemtsma und Tetens sich einmal über alle diese Dinge aussprechen würden, und zwar unter vier Augen und an neutralem Orte. Er habe wegen einer solchen Aussprache bereits mit Reemtsma verhandelt.
Als Tetens abwinkte, kam Apfel mit einem neuen Vorschlage, den er ebenfalls bereits Reemtsma unterbreitet habe. Eine Kommission, bestehend aus Herrn Tetens als Publizist, Herrn Dr. Apfel als Jurist und einem ›Wirtschaftler‹ solle die Sache mit Reemtsma objektiv prüfen und das Ergebnis in einem Gutachten niederlegen. Da zu Ermittlungszwecken auch Reisen gemacht werden müßten [...] und eine gründliche Prüfung überhaupt viel Zeit erfordere, sei es selbstverständlich, daß die Tätigkeit der Kommission honoriert würde. Für diese Kosten komme Reemtsma auf.
Tetens sagte dem Kommunisten, Anwalt des Rechts und Verhandlungsfreund der Reemtsma, sehr deutlich darüber Bescheid, daß er einen Konzern, den er für wirtschaftsschädlich halte, bekämpfen und sich nicht durch wie immer frisierte Zuwendungen sein gutes Gewissen abkaufen lassen wollte. Im übrigen habe er Apfel beauftragt, seine und nicht die Interessen der Reemtsma wahrzunehmen.
Worauf der mit 1000 M. honorierte Vertreter des Herrn Tetens sich an den Schreibtisch setzte und gegen gute Bezahlung für den Gegner des Herrn Tetens, nämlich Reemtsma, die Abfassung einer Denkschrift begann, deren

höchst mutmaßlicher Zweck ist, Reemtsma und seine Geschäfte reinzuwaschen. Tetens aber, der kein Verständnis dafür hatte, daß ein Anwalt in ein und derselben Sache auf solche Weise sich für beide Parteien bemühen darf, erstattete Strafanzeige gegen Dr. Apfel wegen Parteiverrats.

Ob diese Anzeige Erfolg haben wird, ist sehr fraglich. Denn Dr. Apfel wird klug genug sein, um keine Verstöße gegen das geschriebene Recht zu begehen. Ob man Herrn Reemtsma einen Vorwurf daraus machen kann, daß er den Kommunisten vor seinen Wagen spannte? Wohl kaum! Auch er verstieß gegen kein geschriebenes Gesetz. Und im Geschäftsleben sind alle nicht mit Strafe bedrohten Vorteile erlaubt.

Bliebe die Moral. Aber wozu darüber reden. Geld regiert die Welt, ob sie nationalistisch, ob sie kommunistisch ist. Aber der dumme Kerl, der ehrlich für seine Überzeugung ficht und dem Versucher das Geld vor die Füße wirft, wird ebenso wie der kleine Mann, um dessen Kopf und Kragen es wirtschaftlich geht, einsehen müssen, daß die unselige Herrschaft des Geldes immer dann am unerträglichsten ist, wenn die Schreier und Hetzer dem Volke am lautesten versichern, es herrsche, es sei frei geworden.

Im alten Deutschland gab es ganze Stände, die stolz darauf waren, dem Staate in Armut zu dienen. Sie, die man z. T. zur sogenannten herrschenden Klasse zählte, hat man vertrieben, vernichtet, zur Einflußlosigkeit verdammt. Von ihnen konnte seit langen Jahren das Volk, die Jugend nicht mehr lernen, daß treu erfüllte Pflicht in bescheidenen Lebensverhältnissen mehr ist, als das Geldsackprotzentum von Emporkömmlingen. Es hat immer Raffer und immer Schaffer, immer ehrliche Kämpfer und immer Trinkgeldnehmer gegeben. Daß aber die Raffer und Trinkgeldnehmer zu Vorbildern und Lehrmeistern des Volkes wurden, daß große Teile des Volkes vom Gelde verseucht sind und daß das verfluchte Geld vor fast nichts halt macht, das ist eine Errungenschaft der neuen Zeit.

Mag der Reemtsma-Konzern mit anderen seinesgleichen leben, wie er will. Er gehört zum System, das bekämpft und beseitigt werden muß. Damit die Mark, die ehrlich erarbeitet wurde, wieder mehr gilt, als die Tausende von Mark, die der Raffer protzig in weitgeöffnete Hände gleiten läßt.

2. Oktober 1932

Die *Vossische Zeitung* widmet Hindenburg die Frontseite ihrer Sonntagsausgabe und jubelt:

»Am 85. Geburtstag des Reichspräsidenten wird in dem einmütigen Gruß, den die überwältigende Mehrheit des deutschen Volkes Hindenburg darbietet, offenbar, welch einzigartige Gabe das Schicksal Deutschland in trüber Zeit in der Persönlichkeit dieses Mannes gespendet hat. Welchen Lauf die deutsche Geschichte genommen hätte, wenn er nicht inmitten allen Schwankens aufrecht, inmitten

Der Reichspräsident schreitet eine Ehrenformation des Berliner Wachregimentes in Moabit ab. – Es wird diese Militärkapelle gewesen sein, die am 1. Juli Ossietzkys Verteidigungsrede martialisch untermalte.

aller Unsicherheit unbeirrbar, inmitten allen Lärms still und fest seinen Weg gegangen wäre, ist unvorstellbar. [...] In Dankbarkeit und Ehrfurcht vereinigen sich vor dem Reichspräsidenten von Hindenburg die besten Kräfte des deutschen Volkes.«

3. Oktober 1932

Ossietzkys 43. Geburtstag. Seine Frau erinnert sich an ihren Besuch: »Ich hatte auch einen Abzug der am nächsten Tag erscheinenden Weltbühne mitgenommen, weil auf Seite 519 der Geburtstagsbrief Rudolf Arnheims veröffentlicht wurde.«
Ernst Feder, Journalist des *Berliner Tageblatt*, notiert in seinem Tagebuch: »Carl von Ossietzky nach der Strafanstalt Tegel zu seinem Geburtstag gratuliert. Gerlach erzählte uns neulich, wenn man ihn besuche, lasse er nichts von Niedergeschlagenheit merken, in Wahrheit aber wohl doch sehr bedrückt...«

4. Oktober 1932

Der Geburtstagsbrief von Rudolf Arnheim erscheint in der *Weltbühne*. Der Artikel wird am 7. Oktober zur Gefangenenakte genommen.

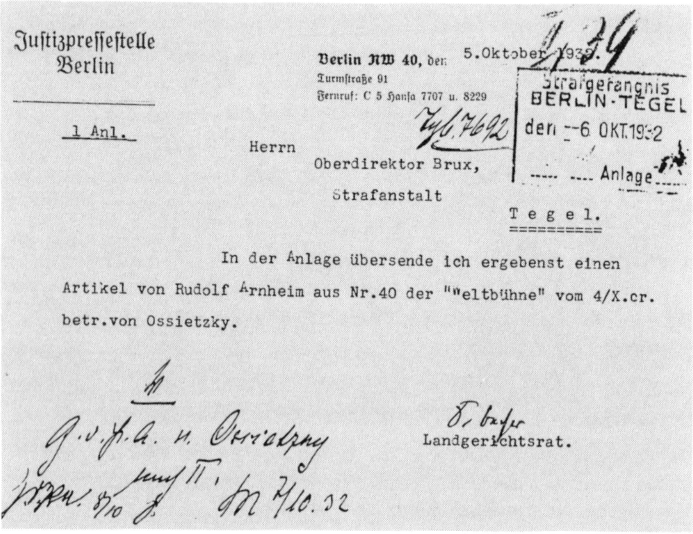

Justizpressestelle
Berlin

Berlin NW 40, den 5.Oktober 1932.
Turmstraße 91
Fernruf: C 5 Hansa 7707 u. 8229

Strafgefängnis
BERLIN-TEGEL
den -6 OKT.1932
Anlage

1 Anl.

Herrn
Oberdirektor Brux,
Strafanstalt
Tegel.

In der Anlage übersende ich ergebenst einen Artikel von Rudolf Arnheim aus Nr.40 der "Weltbühne" vom 4/X.cr. betr.von Ossietzky.

Landgerichtsrat.

Bemerkungen

Lieber Herr von Ossietzky

Der Wachtmeister darf uns glauben, daß wir mit dem Blumenstrauß, den wir Ihnen heute zu Ihrem Geburtstag bringen, keine Geheimbotschaften ins Gefängnis einschmuggeln wollen. Unser Glückwunsch wird nicht auf Kassiber sondern in aller Öffentlichkeit geschrieben. Wir bringen einen Strauß roter Nelken und darin eine blaue Blume, als kleines Zugeständnis an den modischen Zug zur Romantik. Und damit auch etwas Lustiges dabei sei, bringen wir Ihnen außerdem das neuste broschierte Extemporale Ihres staatlich geprüften Lieblingsgegners Wilhelm Stapel aus Hamburg.

Wir gehen, nachdem man unsre Erlaubniskarte geprüft und die Tür aufgeschlossen hat, über den Hof in das rote Backsteingebäude, anzusehen wie die alten Schulen, die immer nach dem kalten Staub der Turnhalle riechen und vor denen die Kinder Angst haben. Wenig Fenster hat das Haus, nur hinten an den großen Querflügeln sieht man von weitem Gitterfenster eng an Gitterfenster. Das Hauptgebäude ist durchzogen von halbdunklen, endlosen Gängen mit Steinfußböden, auf denen jeder Schritt wie ein häßlicher Gongschlag hallt. Diese hallende Leere, die den Baß der uniformierten Aufseher und das Gerassel der Schlüsselbunde durch alle Stockwerke trägt, ist das Erschreckendste an diesem Haus. Und dann kommen Sie hinter dem Wachtmeister her in das Besuchszimmer gegangen. Wir müssen uns eilen, denn zur vorgeschriebenen Minute muß unser Gespräch zu Ende sein.

Es ist eine grausame Ironie, daß man an einen solchen Ort des Uhrenkults und der preußischen Hausordnung grade Sie verschleppt hat, zu dessen Art es so gehört, sich über die bürgerlichen Regelmäßigkeiten hinwegzusetzen. Sie lieben es doch, Ihren Tag ohne Mittagessen und ohne Mantel hinzuleben, mit Kaffee zu den seltsamsten Tageszeiten und Tageszeitungen, mit halbeingestürzten Papierbergen auf Ihrem Schreibtisch, Sie bevorzugen Bleistiftstummel, wo andre nicht ohne ein Prunktintenfaß mit silbernem Rotstift auskommen. So ohne Aufwand und ohne Feierlichkeit tun Sie ja Ihre wichtige Arbeit, und deshalb schien Ihnen auch unbehaglicher fast als das Schicksal unverdienter Einkerkerung, daß der Weltbühnenprozeß Sie mitten in eine Öffentlichkeit hineinschob, die Sie aus der Ferne, mit verschlossenem Gesicht und mit einem Lächeln, das nicht jeder gleich bemerkt, zu betrachten wünschen; daß man den Menschen hinter dem Schriftsteller hervorzog. Ein Witz ist Ihnen lieber als eine Ansprache, aber dennoch haben Sie, als das leipziger Unwetter niederging, gezeigt, daß Sie die Fähigkeit besitzen, die vielen unsrer Satiriker, auch begabten, mangelt: sehr ernst zu sein, wenn es lohnt; schwerkalibrig im Innern, auch wenn der Bleistift so leicht über das Papier geht wie der Ihre.

Wir haben, als Sie für Ihre Überzeugung nicht nur eine imaginäre Verantwortung sondern die eigne Freiheit und Gesundheit einzusetzen hatten, gelernt, was ein echter Polemiker ist. Nicht ein Mensch, der sich vornimmt, aggressiv und rücksichtslos zu sein, sondern einer, der unter einem selbstverständlichen Zwang zuschlägt, wenn er Dunkles und Faules sieht, ganz ohne die Möglichkeit, zu überlegen, ob es gefährlich sei. Was Zivilkurage ist, diese Tugend, für die Sie sich als Schriftsteller so gern einsetzen, das haben Sie uns gezeigt.

Ihr Schreibtisch ist, seit Sie fort sind, nicht viel leerer geworden. Immer noch laufen allmorgendlich zahlreiche Gedichte ein, die von hohläugigen Huren handeln und mit einem ungereimten Ausblick auf die Weltrevolution schließen, immer noch die tatsachenschweren, aber Ihres Korrekturstifts so bedürftigen Mammutabhandlungen, die Sie resignierten Gesichts unter den Arm zu klemmen pflegen, wenn Sie Kaffee trinken gehen. Sie haben bisher nicht viel versäumt, außer vielleicht jenen alten Mann, der uns fünf Kurzopern mit Ballett nebst einer pazifistischen Broschüre von fünfzig Seiten zum Abdruck in der ‚Weltbühne' anbot. Vermissen Sie das Päckchen Zeitungsausschnitte, das jeden Tag eintrifft? Sie machen ja doch keinen Lärm, wenn Ihnen der Bierhauch der Hakenkreuzbrüder ins Gesicht schlägt, wenn die Freunde von links mit Hammer und Sichel gegen Sie zu Felde ziehen und die Freunde von rechts mit ihren drei Pfeilen nach Ihnen schießen. Ich habe Sie überhaupt nie wütend gesehen, außer wenn einer unhöflich oder unkameradschaftlich wurde.

Lieber Herr von Ossietzky, die Wand, die wir mit ausgeschnittenen Photos zu dekorieren pflegen und auf der Sie zwischen Greta Garbo und dem Genossen Zörgiebel prangen, soll neu tapeziert werden. Der Stubenmaler will Sie, vielleicht aus Sympathie für seinen berühmtesten Berufskollegen, überkleben. Es wird ihm wenig nützen. Denn wir vermissen Sie alle. Wir sind gewöhnt an Ihre leise, freundliche Leitung, Ihre Heiterkeit, Ihre schnellen Einfälle. Wir sind gewöhnt an den weiten Blick, mit dem Sie den dürftigen Bezirk der Tagespolitik einordnen in die Geschichte, in den großen Kreis der Kultur. Sie haben auch den Unpolitischen den Geschmack an der Politik beigebracht, weil Sie Ihre Gedanken nicht im Fachjargon sondern in einer Sprache vortragen, in der man auch über Blumen, Musik und Frauen schreiben kann. (Wie Sie auch dies verstehen, das zeigen Sie leider zu selten!) Wir vermissen Ihre unbarmherzige und erheiternde Art, den Volksbeauftragten und Gottbegnadeten von heute welthistorische Kostüme anzuziehen und sie dadurch zu entkleiden; wie unter Ihrem Zugriff die sonst so volltönenden Stammtischrecken von 1932 plötzlich leicht beschämt im Mantel Alexanders des Großen oder Wallensteins vor unsern Augen stehen. Jetzt müssen Sie, mit untätigen Händen, durch ein vergittertes Fenster zusehen, wie alles eintrifft, was Sie vorausgesagt haben.

Der Wärter rasselt mit den Schlüsseln. Unsre Zeit ist um. Hoffentlich auch recht bald die Ihre.

Rudolf Arnheim

In der gleichen Ausgabe ein kurzer Text zu Annette Kolbs »Beschwerdebuch«, das Ossietzky am 9. Juli erhalten hatte.

Wenn Annette Kolb

sich beschwert, so ist das noch immer anmutiger als der Durchschnitt der Liebeserklärungen hierzulande. In einem kleinen „Beschwerdebuch" (Rowohlt) hat Annette Kolb Aufsätze, Glossen, Marginalien aus den letzten beiden Jahren gesammelt, die von Erlebnissen mit Menschen und Hunden handeln, mit dem Radio, mit Literatur und Musik. Das alles scheint leicht hingeplaudert zu sein, Improvisationen eines Menschen von natürlicher großer Formbegabung. Aber, lieber Gott, wie ist das gearbeitet! Wie ist das sprachliche Material dieser zarten, hauchdünnen Sachen von einer einmaligen Persönlichkeit gehärtet und biegsam gemacht! Annette Kolb sagt von sich selbst: „... sie hat sich, obwohl ihre Bücher nicht eben zahlreich sind, schrecklich geplagt. Und dies muß ich euch sagen, weil man ihren Sachen die große Mühsal nicht anmerkt. Sie hat es sich nicht leicht gemacht, am wenigsten mit dem Schreiben. Zum Schreiben drängte sie nicht das Talent sondern ihre Meinungen, und in der Gedanklichkeit, was immer man euch heute über sie erzählen mag, liegt der Schwerpunkt ihrer Arbeiten". Annette Kolb hat recht, wenn sie es ablehnt, einem virtuosen Artistentum beigerechnet zu werden. Ihr Werk kommt aus einem brennenden Herzen, die Kunst eines klaren, vernünftigen Kopfes verdünnt es nicht sondern macht es nur feiner und durchsichtiger. „A. K. ist von deutscher und französischer Abkunft, und während des Weltkrieges hielt sie es mit den Deutschen und Franzosen zugleich." So spricht nur ein durch und durch tapfrer Mensch, dessen Bestes, bei aller Kunst, doch darin liegt, die einfache Wahrheit einfach zu sagen.

Thomas Murner

10. Oktober 1932

Mit Datum vom 10. Oktober 1932 verfügt die Kostenberechnungsstelle der Reichsanwaltschaft in Leipzig, daß »die Einziehung der Kosten von dem Verurteilten [...] von hier aus veranlaßt werden« wird. Sodann kann »die Zahlung der Haftkosten an die Anstaltskasse [...] durch die Kasse des Reichsgerichts auf Grund der beim Rechnungsbüro des Reichsgerichts einzureichenden Rechnung« erfolgen. In jedem Fall hat der Gefangene für seine Unterbringung zu zahlen.

Auszug aus der Gefangenenakte:
»Die Zeitschrift Die Wiener Weltbühne *ist in der Liste der verbotenen Zeitungen nicht enthalten. Bestehen gegen die Aushändigung Bedenken? Bisher wurde die Zeitschrift ausgehändigt.« Am gleichen Tag wird entschieden: »kann ausgehändigt werden«, unterzeichnet mit M. Das dritte Heft erreicht Ossietzky am 4. November.*

Anträge und Beschwerden.

Datum		Erledigung
	Die Zeitschrift „Die Wiener Weltbühne" ist in der Liste der verbotenen Zeitungen nicht enthalten. Bestehen gegen die Aushändigung Bedenken? Bisher wurde die Zeitschrift ausgehändigt.	Vorgelegt. 15/10. Schimek
	Keine [illegible]	[illegible] An II. [illegible] 15/10.32
4/11.32	Eingegangen: 1 Wiener Weltbühne. Ausgeh. 4/11.32 [signature]	Aushändigen! 4/XI.32 J.
21.11.	Der Maler [illegible] beantragt Zulassung für eine halbe Stunde zum Zeichnen des v. O.	Vorgelegt. Rel. Dem Herrn Direktor Vortrag gehalten. [illegible] [illegible] Ladung [illegible] 22/11. Rel.
29.11.	Abgegeben: 25 Zigaretten.	Aushändigen Rel. ausgeh. [signature] 30.11.32.

18. Oktober 1932

Eine weitere Rezension: Ossietzky hatte Ernst Jüngers Buch »Der Arbeiter. Herrschaft und Gestalt«, erschienen 1932, am 8. September erhalten.

Der Jünger von Thomas Murner

Der Weise sprach zu seine Jünger:
Wer keine Löffel hat, ißt mit die Finger ...

Als vor ein paar Jahren Siegfried Kracauer seine profunde Studie „Die Angestellten" schrieb, gelang es ihm mit einem selten ergiebigen Griff, eben noch vor dem Eintritt in die Weltkrise das Abbild einer sozialen Schicht zu nehmen, die wie keine andre für die letzten von uns durchlebten Phasen der nachbürgerlichen Zeit charakteristisch geworden ist. Das neue Buch Ernst Jüngers „Der Arbeiter" (Hanseatische Verlagsanstalt, Hamburg) erinnert in der Einfachheit des Titels unwillkürlich an Kracauers heute schon klassisch anmutende Leistung. Aber ein Vergleich tut Jüngern nicht gut, er löscht ihn aus.

Das Buch Jüngers bringt weder untersuchend noch beschreibend etwas von Belang. Es bietet nichts als eine monotone Folge bleichsüchtiger Philosopheme, um die nicht mehr völlig frische These zu stützen, daß es mit dem Bürgertum bergab geht. Dafür ist jetzt das neue Weltalter des Arbeiters gekommen, und wenn diese Erkenntnis auch mit dem Anspruch revolutionärer Gesinnung vorgetragen wird, so läßt sich doch nicht lange verbergen, auf welchen Meister dieser Jünger schwört. Was für ein Gesicht die Herrschaft des Arbeiters haben wird, vor allem aber mit welchen Kräften sie sich durchsetzen soll, davon wird in Jüngers durchaus nicht wortarmer Predigt nichts verlautbart. Der Arbeiter, das ist doch etwas Nahes und Selbstverständliches; nichtsdestoweniger bringt es Jünger fertig, den Gegenstand mit Hilfe einer nicht ohne Spenglers Einfluß entstandenen Terminologie so weit von uns zu entfernen, daß wir am Ende das Gefühl haben, hier gehe es um Fakire und Yogis und nicht um Dinge, die zu unserm Alltag gehören. Es ist jedenfalls ein beachtliches Kunststück, einem so erregenden und aktuellen Thema so viel Blut abzuzapfen, daß nichts als ein Phantom zurückbleibt. Nebenbei gesagt: wenn in einer Schrift von dreihundert Seiten, die, wie von niemandem bestritten wird, den Titel „Der Arbeiter" führt, zwischendurch in einer Fußnote mitgeteilt werden muß, wie wir das Wort „Arbeiter" zu verstehen haben, so scheint mir das weder für die Gestaltungskraft noch für die Kopfklarheit des Autors günstiges Zeugnis abzulegen.

Der „Arbeiter" bleibt also unter Jüngers Beschwörung so stumm wie ein seit dreitausend Jahren toter Pharao. Dafür wird aber nach dem ortsüblichen fascistischen Schema desto eifriger gegen den „Bürger" spektakelt. Herr Jünger und die Seinen würden mehr imponieren, wenn sie das zu einer Zeit getan hätten, wo es noch mit Unannehmlichkeiten verknüpft war, aber damals retteten die meisten der Herren die bürgerliche Ordnung in weißen Freikorps. Grade der Sozialist hat Anspruch, solche dubiosen Kriegserklärungen an die bürgerliche Zeit nicht unwidersprochen passieren zu lassen, denn damit maskiert der Fascismus nur sein eignes reaktionäres Wesen, das gibt ihm Gelegenheit, sich radikal aufzutun. Was er der Bürgerzeit vorwirft, das sind ja nicht ihre Häßlichkeiten und Zweideutigkeiten sondern die besten Inhalte ihrer historischen Mission: die Überwindung absolutistischer und feudalistischer Mächte, die Verkündung der menschlichen Grundrechte und ihre Verteidigung gegen Staat und Gesellschaft.

Gegen die vermorschte bürgerliche Epoche wird also der Arbeiter mobilisiert, aber auch dabei wird ein entscheidender Gegensatz zum Sozialismus sichtbar. Der Fascismus liebt es zwar, den Arbeiter zu verhimmeln, aber er nimmt ihn niemals als Masse sondern immer nur als einzelnes aus der geprägten Klassenform geholtes Exemplar. Das mag vor Marx, vor Lassalle möglich gewesen sein, heute geht das nicht mehr. Wer es tut, rückt hinter Schultze-Delitzsch zurück. Einerlei ob konservativ oder revolutionär, keine Betrachtungsweise stellt den Menschen mehr in jenen blauen Dunst, wo die soziale Realität von abstrakten Reflexionen abgelöst wird. Jünger eröffnet zwar großartig genug die Herrschaft des Arbeiters über die Erde, aber der Arbeiter ist ihm nur „Typus", „soziale Rasse", weder will er einen Stand darunter verstehen „noch eine Klasse im Sinne der revolutionären Dialektik des neunzehnten Jahrhunderts". Der Sozialismus wird bei Jünger überhaupt nicht notiert, dafür ist viel von einer „Arbeitsdemokratie" die Rede, die aber ebensowenig klar wird wie das gewichtige und häufig vorkommende Wort „Planlandschaft". Das ist alles recht großartig und zugleich von qualliger Unverbindlichkeit. Vor fünfundzwanzig Jahren wurde ähnliches von verlaufenen Sombartschülern produziert. Damals gab es allerdings noch keinen revolutionären Tamtam darum, man nannte dergleichen schlicht und treffend „liberalen Kulturschwafel" Wir wollen das auch heute so nennen.

Der Fascismus leugnet die Arbeiterklasse, er will sie auflösen. Die Ziele sind bekannt, ebenso die materiellen Kräfte. Wenn man aber die intellektuellen Potenzen betrachtet, die zu gleichem Zwecke eingesetzt werden, so möchte man fast ein stilles Glück empfinden. Die gesamte fascistische und halbfascistische Rechte hat noch nicht einen originellen und wirksamen Schriftsteller hervorgebracht, die passabelsten darunter noch zehren von den geistigen Frühstücksresten der Gegner. Dabei haben die Herren jetzt große Verlage zur Verfügung und noch Geld dazu — wo bleiben nun, da ihnen keine jüdische Tücke die Schwingen lähmt, die verheißenen deutschblütigen Genies? Als Herr Jünger vor ein paar Jahren mit seinem „neuen Nationalismus" startete und auf Grund seiner Kriegserlebnisse sachkundig und unbefangen über das Grauen der Materialschlacht schrieb, konnte er vorübergehend Beachtung erringen. Diese Konjunktur ist abgeblüht, eine neue Epoche hat nicht begonnen. Jünger, heute als Soziologe etabliert, kommt über die durchschnittlichste Untergangsprophetie und Chaosmalerei, an der man sich allmählich sattgelesen hat, nicht hinaus. Nur der Verfall der bürgerlichen Freiheit und die wachsende Ausdehnung der Barbarei in dieser Zeit wird mit einer Liebe zum Detail ausgepinselt, die uns besser als die prätentiöse Ausdrucksform belehrt, warum solche Bücher noch immer geschrieben werden.

20. Oktober 1932

»Die Welle der Not steigt an«, schreibt Bruno Asch, Stadtkämmerer von Berlin, im *Berliner Tageblatt.*
»In den Gemeinden erhöht sich von Monat zu Monat die Zahl der Unterstützungsempfänger. Etwa 2½ Millionen Wohlfahrtserwerbslose fordern regelmäßige Hilfe. [...] Über ein Viertel der Berliner Bevölkerung braucht Hilfe aus öffentlichen Kassen [...]« Neue Not, Hunger und Kälte stünden in den kommenden Wintermonaten bevor; greife die Regierung nicht bald mit einer Reichshilfe für die Gemeinden ein, dann, so Asch, sehe er den baldigen Zusammenbruch aller Kommunalfinanzen im Reich voraus.

24. Oktober 1932

Kurt R. Grossmann, der Sekretär der Deutschen Liga für Menschenrechte, bittet um Besuchserlaubnis.

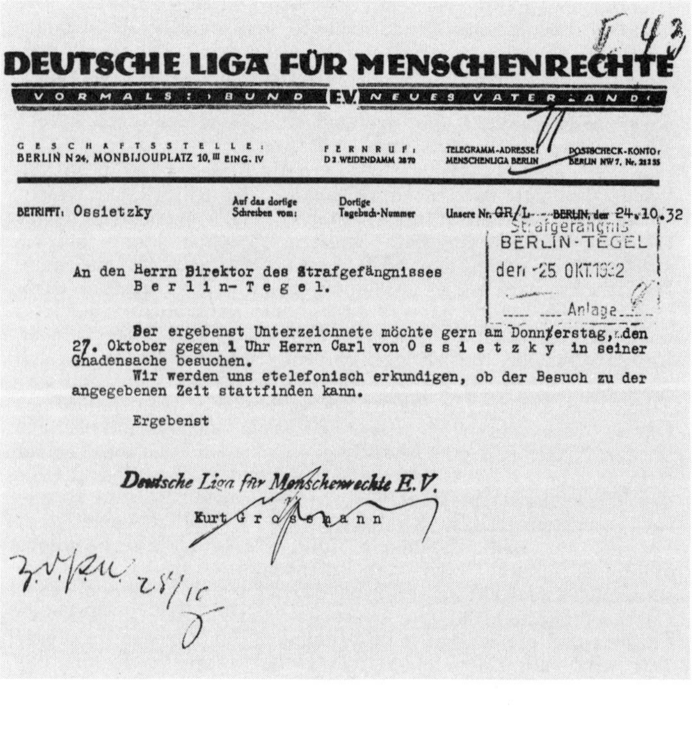

DEUTSCHE LIGA FÜR MENSCHENRECHTE
VORMALS: BUND NEUES VATERLAND E.V.

GESCHÄFTSSTELLE: BERLIN N 24, MONBIJOUPLATZ 10, III EING. IV
FERNRUF: D 2 WEIDENDAMM 3870
TELEGRAMM-ADRESSE: MENSCHENLIGA BERLIN
POSTSCHECK-KONTO: BERLIN NW 7, Nr. 21135

BETRIFFT: Ossietzky
Auf das dortige Schreiben vom:
Dortige Tagebuch-Nummer
Unsere Nr. GR/L.
BERLIN, den 24.10.32

Strafgefängnis BERLIN-TEGEL den 25. OKT. 1932 Anlage

An den Herrn Direktor des Strafgefängnisses
Berlin-Tegel.

Der ergebenst Unterzeichnete möchte gern am Donnerstag, den 27. Oktober gegen 1 Uhr Herrn Carl von Ossietzky in seiner Gnadensache besuchen.
Wir werden uns etelefonisch erkundigen, ob der Besuch zu der angegebenen Zeit stattfinden kann.

Ergebenst

Deutsche Liga für Menschenrechte E.V.

Kurt Grossmann

Im Rückblick beschreibt Grossmann seinen Besuch: »Als ich Ossietzky gegenübersaß, wurden nicht nur Gedanken ausgetauscht, die sich auf das Persönliche, sein Ergehen, beziehen, sondern wir waren bald mitten in einer politischen Diskussion. Der in der Ecke sitzende Überwachungsbeamte hörte interessiert zu. [...] Ossietzky und ich sprachen über Papen, den neugewählten Reichstag und die beinahe tragikomische Tatsache, daß der Artikel 48 der Reichsverfassung dazu herhalten mußte, die Papen-Regierung, die niemanden hinter sich hatte, im Sattel zu halten. Papens Rechnung sei sehr einfach, konstatierte Ossietzky: Ich, Papen, bin der Kanzler Hindenburgs, der mit neunzehn Millionen Stimmen gewählt wurde; ergo stehen neunzehn Millionen der Wähler hinter mir, die Mehrheit des wahlberechtigten Volkes. [...] Schließlich kehrte das Gespräch wieder zu Ossietzkys persönlicher Lage zurück. Er erwarte trotz des guten Erfolges unserer Aktion keine Gnade. [...] ›Nein‹, meinte er, ›ich werde wohl meine achtzehn Monate absitzen müssen. Was dann geschieht – wer will es voraussagen?‹«

25. Oktober 1932

»Niederlage Papens vor dem Staatsgerichtshof«, urteilt die *Berliner Volks-Zeitung* in ihrer Abend-Ausgabe und fragt: »Behält Hindenburg diesen Kanzler?« – Reichsgerichtspräsident Bumke hat die Entscheidung des Staatsgerichtshofs verkündet: »Die Verordnung des Reichspräsidenten vom 20. Juli 1932 zur Wiederherstellung der öffentlichen Sicherheit und Ordnung im Gebiet des Landes Preußen ist mit der Reichsverfassung vereinbar, soweit sie den Reichskanzler zum Reichskommissar für das Land Preußen bestellt [...]. Diese Ermächtigung durfte sich aber nicht darauf erstrecken, dem preußischen Staatsministerium und seinen Mitgliedern die Vertretung des Landes Preußen im Reichstag, im Reichsrat oder sonst gegenüber dem Reiche oder gegenüber dem Landtage, dem Staatsrat oder gegenüber anderen Ländern zu entziehen.«
Ein juristisches Patt. Das *Berliner Tageblatt* kommentiert einen Tag später, Reichskanzler von Papen habe »politisch den Prozeß doch verloren« – die Schlußfolgerung: »Die Verordnung vom 20. Juli muß fallen.« An der politischen Situation ändert sich nichts: Das Kabinett Braun hat das Recht und ist im Amt – doch Papen verzichtet nicht auf seine diktatorische Gewalt und Oberaufsicht.
Hanns-Erich Kaminski hatte die Situation eine Woche zuvor in der

Weltbühne richtig eingeschätzt: »Denn in Wahrheit wird gar nicht über das verhandelt, was am 20. Juli geschah, sondern über etwas ganz andres. Verhandelt wird über die Reichweite des Artikels 48 und über die Stellung Preußens und der übrigen Länder zum Reich; was geschah, war aber ein Kampf der Reaktion gegen eine unter Führung der Sozialdemokratie stehende Regierung der weimarer Koalition, und dieser Kampf hat vorläufig mit dem Sieg der Reaktion geendet. Bezeichnend für die Sachlage ist es, daß die Kläger vorwiegend rechtliche, die Beklagten vorwiegend politische Argumente geltend machen. Gegen das Recht steht hier eben die Macht, womit der Prozeß faktisch entschieden ist. Die Auseinandersetzungen zwischen den Parteien haben deshalb nur noch akademischen Charakter, und auch das Urteil wird bestenfalls theoretische Bedeutung erlangen. Für die aktuelle Politik ist das alles gänzlich belanglos.«
Am 25. nun schreibt Kaminski: »Der Satz ›Macht geht vor Recht‹ wird allgemein als unmoralisch betrachtet. Aber der Satz ›Macht schafft Recht‹ wird im Staatsrecht allgemein anerkannt; sogar die Juristen sind sich darüber einig. Oder um es anders auszudrücken: gegen Revolutionen helfen nur Gegenrevolutionen und gegen Gegenrevolutionen nur Revolutionen.«

27. Oktober 1932

Ossietzky schreibt den ersten Brief an seine Frau Maud seit ihrem Besuch am 3. Oktober.
Am 24. hatte sie an ihre Tochter geschrieben: »Ich habe seit 3 Wochen kein Brief von Papi + werde unruhig« – und am 16.: »Mir geht es gar nicht gut. Ich kann nicht schlafen + liege stundenlang wach. [...] ich habe viel Kummer + die lange Zeit ohne Papi macht mich kaput – jetzt ist schon 5 Monate. mir kommt es vor wie 5 Jahre – ich weine immerzu und dann bist du auch nicht da.«

Carl v. Ossietzky — Tegel, 27. 10. 32
II/337 — Ru. 28/10

Liebste Maudie,
vielen Dank für Brief und Karte. Die Sachen habe ich bekommen. Einstweilen habe ich genug, was ich sonst noch gebrauche, kann ich noch nicht übersehen. Vielleicht für die Stunde vormittags draußen eine schwarze Baskenmütze; der Hut wirkt da zu blödsinnig. Ich gehe aber noch barhäuptig, denn das Wetter ist bis jetzt ganz erträglich gewesen. Wenn die richtige Kälte

einsetzt, muß ich auch dicke Strümpfe haben. Wir können das besprechen, wenn Du wieder herauskommst.
Es geht mir ganz gut. Meine Gesundheit ist in Ordnung. In dieser Beziehung brauchst Du nicht die geringsten Sorgen haben. Du weißt, daß ich eine bestimmte große Arbeit vorhabe, darüber vergeht auch die Zeit.
Ich mache mir einige Sorgen um dich, trotzdem Du mich gern beruhigen möchtest. Du mußt Dir das Leben so angenehm wie möglich machen, ich weiß, daß das leicht gesagt ist, mein Kind. Aus Deinen Briefen entnehme ich, daß Du dich, so weit es geht, den Aufregungen möglichst entziehst. Das bringt natürlich wieder Isolierung mit sich, Einsamkeit, die hart an die Nerven geht. Daran bin ich auch nicht schuldlos, ich habe dich in keiner guten Verfassung zurückgelassen, mein Ärmstes. Vor allem mußt Du zunächst in gesundheitlicher Hinsicht auf dich achten; richtige Ernährung und genug futtern, nicht wahr? Nicht sich hinter Appetitlosigkeit verstecken. Dr. Tittel wird Dir wohl die nötigen Ratschläge geben.
Natürlich ist es schwer, den Anschluß zu finden, den man haben will. Übrigens sind heute alle Leute so mit materiellen Sorgen belastet, daß es Heiterkeit und Ungezwungenheit gar nicht mehr gibt. Ich würde an Deiner Stelle ein bißchen in der Umgegend herumsausen; so wie wir damals nach Ferde gingen. Es gibt so viele schöne Plätze hier, und Du hast nichts zu versäumen. Ich sage das auch, damit Du etwas Luft kriegst. Wahrscheinlich gehst Du wenig fort, pennst bis mittag etc. Wie steht es mit Theater und Kino? Willst Du nicht Frl. Hünicke wegen Billets fragen? Es ist häufig was da. Wenn auch nicht grade das, was man wünscht.
Baby hat mir geschrieben. Wenn Du ihr schreibst, grüße sie erst mal recht schön von mir, ich werde mich auch bald melden. Der Ausflug in die Rhön scheint ihr doch viel Freude gemacht zu haben. Es ist auch ein herrliches Land dort unten. Gewiß, wir verlieren viel, daß sie nicht bei uns ist, namentlich für dich in dieser Zeit ist das schwer, aber sie gewinnt dabei. Und das ist wohl die Hauptsache. Wir fühlen doch aus allem und jedem, wie sehr sie sich dort in ihrem Element weiß. So hat sie ihre heitern und ungebundenen Jahre, die wir beide nicht gekannt haben.
Der Nietzsche – Ausspruch ist sehr schön. Ich danke Dir dafür.
Ich denke, wir werden uns in übernächster Woche sehen. Nächstens wird mich Apfel besuchen, wahrscheinlich auch Olden. Entweder lasse ich Dir durch Apfel Bescheid sagen, wann Du kommen sollst oder ich schreibe Dir nochmals.
Laß es Dir recht gutgehn, mein armes Kind. Behalt den Kopf oben. Ich küsse dich vielmals
Dein *Carl*

2. November 1932

Mit der Schlagzeile »Wählen ist Pflicht!« ruft das *Berliner Tageblatt* seine Leser zur Wahl am kommenden Sonntag auf, der fünften des Jahres 1932:
»Herr von Papen will die Nation anscheinend immer wieder wählen lassen, in der Hoffnung, daß endlich doch einmal ein Reichstag komme, der ihm genehm sei, oder daß die Wähler schließlich müde würden und sich gutwillig mit einem autoritären Regime, wie er es wünscht, zufrieden gäben.« Also: »Keine Stimme den Parteien der Negation und der Reaktion, alle Stimmen für die Staatspartei, die Sozialdemokratie und das Zentrum!«
Unübersehbar müde ist die Stimmung in der Bevölkerung und bei den Agitatoren. »Keine Überschwemmung mit Flugblättern mehr wie bei den Präsidentschaftswahlen, bei der Preußenwahl und vor dem 31. Juli«, berichtet das *Berliner Tageblatt* am 5. November, »keine diskutierenden Gruppen mehr auf den Straßen und vor den Anschlagsäulen, nirgendwo Schmierkolonnen, die Parolen an Häuserwände malen. Die Agitatoren sind müde geworden. Matt schleppt sich der Wahlkampf dahin.«

3.–8. November 1932

Der Verkehrsstreik lähmt die Reichshauptstadt; durchgeführt gegen den Willen der Allgemeinen Gewerkschaften, ausgerufen von der Führung der Revolutionären Gewerkschafts-Opposition (RGO) mit Unterstützung der Nationalsozialistischen Betriebszellen-Organisation (NSBO). Vorausgegangen sind Lohnauseinandersetzungen zwischen den Berliner Verkehrsbetrieben, die Lohnsenkungen durchsetzen wollten, und der Führung des Allgemeinen Deutschen Gewerkschaftsbundes, die sich allzuschnell befrieden lassen wollte – zu Lasten der Arbeiter. Die Einheit zwischen kommunistischer und nationalsozialistischer Gewerkschaftsopposition führt zum ersten großen Streik seit den Revolutionswirren 1918/19 und dem erfolgreichen Generalstreik gegen den Kapp-Putsch.
In der Nacht zum 4. kommt es zu ersten blutigen Kämpfen zwischen den Streikenden und der Polizei. Die Bilanz am Ende der Straßenkämpfe, vier Tage später: Ein kommunistischer Arbeiter, zwei nationalsozialistische Studenten und zwei Polizisten sind getötet, mehr als hundert Personen schwerverletzt. Das Verhandlungsergeb-

Mit Barrikaden verhindern streikende Schaffner und Wagenführer die Ausfahrt der Straßenbahnen aus dem Schöneberger Depot in der Belziger Straße.

nis zwischen dem Allgemeinen Deutschen Gewerkschaftsbund und den Berliner Verkehrsbetrieben, eine gemilderte Lohnsenkung, der Grund für den Streikbeginn, bleibt bestehen.
Gerstorff faßt die Politik der Allgemeinen Gewerkschaften in der *Weltbühne* vom 8. November zusammen: »In der Geschichte der deutschen Arbeiterbewegung gibt es kaum eine Epoche, wo so wenig gestreikt wurde wie in der Zeit, da die Sozialdemokratie die Brüning-Regierung tolerierte. In keiner Krise des deutschen Kapitalismus haben sich die Arbeits- und Lohnbedingungen so verschlechtert wie in dieser. Und nie ist so wenig gestreikt worden. Der Grund liegt darin, daß die Gewerkschaften, hinter denen noch heute die Majorität der aufgeklärten Arbeiterschaft steht, größere Streikaktionen für unvereinbar mit ihrer Tolerierungspolitik hielten und diese Aktionen daher von vornherein verhinderten.«

Der Verkehrsstreik ist noch nicht beendet, als die Ergebnisse der Wahlen vom 6. November bekannt werden. Das *Berliner Tageblatt* stellt in seiner Titelzeile fest: »Papen und Hitler geschlagen. N.S.D.A.P. verliert 35 Mandate. – Fast 90 Prozent gegen Papen.« Weiter wird erläutert: »Die Entscheidung darüber, wem die Herrschaft in Deutschland zufallen soll, ist am Wahltage selbst nicht getroffen worden, sie kann erst im Reichstage fallen.« Doch die *Vossische Zeitung* verdeutlicht bereits die Auswirkungen: »Hitler verliert – Papen will bleiben«.

Die Wahl vom 31. Juli ergab:

Sozialdemokraten	133
Nationalsozialisten	230
Kommunisten	89
Zentrum	75
Deutschnationale Volkspartei	37
Deutsche Volkspartei	7
Deutsches Landvolk	1
Bayerische Volkspartei	22
Wirtschaftspartei	2
Deutsche Staatspartei	4
Christlich-Sozialer Volksdienst	4
Deutsche Bauernpartei	2
Württembergischer Bauern- und Weingärtnerbund (Landbund)	2
zusammen:	608

Der neue Reichstag sieht so aus:

Nationalsozialisten	195
Sozialdemokraten	121
Kommunisten	100
Zentrum	70
Deutschnationale Volkspartei	50
Bayerische Volkspartei	18
Deutsche Volkspartei	11
Staatspartei	2
Christlich-Sozialer Volksdienst	4
Wirtschaftspartei	1

»Das Ergebnis ist im Negativen vollkommen klar«, schreibt Hellmut von Gerlach in der *Weltbühne*:
»Die Linke bleibt von jeder Bestimmung auf den Gang der parlamentarischen Ereignisse ausgeschlossen. [...] Die Möglichkeit, jedes Gesetz im Reichstag zu Fall zu bringen, besteht weiter, wenn die extremen Flügelparteien zusammenstimmen. [...] Die NSDAP hat von allen Parteien am meisten verloren. Zum ersten Mal ist sie bei einer Wahl zurückgegangen, und zwar gleich um 35 Mandate. Eine Niederlage kann von jeder Partei mit Charakter und Programm getragen und wieder gutgemacht werden, nicht aber von einer Partei, die nur auf Demagogie sich aufbaut. Die braucht die Suggestion der Unbesiegbarkeit. Ist die verschwunden, verfällt sie der Schwindsucht, die freilich nicht sofort galoppierenden Charakter anzunehmen braucht.« Und Papen? »Wie einst Hitler, stehen jetzt Sie vor der großen Entscheidung Ihres kleinen Lebens: legal oder illegal? Wollen Sie sich dem Willen der gewaltigen Mehrheit Ihres Volkes unterordnen oder wollen Sie versuchen, Ihren Willen dem

des deutschen Volkes aufzuzwingen, vielleicht gar unter Berufung auf den lieben Gott, wie Sie ihn auffassen?«

Leo Trotzki äußert sich in derselben Ausgabe der *Weltbühne* über »Das deutsche Rätsel«:

Der achtzigjährige Hindenburg hatte in der Politik überhaupt nichts gesucht. Dafür suchten und fanden andre Hindenburg. Und sie fanden ihn nicht zufällig: diese Leute sind alle vom gleichen altpreußischen, adelig-konservativen, potsdamer-ostelbischen Schlage. [...] Konservative, Nationalisten, Monarchisten, alles Feinde der Novemberumwälzung, haben Hindenburg als erste im Jahre 1925 zum Reichspräsidenten erhoben. Nicht nur die Arbeiter, sondern auch die Parteien der Bourgeoisie hatten damals gegen Hohenzollerns Marschall gestimmt. Doch Hindenburg siegte: ihn unterstützten die Massen des Kleinbürgertums, unterwegs zu Hitler. [...] Im Jahre 1925 durch die Reaktion gewählt, hat Hindenburg den Rahmen der Verfassung nicht verlassen. Im Jahre 1932 mit den Stimmen der Linken gewählt, nahm er in Verfassungsfragen den Standpunkt der Rechten ein. [...] Die Politik des Reichspräsidenten ist die Politik der Landaristokratiespitzen, der Industriebarone und Bankfürsten römisch-katholischen, lutherischen und – nicht zuletzt – mosaischen Glaubens.

In einem Brief nennt Ossietzky seiner Frau den anberaumten Prozeßtermin in Sachen Reemtsma, nicht den Revisionstermin vor dem Kammergericht.

Carl v. Ossietzky Tegel, 8. XI. 32
II / 337 Ru 9/11

Liebste Maudie –
ich weiß nicht, ob Du Dr. Apfel oder Frl. Hünicke inzwischen gesprochen hast. Im Cigarettenprozeß ist nämlich ein Termin angesetzt worden, und zwar am
Dienstag, 22. November, vorm. 9 Uhr
im Alten Kriminalgericht, Alt Moabit 11, Zimmer *317*.
Komme doch bitte nächste Woche zu mir heraus, weil wir noch einiges zu besprechen haben.
Natürlich bin ich über die Anberaumung der Sache nicht entzückt. Wahrscheinlich wird keine Entscheidung fallen sondern nur ein Vorpostengefecht, in dem die Parteien sich beriechen können. Es sind noch knappe vierzehn Tage bis dahin, ich werde viel Zeit gebrauchen, um mich vorzubereiten.
Wie geht es Dir, mein Kind? Hast Du sehr unter der häßlichen Jahreszeit zu leiden? Was kann man sonst für dich tun?
Ich umarme dich aufs zärtlichste Dein Carl

Dr. Apfel, Dr. Kurt Beck
Rechtsanwälte und Notare

Fernsprecher: Amt Merkur 5500-5501
Postscheckkonto: Nr. 60251
Bankkonto: Rechtsanwalt Dr. Apfel
Hagen & Co., W 8, Charlottenstraße 58

Sprechstunde: 2–3 1/2 Uhr nachmittags
(außer Sonnabends)

Berlin W 8, den 7.11.32. 192
Friedrichstraße 59/60
(Ecke Leipziger Straße, Equitable-Palast)

Strafgefängnis
BERLIN-TEGEL
den - 8 NOV. 1932
Anlage

T.

An die

Leitung des Gefängnisses II
Per Adr: Strafgefängnis T e g e l

Berlin-Tegel

Sehr geehrter Herr Oberinspektor,

Jch habe mit Herrn v. Ossietzky zwei grosse Verteidigungen besonders intensiv vorzubereiten und zwar handelt es sich um eine Revisionsverhandlung, die am 17. ds. Mts. vor dem Kammergericht stattfindet und um einen grösseren Prozess , der am 22. ds. Mts. vor dem Kriminalgericht Moabit beginnen soll.

Zur Vorbereitung der Unterredung sende ich Morgen, Dienstag Abend durch Eilboten-Einschreiben-Paket an Herrn v. Ossietzky ein ausführlich mehrere Seiten umfassendes Gutachten , auf Grund dessen er seine Verteidigung in dem Moabiter-Prozess einrichten will. Jch bitte ergebenst, dieses Paket am Mittwoch, den 9. ds. Mts. möglichst zeitig Herrn v. Ossietzky aushändigen zu lassen. Für die Zwecke der Zensur versichere ich ehrenwörtlich, dass in dem ausführlichen Schriftstück nichts anderes enthalten ist, als eine gutachtliche Aeusserung für den vorerwähnten Prozess.

Jch erlaube mir ferner die Bitte zu äussern, dass ich am Donnerstag, den 10. ds. Mts. von 11 Uhr ab auf etwa 2 Stunden mit Herrn v. Ossietzky die Vorbereitungen in mündlicher Unterredung durcharbeiten kann.

Sollte ich keinen gegenteiligen telefonischen Bescheid erhalten, so nehme ich an, dass die Stunde genehm ist.

Mit vorzüglicher Hochachtung

Dr. Apfel

Rechtsanwalt

Paket nach Eingang vorlegen.

Am 8. November erreicht die Gefängnisleitung ein Besuchsantrag von Alfred Apfel, der sich mit seinem Mandanten auf zwei bevorstehende Prozeßtermine vorbereiten will: für den 17. ist die Revisionsverhandlung im Prozeß »Soldaten sind Mörder« angesetzt, für den 22. die Eröffnung des »Reemtsma-Prozesses« vor dem Kriminalgericht Moabit. Mit einer handschriftlichen Notiz wird angeordnet: »[Akten-]Paket nach Eingang vorlegen«; Eingang und Aushändigung sind vermerkt.

Einen Tag früher schreibt Maud von Ossietzky an ihre Tochter: »Hier geht es immer schlechter die Leute haben bis jetzt immer kein Miete bezahl – jetzt ist es schon den sechsten Monat – komisch Papi + ich habe niemals Kredit bekommen uns hat auch niemand was gegeben – und ich glaube ich konnte ruhig verhungern ohne dass mir jemand um sonst ein Stück trocken Brot geben würde – du wirst im Leben sehen dass es giebt Menschen die Künstler sind im Pumpen und andern ausnutzen – Sie kommen bestimmt weiter im Leben als wir.«

17. November 1932

Die Justizpressestelle Berlin schickt dem Herrn Oberstrafanstaltsdirektor »je eine Abschrift« von zwei Zeitungsartikeln, die am 14. erschienen sind: öffentliche Anteilnahme an beiden Verfahren gegen Ossietzky, Rätselraten über die Rolle von Alfred Apfel; öffentliche Anteilnahme aber auch an den Haftbedingungen des Publizisten, dem die Überzeugungstäterschaft abgesprochen wurde. Am 21. werden die Abschriften zur Gefangenenakte genommen.

Abschrift aus Nr. 46 des Montag Morgen vom 14. November 1932.

Ein neues Ossietzky-Drama.
Der Fall des Rechtsanwalts Apfel.
Am 18. November wird Carl von Ossietzky aus der Strafanstalt Tegel, wo er seine eineinhalbjährige Gefängnisstrafe absitzt, in den Verhandlungssaal des Kammergerichts vorgeführt werden. Die Staatsanwaltschaft hat gegen das erstrichterliche Urteil, das ihn von der Anklage der Beleidigung bereits wieder freisprach – es handelt sich dabei um die rasch berühmt gewordene Glosse »Soldaten sind Mörder« von Ignaz Wrobel (Kurt Tucholsky) – Berufung eingelegt. So muss Ossietzky den Kampf zum zweiten Mal durchfechten.
Ein merkwürdiger Zufall will es, daß 24 Stunden vor diesem Termin Ossietzkys Verteidiger, Dr. Alfred Apfel, selbst in einem Kampf auf Tod und Leben vor Gericht steht. Und ein zweiter, ebenso merkwürdiger Zufall, dass dieser Prozess Dr. Apfels in eigenartiger Weise in die Verhältnisse bei Ossietzkys Zeitschrift, der »Weltbühne« hinüberspielt.
In diesem Prozess tritt der Schriftsteller Fritz Tetens, der bekannte Gegner des Reemtsma-Konzerns, als Kläger gegen Dr. Apfel auf. Tetens führt seit längerer Zeit einen scharfen Kampf gegen eine angebliche Korruption der Zigaretten-Industrie, der sich vornehmlich gegen den genannten Konzern richtet. Im Zuge dieser Kampagne, die zeitweilig sehr grossen Umfang annahm, erschienen auch in der »Weltbühne«, der Zeitschrift Ossietzkys, zu

Beginn dieses Jahres zwei Artikel aus Tetens Feder, die schwere Vorwürfe gegen den Konzern und Beamte des Reichsfinanzministeriums enthielten. Zu jener Zeit bekleidete Rechtsanwalt Apfel bei der »Weltbühne« eine besondere Vertrauensstellung. Da man dort ständig mit einem Eingreifen der Staatsanwaltschaft oder der politischen Behörden rechnen musste, hatte er es übernommen, allwöchentlich die Bürstenabzüge der nächsten Nummer daraufhin zu prüfen, ob sie Anlass zu behördlichem Einschreiten geben könnten.

Durch diese Tätigkeit kam Apfel auch mit Tetens, dessen Artikel er gleichfalls vor der Veröffentlichung durchsah, in Berührung. Tetens erteilte nun Dr. Apfel eine Reihe von anwaltlichen Mandaten in verschiedenen Strafsachen; so gab er ihm den Auftrag, zum sogenannten Levita-Prozess, in dem gleichfalls Korruptionsvorwürfe gegen jenen Konzern und Beamte des Reichsfinanzministeriums zur Debatte standen, als Beobachter nach Karlsruhe zu fahren, wobei eine Konkurrenzfirma des Konzerns diese Reise finanzierte. Und als das Reichsfinanzministerium wegen der in den beiden Artikeln der »Weltbühne« erhobenen Angriffe schliesslich auch Strafantrag gegen Tetens und Ossietzky stellte, beauftragte Tetens Apfel mit der Führung dieses Strafprozesses, in dem er ja schon die »Weltbühne« vertrat.

Tetens behauptet nun nicht mehr und nicht weniger, als dass Rechtsanwalt Apfel sich von dem Zigarettenkonzern habe bestechen lassen und seither nicht mehr seine Interessen, sondern die des Zigarettenkonzerns offen wahrnehme.

Er habe sich dazu bereit gefunden, für den Zigarettenkonzern ein »objektives« Gutachten über die Haltlosigkeit der mit seiner Billigung erhobenen Beschuldigungen zu erstatten, und dafür ein Honorar von beträchtlicher Höhe – Tetens spricht von 15 000 Mark – gefordert und erhalten. Aber noch ehe er dieses »Gutachten« auch nur fertiggestellt habe, hätte er bereits im »Berliner Tageblatt« erklärt, er halte die von Tetens erhobenen Vorwürfe für unberechtigt.

Tetens verlangt nun ein gerichtliches Verbot, durch das Apfel verhindert werden soll, dem Zigarettenkonzern weiter Rechtsbeistand zu gewähren und die Haltlosigkeit der Vorwürfe Tetens' weiter öffentlich zu behaupten. Dr. Apfel bestreitet allerdings, durch seine gutachtliche Tätigkeit für den Konzern sich des Parteienverrats schuldig gemacht zu haben. Er habe niemals zu Tetens in einem anwaltlichen Auftragsverhältnis gestanden, sondern lediglich Ossietzky vertreten, in dessen Interesse er seine vermittelnde Tätigkeit beim Konzern ausgeübt habe.

Man würde dem Ausgang des Streits mit einem weniger peinlichen Gefühl für Dr. Apfel entgegensehen, wenn nicht sozusagen bereits eine »Generalprobe« dieses Prozesses stattgefunden hätte und durch ein Urteil abgeschlossen worden wäre. Dieselben Anträge, über die am 17. November verhandelt werden soll, hat nämlich Tetens schon aus Anlass seines Antrags auf Erlassung einer einstweiligen Verfügung gestellt. Und das Gericht hat damals aus verschiedenen formellen Gründen zwar die Erlassung einer

einstweiligen Verfügung abgelehnt und festgestellt, daß ein Parteienverrat Dr. Apfels schon aus dem Grunde nicht vorliegt, weil ja gar nicht der Zigarettenkonzern, sondern das Reichsfinanzministerium der Gegner Tetens' sei. Gleichzeitig aber hat das Gericht im Urteil seiner Überzeugung Ausdruck gegeben, dass vom anwaltlichen Standpunkte aus Apfels gutachtliche Tätigkeit für den Konzern bedenklich erscheine.
Nicht weniger als dreimal werden diese ehrenrechtlichen Bedenken des Gerichts im Wortlaut des Urteils wiederholt. Man muss daher annehmen, dass auch am 17. November Dr. Alfred Apfel nicht mehr völlig reingewaschen aus dem Prozess hervorgehen kann.
Ein tragisches Schicksal, tragische Erfahrungen mindestens mit seinen Mitarbeitern sind Carl v. Ossietzky beschieden.
Kreiser, der Autor jener Artikel, um derentwillen Ossietzky die Gefängnisstrafe abbüsst, ist nach Paris geflüchtet. Auch Tucholsky, der Autor jener Glosse »Soldaten sind Mörder«, hat keine Veranlassung gefunden, sich zur Entlastung Ossietzkys den deutschen Gerichten zu stellen und seine Tat an Stelle des »verantwortlichen Redakteurs« selbst zu verantworten. Er befindet sich im Ausland. Und Apfel als juristischer Berater der »Weltbühne«, der eigentliche Schuldige für die Aufnahme der verhängnisvollen Reemtsma-Artikel, hat diese Artikel öffentlich und nichtöffentlich desavouiert und für dies »Gutachten« viele Tausende von Mark eingesteckt, während Ossietzky sich in einer Woche auch wegen dieser Artikel wieder vor dem Strafrichter zu verantworten haben wird.
Am 22. November findet der Zigarettenprozess – Angeklagte Ossietzky und Tetens – vor der Strafkammer statt. Wie wird sich Ossietzky verteidigen können, nachdem sein eigener Verteidiger, allerdings nicht mehr als sein Beauftragter, sondern als der honorierte Beauftragte einer Gegengruppe, die Erklärung abgegeben hat, die die angebliche Schuld Ossietzkys schon von vornherein festlegt...

Abschrift aus Nr. 268 des 8 Uhr Abendblatts vom 14/XI/1932

Wie geht es Ossietzky?
Schon wieder ein Prozess vor dem Kammergericht.
Am 17. November findet vor dem Kammergericht die Revisionsverhandlung in einem Prozess gegen den Schriftsteller Karl von Ossietzky statt.
Es handelt sich um jene bekannte Klage der Reichswehr, die in einer von der von Ossietzky herausgegebenen »Weltbühne« veröffentlichten Glosse Kurt Tucholskys, in der der Satz vorkam: »Soldaten sind Mörder«, eine Herabsetzung des Soldatenstandes erblickte. In erster Instanz war trotz des auf sechs Monate Gefängnis lautenden Antrages der Staatsanwaltschaft Ossietzky freigesprochen worden, weil nach den Grundsätzen der Rechtsprechung des Reichsgerichts über Kollektivbeleidigungen eine Bestrafung nicht erfolgen konnte. Ausserdem war dieser Satz fraglos nur ganz allgemein zu verstehen, ohne jegliche direkte Bezugnahme auf die Reichswehr.

Sonderbarerweise hat die Staatsanwaltschaft, wie man vermuten muss, auf Anweisung von oben her gegen das erstinstanzliche freisprechende Urteil Revision eingelegt. Man darf wirklich gespannt sein, wie die Staatsanwaltschaft angesichts der erwähnten Judikatur des höchsten Gerichts ihren Schritt zu begründen versucht. Bis jetzt jedenfalls liegt eine Begründung der Revision von seiten der Staatsanwaltschaft noch nicht vor.
In der Presse sind verschiedentlich Behauptungen über das Leben Ossietzkys in der Strafhaft erschienen, die einer Richtigstellung bedürfen. So ist insbesondere erst heute behauptet worden, dass er jede Sondervergünstigung im Tegeler Gefängnis zurückgewiesen habe. Tatsächlich liegen die Dinge nach unseren Informationen folgendermassen:
Karl von Ossietzky trägt die Haft aufrecht und mannhaft. Er hat sich ganz in die Gefängnisordnung eingefügt und niemals eine individuelle Behandlung verlangt.
Eine solche wäre auch in einer Riesenanstalt, wie es das Tegeler Gefängnis ist, nicht durchführbar. Im allgemeinen darf aber anerkannt werden, dass die Tegeler Gefängnisleitung gegenüber Karl von Ossietzky eine vornehme Objektivität an den Tag legt. Sie hat es ihm insbesondere ermöglicht, geistig zu arbeiten. So stehen ihm Zeitungen und Bücher zur beruflichen Fortbildung zur Verfügung. Augenblicklich arbeitet Ossietzky an einem literarischen Werk, über dessen Charakter er noch nichts Näheres hat verlauten lassen.
Von der Möglichkeit der geistigen Beschäftigung abgesehen, geniesst er aber keine individuellen Vergünstigungen irgendwelcher Art.
Ossietzky war immer ein enorm starker Raucher. Niemand, der ihn kennt, hat ihn je ohne Zigarette gesehen; er hat aber seit sechs Monaten sich die geliebte Zigarette versagen müssen. Denn das Reichsgericht hat zwar die ehrenhaften Motive seines Handelns anerkannt, ihm aber seltsamerweise nicht die Ueberzeugungstäterschaft zugebilligt. So kann Ossietzky das Privileg des Rauchens nicht beanspruchen, das ihm als Ueberzeugungstäter ohne weiteres zustände. Auch ist er ganz auf die Gefängniskost angewiesen, da er sich aus dem gleichen Grunde eine Verbesserung dieser Kost nicht gestatten darf.

Die Gefangenenakte verzeichnet auf Blatt G, »Einstufungen und Vergünstigungen«: »Bittet um Raucherlaubnis und die Genehmigung zum Einkauf vom eigenen Gelde.«
Die Bitte wird diesmal ohne weitere Rückfragen an übergeordnete Stellen »genehmigt«.

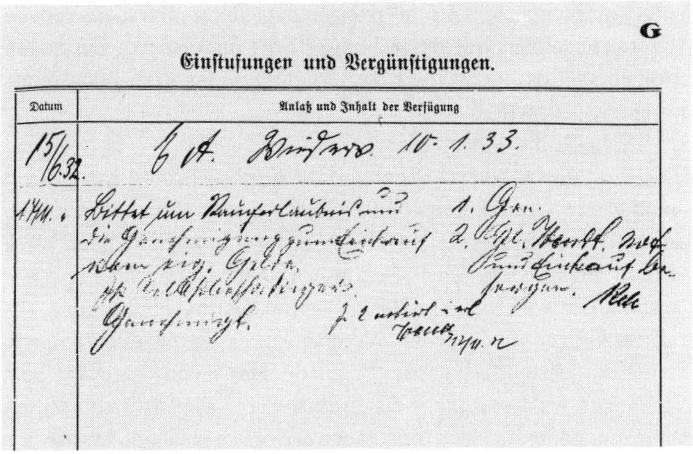
G

Einstufungen und Vergünstigungen.

Datum	Anlaß und Inhalt der Verfügung

Das *Berliner Tageblatt* meldet die Bestätigung des Urteils vom 1. Juli:

Freispruch Ossietzkys bestätigt

Das Kammergericht verwirft die Revision im Reichswehrbeleidigungs-Prozess

[...] In seiner Entscheidung kam der Senat zur Verwerfung der von der Staatsanwaltschaft eingelegten Revision, so dass der von der ersten Instanz ausgesprochene Freispruch Ossietzkys bestehen bleibt.
In der Begründung führte der Senatspräsident aus, dass das Landgericht bedenkenfrei festgestellt hatte, dass eine schwere Ehrenkränkung nur dann bestraft werden könne, wenn sie sich auf Personen, nicht aber auf eine unbestimmte Gesamtheit bezöge. Aus der inkriminierten Aeusserung gehe das aber keinesfalls hervor, und es sei auch nicht erkennbar, dass eine Einzelperson durch den Ausdruck »Soldaten sind Mörder« gemeint gewesen sei. Das Kammergericht sei an die Auslegung des Landgerichts gebunden gewesen, und hätte nur dann von dieser Auslegung abgehen müssen, wenn diese den allgemeinen Gesetzen widersprochen hätte. Das sei aber nach Ansicht des Kammergerichts nicht der Fall gewesen.

18.–19. November 1932

»Unzweifelhaft kann Papen noch eine Weile fortwursteln«, hatte Hanns-Erich Kaminski noch in der letzten *Weltbühne* geschrieben und, zu Hindenburg, hinzugefügt:
»Der Reichspräsident ist längst keine Repräsentationsfigur mehr. Er ist ein handelnder Politiker. Und jetzt liegt bei ihm, ausschließlich bei ihm, die Entscheidung, ob Deutschland von einer kleinen Schicht,

hinter der nichts steht als ihr grenzenloses Selbstvertrauen, in neue Abenteuer geführt werden soll oder ob die Rückkehr zu Zuständen erfolgen soll, die wenigstens die Grundlagen des Verfassungsstaats unangetastet lassen.«
Am 18. heißt die Schlagzeile des *Berliner Tageblatt*:
»Rücktritt des Kabinetts Papen. – Der Reichspräsident hat gestern abend nach 6 Uhr die ihm von Reichskanzler von Papen angebotene Gesamtdemission des Reichtskabinetts angenommen.« Papen hatte bei den angesprochenen Parteiführern keine Unterstützung mehr erhalten. Die Verhandlungsführung liegt wieder bei Hindenburg. »Es muß Schluß gemacht werden mit jener Politik der Husarenritte, die das wesentlichste Merkmal der Politik des Herrn von Papen war. Sein Nachfolger wird vor allem die Maßnahmen rückgängig zu machen haben, mit denen es Herrn von Papen allmählich gelungen ist, sich alle maßgebenden Kräfte und Faktoren Deutschlands zu Feinden zu machen.« Wieder wird Hitler als Nachfolger Papens ins Gespräch gebracht.
Derweil hat Hindenburg das Versammlungsverbot, das zunächst vom 6. bis zum 19. November befristet war, bis zum Ablauf des 2. Januar 1933 verlängert. Der *Vorwärts* bemerkt dazu: »Dieser sogenannte Burgfrieden hatte für kurze Zeit nach der Wahl eine gewisse Berechtigung. Seine Ausdehnung über Monate aber kommt einer völligen Aufhebung der Versammlungsfreiheit für lange Frist gleich!«
Am 19. November meldet die *Vossische Zeitung* eine »neue Amnestie«, beantragt von der SPD-Reichstagsfraktion. Die Chancen für die Annahme werden als »nicht ungünstig« eingeschätzt.

21. November 1932

Der *Montag Morgen* gibt Ossietzky Gelegenheit, zur Affäre um den Rechtsanwalt Apfel Stellung zu nehmen.

Herr Dr. Apfel hat mir nicht die geringste Ursache gegeben, an seiner Integrität zu zweifeln. Was Herr Dr. Apfel in der Vorbereitung des Zigaretten-Prozesses unternommen hat, war ausschließlich in meinem Interesse gedacht, und wo er sich exponiert hat, geschah es, um mich aus einer Position zu ziehen, die ihm juristisch unhaltbar schien. Ich fühle mich zu diesem Zeugnis verpflichtet, angesichts der Angriffe auf einen Strafverteidiger, der mit einer langen Reihe von politischen Prozessen aufs ehrenvollste verknüpft ist, und der, wie Unterrichteten bekannt ist, eine gute Wirtschaftspraxis mit einer alles andere als goldhaltigen politischen Praxis vertauscht hat. In dem Artikel werden aus der gutachtlichen Tätigkeit für Reemtsma ehrenrührige Vorwürfe gegen Dr. Apfel abgeleitet. Demgegenüber unterstreiche ich mit aller Entschiedenheit, daß von vornherein und auf nachdrückliches Verlangen von Dr. Apfel selbst die Abmachung getroffen war, die Arbeit von einem unparteiischen Gremium prüfen zu lassen. Dieses Komitee sollte aus Juristen und Wirtschaftspublizisten bestehen und seine Mitglieder von den verschiedenen, an dem Prozeß beteiligten Personen ernannt werden. Ich habe keinerlei Anhaltspunkte dafür, daß das inzwischen fertiggestellte Gutachten eine Tendenzschrift für den Zigarettenkonzern bedeutet, im Gegenteil, ich zweifle nicht an der Objektivität der Darstellung und bin der Überzeugung, daß damit der Aufhellung in einem bisher recht dunklen wirtschaftspolitischen Abschnitt aufs beste gedient wird. Über die Aufnahme von Artikeln hatte nur ich zu entscheiden. Die Tätigkeit des juristischen Beraters beschränkte sich auf Vorschläge zur Änderung ihm bedenklich erscheinender Textstellen, die ich ohne Verpflichtung zur Kenntnis nahm. Es ist mir heute nicht mehr in Erinnerung, ob die beiden Artikel von Dr. Apfel oder von einem anderen Herrn gelesen wurden. Was die vom ›MM‹ so heftig kritisierte Zuschrift Dr. Apfels an das ›Berliner Tageblatt‹ angeht, so entsprach diese durchaus der Auffassung, die ich mir damals von der Sachlage gebildet hatte. Es war mir schon vor meiner Inhaftierung in diesem Frühjahr zur Gewißheit geworden, daß die Vorwürfe gegen die beiden Herren aus dem Reichsfinanzministerium – und nur darum handelt es sich in diesem Prozeß – nicht aufrecht zu erhalten waren.

Die Redaktion des *Montag Morgen* bemerkt dazu:

Wir hatten schon in der vorigen Nummer betont, daß zwar Herr Tetens den Vorwurf der Bestechlichkeit, d. h. des Parteienverrats gegen Entgelt, gemacht habe, daß aber das Gericht mit Recht diesen strafrechtlichen Tatbestand verneint hat. Es handelt sich vielmehr um die Frage, ob es wahr ist, daß sich Herr Dr. Apfel zu dem Zweck, einen Artikel über den Zigarettenskandal in der *Weltbühne* zu schreiben, von der Zigarettenfirma Bergmann für eine Reise mit 1000 RM. hat finanzieren lassen, und ob es wahr ist, daß er von der Konkurrenzzigarettenfirma Bergmanns für die Erstattung eines objektiven Gutachtens über den gleichen Skandal eine noch sehr viel höhere Geldsumme angenommen hat. Diese Fragen aber hat Herr Dr. Apfel bereits bejahen müssen. [...] Es ist ritterlich von Ossietzky, daß er sich auch in diesem Fall wieder vor seinen Mitarbeiter stellt. Aber er verteidigt ihn, wie gesagt, gegen nicht erhobene Vorwürfe. Die tatsächlich erhobenen werden davon nicht berührt. Sie werden zusammengefaßt in den Sätzen des Urteilstenors, die sich mit dem falschen Verhalten Dr. Apfels befassen und die aussprechen, seine Handlungsweise müsse ›vom anwaltlichen Ehrenstandpunkt aus bedenklich erscheinen‹.

Polizei räumt den Platz vor dem Hotel Kaiserhof, wohin Hitler von seiner Besprechung mit Hindenburg zurückgekehrt ist. In seiner Unterredung mit Hindenburg hat er »erneut die Kanzlerschaft für sich in Anspruch genommen«, meldet die Abendausgabe des Tageblatt. *Hindenburg verabschiedet Hitler mit den Worten: »Welches Ende unsere Verhandlungen auch nehmen, meine Tür wird Ihnen immer offen sein.« Wirtschafsführer hatten Hindenburg aufgefordert, Hitler zum Reichskanzler zu ernennen.*

22. November 1932

Hanns-Erich Kaminski schreibt in der *Weltbühne*: »Als Schleicher Groener stürzte, also noch bevor Brüning fiel und Papen an seine Stelle trat, schrieb ich hier: ›Am 12. Mai 1932 hat ein neuer Abschnitt der deutschen Geschichte begonnen.‹ An diesem Tag erhielt die demokratische Republik den entscheidenden Stoß. Seitdem rückt die Gegenrevolution vor, und seitdem ist Krise, Dauerkrise, Staatskrise. Auch diese Regierungskrise ist nur ein Teil davon. Die Staatskrise aber wird erst beendet sein, wenn sich ein neues System stabilisiert haben wird, sei es durch den Sieg der Rechten oder der Linken. Bis dahin muß jede Regierungsbildung den Charakter eines Provisoriums tragen.«
»Hitler zögert«, schreibt das *Berliner Tageblatt* auf seiner Titelseite; die *Vossische Zeitung* meldet: »Hitler antwortet mit Fragen«.

Bemüht sich Hitler nun um die Bildung eines Kabinetts? Hindenburg jedenfalls hält an seinem Vorhaben noch fest, eine parlamentarische Lösung der Kabinettskrise zu finden und das absolutistische Präsidialkabinett nicht fortzusetzen.

In der *Weltbühne* erscheint Ossietzkys Abrechnung mit den Redakteuren »Zehrer und Fried« und der Zeitschrift *Tat. Unabhängige Monatsschrift zur Gestaltung neuer Wirklichkeit.*

Zehrer und Fried von Thomas Murner

Das Chaos ist des Deutschen Himmelreich. Das lateinische Genie mag in heller Mittagshöhe blühen, der deutsche Geist entfaltet sich am reichsten, wenn durch graue Nebelschwaden schon rot die Katastrophe leuchtet. Der wankende soziale Boden unter ihm ist gleichsam der ideale Exerzierplatz seiner Spekulationen. Neben Otto Straßer und Ernst Jünger repräsentiert der Mitarbeiterkreis der ,Tat' heute am deutlichsten die Verwirrung liberalistischer Bürger, die sich vor dem drohenden ökonomischen Weltuntergang laut schreiend und mit ekstatischen Gebärden dem Rechtsradikalismus in die Arme werfen.

Jahrelang haben die Ullsteinredakteure Hans Zehrer und Friedrich Zimmermann in der Kochstraße gewirkt, ohne eine seherische Begabung merkbar werden zu lassen. Aber als die große Krise hereinbrach, als die Kurse stürzten, die Märkte verkrachten und das ganze Bankiergewerbe suspekt zu werden begann, da wurde den beiden apokalyptisch zu Mute. Sie hatten Gesichte und redeten in Zungen, spitze, blaue Sankt-Elms-Flämmchen über der Stirn. So zogen sie in das bekömmliche Seelenklima der Diederichsschen ,Tat' ein, wo Zehrer eine aus reaktionären und sozialistischen Elementen gemischte romantische Staatslehre entwickelte, während Zimmermann, der sich nunmehr Ferdinand Fried nannte, die Autarkie proklamierte und sich in tiefgreifenden Wirtschaftsanalysen sachkundig über das Alter der Aufsichtsräte äußerte. Hier wurde also mit vereinten Kräften das Chaos angesagt, hier wurde Hitler überhitlert und der Nationalsozialismus in eine moderne Bildungssprache übertragen, ohne aber in dieser Verkleidung etwas von seinem natürlichen Charme einzubüßen.

In der letzten Zeit kann man nun bei den Aposteln des Chaos, das, wohlgemerkt, immer höchst gesittet ist und so, daß der deutsche Bürger sich darin am Sonntag wohlfühlt, einen offensichtlichen Umschwung wahrnehmen. Das prophetische Feuerwerk prasselt nicht mehr so dicht, eine gewisse Orientierung an politischen Fakten wird angestrebt. Die Herrschaften verfügen jetzt in der ,Täglichen Rundschau' auch über ein in Berlin erscheinendes Journal. Vielleicht nicht ohne Rücksicht auf dessen hohe Gönnerschaften, über die sich die ,Weltbühne' schon wiederholt geäußert hat, ist die „totale Revolution" einstweilen zurückgestellt worden. Dagegen wurde der enge Anschluß an das autoritäre Regime oder wenigstens an dessen militärische Teilhaber perfekt; nur Herr v. Papen wird, als der Gemeinde der Erleuchteten nicht würdig, abgelehnt. Zehrer propagiert jetzt den präsidialen Absolutismus: „Solange sich der Volkswille noch nicht formiert hat und solange er noch keine Einheit, Geschlossenheit und Zielsetzung besitzt, hat die Koalition zwischen auctoritas und potestas die Möglichkeit, den Volkswillen zu repräsentieren." Nicht in die Geheimlehre der ‚Tat' Eingeweihte werden damit nicht mehr anfangen können, als wenn dort statt „auctoritas" und „potestas" „Wilmersdorf" und „Friedenau" stünde. Aber Zehrer belehrt uns, daß Hindenburg die „auctoritas" verkörpert und die Reichswehr die „potestas" und daß er diese Einsichten dem namhaften Staatsrechtler Carl Schmitt verdankt, der vor etwa zehn Jahren, als er sich noch Schmitt-Dorotič nannte, ein interessantes Buch über „Politische Romantik" geschrieben hat. Adolf Hitler, gestern noch der Hausgott der ‚Tat', wird von Zehrer kühl in die Reserve verwiesen. „Es würde eine Verkennung seiner Aufgabe sein, wollte er sich und seinen Mythos heute durch die Übernahme eines Amtes gefährden." Ordnung muß sein: der Mythos gehört in den Glasschrank.

Die „neutrale Staatsgewalt" der ‚Tat' soll aus Reichspräsident, Armee und Bureaukratie bestehen. Denn der Volkswille hat sich noch nicht kristallisiert und kann deshalb nicht berücksichtigt werden. Sollte er sich aber doch mausig machen, so gibt Zehrer für alle Fälle wertvolle Winke zu seiner Eskamotierung. Muß erst lange bewiesen werden, daß diese „Neutralität" des Staates eine Fiktion ist? Noch jede Staatsgewalt, die der Volksvertretung Rechte abringen wollte, hat sich bisher überparteilich getarnt, hat sich neutral genannt. Es ist ganz unmöglich, daß in revolutionären Phasen, wo alle sozialen Schichten zu rotieren beginnen, der Staat allein von der allgemeinen Dynamik nicht ergriffen werden sollte. Der absolute und fest in sich ruhende Staat, der einen erhabenen Bogen über das kleine Menschengewimmel wölbt, ist eine Philosophenfabel aus der Metternichzeit. Die Herren von der ‚Tat' aber packen ihrer „neutralen Staatsgewalt" die Zentnergewichte eines antikapitalistischen Reformprogramms auf: sie soll Kohle und Eisen nationalisieren, ganze Industrien in Monopole des Reichs verwandeln und überhaupt die Ablösung der Erwerbswirtschaft durch Gemeinwirtschaft vorbereiten. Nun haben die großen Sozialisten des vorigen Jahrhunderts der Arbeiterklasse den Sozialismus als historische Aufgabe gestellt, ihn damit also unabhängig gemacht von dem guten Willen der jeweils Regierenden. Ob das eine befriedigende Antwort ist oder nicht, der Sozialismus ist damit aus der Utopie in die Wissenschaft gerückt, niemand hat bisher eine bessere Antwort gegeben. Wenn Zehrer und Fried die neue Gesellschaft lieber von Hindenburg und Schleicher dekretiert wissen möchten, so braucht man nicht erst Karl Marx zu beschwören: es ist eine durchaus vormarxistische Erfahrung, daß die Weltgeschichte keine Göttergeschenke macht. Auch der Sozialismus fällt nicht wie eine goldene Herbstfrucht vom Baum, er muß mühsam erkämpft werden.

Es ist doch eine etwas naive Vorstellung, eine aus kapitalistischen, militaristischen und agrarfeudalistischen Elementen zusammengewürfelte Staatsmacht könnte jemals bereit sein, ihre eignen gesellschaftlichen Fundamente zu zerstören. Glaubt Herr Zehrer wirklich, Hindenburgs Unterschrift genügte, um den Sozialismus durch das legale Hauptportal einzulassen? Gewiß, was dem Reichspräsidenten heute von einem byzantinischen Tellerleckertum an Machtfülle zugesprochen wird, dafür gibt es überhaupt keine profane Analogie. Das erinnert an die katholische Lehre vom Gnadenschatz der Kirche, über den nur der Papst die Schlüsselgewalt besitzt, oder gleich an den Dalai Lama. Wenn aber Herr von Hindenburg wirklich den Schlüssel gebrauchen wollte, um das staatssozialistische Himmelreich zu öffnen, so würde das höchst dramatische Folgen nach sich ziehen. Dieselbe Korona serviler Juristen, die sich in Leipzig eben noch um die Statuierung präsidialer Allmacht bemühte, würde mit der gleichen Beredsamkeit das Recht der Auflehnung gegen eine schlechte Obrigkeit begründen. „Professoren und Huren kann man immer haben", sagte der selige König von Hannover. Er hatte gewiß nicht viel Geist, aber er sprach aus der Erfahrung der Macht.

Es tut nichts zur Sache, daß Herr v. Schleicher mit den Vorstellungen des ‚Tat'-Kreises lebhaft sympathisiert und zu den führenden Herren die angenehmsten Beziehungen unterhält. Zehrer und Fried mögen sich nicht wenig geschmeichelt fühlen, daß der Reichswehrminister sich von ihnen theoretisch versorgen läßt wie Cesare Borgia von Macchiavelli, aber es spricht gegen ihre praktische Lebenserfahrung, daß sie sich dadurch zu Illusionen verleiten lassen. Es ist das Kennzeichen von Salonpolitikern und Amateuren aller Grade, der Menschheit dadurch auf die Strümpfe helfen zu wollen, daß sie für ihre Originalidee einen Millionär oder Minister zu gewinnen trachten. Jeder von uns ist schon einmal dem freundlichen Dilettanten begegnet, der nur noch die hunderttausend Mark von Rothschild braucht, um die Armut für immer aus der Welt zu schaffen. Mögen sich Staatsmänner noch so autoritär und absolut gebärden, sie vertreten niemals nur einen Einzelwillen sondern den Geist einer Klasse, der ihr Vollbringen und Gewähren abmißt und bindet. Bertha v. Suttner wollte den Weltfrieden auf den Zaren von Rußland gründen. Adolf Stöcker, der doch auch antikapitalistische Reformpläne wälzte, glaubte, auf Wilhelm II. bauen zu können, der sich damals grade als „Arbeiterkaiser" aufmachte. Coudenhove-Kalergi wirbt für sein Paneuropa jene rosigen Exzellenzen genfer Provenienz, die vor allem schuld sind, daß Europa so aussieht. Und Hans Zehrer hat sich da so etwas wie Sozialismus zurecht konstruiert und appelliert nun an Hindenburg und Schleicher, die Machtträger, als die Berufenen. Die brauchen nur ja zu sagen, und dann klappt die größte Veränderung seit tausend Jahren. Darwin hat einmal gesagt: „Wenn jemand zu mir kommt und behauptet, die Bohnen wachsen schneller, wenn er Violine spiele, so antworte ich nur: Well, machen Sie das vor!" Diese Chance hat auch Herr Zehrer noch für sich. Well, machen Sie das vor!

Was Herr Zehrer an Gründen für seinen Optimismus anführt, ist herzlich dünn: „Die deutsche Staatsgewalt hat heute diese große Chance. Sie ist einmal neutral, das heißt, den Gegensätzen der Organisationen nicht verhaftet und insofern keinem Interesse verpflichtet, und sie ist am Zuge, während die Organisationen unfähig sind, eine handlungsfähige Gewalt zustande zu bringen." Herr Zehrer spricht, mit Verlaub, aus einem hohlen Faß. Wo wäre die gegenwärtige Regierungsgewalt einheitlich und „den Gegensätzen der Organisationen nicht verhaftet"? Falls Herr Zehrer es inzwischen nicht aus der Zeitung erfahren hat, dürfte die potestas es ihm wohl persönlich zugeflüstert haben, daß in dieser Regierung sich agrarische und industrielle Interessen scharf wie Sensenklingen kreuzen und daß diese autoritäre Regierung so sehr wie keine andre unter dem Diktat mächtiger Wirtschaftsgruppen steht. Übrigens ist es noch ein wahrer Segen, daß die Einflußsphäre der ‚Tat' sich auf die Bendlerstraße beschränkt und sich nicht auf das Finanzministerium oder gar auf die Reichsbank erstreckt. Ferdinand Fried, der Ökonomist, rührt an gefährliche Bezirke, wenn er die Behauptung aufstellt, daß es in Deutschland nicht an Kapital fehlt, wohl aber an Geldumlaufsmitteln und daraus unerbittlich folgert: „Es muß Geld geschaffen werden!" Damit wären wir wieder bei der Inflation angekommen, die ja zum eisernen Bestand aller von rechts stammenden sozialen Umbauprojekte gehört. Fried trommelt zwar in gewohnter Weise sehr heftig für die Verstaatlichung des Kredits, aber der vernünftige Gedanke wird durch Vermengung mit inflationistischen Tendenzen nur diskreditiert. Die Auffassung, wonach „die Währung unangetastet" bleiben soll, bezeichnet Fried wegwerfend als „liberal-kapitalistisch". In dem ausführlichen Sozialisierungsprogramm, das er im gleichen Zusammenhange veröffentlicht, vermissen wir den Großgrundbesitz. Der ist wohl allein nicht bresthaft sondern blühend und gesund. Oder will man das der auctoritas nicht zumuten?

Nach dem Fanfarengeschmetter, mit denen der ‚Tat'-Sozialismus vor ein paar Jahren ins Leben trat, ist das Ergebnis kümmerlich. Die Autarkie, an die Fried zunächst sein beträchtliches publizistisches Temperament setzte, ist beileibe nicht seine Erfindung sondern ein schon recht bemooster agrarischer Herzenswunsch. So bleiben also nur Zehrers Apologie der absoluten Präsidialgewalt und Frieds Begeisterung für ein bißchen Inflation. Das nennt man ein Fazit. Dennoch sei gern zugestanden, daß sich der ‚Tat'-Kreis seine Sache nicht leicht gemacht hat, daß er zu diesen Resultaten, die andern am hellen Tag zugeflogen sind, nur durch viele Ekstasen und Visionen gelangen konnte. Jetzt aber sind die Seher aus dem Hochschlaf erwacht, sie reiben sich die Augen und sind ganz zufrieden. Zehrer konstatiert, daß die 1918 begonnene Bewegung endlich zum Stillstand kommt. Wahrscheinlich hat die ‚Tat' schon genug der Taten getan. Wir machen jetzt grade „die Wende" durch: „Heute ist die Revolution des Stimmzettels beendet, die Fronten der Parteien sind abgesteckt, eine Verschiebung ist nicht mehr zu erwarten. Die Fronten erstarren jetzt langsam, Wahlen vermögen sie nicht mehr zu erschüttern." Das ist für so wortreiche Revolteure, für so heiße Agitatorenköpfe, die sich nicht beruhigen wollten, ohne die „Totalität" durchzusetzen, ein allzu bequemer Rückzug ins Privatleben. Die Herren wollen grade jetzt nach Hause gehen, wo es anfängt, interessant zu werden. Mögen die politischen Fronten auch in den letzten Monaten geronnen sein, wir wissen nicht, wie lange sie es bleiben werden. Und, was viel wichtiger ist, die sozialen Fronten sind es nicht. Die sind, im Gegenteil, wieder höchst flüssig geworden. Es ist nicht ohne Humor, daß Zehrer, der den großen Kladderadatsch unermüdlich an die Wand gemalt hat, heute, wo ein eigner Wille der Arbeiterschaft wieder manifest wird, wo diese sich zum erstenmal seit der unseligen Tolerierungsperiode wieder in sicher durchgeführten Streiks der Sozialreaktion erwehrt, die Kräfteverschiebung in Deutschland für beendet erklärt und hinter Präsidialgewalt und Reichswehr Deckung bezieht.

Das ist zwar ein wenig komisch, aber es ist nicht absonderlich. Mit dem Nachlassen der Depression im Klassenkampf verschwinden auch die eilfertig etablierten Zwischengruppen; die besonders aufgeregt tuenden intellektuellen Schrittmacher der Hitlerei erklären ihren Helden zum Mythos und suchen wieder solide Positionen im Schatten der reaktionären Staatsmacht. Das bedeutet durchaus nicht Verzicht auf radikalistische Phraseologie; dadurch entwickelt sich eine Phase voll ideologischen Durcheinanders, und davon profitieren auch Zehrer und Fried. Ihr Programm hat mit Sozialismus nicht das mindeste zu tun. Die Quintessenz ihrer Staatsidee ist eine Art nationalistischer Kollektivismus: die Armee dominiert, ihr Interesse steht obenan, und zu ihrer besseren Versorgung gehen ein paar Industrien in die öffentliche Hand über. Ein Militärstaat, ein Mameluckenstaat; der ganze Staat ein einziges Kriegsarsenal. Handel und Wandel reglementiert, nur die Herren Agrarier erfreuen sich einer unangetasteten peitschenknallenden Individualität. Eine sehr preußische Vision, also keine schöne. Seit Clausewitz gibt es so etwas wie eine borussische Kasinophilosophie, die dem Militarismus eine besondere volksbeglückende Mission zuspricht. Und dennoch sind die Sorgen der ‚Deutschen Allgemeinen Zeitung' vor einem „feldgrauen Sozialismus", wie sie die Richtung Zehrer-Fried nennt, nicht am Platze. Wenn wirklich ein General daran denken sollte, Banken und Schwerindustrie zu nationalisieren, so wird sich schon ein zweiter finden, dem seine Theoretiker nachweisen, daß es sich auch hier um köstliche Erbgüter der deutschen Seele handele, die nicht von dem rohen Materialismus des Staates verschluckt werden dürfen. Und ein General kann immer von einem andern geschlagen werden, das ist das einzige wirkliche militärische Geheimnis auf der Welt. Damit eröffnen sich für die deutsche Zukunft zwar nicht die heitersten Aspekte, aber solche bolivianischen Konsequenzen sind überall da unvermeidlich, wo die natürlichen sozialen Tendenzen unter militärisches Patronat geraten.

Zum endgültigen Abschluß des Prozesses »Soldaten sind Mörder« nimmt in der *Weltbühne* Walther Karsch Stellung.

Eine verworfene Revision

Als am 23. November vor einem Jahr das Reichsgericht Carl v. Ossietzky wegen unliebsamer Kritik am Etat der Reichswehr eine achtzehnmonatige Gefängnisstrafe zudiktierte, hatte der deutsche Militarismus bereits von neuem gegen die ‚Weltbühne' ausgeholt. Weil Ignaz Wrobel hier am 4. August des vorigen Jahres, im Antikriegsheft der ‚Weltbühne', geschrieben hatte: „Soldaten sind Mörder", setzte der damals noch in Amt und Würden befindliche Herr Groener die Justiz erneut in Bewegung, damit sie gleich ein zweites Mal ihre ganze Strenge gegen den verantwortlichen Redakteur des verhaßten Blattes, gegen Carl v. Ossietzky, in Anwendung bringe. Diese zweite Offensive des seligen Reichswehrministers ist nun endgültig zusammengebrochen. Schon ihr Beginn gestaltete sich nicht sehr aussichtsreich, denn die mit der Anzeige befaßte Kammer lehnte die Eröffnung des Hauptverfahrens ab, weil die Voraussetzung der Anklage, nämlich eine Beleidigung der Reichswehr, nicht gegeben sei. Und als sie doch das Hauptverfahren eröffnen mußte, weil die Beschwerde des Staatsanwalts gegen den Einstellungsbeschluß Erfolg hatte, sprach sie am 1. Juli dieses Jahres Carl v. Ossietzky frei. Eine richtige preußische Staatsanwaltschaft aber weiß, was sie dem deutschen Heere schuldig ist. Obwohl das Schöffengericht Charlottenburg unter dem Vorsitz des Landgerichtsrats Thielemann Stück für Stück ihrer Argumentation zerpflückt und den Freispruch mit einem Fundament aus Eisen unterbaut hatte, wurde doch Revision eingelegt. Das Wehrministerium, das inzwischen zwar seinen Herrn aber nicht seine Gesinnung gewechselt hatte, wollte sich nicht damit zufrieden geben, daß Carl v. Ossietzky, der Widersacher der deutschen Militärpolitik, für achtzehn Monate im Gefängnis sitzt, es hätte gar zu gern gesehen, daß zu diesen achtzehn noch jene sechs Monate gekommen wären, die der Staatsanwalt mit mehr Pathos als Überzeugungskraft von den Richtern gefordert hatte. Mutig begab sich die Anklagebehörde noch einmal in die Feuerlinie und forderte in ihrer Revision Aufhebung des Urteils und Rückverweisung des Prozesses an das gleiche Gericht, das den Freispruch gefällt hatte.

Konnte der Anklagevertreter vor dem Schöffengericht, Staatsanwaltschaftsrat Herf, die juristische Unzulänglichkeit der ministeriellen Attacke wenigstens durch entrüstete Betrachtungen über die Gesinnung des Angeklagten verdecken, so standen dem Revisionsvertreter, seinem Kollegen Ebel, solche Hilfsmittel leider nicht zur Verfügung, mußte er sich doch lediglich auf das Formaljuristische beschränken. So entledigte er sich denn auch der undankbaren Aufgabe, die hartgeschmiedete Urteilsbegründung zu durchlöchern, mit bemerkenswerter Unsicherheit. Kaum einmal wandte er sich den Richtern zu sondern schien mit stierem Ernst die Maserung seines Tisches zu studieren, als er dem Senat einzureden versuchte, daß hier deswegen eine Verurteilung erfolgen müsse, weil der Ausdruck „Soldaten" einen Stand bezeichne, Beleidigung eines Standes nach der Praxis des Reichsgerichts aber strafrechtlich zu ahnden sei. Außerdem habe Ignaz Wrobel doch ganz deutlich die deutsche Reichswehr gemeint. Carl v. Ossietzkys Verteidiger, Doktor Apfel, konnte sich in seiner knappen Replik auf die Judikatur des Reichsgerichts berufen, nach der nur dann eine Beleidigung vorliegt, wenn sich eine Beziehung auf einen bestimmten Personenkreis nachweisen läßt. Dies sei in Ignaz Wrobels Glosse nicht der Fall, der Ausdruck Soldaten sei dort als ein reines Abstraktum gebraucht.

Der Senat zieht sich zurück, und als er aus dem Beratungszimmer wiederkehrt, hat die Bendlerstraße endgültig eine Niederlage erlitten. Die Revision wird „auf Kosten der Staatskasse" verworfen, zum zweiten Mal hat ein berliner Gericht die Wehrmacht in ihre Schranken verwiesen, als sie sich von neuem durch einen Akt der Justiz an der ihr unbequemen ‚Weltbühne' und besonders an deren Herausgeber rächen wollte. Allerdings macht die am 17. November ergangene Entscheidung des Kammergerichts jenes Unrecht nicht wieder gut, das am 23. November 1931 geschah, als ein Reichsgerichtssenat zur Genugtuung des gleichen Ministeriums aus einer Etatkritik Landesverrat herauslas.

Walther Karsch

Der Oberstaatsanwalt
bei dem Landgericht III

Geschäftsnummer:
E.1.K.M. 55.32

Bei Rückschreiben wird um Angabe der vorstehenden Geschäftsnummer ersucht.

Berlin NW 40, den 19. November 1932.
Turmstraße 91
Fernsprecher: C 5, Hansa 7701–7740

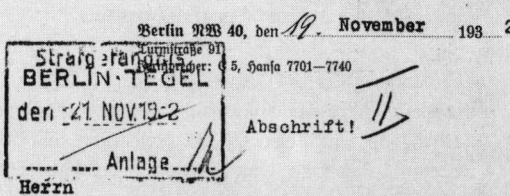

Strafgefängnis
BERLIN-TEGEL
den 21 NOV.1932
Anlage

Abschrift!

Herrn

Rechtsanwalt Dr. A p f e l ,

B e r l i n W.8,

Friedrichstrasse 59/60

In der Strafsache gegen von Ossietzky und Gen. teile ich auf die Eingabe vom 17. November 1932 ergebenst mit, dass dem Angeklagten von Ossietzky gestattet wird, am 22. November 1932 zur Hin- und Rückfahrt zum Haupt = verhandlungstermin unter Begleitung eines Polizeibeamten einen Privatwagen zu benutzen .

gez. S e th e.

.-

Berlin, den November 1932.

An den

Herrn Oberstrafanstaltsdirektor
des Strafgefängnisses,

Berlin-Tegel .

Vorstehende Abschrift des Bescheides wird ergebenst zur gefälligen Kenntnisnahme übersandt.

Das Polizeipräsidium habe ich ersucht, sich wegen Gestellung eines Begleitbeamten unmittelbar mit dem Strafgefängnis Tegel in Verbindung zu setzen .

[illegible]

Termin ist aufgehoben.

[illegible]

21. 11. 32
1/ [illegible]
2/ z. d. P. A. v. Ossietzki
21/11.32

Rechtsanwalt Apfel hat die Ausführung Ossietzkys zum Prozeßtermin in Sachen Reemtsma für den 22. November beantragt. Der Termin jedoch wird vertagt.

»Ossietzky bedauert«, überschreibt der *Berliner Börsen-Courier* eine Meldung seiner Morgen-Ausgabe.

Der für den gestrigen Dienstag vor der 13. Strafkammer des Landgerichts III anstehende Verhandlungstermin gegen v. Ossietzky und Tetens wegen Beleidigung von Beamten des Reichsfinanzministeriums – Vorwurf der Korruption im Falle Reemtsma – ist vertagt worden.
Wie wir erfahren, hat zu dieser Vertagung die Tatsache Anlaß gegeben, daß der Verteidiger v. Ossietzkys eine umfangreiche Schutzschrift in Form eines Gutachtens eingereicht hat, zu der die anderen Prozeßbeteiligten erst Stellung nehmen müssen. Von Interesse ist es aber, daß auf Grund dieser Schrift seines Verteidigers v. Ossietzky zugunsten des Reichsfinanzministeriums und dessen Beamten folgende Erklärung abgegeben hat: »Die beiden unter Anklage stehenden Artikel der Weltbühne vom 2. 2. 1932 und 29. 3. 1932 beruhen auf gutgläubig entgegengenommenem Material. Als die Richtigkeit des Materials bezweifelt wurde, habe ich noch vor der Erhebung der Anklage meinen langjährigen Verteidiger, Herrn Rechtsanwalt Dr. Apfel, beauftragt, das gesamte Material durchzuprüfen. Das Ergebnis dieser vielseitigen Prüfung liegt dem Gericht und mir vor. Das Gutachten bestätigt meines Erachtens einwandfrei, daß die Vorwürfe, die Gegenstand des Strafverfahrens bilden, unbegründet sind. Ich nehme daher die gegen das Reichsfinanzministerium und gegen die Herren Ministerialdirektor Ernst und Präsidenten Schröder erhobenen Vorwürfe mit dem Ausdruck des Bedauerns zurück.«

Mit Datum vom 21. November verzeichnet die Gefangenenakte den Eingang des Besuchsantrags des »Malers Emil Stumpp«. Die Erlaubnis wird einen Tag später erteilt. Stumpp wird drei Zeichnungen anfertigen.

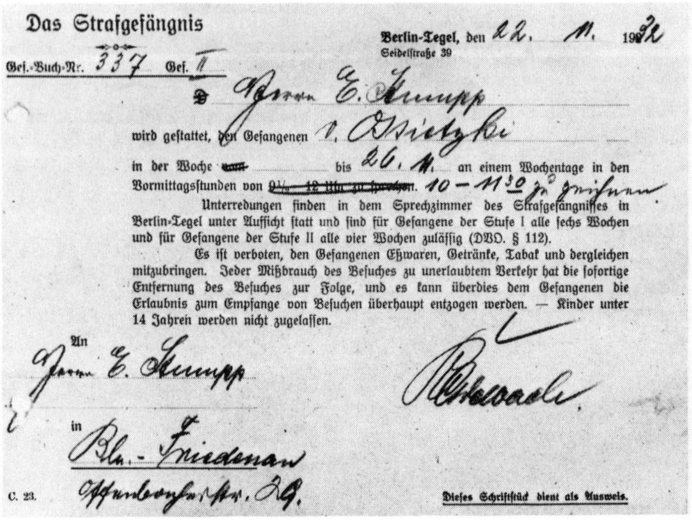

Das Strafgefängnis

Berlin-Tegel, den 22. 11. 1932
Seidelstraße 39

Gef.-Buch-Nr. 337 Gef. II

D Herrn E. Stumpp

wird gestattet, den Gefangenen v. Ossietzki

in der Woche ~~[illegible]~~ bis 26. 11. an einem Wochentage in den Vormittagsstunden von ~~[illegible]~~ 10 – 11 30 zu sprechen

Unterredungen finden in dem Sprechzimmer des Strafgefängnisses in Berlin-Tegel unter Aufsicht statt und sind für Gefangene der Stufe I alle sechs Wochen und für Gefangene der Stufe II alle vier Wochen zulässig (DBO. § 112).

Es ist verboten, den Gefangenen Eßwaren, Getränke, Tabak und dergleichen mitzubringen. Jeder Mißbrauch des Besuches zu unerlaubtem Verkehr hat die sofortige Entfernung des Besuches zur Folge, und es kann überdies dem Gefangenen die Erlaubnis zum Empfange von Besuchen überhaupt entzogen werden. — Kinder unter 14 Jahren werden nicht zugelassen.

An
Herrn E. Stumpp

[illegible signature]

in
Bln.-Friedenau
Offenbacherstr. 29.

C. 23.

Dieses Schriftstück dient als Ausweis.

23.–26. November 1932

Hindenburg habe Hitler eine »entgegenkommende Antwort« übermittelt, meldete die *Vossische Zeitung* am 22. November: Grünes Licht also für Hitlers Verhandlungen mit den Parteien. Doch der Reichspräsident stellt Hitler vor die Alternative: Entweder er findet zu einer parlamentarischen Zusammenarbeit mit anderen Parteien, oder er muß verzichten. Eine Parteidiktatur unter Hitler, abgesegnet als Präsidialkabinett, soll es nicht geben.
Am Abend des 23. steht Hitlers Antwort fest: »Hitler lehnt den Auftrag ab«, meldet die *Vossische Zeitung*, »aber er will Kanzler eines Präsidialkabinetts werden«.
»Keine Hitler-Diktatur«, triumphiert die *Vossische Zeitung* am nächsten Morgen. Das *Berliner Tageblatt* veröffentlicht das »amtliche Communiqué« unter der Überschrift »Hindenburgs Absage an Hitler«: »Der Herr Reichspräsident hat diesen Vorschlag abgelehnt, da er glaube, es vor dem deutschen Volk nicht vertreten zu können, dem Führer einer Partei, die immer erneut ihre Ausschließlichkeit betont hat, seine Präsidialvollmachten zu geben, und da er befürchten müsse, daß ein von Herrn Hitler geführtes Präsidialkabinett sich zwangsläufig zu einer Parteidiktatur mit all ihren Folgen für eine außerordentliche Verschärfung der Gegensätze im deutschen Volk entwickeln würde [...].« Das *Tageblatt* kommentiert: »Hitler hat damit seinen zweiten 13. August erlebt. Wieder, wie damals, ist er an der Forderung, er, nur er könne Reichskanzler werden, gescheitert. Aber es besteht doch ein ganz entscheidender Unterschied zwischen dem 13. August und dem 24. November. Damals hat Hitler die Führung in einem nationalsozialistischen Kabinett für sich in Anspruch genommen und erklärt, daß er sich auf keinerlei Verhandlungen einlassen könne, solange ihm diese Forderung nicht bewilligt werde. Diesmal hat Hitler versucht, seine Forderung mit taktischen Mitteln durchzusetzen.«
Ist Hitler nun gescheitert? Hat er aufgegeben? Ist er in den eigenen Reihen umgestimmt worden? »Sicher ist«, stellt der Kommentator fest, »daß er nicht einmal den Versuch gemacht hat, Verhandlungen in dieser Richtung zu führen.«
Die Entscheidung ist vertagt, »Papen nicht mehr Favorit«: die Krise dauert an. Und das *8 Uhr-Abendblatt* inseriert bereits in großen Lettern: »Gesucht wird zum sofortigen Stellenantritt ein Reichskanzler. Die Bewerber müssen vor allem die Fähigkeit nachweisen können, lange auf einem Posten auszuhalten.«

27. November 1932

Der *Dortmunder General-Anzeiger* veröffentlicht die Zeichnung und den Bericht des Pressezeichners Emil Stumpp von seinem Besuch in Tegel. »Zeitungen mit Portrait Ossietzky's« werden dem Gefangenen am 3. Dezember ausgehändigt.

Bei Karl von Ossietzky im Gefängnis

Original-Lithographie von E. Stumpp.

Im hohen Norden Berlins, bei der Kreuzung der Müller- und der Seestraße, hört die Untergrundbahn auf. Man setzt den Weg mit der Elektrischen fort.

Eine Weile noch geht es durch neuere, modern gebaute Vorstadtviertel. Dann lichtet es sich zusehends; auf der linken Seite der Tegeler Landstraße beginnen Schrebergärten, während die rechte noch von alten, niedrigen Häusern gesäumt ist. Die Straßenbahn legt hier im Freien ein tüchtiges Tempo vor. Wir lassen bald auch den Bereich der Vorstadt Reinickendorf hinter uns. Die Siedlungen der Schrebergärten gehen in dünne Kiefernwäldchen über, jene schütteren Baumbestände, wie sie der magere Boden der Mark allenthalben hervorbringt.

Durch den bläulichen Schleier der Stämme hindurch ahnt man große, dunkelrote Gebäudekomplexe. Wir sind da. Strafgefängnis Tegel. Nach der Landstraße bietet sich eine freundliche Front. In einem großen Garten eine Anzahl von Häusern, augenscheinlich Beamtenwohnungen. In der Tiefe ein niedriges, quer gelagertes Portalgebäude. Das Ganze wirkt etwa wie der Gebäudekomplex eines großen Krankenhauses.

dauert so ein Besuch eine Viertelstunde. Aber mir verschaffte man auf diese Weise eine halbe.

Der letzte der anderen Besucher hat sich entfernt, ich darf in den Sprechraum eintreten. Und aus einem Nebengelaß tritt Karl v. Ossietzky. Etwas gebückt, die Augen wie halb geblendet, als ob er aus dem Dunkeln käme. Kaum, daß er meine Hand findet. Seine Hände sind feucht und kalt wie die eines Kranken.

Die Gefängnisordnung wird glücklicherweise nicht so sklavisch gehandhabt; ich darf am Fenster Platz nehmen und Ossietzky ins beste Licht setzen. Allzu hell ist es ohnehin nicht in diesem tiefliegenden Raum.

Eine richtige, lebhafte Unterhaltung will nicht aufkommen. Die Gegenwart des Beamten, der zwar nie aktiv stört, aber eben durch seine Anwesenheit störend wirkt, lähmt die Zunge. Und das freundliche, ja gütige Lächeln, das im Gespräch Ossietzkys Gesicht aufleuchten lassen kann, wird immer schnell wieder von mühsamer Beherrschtheit aufgeschluckt. Der schwere Kopf mit der hohen Stirn sinkt in die Schultern, sein mächtiges Kinn vergräbt sich in seine Brust. Bleich und krankhaft sieht er aus, mit dunklen Schatten um die Augen.

Bei Karl von Ossietzky im Gefängnis.

Im hohen Norden Berlins, bei der Kreuzung der Müller- und der Seestraße, hört die Untergrundbahn auf. Man setzt den Weg mit der Elektrischen fort. Eine Weile noch geht es durch neuere, modern gebaute Vorstadtviertel. Dann lichtet es sich zusehends; auf der linken Seite der Tegeler Landstraße beginnen Schrebergärten, während die rechte noch von alten, niedrigen Häusern gesäumt ist. Die Straßenbahn legt hier im Freien ein tüchtiges Tempo vor. Wir lassen bald auch den Bereich der Vorstadt Reinickendorf hinter uns. Die Siedlungen der Schrebergärten gehen in dünne Kieferwäldchen über, jene schütteren Baumbestände, wie sie der magere Boden der Mark allenthalben hervorbringt.
Durch den bläulichen Schleier der Stämme hindurch ahnt man große, dunkelrote Gebäudekomplexe. Wir sind da. *Strafgefängnis Tegel.* Nach der Landstraße bietet sich eine freundliche Front. In einem großen Garten eine Anzahl von Häusern, augenscheinlich Beamtenwohnungen. In der Tiefe ein niedriges, quer gelagertes Portalgebäude. Das Ganze wirkt etwa wie der Gebäudekomplex eines großen Krankenhauses.
In jenem Portalgebäude bekommen wir eine große Nummernmarke und werden angewiesen, zu warten. Bis ein Beamter kommt und uns in das Haus führt, wo unser Gefangener sitzt! »Solcher Häuser gibt es eine ganze Reihe, auch sie tragen Nummern«.
Ein riesiger Binnenhof. Aber auch hier noch nicht unfreundlich. Zu beiden Seiten geschlossene Fronten. Rote Gebäude ringsum, alles ist aus demselben roten Backstein gebaut. Und zwei rote Kirchtürme steigen über dem Hauptgebäude auf. Große, einzelstehende Gebäude mit vergitterten Fenstern ragen aus dem Hintergrund über dem Dach der Hofgebäude empor. Das sind also die eigentlichen Gefängnisse.
Erneutes Warten. Um mir mehr Zeit zu geben, läßt man alle anderen Besucher vor. Gewöhnlich dauert so ein Besuch eine Viertelstunde. Aber mir verschaffte man auf diese Weise eine halbe.
Der letzte der anderen Besucher hat sich entfernt, ich darf in den Sprechraum eintreten. Und aus einem Nebengelaß tritt Karl v. Ossietzky. Etwas gebückt, die Augen wie halb geblendet, als ob er aus dem Dunkeln käme. Kaum, daß er meine Hand findet. Seine Hände sind feucht und kalt wie die eines Kranken.
Die Gefängnisordnung wird glücklicherweise nicht so sklavisch gehandhabt; ich darf am Fenster Platz nehmen und Ossietzky ins beste Licht setzen. Allzu hell ist es ohnehin nicht in diesem tiefliegenden Raum.
Eine richtige, lebhafte Unterhaltung will nicht aufkommen. Die Gegenwart des Beamten, der zwar nie aktiv stört, aber eben durch seine Anwesenheit störend wirkt, lähmt die Zunge. Und das freundliche, ja gütige Lächeln, das im Gespräch Ossietzkys Gesicht aufleuchten lassen kann, wird immer schnell wieder von mühsamer Beherrschtheit aufgeschluckt. Der schwere Kopf mit der hohen Stirn sinkt in die Schultern, sein mächtiges Kinn vergräbt sich in

seine Brust. Bleich und krankhaft sieht er aus, mit dunklen Schatten um die Augen. Aber die Behandlung sei gut, auch frische Luft bekämen sie, jeden Vormittag Spaziergang im Hof. Das Essen sei zwar eintönig, das sei aber nicht so wichtig. Stark abgenommen habe er an Gewicht, aber das sei die Regel. So fehlte also in der Hauptsache: die Freiheit! Er sprach es nicht aus, aber seine ganze Erscheinung atmete Sehnsucht nach Freiheit. Seine Hände klammerten sich fest zusammen, die Augen schlossen sich halb, die steile Stirn neigte sich, der ganze Mann war ein einziges Sichzusammennehmen, um nicht aufzuschreien vor Verlangen nach Freiheit.
Schwer wurde mir der Weg zurück ins Freie. Sind wir immer noch nicht weiter, fallen immer noch die dunklen Lose auf die Vorkämpfer für Geist und Freiheit und Menschenwürde?

Emil Stumpp.

Im *Tabak Tage Buch* berichtet Zimmermann von einer Haussuchung und Beschlagnahmeaktion am 23. November. Zwei Polizeibeamte waren erschienen, gesucht wurde die Tetens-Broschüre »Der Reemtsma-Skandal – die Korruption im deutschen Zigarettengewerbe und ihre volkswirtschaftlichen Folgen«; mitgenommen wurde »1 – *ein* – Stück der gefährlichen Schrift«. Und dann schildert er die Vertagung des Prozeßtermins vom 22. aus seiner Sicht.

Sicherlich zufällig wurde erst am gleichen 21. November spät abends T. H. Tetens davon unterrichtet, daß der für den 22. November cr. vormittags 9 Uhr anberaumte Termin in der Beleidigungsklage des RFM gegen ihn und Herrn von Ossietzky, den Herausgeber der ›Weltbühne‹, auf unbestimmte Zeit vertagt sei. Das war natürlich für T. H. Tetens eine um so größere Überraschung, als seine Verteidiger auf ein am 29. Oktober cr. ausgesprochenes Ersuchen um Vertagung zwecks besserer Vorbereitung dahin beschieden worden waren, daß eine Aufhebung des Termins vom 22. November *nicht* möglich sei ›mit Rücksicht auf die Eilbedürftigkeit der Sache‹. Innerhalb von 10 Tagen scheint ›die Sache‹ also ihre ›Eilbedürftigkeit‹ völlig verloren zu haben. Daß die Verteidiger des Angeschuldigten Tetens, die Dres. S. Feblowicz, Rudolf Olden und Carl Langbehn sich daraufhin bei der XIII. Strafkammer des Berliner Landgerichts III erkundigt haben, warum die Verlegung des Termins beschlossen wurde, ist demnach wohl nur zu begreiflich. [...]
Es bedeutet nun durchaus nicht die Unterstellung von kausalen Zusammenhängen, sondern nur eine völlig untendierte Aneinanderreihung von Tatsachen, wenn ich berichte, daß die Verteidigung des Herrn von Ossietzky schon in den frühen Nachmittagsstunden immer des 21. November über die Vertagung des Termins unterrichtet war, die zuständige Staatsanwaltschaft nach ihrer eigenen Erklärung erst 2 Minuten vor 4 ½ Uhr und die Verteidigung von T. H. Tetens darauf durch eine Anfrage bei der Staatsanwaltschaft

eben um 4½ Uhr. Sie hat dann unmittelbar am 22. November cr. in Verbindung mit ihrer Anfrage nach dem Grunde der Vertagung des Termins ›die sofortige Anberaumung eines neuen Termins zur Hauptverhandlung, wenn es geht, noch in dieser Woche‹ beantragt. Die Woche ist vergangen; dem Antrag ist trotz der vom Gericht selber beurkundeten ›Eilbedürftigkeit der Sache‹ nicht entsprochen worden.
Aber ich muß eilen, um mit anderem nicht zu kurz zu kommen, und erwähne deshalb nur noch, daß die Ehrenerklärung des Herrn von Ossietzky einen sehr peinlichen tatsächlichen Irrtum enthält. *Nicht er* hat Herrn Dr. Apfel beauftragt, ›das gesamte Material durchzuprüfen‹, sondern Herr Dr. Apfel hat sich dafür, als er noch Mandatar von T. H. Tetens war, Herrn Reemtsma angeboten, ist für sein ›Gutachten‹ vom Hause Reemtsma bezahlt worden.

29. November 1932

Am 25. November ist der kommunistische Schriftsteller Ludwig Renn verhaftet worden, vier Tage später gibt das *Berliner Tageblatt* die amtliche Begründung wieder: »Vorbereitung zum Hochverrat«, und setzt hinzu: »Nähere Auskünfte über das gegen Renn vorliegende Material waren jedoch nicht zu erhalten«. Einen Tag später heißt es: »Gegen Ludwig Renn soll der juristisch so stumpfe Begriff des ›literarischen‹ Hochverrats wieder einmal neu geschliffen werden. Diese Waffe bedroht aber nicht nur Renn, den sie dieses Mal zum Ziel hat, sondern das ganze deutsche Schrifttum.«

Die Gefangenenakte vermerkt: »Abgegeben: 25 Zigaretten«; Ossietzky erhält sie am 30.
Die nächste Zigarettensendung wird mit einigen Kleidungs- und Wäschestücken am 7. Dezember abgegeben. 25 Zigaretten als Ration für eine Woche – nicht gerade viel für einen notorisch »starken Raucher«.

30. November 1932

Ossietzky schreibt an Tucholsky und stimmt mit ihm redaktionsinterne Probleme ab; Tucholskys Kritik wird von einigen *Weltbühne*-Mitarbeitern als lästig empfunden, sein Fernbleiben macht sich zunehmend negativ bemerkbar. Ossietzky versucht zu vermitteln.

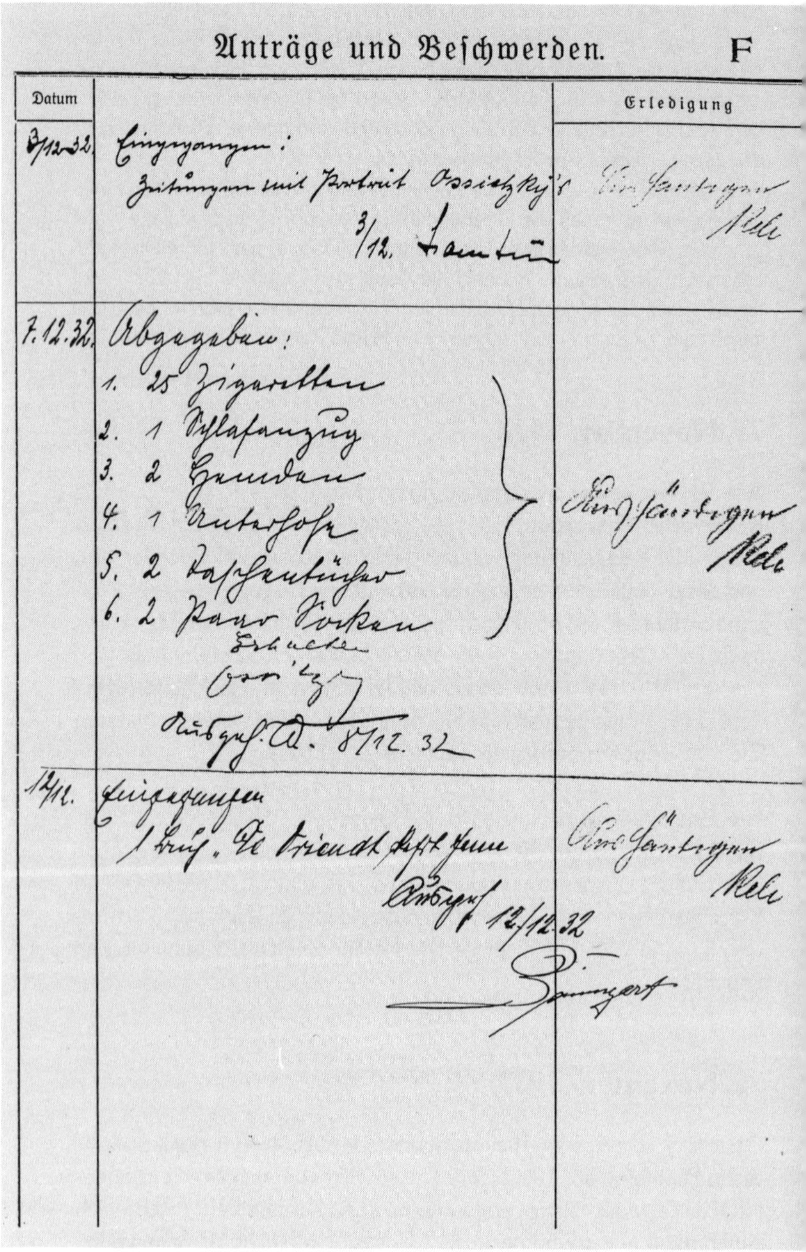

Anträge und Beschwerden. F

Datum		Erledigung
3/12.32.	Eingegangen: Zeitungen mit Porträt Ossietzky's 3/12. [illegible]	Ausgehändigt [illegible]
7.12.32.	Abgegeben: 1. 25 Zigaretten 2. 1 Schlafanzug 3. 2 Hemden 4. 1 Unterhose 5. 2 Taschentücher 6. 2 Paar Socken [illegible] Ossietzky [illegible] 8/12. 32	Ausgehändigt [illegible]
12/12.	Eingegangen 1 [illegible] [illegible] 12/12. 32 [illegible]	Ausgehändigt [illegible]

Auszug aus der Gefangenenakte

Carl v. Ossietzky Tegel, 30. XI. 32
II/337

Lieber Doktor,
vielen Dank für Ihre Briefe. Bitte kein Übelnehmen, weil ich so wenig schreibe. Das erklärt sich aus Stimmungen und der häufigen Unfähigkeit schnell umzuschalten. Die dicke Wand macht sich auf die Dauer doch bemerkbar.
Um Kaminski möchte ich keinen Trubel, ich bin zu jeder friedlichen Schlichtung bereit. Aber wenn er an mich treten sollte, werde ich ihm freundlich aber klar sagen, daß Ihr Recht, von zu druckenden Artikeln Kenntnis zu nehmen, nicht bestreitbar ist und von mir niemals bestritten wurde. Ich werde auch hinzufügen, daß es von mir immer so gehandhabt wurde.
Sie werden mir bestätigen, daß das stimmt. In etwa zwei Fällen habe ich es nicht getan, und Sie sind darüber zunächst mal in die Luft gegangen. Ich betone aber heute wie damals: es lag keine prinzipielle Weigerung vor, sondern die vielleicht berechtigte, vielleicht auch nur spleenige Erwägung, es wäre aus Gründen der Taktik besser, Sie im Stande der Unschuld zu lassen, damit Sie für Ihre Person dementieren können.
Also Ihr Kontrollrecht ist nicht anzufechten. Wenn Sie es früher nicht oft geltend machten, so lag das in technischen Gründen und räumlicher Entfernung.
Die Artikel Kaminskis finde ich nicht schlecht. Einige waren ausgezeichnet, andre wieder matter. Das Niveau scheint mir anständig. Aber ich bin kein normaler Leser, draußen mag ein andres Kriterium angängig sein. Mein Urteil in diesen Dingen ist hier überhaupt begrenzt. Ob ich draußen dasselbe tun würde wie Kaminski, weiß ich nicht. Anders als der Betrachtende, denkt der Handelnde.
Das ist kein Drehen um den heißen Brei. Ich bitte, mich darin zu verstehen. Mein ganzes Urteil über die Weltbühne ist heute zwiespältig. Manches hat mir recht gut gefallen, manches gar nicht. Wenn ich auch gelegentlich den Kopf geschüttelt habe, so überwog bei mir immer das Gefühl: Mensch, es ist ein holdes Wunder, daß das rote Heft Woche für Woche erscheint, trotzdem du nicht dabei bist und der Herr Sozius… Nun, da kommen wir auf den schmerzlichsten Punkt: das Loch im Süden…
Die heutige Leitung hat es schwer: sie muß auch *Ihren* Platz füllen. Das ist unmöglich, und vor dieser Aufgabe habe ich niemals gestanden. Deshalb muß ich auch tolerant sein, denn ich weiß nicht, ob ich so einem Fatum gewachsen wäre.
Doktor!!! Machen Sie wieder reger mit. Sie haben sich als Produzierender selbst ausgeschaltet und deshalb sind Sie als Kritiker jetzt unwillkommen. Dieser Konflikt mit Kaminski ist doch nur so zu verstehen. Sie haben durch Ihr konsequentes Fernbleiben Ihrer Autorität geschadet, und Sie schaden durch Ihr Schweigen sich noch mehr. Wenn Sie wieder leibhaftig dabei sind,

dann werden solche Querelen ja wesenlos. Niemand wird auf die Idee kommen zu mucken. Ach, wenn ich mit Engelszungen redete...
Die Sache im Montag Morgen war eine Leistung von Herrn Olden. Citron trägt, wie ich mich überzeugt habe, keine Schuld. Dennoch bin ich für eine kleine Sperre seiner Tätigkeit bei uns, denn wir wollen uns schließlich nicht auf dem Bauch rumtrampeln lassen. Das ist eine notwendige Demonstration, nicht so sehr gegen Citron als vielmehr gegen Olden und Steinthal, der behauptet, »er wolle nur mein Bestes.« Ich bin weder als Redakteur noch als Mensch noch als Insasse einer preußischen Strafanstalt in der Lage, das zu bestätigen. Asch hat mich beschworen, gegen Olden nichts zu unternehmen. Wie lange ich passiv bleibe, weiß ich nicht. Aber ich habe keine Lust, eine miserable Advokatenkabale auf meinem Rücken austragen zu lassen.
Verübeln Sie mir meinen Appell (siehe oben) nicht. Es läßt sich noch manches dazu sagen.
Meine eigne Arbeit kommt nach manchen Hemmungen endlich in Schuß. Brüten Sie wieder über einer größern Sache?
Lassen Sie bald von sich hören. Ich bin with all the wishes of the season

Ihr *Oss*

Ein knapper Brief an Annette Kolb zeigt, wie Ossietzky aus dem Gefängnis heraus versucht, die redaktionelle Arbeit der *Weltbühne* weiter zu beeinflussen.

Carl von Ossietzky — Tegel, 30. XI. 32
II/337

Liebe gnädige Frau,
vielen herzlichen Dank für Ihren Gruß. Wenn Sie mir eine Freude machen wollen, so schicken Sie mir gelegentlich das »Exemplar« und schreiben Sie wieder häufiger in der Weltbühne.

Ihr herzlich ergebener — C.v.O.

Die Blätter des Münzenberg-Konzerns, *Berlin am Morgen* und *Welt am Abend* berichten in großer Aufmachung über den Streit zwischen dem Schriftsteller Tetens und Rechtsanwalt Apfel. Unter der Überschrift »Die Affäre Tetens – Dr. Apfel« heißt es in *Berlin am Morgen:*

»Der aus seinem Kampf gegen den Reemtsma-Konzern bekannte Schriftsteller Tetens hat gegen den Rechtsanwalt Dr. Apfel den Erlaß einer einstweiligen Verfügung beantragt, nach der dem Anwalt verboten sein soll, ein von ihm im Auftrag der Firma Reemtsma gefertigtes Gutachten zu benutzen oder zu verbreiten. Das Landgericht hatte den Antrag, der sich auf den Vorwurf des Parteiverrats stützte, abgelehnt. So kam es gestern zu einer zweiten Verhandlung vor dem Kammergericht.
Die Vertreter von Tetens, die Rechtsanwälte Litten und Feblowicz, führten in mehrstündiger Rede aus, daß Dr. Apfel ein Mandat von Tetens gehabt und

gegen den Willen seines Mandanten nicht nur Beziehungen zu Philipp Reemtsma aufgenommen, sondern auch gegen Entgelt für Reemtsma den Auftrag zu einem Gutachten angenommen habe. Weiterhin habe Dr. Apfel ohne Kenntnis des Materials der Presse eine Mitteilung zugehen lassen, daß seiner Ansicht nach die von Tetens erhobenen Beschuldigungen haltlos seien. Da Dr. Apfel Tetens in dem gesamten Zigarettenkomplex als Anwalt zur Seite gestanden habe, sei seine Tätigkeit für den Reemtsma-Konzern als Parteiverrat anzusehen.

In Vertretung des Rechtsanwalts Apfel trat Dr. Story den Behauptungen der Antragsteller scharf entgegen und bestritt, daß Dr. Apfel überhaupt ein Mandat von Tetens gehabt hätte. Dr. Apfel habe sich mit den Angelegenheiten Tetens' überhaupt nur im Zusammenhang mit den Interessen seines ständigen Mandanten v. Ossietzky befaßt, in dessen ›Weltbühne‹ die Reemtsma-Artikel des Tetens erschienen seien. Ein Generalmandat hätte es nicht gegeben. Unverbindliche Gespräche würden hier als Mandatserteilung hingestellt. Aufgabe des Dr. Apfel sei es vielmehr gewesen, für die Interessen der ›Weltbühne‹ einzutreten, für die eine gütliche Einigung in diesem Falle das Wesentliche gewesen sei.

Wegen der vorgeschrittenen Stunde vertagte das Gericht die Sitzung auf Donnerstag. Es werden dann noch der zweite Vertreter des Rechtsanwalts Apfel und Dr. Apfel selbst zum Wort kommen.

»Der Zigarettenkrieg« – unter dieser Überschrift behandelt die *Welt am Abend* die allgemeine Bedeutung des Streits vor dem Kammergericht.

Einer der interessantesten Abschnitte in der Entwicklungsgeschichte des deutschen Nachkriegs-Kapitalismus ist unzweifelhaft der Konzentrationsprozeß der Zigarettenindustrie, der seinen entscheidenden Antrieb in der Tabaksteuergesetzgebung des sozialdemokratischen Finanzministers Hilferding fand.

Das Tabakgewerbe, das vor einem Jahrfünft noch eine große Anzahl von Mittel- und Kleinbetrieben umfaßte, ist heute ein beinahe monopolartiges Gebilde geworden, das von dem Reemtsma-Neuerburg-Konzern beherrscht wird. An die 600 selbständige Herstellerfirmen fielen dieser Entwicklung zum Opfer. Und mit ihnen der Schriftsteller Tetens, damals Redakteur der Deutschen Tabakzeitung in Eberswalde. Er wurde von seinem Verleger entlassen, weil er sich nach seiner Behauptung ›vergoldeten‹ Beeinflussungsversuchen der Großen unzugänglich erwies.

Tetens vertrat die Ansicht, daß die 1927 eingeführte Rohtabaksteuer mit der Nachversteuerungspflicht für Lagervorräte nicht allein in ihrer Tendenz den Großfirmen günstig gewesen sei.

Die Ausführung der Gesetze sei in einer Art und Weise vorgenommen worden, als ob geradezu die Bildung eines Privatmonopols hätte gefördert werden sollen. Lebensfähige kleinere und mittlere Firmen sollen durch

rücksichtslose Steuereintreibungen zugrunde gerichtet worden sein, ohne Rücksicht darauf, ob der Fiskus im Konkursfall Steuereinbußen erlitt. Wogegen den Großfirmen Steuererleichterungen gewährt worden sein sollen, die Millionengeschenken gleichgekommen wären.
Alle diese Vorwürfe sind schon oft in Parlamenten und vor Gerichten Gegenstand der Erörterung gewesen. Am 19. Dezember 1929 sprach z. B. der kommunistische Abgeordnete Ende von einer ›Korruption, die so zum Himmel stinke, daß es auch ein Hilferding riechen müsse – aber er wolle es nicht‹.
Das sind die Hintergründe des Streites zwischen dem Schriftsteller Tetens und dem bekannten Berliner Anwalt Doktor Apfel, der gestern einen Senat des Kammergerichts unter außergewöhnlich starkem Andrang des Publikums beschäftigte. [...]
Die Anwälte des Schriftstellers Tetens erhoben gestern sehr schwere Vorwürfe gegen Dr. Apfel [...]
Hörte man die Ausführungen des Gegenanwalts Dr. Story, die leider an mangelnder Kenntnis des Prozeßstoffes krankten und dadurch eine neutrale Meinungsbildung erschwerten, dann wurde aus Schwarz Weiß, dann hatte Rechtsanwalt Apfel kein Mandat von Tetens, und dann hatte er allein im Interesse seines Klienten von Ossietzky gehandelt. Es wirkte außerordentlich peinlich, daß dieser aufrechte Mann, der eine ungerechte Landesverratsstrafe in Tegel verbüßen muß und so selbst keine Orientierungsmöglichkeiten hat, durch seine eigene Partei in diesen Streit hineingezogen wurde.
Die Verhandlung wird am Donnerstag weitergehen. Eine abschließende Stellungnahme ist also noch nicht möglich. Nach Rechtsanwalt Storys Ausführungen wurde klar, daß eine tiefe Kluft zwischen den Auffassungen bürgerlicher Rechtsanwälte und den Auffassungen der Rechtsuchenden besteht. Welche Entscheidung das Kammergericht auch fällen wird, so muß sie entweder dem Ansehen der bürgerlichen Anwälte schaden oder aber die Rechtsuchenden zur größten Vorsicht bei Auswahl ihrer Vertreter mahnen.

1. Dezember 1932

»Ludwig Renn befindet sich noch immer im Moabiter Untersuchungsgefängnis«, schreibt das *Berliner Tageblatt*, »die Beschuldigungen gegen Renn stützen sich, wie wir hören, auf Notizen für Vorträge, die man bei Renn gefunden hat, und aus denen die Untersuchungsbehörden folgern, daß Renn den versuchten Hochverrat begangen habe. Neben dieser Beschuldigung spielt die Anklage wegen literarischen Hochverrats, die man auf von Renn verfaßte Schriften stützen will, eine Rolle. Ausgesprochene Zersetzungsschriften sind bei dem Verhafteten nicht gefunden worden. Eine Haftentlassung kommt – wie uns erklärt wird – einstweilen nicht in Frage.«

2. Dezember 1932

Ossietzky schreibt seiner Frau und zeigt, wie sehr ihn die Reemtsma-Affäre beschäftigt; er kommt nicht zur Ruhe und verläßt erneut sein Prinzip, eigene Probleme vor seiner Frau zu verschweigen.

Carl v. Ossietzky
II/337

Tegel, 2. XII. 32
Ru 3/12

Meine liebste Maudie,
vielen Dank für Deine Karte. Wegen des Pakets habe ich mit Dr. Apfel gesprochen. Er wollte Dir oder Frl. Hünicke Bescheid sagen. Wahrscheinlich ist das schon geschehen.
Der Termin ist einstweilen verschoben. Was für einen Trubel es vorher gegeben hat, weißt Du wohl. Es ist aber damit nicht zu Ende. Die Angriffe, die von Tetens und seinen Leuten kommen, ignoriere ich. Sollte ich aber endlich die Geduld verlieren, so werden die Herrschaften nichts zu lachen haben. Einstweilen geht die Hetze gegen Apfel weiter; daß Olden an der Spitze der Sache steht, ist eine der größten Tollheiten, die ich erlebt habe. Schade, ich war vorher so gut in der Arbeit drin, jetzt bin ich durch Aktienstudium [sic!], nervöse Erwartung des Termins und schließliche Abspannung durch die Verschiebung wieder herausgerissen worden. Du kennst den Zustand: man ist präpariert und dann wird das Feuerwerk wegen schlechten Wetters abgesagt. Das Publikum geht knurrend nach Haus.
Ich nehme an, daß Du nächstens, so um den 10. herum, zu mir herauskommst. Du hast das letztemal nicht gut ausgesehen, und ich habe einige Sorgen um dich. Willst Du nicht doch etwas für Deine Gesundheit tun, etwa einen tüchtigen Arzt zu konsultieren? Leider habe ich auch das Gefühl, Du bist in Deine frühere Gewohnheit zurückgefallen. Hoffentlich täusche ich mich. Aber, wie es auch sei, Du kannst sicher sein, daß alles für dich getan wird, was zu tun ist. Ich glaube, darüber kannst Du nicht klagen. Wenn Du nur begreifen wolltest, daß alles, was wir jetzt erleben, noch recht erträglich ist neben dem Schicksal von vielen Millionen, denen zu Weihnachten der Hunger durchs Fenster grinst. Schließlich werde ich auch wieder mal rauskommen...
So, da hast Du Deine Predigt. Und jetzt sei vernünftig, kleine Maus, und gräme dich nicht umsonst.
Ich küsse dich vielmals

Dein Carl

»Reichspräsident von Hindenburg hat heute mittag dem Reichswehrminister von Schleicher den Auftrag zur Neubildung der Reichsregierung erteilt«, meldet das *Berliner Tageblatt* in seiner Abend-Ausgabe. »Herr von Schleicher hat diesen Auftrag angenommen. Er wird als Kanzler das Reichswehrministerium beibehalten.[...]

Es wirkt wie eine Befreiung, wenn die Gefahr, daß Herr von Papen, der unbelehrbare Kanzler des Unheils, wiederkommen könne, durch die Berufung eines Mannes beseitigt wird, der wenigstens anerkannte Geschicklichkeit besitzt und den guten Willen zeigt, aus der Not eine Tugend zu machen und aus den schlimmen Erfahrungen der letzten Monate etwas zu lernen.«
Als »Militärherrschaft« sieht hingegen Hellmut von Gerlach in der *Weltbühne* die Berufung des Reichswehrministers: »Außenpolitisch ist es eine schwere Vorausbelastung, daß zu dem Feldmarschall-Präsident ein Reichswehr-Reichskanzler getreten ist. So etwas gibt es in der ganzen Welt nicht zum zweiten Mal. Deutschland ganz und gar militarisiert! Das ist das Gefühl, das alle Völker durchdringt.«
Am 6. wird Göring wieder Reichstagspräsident, gewählt von fünfzig Prozent der Abgeordneten. Anderntags kommt es im Reichstag erneut zu einer blutigen Schlägerei zwischen Nationalsozialisten und Kommunisten. »Mehrere Abgeordnete verlassen mit blutenden Wunden das Schlachtfeld. ›Die sachliche Arbeit‹, so hörte man einen Abgeordneten sagen, ›hat begonnen.‹«

Er hat »nicht die Kunst erlernt, Gedanken in Worte zu fassen und diese Worte von sich zu geben. Die Stabsquartiere sind ihm vertrauter als die Kasernen und die Vorzimmer vertrauter als die Versammlungssäle. Seine Tribüne ist der Feldherrnhügel.« (Hanns-Erich Kaminski zur Regierungserklärung des Reichskanzlers von Schleicher, die im Radio übertragen wurde.)

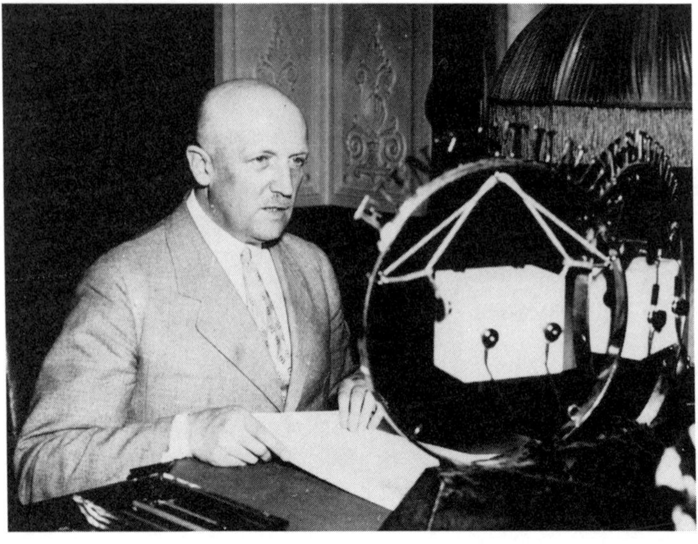

4. Dezember 1932

Das *Tabak Tage Buch* veröffentlicht die Gegenerklärung, »mit welcher die Verteidigung von T. H. Tetens die Ossietzky'sche Erklärung erwidert:
›Herr v. Ossietzky ist seit fast einem halben Jahr Gefangener in der Strafanstalt Tegel. Die Möglichkeit für ihn, sich über den Streitstoff des vorliegenden Prozesses zu informieren, ist naturgemäß dadurch in erheblichem Maße beschränkt gewesen. Er ist unseres Wissens informiert worden nur durch das sogenannte Gutachten des Rechtsanwalts Dr. Apfel, das zu den Akten eingereicht worden ist. Allerdings hat ihm der Angeklagte Tetens angeboten, ihn mit seinen Informationen bekannt zu machen. Zu unserm Bedauern hat Herr v. Ossietzky von diesem Angebot keinen Gebrauch gemacht. [...] Wir sind gezwungen, [...] folgende Mitteilung zu machen. Es schwebt [...] ein Verfahren wegen Parteiverrats gegen Rechtsanwalt Dr. Apfel [...] Die Erklärung, die Herr v. Ossietzky hier abgegeben hat, entstammt einer Meinung, die er – so hat er in einer Zeitung erklärt, – auf Grund des Apfelschen Gutachtens gewonnen haben will. Das Gericht wird sich im Laufe der Verhandlungen überzeugen, daß dieses Gutachten nicht stichhaltig ist. Für uns war es notwendig, klarzustellen, daß dieses Gutachten das Produkt eines Parteiverrats ist.‹«

8. Dezember 1932

Ossietzky gratuliert seiner Frau zu ihrem Geburtstag am 11. Dezember und richtet sich bis zur Entlassung am 10. November 1933 auf weitere elf Monate Gefängnis ein.

Carl v. Ossietzky — Tegel, 8. XII. 32
II/337 — J. 9/12

Meine liebste Maudie,
meine herzlichsten Glückwünsche zu Deinem Geburtstag, alles Liebe und Gute, was ich geben kann. Leider kann ich nicht dabei sein, so wird es wohl etwas einsam werden. Aber es ist nicht nötig, daß Du dich einsam fühlst, denn meine Gedanken sind diesen ganzen Tag bei Dir, decken Deinen Kaffeetisch und winden ein Bukett dazu. Und ich will auch, daß Du zu meinen Ehren eine schöne Tasse Mokka trinkst.

Zu den Feiertagen wird auch die Kleine da sein, da gibt es wieder Leben in der Bude und wahrscheinlich ziemlich viel. In den nächsten Tagen sind sieben Monate herum, das ist schon ein ganz anständiges Stück. Nächstes Jahr zu Weihnachten bin ich für alle Fälle wieder zurück, und es wird schöner als dieses Jahr. Wir müssen das Weitere auch noch mit aller Philosophie tragen.

Also alles Gute und viele, viele Küsse Dein Carl

»Wem winkt Amnestie?«, fragt die *Vossische Zeitung* in ihrer Abend-Ausgabe. Noch weichen die verschiedenen Anträge der Parteien in Einzelheiten voneinander ab. »Einen besonderen Punkt bildet der Antrag der SPD, auch Landesverrat in die Amnestie einzubeziehen, falls er nicht aus Eigennutz begangen ist. Hier kommt allein der Fall Ossietzky in Betracht.«

9. Dezember 1932

Im Reichstag wird über die Amnestie-Anträge der drei großen Parteien debattiert. Antrag Nr. 16, eingebracht von der SPD, geht den Nationalsozialisten zu weit, ihr Abgeordneter Frank erklärt: »Sie wagen auch nicht, deutlich klarzustellen, wie denn nun eigentlich Ihre wirkliche Stellung zum Landesverrat ist. Auf der einen Seite sagen Sie: Jawohl, wir sind dagegen. Auf der anderen Seite sind Sie und ist die sozialdemokratische Presse andauernd bemüht, den Fall Ossietzky in der weinerlichsten, süßlichsten Weise zu verfechten und zu sagen: Diesem Manne ist schwer unrecht geschehen dafür, daß er Geheimnisse der deutschen Luftfahrt verraten hat. Wir sind uns durchaus klar, wie wir Ihre Mitarbeit an der Amnestie ethisch zu bewerten haben.« Den Nationalsozialisten geht es in ihrem Antrag Nr. 23 vor allem darum, die eigenen »politischen Straftäter« herauszubekommen: »ausgeschlossen von dieser Straffreiheit bleiben nur Personen, die wegen Landesverrats [...] oder wegen Verrats militärischer Geheimnisse verurteilt sind.«
In Antrag Nr. 40, eingebracht von der KPD, heißt es so allgemein wie deutlich: »Für alle im Interesse der Arbeiterklasse begangenen Gesetzesverletzungen wird [...] Straferlaß gewährt.« Von Landesverrat ist in diesem Antrag nicht ausdrücklich die Rede.
Das *8 Uhr-Abendblatt* weist noch einmal auf die 45 000 Personen, die sich der Petition für Ossietzky angeschlossen haben, und stellt fest: »Das Interessanteste sind bei der Petition eine Anzahl von Unterschriften von Menschen, die den rechten Parteien, besonders der Deutschnationalen Volkspartei, angehören. [...] Sie haben ausge-

führt, daß bei der lauteren und ehrenhaften Persönlichkeit Carl von Ossietzkys sie sich verpflichtet fühlen, für eine Begnadigung einzutreten, obgleich sie politisch nicht derselben Meinung seien wie Herr von Ossietzky. Aus diesen Äußerungen ist zu erkennen, daß auch die Rechtsparteien keine Schwierigkeiten machen dürfen, wenn es gilt, einen Menschen, der um seiner Überzeugung willen schon fast sieben Monate im Gefängnis sitzt, nun endlich zu befreien. Die Nichtamnestierung Ossietzkys würde das Amnestiegesetz zu einer Lex Ossietzky stempeln.« Die Abend-Ausgabe des *Berliner Tageblatt* meldet bereits: Landesverrat, der nicht aus eigennützigen Motiven begangen wurde, bleibt in die Amnestie einbezogen – »Damit würde auch die Amnestierung [...] Carl von Ossietzkys gesichert.« Am nächsten Tag meldet die *Vossische Zeitung:* »Amnestiegesetz in dritter Beratung mit Zweidrittelmehrheit angenommen.« Nationalsozialisten, Sozialdemokraten und Kommunisten haben sich auf einen Kompromiß geeinigt.

10. Dezember 1932

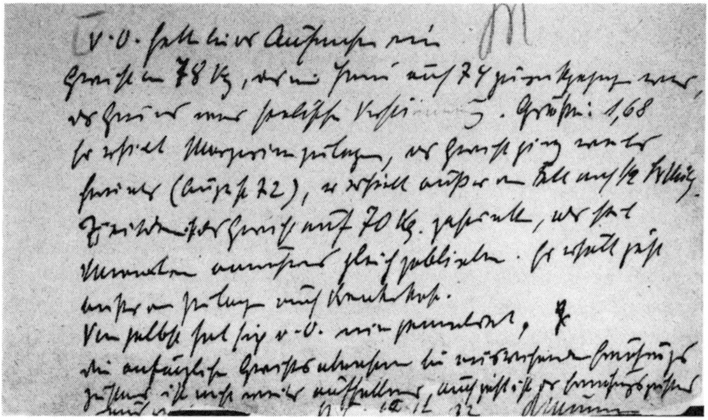

Der Gefangenenakte wird ein Bericht des Gefängnisarztes beigelegt: »v. O. hatte hier bei Aufnahme ein Gewicht von 78 kg, das im Juni auf 74 zurückgegangen war, der Grund war seelische Verfassung. Größe: 1,68. Er erhielt Margarinezulagen, das Gewicht ging weiter herunter (August 72), er erhielt außer dem Fett noch ½ l Milch. Seitdem ist das Gewicht auf 70 kg gesunken, war seit Monaten annähernd gleich geblieben. Er erhält jetzt außer den Zulagen auch Krankenkost.
Von selbst hat sich v. O. nie gemeldet, die anfängliche Gewichtsabnahme bei ausreichendem Ernäherungszustand ist nicht weiter auffallend [eine Zeile unleserlich].
10. 12. 32 Dr. Mönnich

Berlin am Morgen meldet Neues zur Affäre Tetens – Dr. Apfel: »Das Kammergericht hat gestern die Beschwerde des Schriftstellers Tetens gegen die Entscheidung des Landgerichts, das eine von ihm beantragte einstweilige Verfügung gegen Rechtsanwalt Dr. Apfel abgelehnt hatte, zurückgewiesen. Da die Begründung der Kammergerichtsentscheidung erst in einiger Zeit den Parteien zugestellt sein wird, läßt sich heute noch nicht sagen, wie das Kammergericht zu dem Fall an sich Stellung genommen hat.«

11. Dezember 1932

Freudig schreibt Ossietzky seiner Frau zur Entwicklung der Amnestiedebatte. Ossietzkys mögliche Entlassung bringt praktische Probleme – eine neue Wohnung muß gefunden werden. Einige Zimmer der alten, in der die Ossietzkys vor seinem Haftantritt zur Untermiete wohnten, sind mittlerweile weitervermietet.

Carl v. Ossietzky — Tegel, 11. XII. 32
II/337 — Ru 12/12

Meine liebste Maudie,
als ich am Donnerstag an dich schrieb, hatte ich nicht die geringste Ahnung, was für eine günstige Wendung bevorstand... Ich versuche, mir Deine Überraschung auszumalen.
Jedenfalls ändert das einiges an den Dispositionen. Wie mir Frl. Hünicke schreibt, sollte die Kleine diesmal in der Schule bleiben. Jetzt, wo ich Weihnachten zurück bin, soll sie natürlich auch da sein. Bestehe bitte darauf, daß sie kommt, denn wir müssen sie doch wiedersehen.
Ein Kreuz wird es natürlich mit der Raumfrage. Unsre frühern Räume sind zum Teil besetzt, denn niemand konnte so schnell mit meiner Heimkehr rechnen. Meinen Abscheu gegen das Kaff kennst Du ohnehin. Wie kann man da ohne allzu viel Kosten ein Provisorium schaffen? Ich weiß im Augenblick keinen Rat, aber vielleicht fällt Dir etwas ein, ich habe ja jeden Zusammenhang mit draußen verloren.
Schicke mir am Dienstag bitte unsern Boten heraus mit Deiner großen Handtasche. Bei mir haben sich viele Bücher gesammelt, die ich abtransportieren muß. Außerdem habe ich ja an Wäsche und Kleidern mehr als in meine kleine Tasche geht.
Rufe deswegen also bitte das Bureau an und am besten gleich am Dienstag schicken. Wann ich freigelassen werde, kann ich nicht sagen, ich nehme an in der zweiten Wochenhälfte.
Und was sagst Du nun zu alledem?
Ich küsse dich vielmals und Auf Wiedersehen! — Dein Carl

15. Dezember 1932

Am 13. Dezember hatte die Redaktion der *Weltbühne* ihre Leser auf die bevorstehende Amnestie hingewiesen.

Alle Leser. Das Gesetz über die Amnestie ist beschlossen. Es enthält einen Absatz, der auch für Landesverrat Straffreiheit festlegt, wenn dieser nicht aus Eigennutz begangen worden ist. Wir rechnen mit aller Bestimmtheit darauf, daß Carl v. Ossietzky in wenigen Tagen seine Freiheit wiedererlangt haben wird.

Am 15. jedoch meldet die *Vossische Zeitung*: »Amnestie-Entscheidung vertagt«. Erst am kommenden Dienstag, am 20. soll es zur Entscheidung im Reichsrat kommen. Und die Mehrheitsverhältnisse sind alles andere als stabil. »Wie bekannt«, schreibt das *Berliner Tageblatt*, »hat die bayerische Regierung die Absicht, die Erhebung eines Einspruchs zu beantragen. Württemberg und eine Anzahl preußischer Provinzen nehmen eine ähnliche Stellung ein.«

18. Dezember 1932

Ossietzky berichtet Tucholsky von der »Stockung« der Amnestiedebatte und fürchtet Schlimmes. Dennoch drängt er auf ein Treffen mit dem Freund und Kollegen.

Carl v. Ossietzky — Tegel, 18. XII. 32
II/337 — Ru 19/12

Lieber Doktor,
vielen Dank für Ihren Brief. Einstweilen ist eine Stockung eingetreten, die zum Aufschub von Wochen, vielleicht auch zu völligem Versacken der Amnestie führen kann. In diesem Land ist eben alles irregulär (nicht irrational, wie viele meinen.) Jedenfalls ist es ganz unmöglich, einen dringenden persönlichen Wunsch an die parlamentarische Maschine zu binden. Seien Sie ganz ruhig über mich: ich habe durchaus die innere Konstitution um durchzuhalten. Und fällt die ganze Geschichte am Ende ins Wasser, dann Cambronne, lieber Freund, Cambronne...
Ich weiß nichts von Ihren Dispositionen. Sollte ich doch im Laufe der nächsten Zeit freikommen und Sie dann wieder nach Norden reisen, so müssen wir uns irgendwo sehen, falls Sie nicht nach Berlin wollen.

Herzlichst — Ihr Oss

Ossietzky und Tucholsky sehen sich nicht wieder. Seit 1930 lebt Tucholsky in Schweden, setzt dort fünf Jahre später seinem Leben ein Ende. Das Foto zeigt Tucholsky auf der Überfahrt von Belgien nach Schweden, 1933.

19. Dezember 1932

Kurz vor Weihnachten schreibt Ossietzky noch einmal seiner Frau und gratuliert seiner Tochter zu ihrem Geburtstag am 21. Dezember; seine wachsenden Zweifel in den Ausgang der Amnestiedebatte verschweigt er nicht.

Carl v. Ossietzky II/337 — Tegel, 19. XII. 32 Ru 20/12

Liebste Maudie,
ich hoffe, daß Du an der Unterbrechung nicht zu sehr leidest. Es ist natürlich hart und nervenanspannend, daß wir jetzt wieder warten müssen, nachdem der Anfang sich so gut angelassen hat. Immerhin besteht im Augenblick noch die Möglichkeit, daß ich bis Weihnachten zurück bin. Wahrscheinlich ist aber – so oder so – die Entscheidung gefallen, wenn Du am Mittwoch den Brief in den Händen hast. Wenn nicht – so müssen wir weiter geduldig sein.
Im Augenblick weiß ich noch nicht, ob Baby schon angekommen ist oder ob ihr, angesichts der Wendung, sie noch im Odenwald gelassen habt, bis alles sicher ist. Deshalb schreibe ich nach hier, denn ich nehme an, daß sie schon da ist.
Also Kopf oben behalten – es wird gut werden.
Ich küsse dich vielmals

Dein Carl

Wenn ich zu Weihnachten noch nicht frei sein sollte, so bitte ich, mich nicht während der beiden Feiertage zu besuchen. Es ist dann so voll hier und die Zeit so kurz, daß es keine Freude macht.

Liebes Baby, — 19. XII. 32
tausend gute Wünsche zu Deinem Geburtstag, den ich leider nicht mit euch verleben kann. Vielleicht bin ich aber schon Weihnachten da, vielleicht auch etwas später. Du weißt noch nicht viel, mein liebes Kind, weshalb man mich im Gefängnis hält, aber Du wirst mir glauben, daß es eine gute und anständige Sache ist. Später wird Dir das einmal ganz klar werden. Ich habe dich aus Berlin genommen, damit Du hier keine Unannehmlichkeiten dadurch hast, keine Quälereien und Neckereien durch andre, damit Dir die heitern Jahre nicht verdorben werden. Aber ich glaube, Du sollst für lange zurückdenken an diese Zeit, und Du sollst stolz sein, daß Dein Vater verfolgt worden ist, weil er die Wahrheit vertreten hat und sich nicht duckt.
So verlebe Deinen Geburtstag mit Deiner Mutter gut und freundlich. Sei rücksichtsvoll zu ihr in allem, denn sie hat viel gelitten in dieser Zeit, und Du bist ein kleiner Wildfang. Ich beglückwünsche dich, mein Liebling, alles Gute und Liebe. Hoffentlich bin ich bald bei euch.

Dein Papi

Während Ossietzky im Gefängnis seinen Brief an Frau und Tochter schreibt, scheint draußen die – positive – Entscheidung gefallen zu sein: »Mehrheit im Reichsrat für Amnestie«, hofft, in ihrer Abend-Ausgabe, die *Vossische Zeitung*. Träfe dies zu, müßte der Reichstag vor Weihnachten nicht noch einmal zusammentreten.

20. Dezember 1932

Die *Weltbühne* erwartet den Vollzug der Amnestie.

Amnestierter. Sie warten auf Ihre Befreiung. Der Reichsrat, dessen Genehmigung notwendig ist, damit die Amnestie Gesetz wird, hat seine Stellungnahme um fast eine Woche hinausgeschoben. Wir erwarten, daß es dann keine weitere Verzögerung gibt. Denn wenn der Reichsrat nicht will, daß die mit der Amnestie angestrebte Beruhigung in das grade Gegenteil umschlage, muß er das Seine tun, damit Carl v. Ossietzky und mit ihm die große Zahl der andern Amnestierten noch vor Weihnachten ihre Freiheit wiedererlangen. Unerträglich ist der Gedanke, daß kleinlicher Partikularismus diesen Akt der Menschlichkeit behindern könnte.

Wie am 30. November angekündigt, druckt *Berlin am Morgen* einen ausführlichen Artikel zur Monopolbildung im Zigarettengewerbe, Hintergrund der verschiedenen Skandale und der Tetens-Reemtsma-Affäre:

Seit 1925 sind etwa drei Viertel der deutschen Zigarettenfabriken, und zwar namentlich die mittelständischen, zusammengebrochen. Zugleich ist der Bruttonutzen des Tabakwarenhandels an Zigaretten von etwa 30 Prozent auf etwa 20 Prozent des Kleinverkaufspreises gesunken. Da die Unkosten des Handels sich nicht so wesentlich verändert haben, bedeutet die Senkung der Handelsspanne eine tiefe Verelendung des tabakhändlerischen Mittelstandes. Die Verelendung des Tabakwarenhandels und der mittelständischen Zigarettenindustrie ist die Kehrseite des Vertrustungsprozesses, durch den im Jahre 1929 dem Reemtsma-Konzern die Herrschaft über die Zigarettenindustrie zufiel. [...]

Der Prozeß der Vertrustung der Zigarettenindustrie ist von gewissen fiskalischen Vorgängen nicht zu trennen. Die Tabaksteuer macht etwa die Hälfte oder mehr vom Kleinverkaufspreis der Zigarette aus. Sie ist zugleich neben den Zöllen die finanziell wichtigste deutsche Verbrauchsabgabe. Der fiskalische Ertrag des Tabaks – Tabakzoll und Tabaksteuer – betrug 1930 nahezu eine Milliarde Mark, nahezu ein Zehntel der Reichseinnahmen.«

Häufig sei in der Vergangenheit die Tabaksteuer geändert worden, »1923: 40prozentige Banderolensteuer auf Zigaretten; 1925: Schliebensche Finanzreform, Senkung von Einkommens- und Umsatzsteuer, Erhöhung der Tabaksteuer durch Einführung der Materialsteuer auf Zigarettentabak, Krise der Zigarettenindustrie; Ende 1929 abermalige Erhöhung der Zigarettensteuer, Ende 1930 Erhöhung der Steuer auf alle Tabakprodukte unter erheblicher Überspannung der Steuer, starke Mindereinnahmen; Juni 1931: Reduktion der Besteuerung niedriger Zigaretten, infolgedessen starkes Wiederansteigen des Zigarettenkonsums und der Steuereinnahmen. Alle diese Maßnahmen sind durch Verordnung oder hastig durchgepeitschte Notgesetzgebung eingeführt.

Bis 1925 war die Zigarettenindustrie noch ausgesprochen mittelständisch, die vorherrschende Preislage war 3, 2½ und 2 Pfennig. Da kam das Gesetz vom 10. August 1925, das an Stelle der 40prozentigen Banderolensteuer die Materialsteuer einführte. Für einen Doppelzentner Tabak, gleichviel ob man daraus 2- oder 15-Pfennig-Zigaretten macht, sind nach diesem Gesetz 900 Mark zu bezahlen. Durch diese antisozialste Steuer wurde die 2-Pfennig-Proletarier-Zigarette mit 80 Prozent des Kleinverkaufspreises belastet, während der Anteil der Steuer bei der 10-Pfennig-Zigarette bloß 35 Prozent betrug. Das Resultat: die 2 und 3 Pfennig produzierenden Firmen mußten mit ihren Preisen hochgehen, der Konsument, statt für die alte schlechte Zigarette mehr zu bezahlen, ging auf die schon eingeführte Reemtsma-5-Pfennig-Zigarette über.

Dabei aber geschah noch folgendes. Die Zigarettenindustrie hat ›gerochen‹, daß das neue Gesetz eine Zollerhöhung mit sich bringen wird. Sie scharrte ihr letztes Geld zusammen, um noch schnell vor Torschluß billigeren Tabak zu kaufen. Am 11. August saß sie da, mit strotzend vollen Lagerbeständen und einer immensen Schuld. Denn das Gesetz brachte keine Zollerhöhung, sondern eine Materialsteuer, die nachversteuert werden mußte. Reemtsma selbst hatte keine größeren Tabakmengen am Lager. [...] Der kapitalistische Ausleseprozeß ging seinen verwüstenden Gang. Von 466 Unternehmungen krachten 179 zusammen, der Rest der Industrie ging Anfang 1929 teils in dem vereinigten Reemtsma-und Neuerburg-Konzern auf, teils bildete er mit diesem Kartell, das etwa 90 Prozent der Produktion umfaßte und imstande war, die Handelsspanne wiederholt radikal zu kürzen. [...]

Auf diesem Hintergrund spielen sich die sogenannten Skandale ab.

Seit Jahren wird von verschiedenen Seiten die Behauptung aufgestellt, der Aufstieg des Reemtsma-Konzerns sei nicht durch die übliche kapitalistische Konzentration zu erklären, sondern durch ein strafbares Zusammenarbeiten des Reichsfinanzministeriums mit dem Reemtsma-Konzern. Diese Behauptungen sind Gegenstand eines Verleumdungsprozesses, der im Auftrage des Reichsfinanzministeriums wegen einiger Artikel des Schriftstellers Tetens in der ›Weltbühne‹ durchgeführt wird. Man wird in der Verhandlung dieses Prozesses hoffentlich erfahren, ob diese Behauptungen zutreffen oder ob sie unwahr sind. Bis dahin ist es natürlich nicht möglich, sich ein eigenes Urteil zu bilden. Immerhin wollen wir unsere Leser auch über diesen Prozeßgegenstand informieren, der auch den Hintergrund des Prozesses Tetens – Dr. Apfel bildet.

Tetens behauptet – er wird dafür den Beweis zu erbringen haben –, daß die Firma Reemtsma schon früher gewußt hat, wie dieses Gesetz beschaffen ist.

Eine Verbindung, so behauptet Tetens, führte über den Syndikus des Zigarettenverbandes, Dr. Flügler, einem Reemtsma-Mann, zum Reichsfinanzminister Dr. Köhler.
Herr Hilferding, einst marxistischer Theoretiker des Finanzkapitals, hat als Finanzminister den deutschen Werktätigen einige Monopole aufgehalst: Kreugers Zündholzmonopol, das Zigarettenmonopol von Reemtsma. Das kam so:
Kurz vor Weihnachten 1929, am 22. Dezember, wurde ein Gesetz in aller Schnelle durchgepeitscht, das in der Zigarettenindustrie eine Kontingentierung vorschreibt. Kein neuer Betrieb kann nach diesem Gesetz, das bis Ende 1932 verlängert worden ist, Zigaretten produzieren, es sei, daß er 100 Prozent auf die normalen Steuersätze bezahle. Damit wurde Reemtsma-Neuerburg, die damals 80 bis 85 Prozent des deutschen Marktes beherrschten, ihre Monopolstellung vom Staate aus garantiert.
Für die Phase des Monopolkapitalismus sind alle diese Vorgänge durchaus bezeichnend. Die Grenze zwischen gesetzlichen und ungesetzlichen Mitteln ist flüssig. Erfolg heißt Wirtschaftsführung, Mißerfolg – Betrug. [...]
Von Tag zu Tag wird der Kreis der Käufer, die sich noch Zigaretten leisten können, kleiner. Die Rohstoffpreise sind bedeutend gesunken, die Löhne sind gesunken, die Zigarettenpreise halten sich auf ihrer Höhe.
Der werktätige Raucher fordert:
1. Herabsetzung der Preise der Zigaretten.
2. Herabsetzung der Steuern für die billigsten Zigarettensorten, durch progressiv zunehmende Banderolensteuer oder völlige Abschaffung der Materialsteuer.
3. Untersuchung aller Vorwürfe gegen das Reichsfinanzministerium.

»Vom Untersuchungsrichter des Reichsgerichts«, meldet der *Berliner Börsen-Courier*, »ist gegen den kommunistischen Schriftsteller Ludwig Renn und den gleichfalls inhaftierten Erwin Otto eine Untersuchung wegen Vorbereitung zum Hochverrat eröffnet worden. – Danach ist wohl anzunehmen, daß die Renn zur Last gelegten Straftaten nicht unter die vom Reichstag beschlossene Amnestie fallen.«

»Befriedung durch Befreiung« überschreibt die *Vossische Zeitung* ihren Bericht zur »Aufhebung der Ausnahme-Verordnungen«. Aufgehoben werden Notverordnungen, welche die Regierung Papen verhängt hatte: Die Verordnungen vom 14. und 28. Juni 1932 gegen politische Ausschreitungen, die Verordnung vom 9. August 1932 gegen den politischen Terror, die Pressenotverordnung, durch die Zeitungen zur Veröffentlichung amtlicher Auflagenachrichten gezwungen werden konnten. Die Versammlungs- und Vereinsfreiheit (mit Ausnahme derjenigen von Terrorverbänden) ist damit weitgehend wieder hergestellt.

Endlich, am Abend, stimmt der Reichsrat der Amnestie zu. »Das Amnestiegesetz ist damit endgültig verabschiedet und wird nun von der Regierung mit solcher Beschleunigung in Kraft gesetzt werden, daß die amnestierten Gefangenen noch vor Weihnachten ihre Freiheit wiedererhalten.« Es ist die umfassendste Amnestie, »die je im Deutschen Reich seit Bestehen der Weimarer Verfassung erlassen worden ist« und von welcher »voraussichtlich etwa 15 000 Personen im ganzen Reichsgebiet erfaßt werden.«

21. Dezember 1932

»Ossietzky morgen frei!« schreibt das *8 Uhr-Abendblatt.* Karl Schnog widmet Ossietzky zur Begrüßung ein Gedicht, das zusammen mit einer Fotografie vom 10. Mai veröffentlicht wird. Der Zeitungsausschnitt befindet sich in der Gefangenenakte.

Gruss an Ossietzky

Da wärst du wieder, guter Kamerad.
Dein Fernsein schien uns tausend lange Wochen.
Du hieltest dich in Kerkermauern grad,
Hier draußen wurde manches Kreuz gebrochen.

Wir wissen, daß du keine großen Hymnen magst
Und wollen unsren Freudenausbruch dämpfen.
Weil du ja auch nicht jubelst, schmust und klagst,
Drückst uns die Hand und hilfst uns weiter kämpfen.

Wir wollen nicht mit Blumensträußen nah'n
(Nur unsern Arm um deine Schulter ranken),
Du hast doch etwas mehr als wir getan,
Und darum laß dich grüßen, laß dir danken.

Karl Schnog.

»Die Gefängnis-Verwaltungen können von sich aus die Pforten nicht öffnen«, klärt die *Vossische Zeitung* ihre Leser auf über den praktischen Gang der Amnestie. »Sie können Untersuchungs- und Strafgefangene nur dann fortlassen, wenn Verfügungen auf Entlassungen vorliegen. Soweit rechtskräftige Urteile vorliegen und soweit es sich um Ermittlungsverfahren handelt, gehen diese Verfügungen von der Staatsanwaltschaft aus.«

22. Dezember 1932

»In der Untersuchungssache gegen den verhafteten Schriftsteller Ludwig Renn erfahren wir«, schreibt der *Berliner Börsen-Courier*, »daß die Reichsanwaltschaft und der Berliner Untersuchungsrichter, Landgerichtsdirektor Dr. Braune, die Auffassung vertreten, daß Renn nicht unter die Amnestie fällt. Demgegenüber stehen die Verteidiger auf dem Standpunkt, daß ein Amnestieausschließungsgrund unter keinen Umständen gegeben sei. Renns Absicht sei niemals darauf gerichtet gewesen, Reichswehr oder Polizei zur Erfüllung ihrer Pflicht untauglich zu machen. Die Verteidiger haben bei dem Untersuchungsrichter und dem Reichsgericht in Leipzig den Antrag gestellt, die Amnestie auch bei Renn zur Anwendung zu bringen und ihn aus der Haft zu entlassen.«

Ossietzkys »Amnestie war die umstrittenste«, schreibt die *Berliner Volks-Zeitung*. »Weder die Nationalsozialisten legten, wie man weiß, Wert darauf, daß Ossietzky amnestiert wurde, noch setzten sich die Kommunisten entscheidend für Ossietzky ein. Es war erst dem Zusammenwirken der Liga für Menschenrechte mit der Sozialdemokratischen Partei zu verdanken, daß Carl von Ossietzky freikam. Insbesondere der sozialdemokratische Abgeordnete Dr. Marum hat sich für seine Amnestierung eingesetzt.«

»Die Entlassung des Schriftstellers Carl von Ossietzky wurde schon für heute mittag erwartet.« Das *8 Uhr-Abendblatt* setzt hinzu: »Aber eine Rückfrage beim Reichsgericht in Leipzig ergab die erstaunliche Tatsache, daß das Reichsgericht mit der Prüfung der auf Grund der Amnestie zu entlassenden Gefangenen noch nicht zu Ende war. Während also in Preußen bereits Dienstag abend die Verfügung ergangen war, alles vorzubereiten, damit die Entlassungen sofort erfolgen könnten, hat die Reichsanwaltschaft es nicht für notwendig befunden, diese Prüfungen schon vor Verkündung des Gesetzes vorzunehmen. Es bedurfte erst der verschiedenen Anrufe der an dem Verfahren Beteiligten, damit die Oberreichsanwaltschaft die Prüfungen vornahm. Auf diese Weise ist mit der Entlassung Ossietzkys erst in den Nachmittagsstunden, spätestens wohl am morgigen Tage, zu rechnen.«

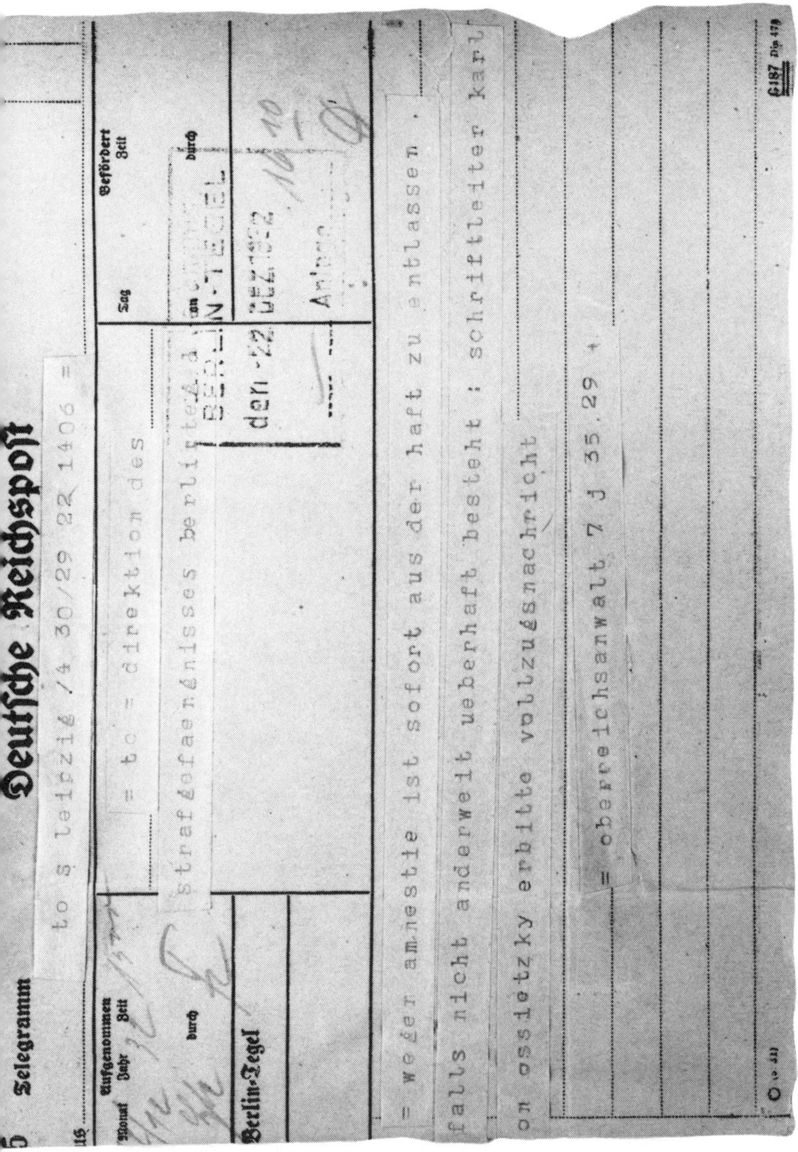
Telegramm Deutsche Reichspost

Aufgenommen Monat Jahr Zeit durch

Befördert Tag Zeit durch

Berlin-Tegel

to s leipzig /4 30/29 22 1406 =

= tc = direktion des

strafgefaengnisses berlintegel

BERLIN-TEGEL den 22 DEZ 1932

= wegen amnestie ist sofort aus der haft zu entlassen ,

falls nicht anderweit ueberhaft besteht : schriftleiter karl

von ossietzky erbitte vollzugsnachricht

= oberreichsanwalt 7 j 35.29 +

Der Oberreichsanwalt in Leipzig verfügt, vielleicht auch auf Druck der Presseberichterstattung, die Entlassung Ossietzkys per Telegramm.
Um 16.10 Uhr ist das Telegramm eingegangen, die Gefängnisbürokratie kann das Entlassungsformular ausfüllen. Am 23. erreicht ein gleichlautender Brief die »Direktion des Strafgefängnisses.«

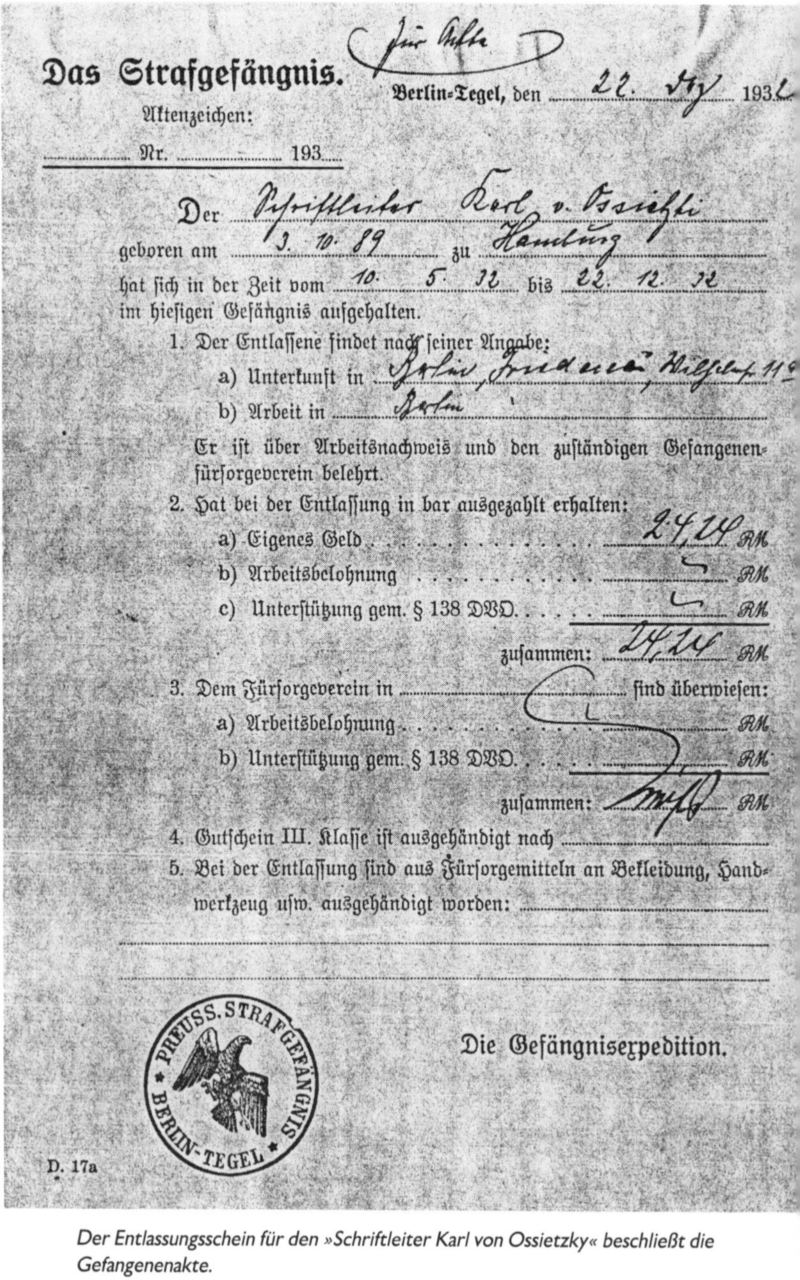

Das Strafgefängnis. (für Akte)

Berlin-Tegel, den 22. Dez. 1932

Aktenzeichen:

.... Nr. .... 193...

Der Schriftleiter Karl v. Ossietzki

geboren am 3. 10. 89 zu Hamburg

hat sich in der Zeit vom 10. 5. 32 bis 22. 12. 32

im hiesigen Gefängnis aufgehalten.

1. Der Entlassene findet nach seiner Angabe:

   a) Unterkunft in Berlin, Friedenau, Wilhelmsh. 11

   b) Arbeit in Berlin

   Er ist über Arbeitsnachweis und den zuständigen Gefangenenfürsorgeverein belehrt.

2. Hat bei der Entlassung in bar ausgezahlt erhalten:

   a) Eigenes Geld .... 24,24 RM

   b) Arbeitsbelohnung .... — RM

   c) Unterstützung gem. § 138 DVO. .... — RM

   zusammen: 24,24 RM

3. Dem Fürsorgeverein in .... sind überwiesen:

   a) Arbeitsbelohnung .... RM

   b) Unterstützung gem. § 138 DVO. .... RM

   zusammen: .... RM

4. Gutschein III. Klasse ist ausgehändigt nach ....

5. Bei der Entlassung sind aus Fürsorgemitteln an Bekleidung, Handwerkzeug usw. ausgehändigt worden: ....

PREUSS. STRAFGEFÄNGNIS BERLIN-TEGEL

Die Gefängnisexpedition.

D. 17a

Der Entlassungsschein für den »Schriftleiter Karl von Ossietzky« beschließt die Gefangenenakte.

Gegen 18 Uhr ist Ossietzky frei.
Vor dem Gefängnistor erwarten ihn Freunde. Ossietzky fährt mit ihnen nicht gleich in die Redaktion der *Weltbühne* in die Kantstraße, sondern besorgt zunächst, wie Bruno Frei und Kurt R. Grossmann berichten, Kuchen und Tabak – sein Abschiedsgeschenk an die im Gefängnis verbleibenden Häftlinge. In der Redaktion wird die Haftentlassung gefeiert. Walter Mehring berichtet: »Die ›Weltbühne‹ veranstaltete ihm in ihren Räumen einen triumphalen Empfang mit Ansprachen, die ihm peinlich waren. Als Alfred Polgar und ich im Nebenzimmer ihm zutranken, fiel ihm das Glas aus der Hand – und mir fiel zum erstenmal das unablässige Zittern seiner Hände auf, das Nachleben der seelischen Erschütterung seiner Haft.« Unter den Freunden und Mitarbeitern ist auch Kurt R. Grossmann. Sein Gespräch mit Ossietzky erscheint am 23. im *8 Uhr-Abendblatt*; am 24. eine Fotografie, die Ossietzky mit seiner Tochter Rosalinde in den Redaktionsräumen zeigt.

Aus dem 8 Uhr-Abendblatt *vom 24. Dezember 1932*

Der Freiheit wiedergegeben...

Karl von Ossietzky, nach seiner Entlassung aus dem Gefängnis, mit seiner Tochter

Carl von Ossietzky – ganz der Alte!
Erstes Gespräch mit ihm nach seiner Haftentlassung

Endlich ist es so weit! Noch in den gestrigen Vormittagsstunden, als die Telefonverbindungen nach Leipzig spielten, wußte man nicht, ob Ossietzky noch am gleichen Tage entlassen werden würde.
Das Auto rast nach Tegel. Durch die belebte Müllerstraße geht es, durch die ruhige Scharnweberstraße, endlich Strafgefängnis Tegel. Dort stehen die engsten Freunde Ossietzkys, die seit sieben Uhr früh ausgehalten haben. Hinein in das Strafgefängnis, Ossietzky ist bereits im Kassenraum. Freudestrahlend begrüßt er mich. ›Na endlich.‹ ›Ja, es hat Mühe gekostet.‹
Als Ossietzky den Raum verläßt, da drücken ihm nicht nur seine Mitgefangenen, die auch entlassen werden, die Hand. Auch mancher der Beamten kommt, um sich von diesem ›Gefangenen‹ zu verabschieden. Als er auf die Straße tritt, bringt ihm die Menschenmenge ein Hoch aus. Sein erster Weg führt in die Redaktion der ›Weltbühne‹. Dort habe ich, nachdem die Glückwünsche und das Händedrücken ein wenig abgeebbt, die reichen Blumenspenden bewundert sind, Gelegenheit, einige Fragen an ihn zu stellen.
›Machten sich die Amnestieverhandlungen im Gefängnis spürbar?‹
Ossietzky antwortet schnell und sofort, auf das Thema ganz eingestellt: ›In den letzten acht Tagen war eine starke Unruhe vorhanden. Die mißlungene preußische Amnestie schreckte die Verwaltung. Damals waren schon Entlassungen vorgenommen worden. Nun wollte man diesmal doppelt vorsichtig sein. Aber als dann die Amnestie wirklich kam, da übertrug sich die Freude der Betroffenen auch auf die Beamten. Der strenge Dienstbetrieb war gelockert.‹
›Wann rechneten Sie mit Ihrer Entlassung?‹
›Ich war skeptisch bis zum letzten Augenblick. Aber trotzdem hatte ich alle Vorbereitungen zu meiner Entlassung getroffen. Meine Koffer waren gepackt. Ich glaubte jedoch, daß meine Entlassung erst Freitag stattfinden würde.‹
›Wie haben Sie sich im Gefängnis gefühlt? Wie ist Ihr Gesundheitszustand?‹
›Was meine Gesundheit anbetrifft, das kann ich heute nicht beurteilen. Meine Nerven sind von der Aufregung noch zu sehr angespannt. Alles wird nachkommen. Ich habe immerhin in der Strafanstalt zwanzig Pfund abgenommen; denn die Kost konnte ich schwer ertragen. Wenn ich noch Gelegenheit gehabt hätte, den Koch kennenzulernen, dann hätte ich ihn nur angeschaut und gesagt: ›Ach, das sind Sie!‹
Am schwersten hat auf mir die Enge der Zelle gelastet. Hier in diesem Zimmer ist alles so groß. Daran muß ich mich erst wieder gewöhnen.
Es ist furchtbar, in einem Raum eingesperrt zu sein und nur vier Schritte hin- und hergehen zu können. Das schnürt einem die Brust zu. Und so ist es ja allein zu verstehen, daß viele Gefangene irrsinnig werden.
Die Beamten tun ihre Pflicht. Aber was ihnen fehlt, ist etwas Psychologie. So

ein Gefängnis ist ein Staat der Klassenlosigkeit. Die wirklichen Verbrecher kommen aber auch hier auf ihre Rechnung.‹
›Wie war die Kost? Konnten Sie rauchen?‹
›Das Gefängnis in Tegel ist ein sternförmiger Bau so nach dem Muster von Sing-Sing. Von einer Zentrale aus sind alle Treppen und Gänge zu beobachten. Und die Zelle ist klein und schlecht gelüftet. Ich bin ja ein leidenschaftlicher Raucher und habe unter dem Verzicht der Zigarette wohl am meisten gelitten. Gegen das Essen revoltierte mein Magen. Die Bohnen, Erbsen, von denen man annehmen konnte, sie wären in einem Drogerieladen zubereitet, haben mir manche Pein verursacht. In den letzten acht Tagen bekam ich übrigens Krankenkost. Ich fand keinen beträchtlichen Unterschied.‹
›Was haben Sie im Gefängnis getrieben?‹
›Sehr, sehr viel gelesen und auch viel geschrieben. Die Bewegung von einer halben Stunde den Tag war nicht gerade üppig, zumal bei der Enge der Zelle. Dann bekam ich ja auch öfters Besuch. Übrigens nach dem strengen Reglement, das in Tegel herrscht. Nur meinen Anwalt konnte ich, allerdings auch in Gegenwart eines Beamten, in einem besonderen Raume sprechen.‹
›Haben Sie etwas von den Weihnachtsvorbereitungen im Gefängnis bemerkt? Wie verständigten sich überhaupt die Gefangenen untereinander?‹
›Zu Weihnachten werden die Sanitätswachen verstärkt; denn zu Weihnachten ist die Selbstmordgefahr der Gefangenen am größten. Das Gefühl der Verlassenheit, die Sehnsucht nach der Familie, macht sich bemerkbar. Die Beamten haben es zu dieser Zeit besonders schwer.
Das Nachrichtenwesen ist im Gefängnis glänzend. Man lernt, in wenigen Worten sehr viel zu sagen. Diejenigen, die Freunde oder Komplizen im Gefängnis haben, verständigen sich auch noch durch Klopfzeichen. Bilden Sie sich nicht ein, daß das Gefängnis ein Hort der Ruhe ist. In den ersten Tagen wurde ich von dem Lärm fast verrückt. Nichts bleibt geheim, alles erfährt man auf tausend Wegen.‹
›Wie war der Direktor und die anderen Beamten?‹
›Der Direktor? Der war unsichtbar. Für uns Gefangene ein kleiner, auf dem Olymp thronender Gott. Der Abteilungsvorsteher, das ist der wichtigste Mann für den Gefangenen. Durch ihn und über ihn geht alles, erhält der Gefangene manches. Ich kann nur sagen, daß die Beamten korrekt waren. Es gibt unter ihnen auch solche mit warm schlagendem Herzen. Wie gesagt, Psychologen findet man unter ihnen selten.‹
›Und jetzt, lieber Carl von Ossietzky, was werden Sie jetzt tun?‹
Er zeigt auf seinen Schreibtisch, auf dem sich die Glückwunschtelegramme häufen.
›Da werde ich am ersten Januar wieder sitzen. Bis dahin will ich mich etwas umtun. Wieder Boden unter die Füße gewinnen, und dann übernehme ich wieder die Leitung der ›Weltbühne‹. Ob ich für ein paar Tage von Berlin verschwinde, weiß ich noch nicht.‹

Kurt Grossmann

23. Dezember 1932

Berlin am Morgen veröffentlicht Ossietzkys Dank an alle, die sich für die Amnestie eingesetzt haben. Er erinnert daran, daß der Schriftsteller Ludwig Renn noch nicht entlassen ist. Auch dieser Zeitungsausschnitt befindet sich in der Gefangenenakte.

Carl v. Ossietzky

an „Berlin am Morgen"

Der Schriftsteller Carl v. Ossietzky ist gestern nachmittag aus der Strafanstalt Tegel entlassen worden, nachdem er einen großen Teil seiner Strafe bereits abgesessen hat. Seine Freunde bereiteten ihm einen herzlichen Willkommensgruß. Daß Carl v. Ossietzky ungebrochen seinen Kampf gegen Faschismus und Reaktion weiterführen wird, davon zeugt der nachstehende Brief an „Berlin am Morgen", den v. Ossietzky sofort nach seiner Haftentlassung geschrieben hat.

„Es ist mir ein Herzensbedürfnis, in diesem Augenblick, wo ich die Freiheit wiedererlangt habe, allen denen zu danken, die sich tatkräftig für die Amnestie eingesetzt haben, vor allem den Kollegen von der Arbeiterpresse. Ich bin mir bewußt, daß in dieser unerwarteten Befreiung eine große Verpflichtung liegt, in dem Kampf gegen den Faschismus nicht schlaff zu werden. Auch diese Amnestie hat nicht allen Opfern der politischen Justiz die Freiheit gebracht. Für sie wollen wir weiter kämpfen und jetzt alle Kräfte daran setzen, daß der nächste Fall nicht Ludwig Renn heißt."

Carl v. Ossietzky.

Nach der Haftentlassung

Der uneigennützige Landesverräter.

In Jubelhymnen besingt und begrüßt die Linkspresse die „uneigennützigen" Landesverräter, denen die Amnestie die Freiheit vorzeitig wiedergeschenkt hat. D. Red.

Im dieser Zeit, wo die Masse
Dem Mammon gierig geneigt
Und allenthalben krasse
Selbstsucht verrät'risch sich zeigt —
Wer blickt in so allgemeiner
Not nicht mit Bewund'rung und Neid
Auf die Verkörperung reiner
Uneigennützigkeit?

Dem „Uneigennütz'gen" gebühren
Ehrungen laut und intim.
Selbst des Gefängnisses Türen
Oeffnen sich nun vor ihm,
Wo er, des Landesverrates
Heil'ger, im klassischen Geist
Und auf Kosten des Staates
Ein halbes Jahr lang gespeist.
Voller Ehrfurcht der Reimer
Mit neuem Titel naht
Dem Stolzen: Herr gar nicht Geheimer
Wirklicher Landesverrat!

Timotheus Timm.

Original-Lithographie von E. Stumpp.

Carl von Ossietzky

wurde Donnerstag abend auf Grund des Amnestie-Gesetzes nach siebenmonatiger Haft aus dem Strafgefängnis Tegel entlassen. Die Leitung der „Weltbühne" dürfte nunmehr wieder in seine Hände übergeben. Die deutsche Linke aber hat damit einen ihrer tapfersten und ehrlichsten Kämpfer für den freien, sozialen und demokratischen Volksstaat zurückerhalten.

089 Telegramm **Deutsche Reichspost**

aus 3100 paris 24615 17 26 1500

Aufgenommen 26. DEZ. 1932

Paris Bdt b

Haupttelegraphenamt Berlin

ossietki weltbuehne
kantstrasse 132 berlin

BERLIN 26.12.32

= congrés droithom paris salue votre libération comme une revanche de justice = basch = ct 132

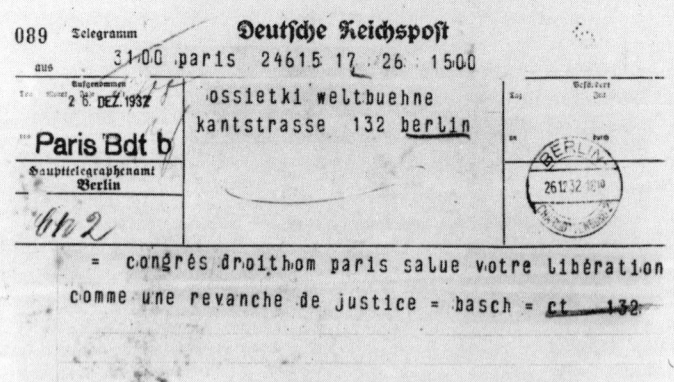

Reaktionen auf Ossietzkys Haftentlassung.
Der Illustrierte Beobachter *meldet sich, wie zum Haftantritt die* Berliner Börsen Zeitung, *gereimt zu Wort. Der* Dortmunder General Anzeiger *veröffentlicht am 24. Dezember eine zweite Zeichnung von Emil Stumpp.*
Und am 26. gratuliert Victor Basch, der Präsident der französischen Liga für Menschenrechte.

Am 25. Dezember, im letzten *Tabak Tage Buch* des Jahres, berichtet Paul Zimmermann von einer neuerlichen Hausdurchsuchung in seinen Räumen, »minder geheimnisvoll« diesmal, wie er meint, doch ebenso ergebnislos wie andere Aktionen zuvor. Gefahndet wird nach dem »zusammenfassenden Neudruck« der vier Aufsätze von T. H. Tetens in der *Weltbühne*; zu finden ist bei der »Tabak-Archiv G.m.b.H.« nichts.
»In der ›Weltbühne‹ stehen die Aufsätze noch immer unangetastet, oder hat die Staatsanwaltschaft auch die Beschlagnahmung der Nrn. 46 und 52 der ›Weltbühne‹ von 1929, 5 und 13 der ›Weltbühne‹ von 1932 vornehmen lassen? Wenn nicht, dann zerbricht sich der harmlose Staatsbürger wohl mit einigem Recht den Kopf darüber, wie etwas in der Reproduktion beleidigend sein kann, was in der Urschrift es nicht gewesen ist.«
Abschließend stellt Zimmermann fest: »Mit einem andern Kuriosum aus dem Gebiet sei für das alte Jahr das Kapitel der drei großen R geschlossen. Man weiß, daß Herr Philipp Fürchtegott Reemtsma die Flugschrift von T. H. Tetens ›Der Reemtsma-Skandal‹ mit großer Verve bekämpft. Auch er bevorzugt jedoch die indirekte Aktion. Herrn T. H. Tetens meint er – sicherlich! denn nur dieser ist ja sein Angreifer – aber Streit führt Herr Philipp Fürchtegott Reemtsma wohlweislich nur mit andern. Um T. H. Tetens schlägt er einen großen Haken, als scheue er zur Neumondszeit am Kreuzweg dem Gottseibeiuns zu begegnen. Daß er mit dieser Scheu vor T. H. Tetens die Richtigkeit der von letzterem gegen ihn erhobenen Bezichtigungen praktisch zugibt, sieht jeder Urteilsfähige.«
Das Jahr 1932 sei mit allerlei Merkwürdigkeiten vorbeigegangen, »befriedigende Sühne« sei nicht herbeigeführt worden. »Es ist in der Vorbereitung solcher Sühne stecken geblieben, ihre Durchführung dem Jahre 1933 überlassend. [...] Der Autorität des Staates, dem Vertrauen in seine ohne Ansehen der Person überparteiliche Objektivität wird besser gedient durch das offene Eingeständnis in der Vergangenheit begangener Fehler, als durch Bemühungen, zu verteidigen, was unabhängiges Rechtsempfinden als entschuldbar nur schwer gelten lassen kann.«

So mysteriös die Affäre um Tetens, Reemtsma, Apfel und Ossietzky Ende des Jahres 1932 schließt, noch mysteriöser wird sie schon bald darauf.
Die am 21. November und am 13. Dezember 1932 erwirkten Beschlüsse, Tetens' Drucksachen zu beschlagnahmen, werden ein Jahr

später, am 24. November 1933, wieder aufgehoben – »da das Verfahren wegen Verjährung eingestellt ist.«
Anfang 1934 schaltet sich der preußische Ministerpräsident in die Affäre ein und verordnet – »Wirtschaftsruhe«. Aus einer Eingabe vom 12. Februar 1934, verfaßt vom Vertreter der staatlichen Nebenkläger, Justizrat Dr. Willy Hahn, geht hervor, daß »durch den Erlass des Herrn Ministerpräsidenten [Göring] die Niederschlagung aller Verfahren, welche mit dem Konzern- und Konkurrenzkampf in der Zigarettenindustrie zusammenhingen, erfolgt« sei, daß »eine Weiterführung dieser Auseinandersetzungen und Kämpfe eine schwere Erschütterung eines wichtigen Industriezweiges mit sich bringen würde.« Der Nationalsozialist, so heißt die Parole, »schaut vorwärts und nicht rückwärts.«
Eines Tages waren auch die Prozeßakten zum Gerichtstermin vom 22. November 1932, für den Ossietzky seine Erklärung abgegeben hatte, verschwunden und wurden, mit Aktenvermerk vom 15. März 1934, für »unauffindbar« erklärt.

Hätte Ossietzky in einer solchen Affäre, in die hohe staatliche Stellen und führende Vertreter der Wirtschaft, in die auch Parteifunktionäre verwickelt waren, auf restloser Aufklärung bestehen sollen? Bis Ende 1932 saß er wehrlos im Gefängnis Tegel, im ungünstigen Fall hätte er mit weiteren zwölf Monaten Haft rechnen müssen. Die Machtübernahme der Nazis drohte, wie er der Tagespresse entnommen hatte; der Prozeß um Tucholskys Artikel war noch nicht endgültig entschieden. Unter diesen Bedingungen konnte allein ›Rückzug‹ eine gescheite Devise sein, wie er ihn im Brief an Tucholsky vom 22. September bereits erwogen hatte. Die Amnestie galt nur jenen Häftlingen, die »nicht anderweitig Überhaft« zu erwarten hatten – ausdrücklich vom Oberreichsanwalt vermerkt in seiner Freilassungsverfügung vom 22. Dezember.

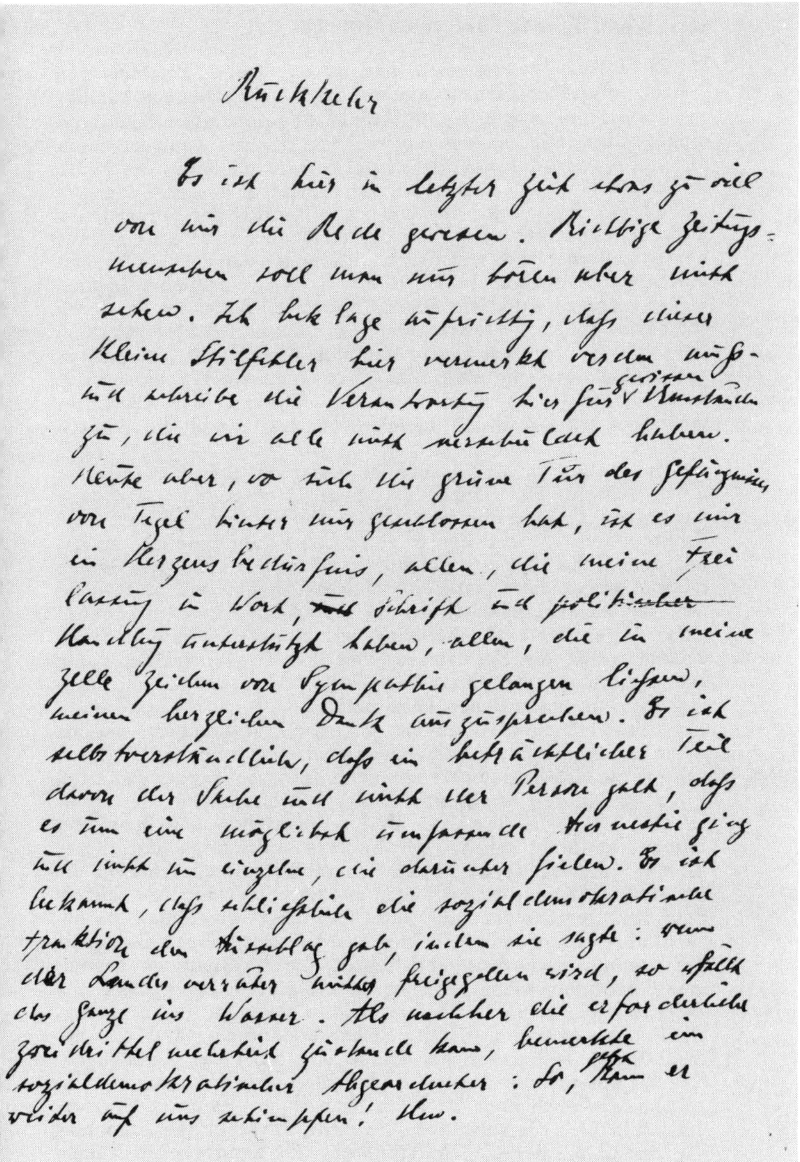

Rückkehr

Es ist hier in letzter Zeit etwas zu viel von mir die Rede gewesen. Richtige Zeitungsmenschen soll man nur hören aber nicht sehen. Ich beklage aufrichtig, dass dieser kleine Stilfehler hier vermerkt werden muss. Ich schreibe die Verantwortung hierfür gewissen Umständen zu, die wir alle nicht verschuldet haben. Heute aber, wo sich die grüne Tür des Gefängnisses von Tegel hinter mir geschlossen hat, ist es mir ein Herzensbedürfnis, allen, die meine Freilassung in Wort, ~~und~~ Schrift und ~~politischer~~ Handlung unterstützt haben, allen, die in meine Zelle Zeichen von Sympathie gelangen ließen, meinen herzlichen Dank auszusprechen. Es ist selbstverständlich, dass ein beträchtlicher Teil davon der Sache und nicht der Person galt, dass es um eine möglichst umfassende Amnestie ging und nicht um einzelne, die darunter fielen. Es ist bekannt, dass schließlich die sozialdemokratische Fraktion den Ausschlag gab, indem sie sagte: wenn der Landesverräter nicht freigegeben wird, so fällt das Ganze ins Wasser. Als nachher die erforderliche Zweidrittelmehrheit zustande kam, bemerkte ein sozialdemokratischer Abgeordneter: So, jetzt kann er wieder auf uns schimpfen! Usw.

Der Entwurf eines Artikels, mit dem Ossietzky sich in der letzten Ausgabe der Weltbühne des Jahres 1932, am 27. Dezember, bei seinen Lesern zurückmeldet, »ungebessert«, wie man vor allem den letzten Zeilen entnehmen kann. Er wird wieder an die Arbeit gehen, der Wirbel um seine Person ist ihm offensichtlich unangenehm.

Rückkehr von Carl v. Ossietzky

Im Gefängnis gewesen sein, das ist ein großes Erlebnis, das kein politischer Mensch aus seinem Dasein streichen kann.

Es ist die Berührung mit einer abgesonderten Welt, die eingemauert zwischen uns ragt und von der wir weniger wissen als von Tibet oder der Osterinsel. Das Gefängnis, das heute in Deutschland nicht mehr strafen sondern bessern und erziehen soll, ist damit sozusagen zum Lazarett der bürgerlichen Ordnung avanciert. Ich habe das Gefängnis nicht als ein Haus der gewollten Härte und der traditionellen Quälereien kennen gelernt, aber auch so bleibt es ein Haus des Jammers, in dem hinter jeder Eisentür ein andrer trauriger Globus kreist, durch schicksalsmäßige Verstrickung in dieser Bahn gehalten. Schuld —? In diesem Hause fällt das Wort nicht, hier gibt es nur Opfer. Als ich zwei Tage vor Weihnachten hinausging, hatte ich ein Würgen im Halse, das so etwas wie schlechtes Gewissen war, weil ich heimkehren durfte und die Andern blieben.

Ich nehme nicht für mich in Anspruch, daß dieses Gefühl etwas Apartes ist. Unzählige haben so empfunden, und ganz frei davon scheint nur eine Kategorie zu sein, nämlich der Richterstand. Wenn der Rechtsprecher nur endlich einmal mit dem Geheimnis der Zellenhaft vertraut würde, wie anders müßten selbst die Urteile der bürgerlichen Justiz aussehen! Bei der Amnestiedebatte im Reichstag hat ein deutschnationaler Abgeordneter die Meinung vertreten, durch häufige Straferlasse werde die Berufsfreudigkeit der Richter gelähmt. Ein sehr strammer Herr, dieser Deputierte. Aber was für eine Auffassung von richterlicher Tätigkeit!

Über manches Gesehene soll noch gesprochen werden, wenn die Eindrücke wirklich verarbeitet worden sind. Heute sei mir nur das Schlußwort zu einem gewissen Kapitel gestattet.

Es ist in der ‚Weltbühne' in der letzten Zeit von mir etwas zu viel die Rede gewesen. Zeitungsmenschen soll man nur hören aber nicht sehen. Ich beklage aufrichtig, daß dieser kleine Stilfehler vermerkt werden muß, und ich schreibe die Verantwortung dafür Umständen zu, die keiner der freundlichen Schreiber verschuldet hat. Jetzt, wo ich in die Redaktion zurückkehre, ist es mir ein Herzensbedürfnis, allen, die meine Freilassung durch Wort und Schrift, durch öffentliche Zustimmung und politische Handlung unterstützt haben, allen, die Zeichen von Sympathie in meine Zelle gelangen ließen, meinen Dank auszusprechen. Es ist selbstverständlich, daß ein beträchtlicher Teil davon der Sache und nicht der Person galt. Der Kampf um die Amnestie ging diesmal nicht um den Einzelnen, wie etwa noch im Falle Max Hölz. Es ist ja bekannt, daß schließlich die sozialdemokratische Fraktion den Ausschlag gab, indem sie darauf beharrte: wenn der Landesverräter nicht freigegeben wird, so fällt das Ganze ins Wasser! Als dann später die erforderliche Zweidrittelmehrheit zustande kam, bemerkte ein sozialdemokratischer Abgeordneter resigniert: So, jetzt kann er wieder auf uns schimpfen! Hm.

Die ‚Weltbühne' hat ein kampfreiches halbes Jahr hinter sich, und sie hat Geist und Bestand gewahrt. Das leipziger Urteil vom 23. November 1931 hat sich als Blindgänger erwiesen. Das ist das Verdienst der Mitarbeiterschaft mit Hellmut v. Gerlach an der Spitze. Wir wollen uns nicht gegenseitig feiern und für große Männer erklären, denn wir sind, wenn man will, eine Verschwörung, jedenfalls kein Verein. Wenn auch getrennt, haben wir gemeinsam eine dramatische Zeit durchschritten, und das bindet mehr als Statuten oder ein Zeremoniell.

Die Sitzung geht weiter.

Zwei Monate bleiben Ossietzky noch: für seine Arbeit, für ein Leben in Freiheit. Am 10. Januar 1933 bedankt er sich noch einmal bei seinen Freunden und Kollegen.

Carl v. Ossietzky dankt allen, die ihn zu seiner Rückkehr aus dem Gefängnis beglückwünscht haben, aufs herzlichste. Mehr die Umstände als seine Neigungen haben ihn genötigt, in seinem Leben mehr Unfreundliches als Freundliches zu sagen; er steht also vor soviel Sympathie etwas beschämt und verwirrt und weiß nicht recht, womit er sich das verdient hat. Er kommt sich schon beinahe wie Gerhart Hauptmann vor. Alles das ist sehr gegen sein Prinzip, er quittiert nochmals mit einem verlegenen Kratzfuß und versichert zugleich, daß alles, was ihm jetzt an Nettigkeiten zuteil wurde, gleich für das nächste Mal mit gelten soll.

Und er widmet sich mit aller Kraft seiner Arbeit, hält Rückschau auf die vergangenen Monate, blickt in die bedrohliche Zukunft. Schreibt gegen die Nazikonjunktur, in der Hoffnung – auch er –, daß ihre Zeit bald wieder vorbei sein werde, schreibt gegen den gewöhnlich gewordenen Nationalismus, gegen den Militarismus in allen Bereichen des öffentlichen Lebens, warnt vor Krieg und Bürgerkrieg, malt – in einer Darstellung des Wagner-Pomps – den Führerkult aus.
»Republikaner, Sozialisten und Kommunisten, in den großen Parteien Organisierte und Versprengte – lange werdet ihr nicht mehr die Chance haben, eure Entschlüsse in Freiheit zu fassen und nicht vor der Spitze der Bajonette!« schrieb er im Dezember 1931. Er sollte recht behalten. Doch konnte auch er sich nicht vorstellen, daß die terroristische Macht des neuen Staates sich nicht mehr auf das traditionelle Instrument der Bajonette stützen würde, sondern auf eine wohlorganisierte Maschinerie der Vernichtung.
Lakonisch und zugleich aberwitzig die Perspektive, die er sieht: »Wir werden wohl mit neuen Menschen wieder beginnen müssen.« Aberwitzig, denn ein paar Wochen zuvor hatte er geschrieben: Die Nazipartei hat noch keine »fascistische Regierungsform geschaffen, wohl aber Deutschland den Fascismus ins Blut geimpft, sie hat, was sie die Befreiung nennt, nicht durchgesetzt, wohl aber die Stimmung bereitet, in der eine neue Katastrophe möglich wird.«

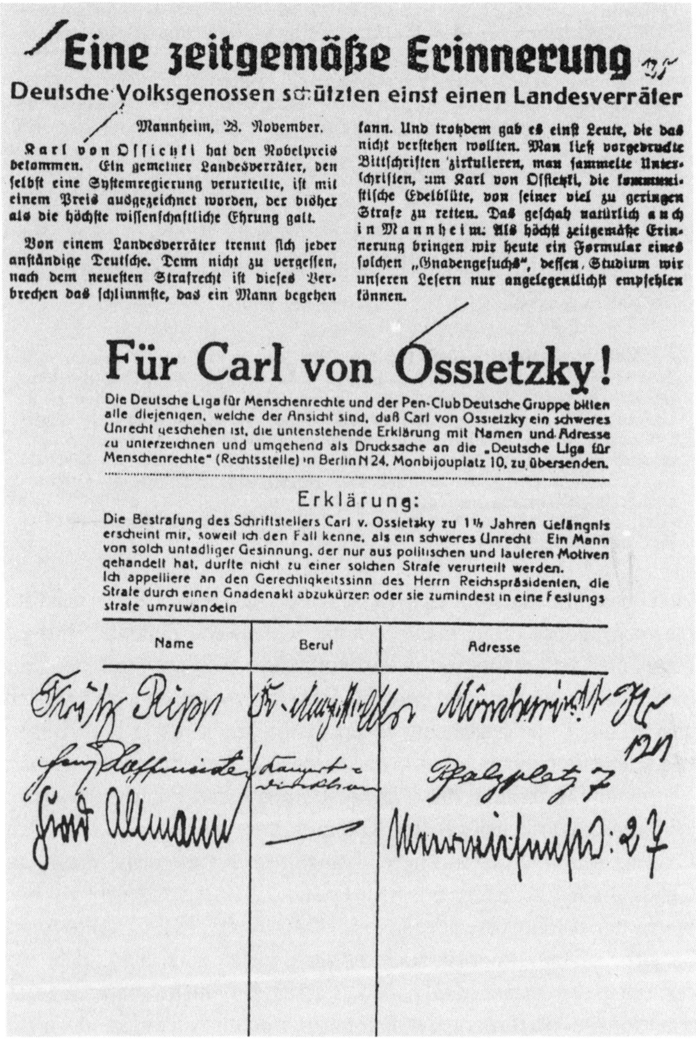

Eine zeitgemäße Erinnerung

Deutsche Volksgenossen schützten einst einen Landesverräter

Mannheim, 28. November.

Karl von Ossietzki hat den Nobelpreis bekommen. Ein gemeiner Landesverräter, den selbst eine Systemregierung verurteilte, ist mit einem Preis ausgezeichnet worden, der bisher als die höchste wissenschaftliche Ehrung galt.

Von einem Landesverräter trennt sich jeder anständige Deutsche. Denn nicht zu vergessen, nach dem neuesten Strafrecht ist dieses Verbrechen das schlimmste, das ein Mann begehen kann. Und trotzdem gab es einst Leute, die das nicht verstehen wollten. Man ließ vorgedruckte Bittschriften zirkulieren, man sammelte Unterschriften, um Karl von Ossietzki, die kommunistische Edelblüte, von seiner viel zu geringen Strafe zu retten. Das geschah natürlich auch in Mannheim. Als höchst zeitgemäße Erinnerung bringen wir heute ein Formular eines solchen „Gnadengesuchs", dessen Studium wir unseren Lesern nur angelegentlichst empfehlen können.

Für Carl von Ossietzky!

Die Deutsche Liga für Menschenrechte und der Pen-Club Deutsche Gruppe bitten alle diejenigen, welche der Ansicht sind, daß Carl von Ossietzky ein schweres Unrecht geschehen ist, die untenstehende Erklärung mit Namen und Adresse zu unterzeichnen und umgehend als Drucksache an die „Deutsche Liga für Menschenrechte" (Rechtsstelle) in Berlin N 24, Monbijouplatz 10, zu übersenden.

Erklärung:

Die Bestrafung des Schriftstellers Carl v. Ossietzky zu 1½ Jahren Gefängnis erscheint mir, soweit ich den Fall kenne, als ein schweres Unrecht. Ein Mann von solch untadliger Gesinnung, der nur aus politischen und lauteren Motiven gehandelt hat, durfte nicht zu einer solchen Strafe verurteilt werden.
Ich appelliere an den Gerechtigkeitssinn des Herrn Reichspräsidenten, die Strafe durch einen Gnadenakt abzukürzen oder sie zumindest in eine Festungsstrafe umzuwandeln.

Name	Beruf	Adresse
Fritz Ripp	[illegible]	[illegible] 121
[illegible]	[illegible]	Pfalzplatz 7
[illegible]	—	[illegible] 27

Am 29. November 1936, als Antwort auf die Verleihung des Friedensnobelpreises an Carl von Ossietzky, veröffentlicht das Hakenkreuzbanner Mannheim *»eine zeitgemäße Erinnerung« – mit Angabe von Namen und Adressen, eine offene Drohung.*

Zwei Monate: in der Nacht des Reichstagsbrandes, am 28. Februar 1933, wird er verhaftet. Er wird vom Gefängnis ins Lager geschleppt, im Moor von Esterwegen gefoltert, zu Tode gepflegt in Berliner Krankenhäusern.
Der Vorwurf des Landesverrates blieb haften.

Am 4. Mai 1938 ist Carl von Ossietzky an den Folgen seiner langen KZ-Haft gestorben.
Am 5. Jahrestag der Bücherverbrennung, am 10. Mai 1938, veranstaltet der Schutzverband Deutscher Schriftsteller in Paris eine Kundgebung zu Ehren des Verstorbenen. Es sprechen André Wurmser, Joseph Roth, Manfred Georg, Egon Erwin Kisch und Bruno Frei.
Aus der Rede von Joseph Roth:
»Meine Damen und Herren, wir brauchen keine Legenden von toten Heroen! Wir brauchen unlegendäre (und selbst namenlose) lebendige Kämpfer für die Sache der Menschheit. Wir wollen den Barbaren, die sich durch Maschinengewehre vor Attentaten schützen, keine Opfer entgegenhalten, die mit Sicherheit von diesen Maschinengewehren durchlöchert werden.
Unser verehrter toter Freund Ossietzky ist seinem eigenen Irrtum zum Opfer gefallen. Er ist für uns gestorben. Ich glaube, daß wir am besten ihn dadurch ehren, indem wir sagen: Wir wünschten, er hätte mit uns gelebt; und wir wünschten, daß keiner unserer Mitkämpfer seinem Beispiel folge. Er war eines der edelsten Beispiele, gewiß. Aber wenn es befolgt würde, verlören wir unsere edelsten Kräfte. Ich glaube, daß man das Andenken an unseren toten Freund am besten dadurch ehrt, daß man sagt:
Genug der toten Märtyrer!
Es leben die lebendigen Kämpfer!«

Warum ist Ossietzky nicht geflohen, als noch Zeit war? Warum ist er nicht nach Wien ausgewichen, wo er die *Wiener Weltbühne* hätte leiten können?
Zu seiner Verantwortung als Herausgeber der *Weltbühne* hat er immer gestanden, er hielt den Kopf hin, um die Zeitschrift und ihre Mitarbeiter zu verteidigen. Nur eine Konsequenz hat er nach seiner Haftentlassung gezogen: bis zur letzten Ausgabe der *Weltbühne* am 7. März 1933 blieb Walther Karsch als »Verantwortlich« im Impressum stehen; »Sitzredakteur« nannte man diese Position.
Gründe für sein Bleiben sind in seiner Person zu suchen. Sie zu ergründen, ist nicht Aufgabe dieses Tagebuchs der 227 Tage Haft

gewesen – die Briefe, Texte, Dokumente aus diesen Tagen können jedoch Hinweise geben auf die Person, auch wenn Ossietzky mit Selbstäußerungen sparsam war: Er äußerte sich vor allem politisch. In seinen Artikeln und Briefen zeigt sich, daß er grundsätzlich Vertrauen hatte in den bürgerlichen Staat und seine demokratischen Institutionen. Und er zweifelte nicht an der Kraft des Gedankens. »Der Fall liegt sehr einfach«, schreibt er am 14. Februar 1933, »bei dem uralten Duell zwischen physischer Gewalt und freiem Gedanken ist die Gewalt im letzten Gang immer unterlegen. [...] Wenn die Menschen nicht mehr fragen dürfen, dann werden die Dinge fragen.« Seine politische Forderung – die gemeinsame Front der Linksparteien und Gruppen – hatte er kurz vor Haftantritt zusammengefaßt, als Antwort auf eine Umfrage des *Montag Morgen*, deren Ergebnisse am 9. Mai 1932 veröffentlicht wurden.

Frage der Redaktion: »Erstens: Glauben Sie, daß die Übernahme der politischen Macht durch die Nationalsozialisten nahe bevorsteht, und daß die kommende Regierung der Nationalsozialisten sich über bestehende Verfassungsgesetze, von moralischen Hemmungen nicht zu sprechen, glatt hinwegsetzen wird?«
Carl von Ossietzky: »In keinem andern Lande als Deutschland wäre es eine schwer zu beantwortende Frage, ob die größte Partei an die Macht kommt oder nicht. Wahrscheinlich stehen jetzt monatelange Koalitionsverhandlungen zwischen Zentrum und N.S.D.A.P. bevor, deren negativer Ausgang die faschistische Gefahr nur vergrößern könnte. Ein nationalsozialistisches Regime im Reich oder in Preußen aber würde viel robustere Formen annehmen als das in Braunschweig. Ich bezweifle allerdings, ob Verfassungsverletzungen noch notwendig sein werden, nachdem die gegenwärtige Regierung von der Verfassung nur noch den Artikel 48 übrig gelassen hat. Warum sollen die Rechtsradikalen unter diesen Umständen das Odium der Illegalität auf sich nehmen? Der Mehrzahl der Beamten wird die Unterwerfung nicht schwer fallen, die Justiz wird nicht ungefällig sein.«
Frage der Redaktion: »Zweitens: Halten Sie es nicht für das dringende Gebot der Stunde, daß Sozialdemokraten und Kommunisten, unbeschadet prinzipieller Gegensätze, ungesäumt eine gemeinsame Kampforganisation zum Schutze der Arbeiterschaft im ganzen, sowie lebensbedrohter Einzelner ins Leben rufen?«
Carl von Ossietzky: »Es ist nicht eine Verschmelzung der sozialistischen Parteien anzustreben, sondern die operative Gemeinschaft, ein Kartellverhältnis. Zu diesem Zweck ist ein Kampfkomitee zu schaffen, das die Führer an den Verhandlungstisch bringt und die Aussprache von Partei zu Partei vorbereitet. In den Block der Arbeiterparteien gehören auch die verschiedenen Sezessionsgruppen, in denen sich wertvolle Kräfte unnütz verzehren. Was die beiden großen Parteien trennt, ist nicht zu unterschätzen. Aber der

Opportunismus der einen hat sich heute ebenso festgerannt wie der Radikalismus der anderen. Beide Parteien sind in gleichem Maße zur Revision ihrer bisherigen Haltung genötigt.«

Frage der Redaktion: »Drittens: Wären Sie bereit, mit Ihrer Person und Ihrem Namen sich für eine solche überparteiliche, schlagfertige, sozialistische Dachorganisation zur Abwehr des nationalsozialistischen Bürgerkrieges einzusetzen?«

Carl von Ossietzky: »Ja, ja und nochmals ja!«

Am 10. Mai 1932 hat Ossietzky seine Haftstrafe in Tegel angetreten. Am 10. Mai 1933 brennen überall in Deutschland die Bücher, und ein fanatisierter Rufer brüllt auf dem Berliner Opernplatz: »Gegen Frechheit und Anmaßung, für Achtung und Ehrfurcht vor dem unsterblichen deutschen Volksgeist! Verschlinge, Flamme, auch die Schriften der Tucholsky und Ossietzky!« Fünf Jahre später ist Ossietzky tot. Nach zwei weiteren Jahren brennt Europa.

Und es ist wieder ein Mai, in dem Deutschland kapituliert. Auf Möglichkeiten für »neue Menschen« hat Ossietzky gehofft.

Die Weltbühne
50 Pfennige XXVIII. 52 50 Pfennige
Carl von Ossietzky:
Rückkehr
Neudecker Luft . . von Hellmut v. Gerlach
SA – kehrt marsch! von E. P. Neumann
Sozialer Syrup . . . von H. Budzislawski
Jagd auf Greta Garbo
von Berthold Viertel
Radetzkymarsch . . von Alfred Polgar
Kille mit Schmus! von Walter Mehring
Hitler in Jerusalem

Umschlag der Weltbühne *vom 27. Dezember 1932*

Anhang

Anmerkungen

Die folgenden Erläuterungen beschränken sich auf Hinweise, die zum unmittelbaren Textverständnis notwendig sind. Auf Querverweise in diesem Band wurde verzichtet, da die chronologische Anordnung dieses »Tagebuchs« schnelle Orientierung ermöglicht.
Erläuterte Textstellen erscheinen in halbfetten Stichworten. Datum und Titel zusammenhängender Texte ermöglichen die Zuordnung.

Bei der Übertragung der handschriftlich überlieferten Texte Ossietzkys wurden orthographische und Eigenwilligkeiten der Zeichensetzung beibehalten, offensichtliche Schreibfehler stillschweigend korrigiert, fehlendes in eckigen Klammern hinzugesetzt, von Ossietzky gestrichene Passagen in einigen Fällen in den Anmerkungen erwähnt.
Schreibweisen der Zeit wurden auch in anderen Texten beibehalten. Transkriptionen aus der Gefangenenakte folgen der Vorlage, Ergänzungen in eckigen Klammern.

Abkürzungen

AUA	8 Uhr-Abendblatt
BaM	Berlin am Morgen
BBC	Berliner Börsen-Courier
BBZ	Berliner Börsen-Zeitung
BT	Berliner Tageblatt
BVZ	Berliner Volks-Zeitung
DAZ	Deutsche Allgemeine Zeitung
DVO	Dienst- und Vollzugs-Ordnung für die Gefangenanstalten der Justizverwaltung in Preußen. Vom 1. August 1923. – Diese DVO war, nach Auskunft des Referats für Presse und Öffentlichkeitsarbeit des Berliner Senators für Justiz auch für die Haftzeit Ossietzkys gültig. – Zitiert nach: Die Vorschriften über Verwaltung und Vollzug in den Gefangenanstalten der Preußischen Justizverwaltung. In Verbindung mit Dr. Kurt Wackermann und Edgar Wutzdorff gesammelt und erläutert von Alexander Klein, Berlin ^{4}1924.
Frei	Bruno Frei, Carl v. Ossietzky. Eine politische Biographie, Berlin 1978 (2. Aufl.)
FZ	Frankfurter Zeitung
GA	Gefangenenakte der Strafanstalt Tegel.
GAD	General-Anzeiger für Dortmund
Grossmann	Kurt R. Grossmann, Ossietzky. Ein deutscher Patriot, Frankfurt a. M. 1973
MM	Montag Morgen.
SKT	Sammlung Kurt Tucholsky, Akademie der Künste Berlin
SO	Sammlung Ossietzky. Universitätsbibliothek Oldenburg
TTB	Tabak Tage Buch
VZ	Vossische Zeitung
WaA	Welt am Abend
WB	Die Weltbühne
WWB	Die Wiener Weltbühne
(MA)	Morgen-Ausgabe
(AA)	Abend-Ausgabe

Ingo Müller: Der Weltbühnenprozeß von 1931

1 Reichsgesetzblatt, S. 195.
2 Brief der Preußischen Geheimen Staatspolizei vom 22. 5. 1936, abgedruckt in: Grossmann, S. 381 ff.
3 Th. Mann an Alfred Apfel, siehe S. 30 in diesem Band.
4 »Rechenschaft«, siehe S. 35 ff. in diesem Band.
5 Die bisher unveröffentlichten Eidesstattlichen Versicherungen von A. Apfel, R. Olden und K. Rosenfeld befinden sich im Archiv des Internationalen Instituts für Sozialgeschichte in Amsterdam.
6 Frankfurter Zeitung (Reichsausgabe) vom 24. 11. 1931.
7 »Rechenschaft«, siehe S. 37. Und: »Hausdorf-Professor Waentigs Symbolik...«, WB, 15. 7. 1930, S. 80.
8 »Der Ponton-Prozeß«, WB, 20. 3. 1928, S. 427.
9 »Das illoyale Reichsgericht«, WB, 1. 5. 1928, S. 694.
10 »Rechenschaft«, siehe S. 44.
11 Eine Abschrift des nach wie vor geheimen Weltbühnen-Urteils stand dem Autor zur Verfügung.
12 Vgl. dazu: Reichsgerichts-Entscheidungen in Zivilsachen, Bd. 106, S. 56.
13 Senatspräsident Max Reichert, Deutsche Richterzeitung 1912, S. 635.
14 E. J. Gumbel, Vom Fememord zur Reichskanzlei (1962), S. 71.
15 Leipziger Volkszeitung vom 19. 11. 1927.
16 Das Reichsgerichtsurteil gegen die »Ulmer Reichswehroffiziere« ist abgedruckt in: Die Justiz, Bd. 4, S. 190.
17 »Das Erfurter Urteil« in: Das freie Volk, 4. Jg., Nr. 27: 5. 7. 1913.
18 Zitiert nach Grossmann, S. 33.
19 Zum Bierkreuzer-Prozeß vgl. C. v. Ossietzky, »Der Femeprozeß«, WB, 27. 12. 1927, S. 951 ff.
20 Az: 23 C 488/27.
21 Az: 23 C 450/28; die beiden Strafbefehle sind im Weltbühnen-Urteil aufgeführt.
22 Zitiert nach H. und E. Hannover, Politische Justiz 1918–1933, 3. Aufl. 1987, S. 169 f.
23 B. Jacob, »Plaidoyer für Schulz«, WB, 22. 3. 1927, S. 446 ff.
24 »Der Femeprozeß«, S. 953.
25 Grossmann, S. 132.
26 Der Femeprozeß, S. 952
27 WB, 4. 8. 1931, vgl. S. 123 ff.
28 Der »Reemtsma-Prozeß«, vgl. S. 159 ff.
29 WB, 12. 3. 1929, S. 407.
30 WB, 23. 4. 1929, S. 630.
31 C. von Ossietzky, »Rechenschaft«, siehe S. 46; vgl. B. Frei, WB 1963, Hefte 16, 17, 18.
32 C. von Ossietzky, »Der Weltbühnen-Prozeß«, WB, 1. 12. 1931, S. 804.
33 Frankfurter Zeitung vom 24. 11. 1931.
34 Zitiert nach Grossmann, S. 201 f.
35 Alfred Apfel, Behind the Scenes of German Justice. Reminiscenses of a German Barrister 1882–1933 (1935), S. 111 ff.
36 Carl Schmitt, Der Begriff des Politischen (1927).
37 Zum Prozeß und dessen Vorgeschichte vgl.: B. Bucher, Der Reichswehrprozeß (1967); das Urteil ist abgedruckt in: Die Justiz, Bd. 6, S. 187 ff.
38 »Der Prozeß der Offiziere«, WB, 1. 10. 1930, S. 501.
39 Die Justiz, Bd. 6, S. 222.
40 Zitiert nach Grossmann, S. 203.

41 Vgl. F. von Liszt, Festschrift für Brunner (1941), S. 207.
42 Frankfurter Zeitung vom 24. 11. 1931.
43 Th. Mann an Alfred Apfel, siehe S. 30.

Nach dem Urteil
Ossietzky, Rechenschaft

Antrag... abgelehnt: Ossietzky an Tucholsky, 23. 3. 32 (SKT): »Die Sache ist entschieden, und was jetzt geschieht, dient nur noch dazu, die eine oder andre Frist herauszuschinden.« / **gegen (Hindenburgs) Wiederwahl:** WB, 1. 3. 32, S. 311 ff.; 22. 3. 32, S. 427 ff. / Die **Deutsche Liga für Menschenrechte** (1922 aus dem »Bund Neues Vaterland« hervorgegangen, der im Nov. 1914 gegründet wurde, Zusammenarbeit mit der frz. Liga für Menschenrechte, gegr. 1898 im Verlauf der Dreyfus-Affäre) veröffentlichte Auszüge aus dem Gesuch: Die Menschenrechte, 22. 4. 32, S. 65. / **von Kreisers Flucht... überrascht:** Ossietzky schrieb am 25. 2. 32 an Reichsjustizminister Joël (Brief im Archiv d. Ausw. Amtes, Bonn): »Aber ich möchte Ihnen, Herr Minister, auf mein Ehrenwort versichern, daß ich von dieser Publikation keine Ahnung hatte, daß ich sie nicht nur mißbillige, sondern von ganzem Herzen verabscheue und als ein Bubenstück betrachte, das nicht nur geeignet ist, der gesamten deutschen Politik schweren Schaden zu bringen, sondern auch mich in ein höchst unangenehmes Licht zu setzen, da ich naturgemäß zu dem Personenkreis gerechnet werden muß, die über die nötige Materialkenntnis zu einer solchen Veröffentlichung verfügt. Seit Jahren befinde ich mich in einem schweren politischen Kampf, als dessen Teilstück ich auch meine Verurteilung in Leipzig betrachte und hinnehmen muß. Aber niemals bin ich mir bewußt gewesen, diesen Kampf mit unsauberen Waffen zu führen. Gerade aus meiner antimilitaristischen Gesinnung heraus habe ich immer sorgfältig darauf geachtet, niemals dem Militarismus irgendeines anderen Landes einen Gefallen zu tun.« / **Enfin, je dois...:** Schließlich muß ich hinzufügen, daß ich ohne Mitwirkung und ohne Wissen Herrn von Ossietzkys und seiner Anwälte, die aus juristischen Gründen vielleicht nicht zugestimmt hätten, um die Veröffentlichung dieser Darlegung nachgesucht habe. / **eben beendeten Wahlkampfe...:** Am 8. 5. 1932 hatte die französische Rechte eine Niederlage erlitten. (Vgl. WB 17. 5. 32, S. 728 ff.) / **Mais si dans la presse...:** »Aber wenn ich mich in der französischen Presse für das ›Echo de Paris‹ entschieden habe, so deshalb, weil mir diese Zeitung als eine der freimütigsten erschien und sie sich immer dafür eingesetzt hat, daß man die Ziele der internationalen Politik genau definiert, bevor man die Grundlagen einer Entente festlegt. Die Stellung des ›Echo de Paris‹ in politischer Hinsicht ist mir gleichgültig.« / **M. Walter Kreiser nous...:** »Herr Walter Kreiser hat uns gebeten, nachstehenden Artikel zu veröffentlichen. Obwohl wir es bislang aus Gründen, auf die wir nicht einzugehen brauchen, abgelehnt haben, unsere Spalten verschiedenen deutschen Persönlichkeiten – Journalisten oder Politikern – zur Verfügung zu stellen, die darum nachgesucht hatten, glaubten wir, dem Wunsch von Herrn Kreiser ausnahmsweise entsprechen zu müssen.« / **aufgelösten Firma Feindbund & Co:** Anspielung auf d. fortschreitenden Zerfall des Bündnisses zw. England und Frankreich. / **Le Creusot:** Zentrum der frz. Rüstungsindustrie. / **S. J.:** Siegfried Jacobsohn (1881–1926), gründete 1905 »Die Schaubühne«, die spätere »WB«, die er bis 1926 leitete. / **Der Rentenempfänger...:** vgl. Mehring, WB, 14. 10. 30. **Walter Mehring** (1896–1981), seit 1920 Mitarbeiter der WB, nahm den Text in seinen Sammelband »Arche Noah SOS« (1931) auf. / **kurz nach Verurteilung... das Wort nahm:** AUA, 25. 11. 31; S. 2; WB, 1. 12. 31, S. 803 ff. / **Sekretär einer pazifistischen Gesellschaft:** von Juli 1919–Juni 1920 Sekretär der Dt. Friedensgesellschaft (gegr. 1892). Ossietzky trennt sich 1923/24 vom organisierten

Pazifismus (»Das Tagebuch«, 4. 10. 24, S. 1400ff.): »Alljährlich im Herbst findet ein deutscher Pazifistenkongreß statt. Diese Veranstaltung dient vornehmlich der körperlichen Ertüchtigung der Teilnehmer. Es ist halt schwierig, ein ganzes Jahr hindurch ununterbrochen Friedensmensch zu sein.« (Aus: »Die Pazifisten.«) / **eine republikanische Bewegung:** Im Oktober 1919 gründeten K. Vetter, K. Tucholsky, E. J. Gumbel, Ossietzky u. a. den »Friedensbund der Kriegsteilnehmer«; hieraus entstand 1920 der Aktionsausschuß »Nie wieder Krieg«, der bis 1924 jeweils am 1. August die Antikriegskundgebungen im Berliner Lustgarten organisierte. / **erste republikanische Abwehrorganisationen:** Ende 1923/Anfang 1924 ist Ossietzky Mitgründer der »Liga Junge Republik«; 1924 gründet sich aus der Redaktion der »Berliner Volks-Zeitung« heraus die »Republikanische Partei Deutschlands«, für die Ossietzky zu den Reichtstagswahlen im Mai erfolglos kandidiert. / **Sanhedrin:** Von Napoleon 1807 einberufenes Gremium von Rabbinern und Laien; Ziel war die Regelung der zwischen Staat und jüdischem Religionsgesetz strittigen Fragen im Sinne des Staates. / Maurice de **Mac-Mahon** (1808–1893), frz. Marschall und Politiker; schlug 1871 die Pariser Kommune nieder, wurde zum Symbol konservativer Ordnung. 1873 wurde er zum 2. Präsidenten der Dritten Republik gewählt; seine monarchistischen Pläne konnte er nicht durchsetzen, Frankreich wurde 1875 Republik. M. trat 1879 zurück. / Ferdinand **Foch** (1851–1929), frz. Marschall, überreichte der deutschen Delegation 1918 die Waffenstillstandsbedingungen der Alliierten; seine Forderung, die frz. Militärgrenze bis zum Rhein vorzuschieben, scheiterte am Widerstand von Ministerpräsident Georges Benjamin **Clemenceau** (1841–1929). / **Lohmannspekulationen:** illegale Beteiligung des Reichswehrministeriums an Privatunternehmen mit Staatsgeldern, mit Verlusten von geschätzten 26 Mio Reichsmark. 1927 mußte Reichswehrminister Geßler deshalb zurücktreten, Nachfolger wurde General Groener. / Wilhelm **Canaris** (1887–1945), Admiral; half unmittelbar nach dem Krieg beim Aufbau konterrevolutionärer Zellen, nahm am Kapp-Putsch teil; 1935–44 Chef der Abwehrabteilung, seit 1938 Leiter des militärischen Geheimdienstes; im Zusammenhang mit dem 20. Juli 44 verhaftet, im KZ Flossenbürg ermordet. / **vom Reichswehrministerium ... die gesamte Exekutive:** Ossietzky zeichnet die Vorgänge richtig. Zwei Tage nach Ersch. des Artikels mußte Groener zurücktreten. / **Ernennung Groeners zum Reichsinnenminister:** 9. 10. 1931. / Kurt Freiherr von **Hammerstein**-Equord (1878–1943), General; 1930 Chef der Heeresleitung. / Otto **Meißner** (1880–1953), Beamter und Jurist, seit 1923 Staatssekretär; 1934–45 Chef der Präsidialkanzlei Hitlers. / **General ... als Säule des Regimes Brüning:** Schleicher. / Miguel **Primo de Rivera** y Orbaneja (1870–1930), General und Politiker, seit 1923 durch Staatsstreich Diktator; vom König unter dem Druck der Öffentlichkeit 1930 entlassen. / **Ignaz Seipel** (1876–1932), österr. Politiker; als Bundeskanzler schränkte er die bürgerlich-parlamentarischen Zustände zunehmend ein. / **O Pitt, je ...:** O Pitt, ich erweise deinem Genius Ehre. William Pitt, der Jüngere (1759–1806) festigte das englische Weltreich. / **Camille Desmoulins** (1760–1794), frz. Revolutionär und Schriftsteller; einer der Anstifter des Sturms auf die Bastille (1789); auf Betreiben Robespierres mit Danton enthauptet. / **Kleines Testament:** Tucholsky an Ossietzky (25. 3. 32; SKT): »Bereiten Sie einen Abschiedsartikel für sich vor? Das wäre sehr gut – sozusagen Villons ›Kleines Testament‹.« Ossietzky antwortete am 2. 4. 32 (SKT): »Für den Tip ›Kleines Testament‹ danke ich Ihnen, das ist ganz vorzüglich.« (Vgl. auch: Tucholsky, Unser ungelebtes Leben. Briefe an Mary, hrsg. v. F. J. Raddatz, Reinbek 1982, S. 541.) / **ziemlich fünf Jahre:** seit dem 11. 10. 1927. / **Hellmut von Gerlach:** (1866–1935), Politiker und Publizist. 1903–06 MdR; Gründungsmitglied der »Demokrat. Vereinigung«, der auch Ossietzky angehörte; Gründungsmitglied der »Deutschen Friedensgesellschaft«; langjähriger Vorsitzender der »Dt. Liga für Menschenrechte«. Chefred. der Berliner »Welt am Montag«. Seit 1919 Mitarbeiter der WB. / **Jag durch die Welt...:** Theobald Tiger (d. i. K. Tucholsky), »Deine Welt«, WB, 17. 4. 28, S. 599. / **Rede von Paul Levi:** »Der Jorns-Prozeß. Rede des Verteidigers«, Berlin 1929. Levi (1883–1930), Jurist und Politiker, war Mitgründer und Vorsitzender der KPD (1919–21), später SPD-Mitglied. / Paul **Jorns** (1871–1938) war Spezialist für Landesverratssachen beim Reichsgericht; später an Freislers »Volksgerichtshof« tätig.

227 Tage im Gefängnis
10. Mai 1932

Kurt R. Grossmann (1897–1972) Publizist, war seit 1926 Generalsekretär der »Deutschen Liga für Menschenrechte«. / **Ernst Toller** (1893–1939) war Mitarbeiter der WB seit 1924. / **Rudolf Olden** (1885–1940), Rechtsanwalt und Journalist, zuletzt Stellvertretender Chefredakteur des »Berliner Tageblatt«; Mitarbeiter der WB seit 1925. / **Kurt Rosenfeld** (1877–1943), Rechtsanwalt und Politiker; 1917 Mitgründer der USPD, 1920–32 MdR; 1931 Mitgründer der SAP. / **Walther Victor** (1895–1971), Mitarbeiter der WB seit 1921, seit 1932 Verantwortlicher Redakteur des »8 Uhr-Abendblatt«. / **Paul Mönnich** (geb. 1870) war seit 1923 Arzt im Strafvollzug.

Lebenslauf des Strafgefangenen von Ossietzky

1919–24 Redakteur: Ossietzkys Eintritt in die Redaktion der »Berliner Volks-Zeitung« wird auf den 30. 6. 1920 datiert. Sein erster Aufsatz erschien am 3. 1. 1920. Im Oktober 1919 trifft er allerdings Karl Vetter, den Redakteur der BVZ, den Mitbegründer des »Friedensbunds der Kriegsteilnehmer«. / **Einjährigen-Berechtigung:** Ossietzky scheiterte dreimal an der Mittleren Reife-Prüfung. / **Kaufmannslehre:** ist in anderen Lebensläufen nicht erwähnt. / **Geb. 11. XII. 88:** Maud von Ossietzky ließ ihre Umwelt zu Lebzeiten im unklaren über ihr wirkliches Geburtsdatum; auch auf dem Grabstein in Berlin-Niederschönhausen heißt es: 1888. Tatsächlich ist sie am 11. 12. 1884 geboren.

Ossietzky an die Strafanstalt Tegel

Ein Brief vom 5. Mai, gerichtet an Tucholsky, gibt Hinweise darauf, daß Ossietzkys Anwälte bereits vorab die Haftbedingungen für ihren Mandanten zu klären versucht haben: »Durchgesetzt«, schreibt Ossietzky, »ist bisher Erlaubnis zu eigner Kleidung und Beschäftigung. Das ist allerhand, leider wird Raucherlaubnis verweigert, was ich für eine Barbarei halte.« (SKT) / **Verlagsfirma Williams & Co.:** 1928 gegründet von Edith Jacobsohn (1891–1935, Ehefrau von Siegfried Jacobsohn); nach ihrer Emigration übernahm Cecilie Dressler den Verlag, 1937 erfolgte die Umbenennung. / **größeres Werk:** Waldemar Grimm (d. i. Hermann Zucker) hat im Memorandum für Ossietzky, das Grossmann 1935 in Prag herausgab, geschrieben: »Ein Buch will er schreiben, ein Luther-Buch. Keine holde Historienmalerei, kein Lesebuch. Luther, wie ihn Ossietzky sieht: Die Entlarvung einer Lüge!« Auch Grossmann berichtet, daß Ossietzky »in seiner Tegeler Zelle an einem Buch über ›Martin Luther – die Entlarvung einer Geschichtslüge‹« arbeitete (Grossmann, S. 231). In der Gefangenenakte finden sich Hinweise: eingegangene Bücher; Manuskripte oder Fragmente sind nicht erhalten. / Felix **Brucks** (1878–1938), Oberstrafanstaltsdirektor in Tegel von 1916–1938.

Ossietzky an Maud von Ossietzky

Unsre Kleine: Rosalinde von Ossietzky, geboren 1919, mußte 1933 nach Großbritannien, 1936 nach Schweden emigrieren. Dort lebt sie noch heute. / **Wenn du hinfährst:** Ossietzky hat seine Tochter im April 1932 in die Odenwaldschule in Oberhambach an der Bergstraße gebracht. Sie blieb dort bis April 1933.

Ossietzky schreibt an seine Frau am 10. 4. 32 (SO): »Hier ist genau das verwirklicht, was wir wohl oft gewünscht und niemals gehabt haben. Das ist keine Schule im alten Sinne, sondern eine Kinderrepublik. [...] Die Trennung ist schwer, aber es ist gut so. Sie hätte es nicht besser finden können, und sie geht vor unsern Wünschen.« / **Hans Pieper:** langjähriger Bekannter Ossietzkys. / **Frl. Hünicke:** Hedwig H. (1889–1971), war seit 1925 Redaktionssekretärin und Buchhalterin der WB, half der Familie Ossietzky, setzte sich, nach 1933 unter Lebensgefahr, für Ossietzky ein. 1933–34 war sie Buchhalterin im jüdischen Schocken-Verlag; 1939–45 Buchhalterin bei Lambert Schneider, und von 1946–58 beim Berliner »Tagesspiegel«. Starb vergessen und verarmt in Berlin. / Rudolf **Arnheim** (geb. 1904), Kunstwissenschaftler und Publizist, seit 1925 Mitarbeiter der WB, seit 1928 deren Kulturredakteur; mußte 1933 emigrieren, lebt heute in den USA. / **Rasierzeug mit...:** Am 13. 5. erhält Ossietzky »1 Rasier-Apparat, 1 Rasier-Creme, 1 Rasier-Pinsel, 1 Haarbürste, 1 Spiegel, 1 Rasierständer mit Napf, 10 Rasierklingen«. (GA, Blatt F 2.)

10.–13. Mai 1932

Fall Dreyfus: der frz. Offizier Alfred D. (1859–1935) wurde 1894 wg. angeb. Verrats milit. Geheimnisse an Dtl. verurteilt, was zur schwersten innenpol. Krise der frz. Dritten Republik führte. 1906 rehabilitiert.

Anton Kuh: (1891–1941), seit 1928 Mitarbeiter der WB.

Bruno Frei: (geb. 1897), seit 1923 Mitarbeiter der WB, seit 1929 Chefredakteur von »Berlin am Morgen«.

Berthold Jacob: (1898–1944), Mitarbeiter der WB 1925–28. War Mitglied des »Friedensbundes der Kriegsteilnehmer«, 1924 Mitgründer der Republikanischen Partei Deutschlands. Starb, nach seiner zweiten Entführung aus dem Exil, im Jüd. Krankenhaus Berlin. / **107 Nazi:** MdR seit 1930.

14. Mai 1932: Ossietzky an Tucholsky

Kurt Tucholsky: (1890–1935), der wichtigste Mitarbeiter der WB seit 1913. Nach Jacobsohns Tod (1926), vorübergehend Hrsg. der WB. Lebte seit 1924 vor allem in Frankreich, seit 1929 in Schweden. Nahm sich das Leben. / **Kurt Pinthus** (1886–1975) war seit 1912 gelegentlicher Mitarbeiter der »Schaubühne« (später WB), später Theater- und Literaturkritiker beim »8 Uhr-Abendblatt«.

17. Mai

Felix Gross: (geb. 1884) war Hrsg. von Kants Sämtl. Werken (1912–21), Hrsg. des Bandes: Schopenhauer, Aphorismen zur Lebensweisheit. / **Walther Karsch:** (1906–1975), seit 1930 Redaktionsassistent der WB. / **Alfred Polgar:** (1873–1955), Schriftsteller, Mitarbeiter der »Schaubühne«, später der WB, seit 1905. Lebte bis 1938 in Österreich.

C. v. O von Edith Jacobsohn

S. J.: Siegfried Jacobsohn. / **Kampen:** auf Sylt, wo S. J. seine Sommerurlaube verbrachte. / **Vor fast genau fünf Jahren:** ab 7. 12. 26 steht im Impressum der WB: »Verantwortlich i. V. Carl v. Ossietzky«. Ab 25. 1. 27 entfällt »in Vertr.«, ab 11. 10. 1927 heißt es: »Von Carl v. Ossietzky unter Mitwirkung von Kurt Tucholsky geleitet«. / **Ça ira:** frz. Revolutionslied.

21–23. Mai 1932

Wahlperiode... (preuß.) Landtag: Stimmverteilung nach dem 24. 4. 32: NSDAP 36,3%; SPD 21,2%; Zentrum 15,3%; KPD 12,8%; DNVP 6,9%. Ossietzkys Kommentar der Wahl (WB, 3. 5. 32, S. 649 ff.): »Die Nazis, die früher über das Reich in Preußen einbrechen wollten, rüsten jetzt, das Reich von Preußen her zu nehmen. Es kommt nicht mehr darauf an, Recht zu behalten, sondern sämtliche Teile der sozialistisch organisierten Arbeiterschaft vor der Vernichtung zu retten. [...] Es geht nicht mehr um Programme und Doktrine, nicht mehr um ›Endziele‹ und ›Etappen‹, sondern um den technischen Fundus der Arbeiterschaft, ihre Presse und Gewerkschaftshäuser, und schließlich um ihr lebendes Fleisch und Blut, das hoffen und vertrauen und kämpfen will.«

24. Mai 1932: Ossietzky an Maud von Ossietzky

Freitag: 27. 5. 32. / **Weltspiegel:** Wöchentl. Beilage des BT, verantwortl. Redakteurin war Gusti Hecht.

1. Juni 1932

Wilhelmstraße: in Berlin-Mitte, Sitz verschiedener Regierungsbehörden wie Auswärtiges Amt, Justizministerium, Reichspräsidentenpalais, Reichskanzlei.

5. Juni 1932: Ossietzky an Maud von Ossietzky

Augstenberger: Verlagsbote der WB. / **Frau Müller:** Vermieterin der Wohnung Wilhelmstr. 11a (Berlin-Friedenau, heute Görresstr. 26), in der die Ossietzkys 1932 wohnten.

7. Juni 1932

Neuwahlen: auf den 31. 7. 32 festgesetzt. / **Verbot der nationalsoz. Privatarmee:** SA, am 13. 4. 32.

12. Juni 1932: Ossietzky an Maud von Ossietzky

Mittwoch oder Donnerstag: der 15. oder 16. 6. / **Dr. Tittel:** Frauenarzt, bei dem Maud von Ossietzky in Behandlung war. / **laß die Dinge nicht...:** Anspielung auf Maud v. O.s Alkoholkrankheit. / **Verwende es vernünftig:** Ossietzky hatte erst »richtig« geschrieben. / **und vielleicht die billigste:** nachtr. am Rand hinzugefügt. / **Baby:** Rosalinde von Ossietzky (geb. 21. 12. 1919). / **kommt Olden zu mir:** Kein Hinweis darauf in GA. Es hat für die Anwälte bes. Besuchsregelungen gegeben. Auch RA Apfel war häufiger im Gefängnis, als die GA erkennen läßt. / **Schicke bitte...:** im Orig. gestrichen.

15. Juni 1932: Besuchsantrag für G. Hecht

Karl Vetter: (1897–1957), langjähriger berufl. Bekannter von Ossietzky. / **Gusti Hecht:** Redakteurin und Architektin, gebürtige Österreicherin. 1936 nach Südafrika emigriert. Weitere Lebensumstände bisher unbekannt.

26. Juni 1932: Ossietzky an Maud von Ossietzky

Freitag: 1. 7. 32. / **jeden Freitag:** Ossietzky hatte zuerst »Mittwoch« geschrieben. / **... von Hamburg schriebst:** Ossietzkys Stiefvater, Gustav Walther, lebte dort in ärmlichen Verhältnissen.

27. Juni 1932: Apfel an die Dir. d. Strafgef. Tegel

Alfred Apfel: (1882–1940), Strafverteidiger, Rechtsbeistand der WB, 1925–33 deren Mitarbeiter. / **1. Juni 1932:** gemeint ist der 1. Juli. / **Ladung... beigefügt:** Unter dem Eingangsstempel hs.: »Ladung hat nicht beigelegen«.

1. Juli 1932

Amnestieverhandlungen im preuß. Landtag: Amnestievorlage, am 24. 6. 32 angenommen, wobei Landesverrat, Verrat militärischer Geheimnisse, Brandstiftung, Verbrechen gegen das Leben, schwere Körperverletzung, schwerer Raub, Verbrechen gegen das Sprengstoffgesetz, Meineid u. a. von der Amnestie ausgeschlossen wurden.

5. Juli 1932

Otto Lehmann-Rußbüldt: (1873–1964), war seit 1919 gelegentlicher Mitarbeiter der WB; 1922–28 Geschäftsführer der Deutschen Liga für Menschenrechte. / **historische Zeugen gegen Krieg...:** Tucholsky hatte Ossietzky Ratschläge für die Verteidigung gegeben, wofür sich Ossietzky am 10. 3. 32 bedankte (SKT): »Ich danke Ihnen für Ihre juristischen Richtlinien. Ich bin mir auch klar, daß dieser Prozeß so geführt werden muß. Es kommt auch darauf an, den Nachweis zu führen, daß militärabträgliche Bemerkungen wie die von Ignaz Wrobel sich durch einige zweitausend Jahre Literaturgeschichte ziehen, und wir sind dabei, eine solche Sammlung vorzunehmen. Es ist natürlich nicht die Arbeit eines Menschen, ich habe eine ganze Reihe von Leuten dazu angespannt, uns Zitate zu liefern – von der Bibel bis zum 26. Februar 1932, dem Tag, an dem die Anklage erfolgte.«

Vergleich zwischen Ossietzky und dem Dieb: vgl. BaM, 2. 7. 32, S. 3: »Carl v. Ossietzky führte seinen Prozeß vom Standpunkt des bürgerlichen Pazifisten aus, und so beantragte [...] Rechtsanwalt Dr. Apfel die Vernehmung des im Gerichtssaal anwesenden Schriftstellers und Theologiedozenten Dr. Theodor Kappstein, der bekunden soll, daß seit Jahrhunderten der Krieg von Dichtern und Philosophen ungestraft als Mörderhandwerk charakterisiert werden konnte. Der Vertreter der Anklage, Staatsanwalt Herft, meinte dagegen, ein solches Gutachten sei völlig belanglos. Mit demselben Recht könne ein Dieb seinen Freispruch fordern (!) und erklären, daß andere auch gestohlen haben.« / **Deimling:** Berthold von (1853–1944), Offizier und Publizist; durch das Fronterlebnis zum Pazifisten geworden. / **Olden erzählte ...:** Olden veröffentlichte 1935 eine Hindenburg-Biographie (»Hindenburg oder Der Geist der Preußischen Armee«). / **›wäre so Ansichtssache‹:** Hindenburgs Ausspruch: »Na, von ihrem Standpunkt haben ja die Leute ganz recht.« (FZ, 2. 7. 32, Zweites Morgenblatt, S. 2).

»Ossietzky spricht«

Johannes Bückler (d. i.: Milly Zirker): M. Z. (1888–1966?) war Redakteurin beim »8 Uhr-Abendblatt«, seit 1928 Mitarbeiterin der WB, eine Freundin Ossietzkys. / **Konferenz in Genf:** Vom 2. 2.–23. 7. 32 tagte in Genf die Internationale Abrüstungskonferenz des Völkerbundes. Zu Ergebnissen kam es nicht, allerdings gelang es dem Deutschen Reich, seine »Gleichberechtigung« in der Rüstung durchzusetzen. / **Seit 1912:** schrieb Ossietzky seine ersten Artikel für das »Freie Volk«, ein Wochenblatt der »Demokratischen Vereinigung«. / **Pazifistische Organisation:** die Deutsche Friedensgesellschaft. / **Kein Novembersozialist oder -pazifist:** das »8 Uhr-Abendblatt« ergänzt Ossietzkys Worte: »Im Kriege war ich arbeitsverwendungsfähig und als Telephonist im Westen. Ich habe dort in der Feuerlinie gestanden und gearbeitet, kenne den Krieg also nicht nur literarisch.« (AUA, 1. 7. 32, S. 2). Der »Berliner Börsen-Courier« (1. 7. 32 (AA), S. 2) ergänzt: »Im Kriege sei er an der Westfront gewesen, und er habe bei Verdun und in Flandern in der Feuerlinie gestanden.« Im »Vorwärts« (1. 7. 32, Spätausgabe, S. 3) steht: »Ich kenne den Krieg aus persönlicher Anschauung, wenn auch nicht als Kriegsdienstfähiger, so habe ich ihn als arbeitsverwendungsfähig an der vordersten Front bei Verdun und an der Somme mitgemacht.« / **In einem Kreise:** Der »Friedensbund der Kriegsteilnehmer«, der die **»Nie wieder Krieg«-Kundgebungen** organisiert hat. / **sittlichen Sinne gebraucht.:** »Es heißt ja nicht ›die Soldaten‹, und es ist auch nicht von deutschen, französischen oder englischen Soldaten gesprochen worden. In dem Artikel ist auch nicht Bezug genommen worden auf die Reichswehr, sondern auf den vergangenen Weltkrieg.« (BT, 1. 7. 32 (AA), S. 7). / **Es ist auch kein Zufall ...:** »In diesem Zusammenhang sei es bezeichnend, daß der Strafantrag von keiner der großen Frontkämpfer-Organisationen gestellt worden sei, sondern von dem Führer der Reichswehr, die im Weltkrieg doch gar nicht bestanden habe.« (BBC, 1. 7. 32 (AA), S. 3.) / **Klänge der Militärmusik ...:** »Es war die Wache des Berliner Wachregiments, die in ihr Quartier in der Rathenower Straße zurückkehrte.« (WaA, 2. 7. 32, S. 8.).

Thomas Murner: Der Kaiser ging ...

Chronist der Matrosenrevolte: Theodor Plivier, Des Kaisers Kulis, Roman der Deutschen Kriegsflotte, Berlin 1929. / Jules **Michelet** (1798–1874), frz. Geschichtsschreiber. / Pjotr Aleksejewitsch **Krapotkin** (1842–1921), russischer Revolutionär, Anarchist und Schriftsteller. / **Max von Baden** (1867–1929), Reichskanzler (1918), scheiterte unter dem Druck der Revolution 1918/19. / **Otto Wels** (1873–1939), Politiker (SPD), MdR 1912–33; in der Novemberrevolution Stadtkommandant von Berlin. / **Revolutionäre Obleute:** straff organisierter Kreis von Funktionären, vor allem der Berliner Metallarbeitergewerkschaft, standen der USPD nahe, kämpften für die »Sozialistische Republik«. / Gustav **Laukant** (geb. 1869), Metallarbeiter, seit 1917 Mitglied des Parteivorstands der USPD, später Mitglied der Revolutionären Obleute in Berlin. / **Richard Müller** (1880–1943), Politiker (USPD), Mitglied des 1. Rätekongresses. / **Darstellung dieser Zeit:** Richard Müller, »Vom Kaiserreich zur Republik«, Bd. 2: »Die Novemberrevolution«, Berlin 1925. / Wilhelm **Sült** (1921 ermordet), Maschinist und Revolutionär. / Heinrich **Dorrenbach** (1888–1919), Angestellter, SPD-Mitglied, 1918 führendes Mitglied der Volksmarinedivision; »auf der Flucht« erschossen. / **Emil Barth** (1878–1941), Politiker (USPD), Vors. der Versammlung der Berliner Arbeiter- und Soldatenräte, Mitglied des ersten Kabinetts Ebert.

Ossietzky an Maud von Ossietzky

am Montag: 4. Juli. / **Donnerstag oder Freitag:** der 7. oder 8. Juli.

7. Juli 1932: Ossietzky an Tucholsky

Boxheim: im Boxheimer Hof bei Bürstadt hatten NSDAP-Funktionäre einen Entwurf zur gewaltsamen Ausschaltung der politischen Opposition erarbeitet. Als die hessische Landesregierung mit einem Hochverratsprozeß drohte, distanzierte sich Hitler. Ein anschließendes Verfahren wurde 1932 vom Reichsgericht in Leipzig eingestellt. / **Absolut nichts ändern können:** März 1932 schrieb Tucholsky seiner Frau Mary: »Es hat so etwas von Desertion, Ausland, im Stich lassen, der Kamerad Oss im Gefängnis, denn sie werden nicht einmal zu Festung begnadigen – ein Grund mehr für mich, nicht zu kommen, denn sie werden, haben sie mich einmal, mir alle nur erdenklichen Geschichten machen.« (K. T., Unser ungelebtes Leben. Briefe an Mary. Hg. F. J. Raddatz, Reinbek: Rowohlt, 1982, S. 537). Tucholsky kam nicht, er war auch nicht angeklagt. Sein schlechtes Gewissen gegenüber dem Mitkämpfer jedoch wurde er nicht mehr los. / **Das ist großenteils Raison:** Ossietzky schreibt an Tucholsky am 8. 5. 32 (SKT): »Natürlich gehe ich nicht ins Gefängnis, um eine ›Strafe‹ loyal abzusitzen. Was ich tue, ist eine bestimmte Art, den Fall zu behandeln, eine Maßnahme also. Ich füge mich nicht, ich demonstriere eben durch den Strafantritt. Eine Flucht hätte mir die Möglichkeit aus der Hand genommen.« / **wenn man längere Zeit nicht hier war.:** Zwischen Ossietzky und Tucholsky kam es in Briefen zu einem länger anhaltenden Disput über die Frage, was vernünftiger sei: Standhalten oder Auswandern. Ossietzky (23. 3. 32, SKT): »Ein Eingesperrter kann ein sehr wirksames Plakat sein.« Tucholsky (25. 3. 32, SKT): »Ich für mein Teil hätte das nie gemacht, was Sie zu machen im Begriff sind – aber das müssen Sie besser wissen.« Tucholsky an Heinz Pol (April 1933): »Wird man bedroht, so darf man schweigen – ich habe einen dicken Bauch und bin kein Märtyrer.« (K. T., Briefe. Auswahl 1913 bis 1933. Hg. Roland Links, Berlin/DDR 1983, S. 296). / **die Klippe der Zensur . . .:** 2. Pressenotverordnung, seit dem 17. 7. 1931 in Kraft, immer wieder kam es zu befristeten Zeitungsverboten. Die WB war davon nie betroffen. / **Lichtenberg:** vgl. WB, 28. 6. 32, S. 964ff.

12. Juli 1932: Thomas Murner, O. B. Server

Vor Jahren: 1918–26 veröffentlichte die WB (vormals »Schaubühne«) Politiker- und Publizistenporträts von Johannes Fischart (d. i.: Erich Dombrowski). / **O. B. Server,** d. i. Georg Schwarz, geb. 1889. / **Heinz Neumann** (1902–1937?), Politiker (KPD), MdR 1930–32. / **Walther Lambach** (1885–1943), Politiker (DNVP), MdR 1920–32. / **August Abel** (1887–1962), Journalist, MdR 1930–32 (Deutsche Staatspartei), 1933 Übertritt zur NSDAP. / **Elard von Oldenburg-Januschau** (1855–1937), Rittergutsbesitzer und Politiker (DNVP), 1902–12 u. 1930–33 MdR.

17. Juli 1932: Ossietzky an Maud von Ossietzky

Donnerstag oder Freitag: 21. oder 22. Juli. Ossietzky erhält die gewünschten Sachen, auch das Zahnpulver, erst am Mittwoch, dem 3. August. (GA, Blatt F 9.) / **Owlies:** Abkürzung für die Schüler der Odenwaldschule. / **Pensionat:** Haus Ketelhodt, eine Pension, 5 Minuten von der Odenwaldschule entfernt.

19. Juli 1932: Ossietzky, Antisemiten

Stöcker-Zeit: Adolf Stoecker (1835–1909), einflußreicher Hofprediger, Gründer der Christlich-Sozialen Arbeiterpartei, Antisemit. / »Grundlagen des XIX. Jahrhunderts.«: erschienen 1899. / »Die Deutschen«: Hg. von Hans Schwarz, 3 Bde., in Band 1, »Die politischen Kräfte« (1932) findet sich Moeller van den Brucks »Das Ewige Reich«. / **»Das Dritte Reich«:** erschienen 1923 / **Pjatiletha:** Fünfjahrplan. / **Oblomow:** Gontscharows Romanfigur. / **Propheten des Wandervogels:** Hans Blüher (1888–1955) veröffentlichte 1912 die beiden Bücher: »Wandervogel. Geschichte einer Jugendbewegung« und »Die deutsche Wandervogelbewegung als erotisches Phänomen.« / **»Die Erhebung Israels...:** erschienen 1931. / **Elard von Blüher:** Wortspiel mit den Namen Elard von Oldenburg-Januschau und Hans Blüher. / **Hochwichtiges Buch:** Henry Ford, »The International Jew«, deutsche Übersetzung 1922. / **Freimaurertum:** Ossietzky soll seit 1919 Mitglied einer Freimaurerloge gewesen sein. / **Tour von Mathilde Ludendorff:** der primitive Antisemitismus des sog. Tannenberg-Bunds, einer 1925 gegründeten Organisation völkischer Wehr- und Jugendverbände, dessen Schirmherrschaft Ludendorffs Frau 1927 übernommen hatte. / **»Antisemitismus und Antigermanismus«:** Mit dem Untertitel: »Über das seelische Problem der Symbiose des deutschen und des jüdischen Volkes«, erschienen 1928. / **Wilhelm Stapel** (1882–1954), chauvinistischer Publizist, der mit dem Nationalsozialismus sympathisierte. / Bruno **Taut** (1880–1938), Architekt. / **Adolf Bartels** (1862–1945), rassistischer Literaturhistoriker. / **Artur Dinter** (1876–1948), faschistischer Schriftsteller und Politiker.

21.–22. Juli 1932

Vier Aufsätze: T. H. Tetens, »Neuerburg und Reemtsma«, WB, 12. 11. 29 (Teil 1); 24. 12. 29 (Teil 2); »System Reemtsma«, WB, 2. 2. 32; »Reemtsma kauft«, WB, 29. 3. 22. / **Fritz** Tete Harens **Tetens,** Publizist, nach Südamerika, später in die USA emigriert. Weitere Lebensdaten nicht zu ermitteln.

Ossietzky an Maud von Ossietzky

Die Tiere: im Gelände der Odenwaldschule gab es zahme Eulen und Rehe (Grossmann, S. 228).

27. Juli 1932

Zentrum: maßgebende Regierungspartei in der Weimarer Republik, bis 1932 an allen Reichsregierungen beteiligt; in ihr versammelte sich der politische Katholizismus, das mittlere Bürgertum und die Berufsbeamten. Vollzog nach der Wahlniederlage von 1928 Wende nach rechts; war 1930 am Sturz der Großen Koalition unter Hermann Müller (SPD) beteiligt, stützte das autoritäre Präsidialkabinett Brünings, trat nach dessen Sturz für eine Koalition mit der NSDAP ein. Ebenso waren die **Deutsche Staatspartei** und die **Bayerische Volkspartei** für eine Zusammenarbeit mit den Nationalsozialisten.

Das **»Tabak Tage Buch«,** eine tabakwirtschaftliche Fachzeitschrift (»Führende Wirtschaftskritische Wochenschrift Des Tabakgewerbes«), die wöchentlich (sonntags) erschien, teilte ihren Lesern am 31. 7. 32, S. 10 f., den vollen Wortlaut des Briefes mit: »Sehr geehrte Redaktion, Sie brachten in Ihrer Expreß-Ausgabe vom 22. Juli eine Zuschrift des Rechtsanwalts Dr. Apfel, betreffend die neue Anklage gegen Herrn von Ossietzky und Herrn Fritz Tetens. In ihr sagte Herr Dr. Apfel, er halte die Angriffe, die Herr Tetens in der ›Weltbühne‹ gegen das Reichsfinanzministerium und die Firma Reemtsma erhoben hatte, persönlich für haltlos. Als Verteidiger des Herrn Tetens muß ich Einspruch erheben gegen diese Vorwegnahme von Feststellungen, die erst in der Hauptverhandlung getroffen werden könnten. Ich muß vor allem deshalb Einspruch erheben, weil Herr Dr. Apfel noch bis vor kurzer Zeit bevollmächtigter Vertreter des Herrn Tetens war. Ich weiß nicht, aus welchen Gründen Herr Rechtsanwalt Dr. Apfel in der letzten Zeit seine Meinung über den Streit in grundlegender Weise geändert hat. Aber es besteht Gefahr, daß die Öffentlichkeit und die betreffenden Stellen zuungunsten des Herrn Tetens beeinflußt werden können, wenn der Anwalt, der noch vor kürzester Zeit Verteidiger des Herrn Tetens war, sich jetzt gegen ihn wendet. Ich bitte Sie daher, der Öffentlichkeit mitzuteilen, daß Herr Tetens nach wie vor zu seinen Behauptungen steht und den Kampf gegen den Konzern Reemtsma und einzelne Beamte des Reichsfinanzministeriums auch vor Gericht mit allen Kräften und Beweismitteln weiter zu führen entschlossen ist. Ergebenst S. Feblowicz, Rechtsanwalt. P. S. Obige Zuschrift bitte ich ergebenst zu veröffentlichen.«

1. August 1932

Das Wahlergebnis der Reichstagswahlen vom 31.7.: NSDAP 37,3%; SPD 21,6%; KPD 14,3%; Zentrum 12,5%; DNVP 5,8%; DVP 3,3%.

2. August 1932: Thomas Murner, I. K.

Essaysammlung: »Menschliche Tragikomödie«, 3 Bde. 1874. / **Johannes Scherr** (1817–1886), Kultur- und Literarhistoriker. / **Ivar Kreuger** (1880–1932), schwedischer Industrieller; nahm sich nach dem Zusammenbruch seines Weltunternehmens am 12. 3. 32 das Leben. / **Manfred Georg** (1893–1965), Journalist und Schriftsteller, 1932 Feuilletonchef des »Tempo« bei Ullstein, seit 1915 Mitarbeiter der »Weltbühne«.

3. August 1932: Ossietzky an Maud von Ossietzky

Paulus: Paul Geheeb (1870–1961), Pädagoge, gründete 1910 die Odenwaldschule und leitete sie bis zu seiner Emigration 1934. / **In die Haare geraten:** Tetens war ursprünglich von Rechtsanwalt Apfel vertreten worden. Als dieser im Berliner Tageblatt gegen Tetens' Veröffentlichungen Stellung bezog, nahm Tetens den Rechtsanwalt Feblowicz, der mit Rudolf Olden zusammen eine Kanzlei führte, zu seinem Vertreter und ließ ihn gegen Apfel einen Parteiverratsprozeß anstrengen.

13.–14. August 1932

550–570 Abgeordnete: im neugewählten Reichstag waren insgesamt 608 Abgeordnete vertreten. / **Die stärkste Garantie:** Hellmut von Gerlach urteilte in der WB ein paar Tage später ähnlich vertrauensvoll: »Einen offenen Verfassungsbruch wird Herr v. Hindenburg niemals mitmachen. Vielleicht wird er ihn nicht hindern können. Aber mit seinem Namen decken wird er ihn nicht. Lieber geht er.« (WB 23. 8. 32).

16. August 1932: Ossietzky, Zu diesen Terroristen

Des Kriegsbuches: Erich Maria Remarque, Im Westen nichts Neues, Berlin 1929. Axel Eggebrecht schrieb dazu in der WB: »Wenn dies Buch den größten Erfolg seit Kriegsende haben sollte – und die Anzeichen sprechen dafür –, dann wäre das ein unerwarteter, erster Trost in unsern Tagen, da der Mensch sich heiter daran gewöhnt hat, wie böse er ist.« (5. 2. 29). Und Karl Hugo Sclutius urteilte: »[...] nur kein Anti-Kriegsbuch, wie es aus den tausend Schlünden pazifistischer Reklame herausbrüllt. Pazifismus? Wir liegen schief! [...] Nein, lieber, talentierter, kluger Erich Maria, so herum gehts nicht. Ein Bucherfolg, sorgenlose Tage, frischer Ruhm – ich gratuliere. Aber Pazifismus? Kriegspropaganda! Einer muß es Ihnen sagen.« (WB 2. 4. 29).

Thomas Murner, Otto Straßers »deutscher Sozialismus«

Otto Strasser (1897–1974) gründete nach seinem Austritt aus der NSDAP die

»Kampfgemeinschaft Revolutionärer Nationalsozialisten«. Seine Programmschrift »Aufbau des deutschen Sozialismus« war 1932 in Leipzig erschienen, Ossietzky erhielt das Buch am 13. 6. / **Rundfunkrede seines Bruders:** am 13. 6. 1932 hielt Gregor Strasser (1892–1934) einen Rundfunkvortrag über die »Staatsidee des Nationalsozialismus«. Gregor Strasser war 1924–33 MdR und Führer des sozialrevolutionären Flügels der NSDAP; wurde entmachtet, als er Ende 1932 im Gegensatz zu Hitler und im Einklang mit Schleicher eine Beteiligung der NSDAP an einer Rechtskoalition vertrat; beim sog. Röhm-Putsch ermordet. / Hugo **Junkers** (1859–1935), Flugzeugkonstrukteur und Industrieller. / **Heinrich von Gleichen** (1882–1959), Gutsbesitzer, Politiker und Gründer des **Herrenclub:** eine 1924 gebildete Vereinigung reicher, einflußreicher Adliger, Großgrundbesitzer und Generale, Mitglieder waren u. a. Papen und Schleicher. In den letzten Jahren der Weimarer Republik stellte der Herrenclub Verbindungen her zwischen der Industrie und der NSDAP. / **Othmar Spann** (1878–1950), österr. Nationalökonom, Soziologe und Philosoph einer reaktionären, antidemokratischen Ständeideologie. / **Adam Heinrich Müller** (1779–1829), Staats- und Gesellschaftstheoretiker, der sich in seinem Hauptwerk »Elemente der Staatskunst« (1809) gegen die Staatslehre der Aufklärung stellte; trat für einen Ständestaat ein. / **Gottfried Feder** (1883–1941), Journalist und Politiker (NSDAP), führender NS-Ideologe in der Frühzeit der Bewegung (»Brechung der Zinsknechtschaft«), MdR 1924–36.

6. September 1932: Thomas Murner, Benito Ludovico

Emil Ludwig (1881–1948), Schriftsteller, seit 1910 Mitarbeiter der »Schaubühne« bzw. »Weltbühne«. / Konstantin **von Neurath** (1873–1956), Diplomat und Politiker, 1932–38 Reichsaußenminister unter Papen, Schleicher und Hitler. / Andrea del **Verrocchio** (1435–1488), italienischer Bildhauer und Maler. / Hans **Makart** (1840–1884), österr. Maler.

20. September 1932: Thomas Murner, Kamerad Lampel

Ossietzky setzte sich 1929 für **Peter Martin Lampel** (1894–1965) ein, als dieser wegen eines Feme-Mords angeklagt war (vgl. WB, 12. 11. 29). / **Als Rebellen:** Im November 1918 war Lampel in Straßenkämpfe verwickelt, er schloß sich vorübergehend den Kommunisten an. / **Als Loyalisten:** zeitweise gehörte Lampel der thüringischen Schutzpolizei an. / **Als Fememörder:** Lampel wurde 1929 verhaftet und beschuldigt, an einem Mordkommando der Freikorps beteiligt gewesen zu sein. Kurz zuvor hatte er das Buch »Verratene Jungen« veröffentlicht, in dem er Vorgänge in der schwarzen Reichswehr geschildert hat. Der Prozeß gegen Lampel wurde eingestellt. / **Als Philantropen:** In seinem Essayband »Patrouillen! Erlebnisse und Bemühungen um junge Menschen« setzte er sich 1930 für die Aussöhnung zwischen Rechts und Links ein, schrieb gegen die zunehmende politische Radikalisierung. / **Jungdeutscher Orden:** 1920 gegründeter nationaler Kampfbund, maßgeblich von Kriegserlebnis und Jugendbewegung geprägt; wollte die Reform, nicht die Vernichtung der Weimarer Republik. 1929 umgegründet zur Volksnationalen Reichsvereinigung, die 1933 zwangsaufgelöst wurde. / **Arnolt Bronnen** (1895–1959), österr. Schriftsteller, wechselte 1929 von der politischen Linken zur äußersten Rechten. / **Max Jungnickel** (geb. 1890), Volksschullehrer und Schriftsteller. / **Mazdaznan:** eine religiöse Heils- und Heilungsbewegung aus den USA, 1917 gegründet; im Mittelpunkt steht eine Rassenlehre.

22. September 1932: Ossietzky an Kurt Tucholsky

Der Artikel von Grumbach (WB, 9. 8. 32) befaßte sich mit der Reaktion französischer Republikaner und Pazifisten auf den Sieg der NSDAP bei den Juli-Wahlen von 1932. / **Nichts wie raus!** Am 21. 11. 1932 gab Ossietzky seine abschließende öffentliche »Erklärung« ab, womit er »die gegen das Reichsfinanzministerium und gegen die Herren Ministerialdirektor Ernst und Präsident Schröder erhobenen Vorwürfe mit dem Ausdruck des Bedauerns« zurücknahm.

29. September 1932: Tucholsky, Berliner in Österreich?

Der Eröffnungsartikel der Wiener Weltbühne ist bisher in der Tucholsky-Forschung nicht beachtet worden, der Artikel »Für Carl v. Ossietzky« gilt bislang als Tucholskys letzter politischer Aufsatz. / **Willi Schlamm** (1904–1978) war bis 1933 Chefredakteur der WWB, mußte dann emigrieren, wurde von H. Budzislawski abgelöst; 1965–71 war er als William S. Schlamm Kolumnist der Springer-Presse.

4. Oktober 1932: Arnheim, Lieber Herr von Ossietzky

Karl **Zörgiebel** (1878–1961), SPD-Politiker und Polizeipräsident; war für den Berliner »Blutmai 1929« verantwortlich; Ossietzky setzte sich in einem öffentlichen Ausschuß für die Opfer der Polizeitaktik ein.

Thomas Murner, Wenn Annette Kolb

Annette Kolb (1870–1967), Schriftstellerin, seit 1914 Mitarbeiterin der »Schaubühne« bzw. »Weltbühne«.

18. Oktober 1932: Thomas Murner, Der Jünger

Die Studie von **Siegfried Kracauer** (1889–1966), mit dem Ossietzky bekannt war, erschien 1930. / **Ernst Jünger** (geb. 1895) ist mit seinen nationalistischen, militaristischen und profaschistischen Arbeiten zu einem Wegbereiter des Nationalsozialismus zu zählen. / Oswald **Spengler** (1880–1936), Kultur- und Geschichtsphilosoph, Wegbereiter des NS. / Hermann **Schulze-Delitzsch** (1808–1883), Sozialpolitiker und Jurist, 1848 demokratischer Abgeordneter in der preußischen Nationalversammlung; im Gegensatz zu Lassalle und Raiffeisen lehnte er Finanzhilfen des Staates ab. / Werner **Sombart**(1863–1941), Nationalökonom und Soziologe, wandelte sich zum Wegbereiter des Nationalsozialismus.

3.–8. November 1932

Hitler verliert: Das Wahlergebnis: NSDAP 33,1%; SPD 20,4%, KPD 16,9%; Zentrum 11,9%; DNVP 8,9%; BVP 3,4%; DVP 1,9%; DDP 1,0%. / **Im Jahre 1925:** vereinigte Hindenburg im 2. Wahlgang 48,3% der abgegebenen Stimmen von DNVP, DVP, NSDAP und BVP; Marx (Zentrum) bekam 45,3% der Stimmen vom Zentrum, SPD und DDP; Thälmann (KPD) erhielt 6,4%. / **Im Jahre 1932:** vereinigte Hindenburg im 2. Wahlgang 53% der abgegebenen Stimmen vom Zentrum, SPD, DDP, DVP, BVP, (DNVP); Hitler erhielt 36,8%; Thälmann 10,2%.

22. November 1932: Thomas Murner, Zehrer und Fried

Am 28. 9. 32 erhielt Ossietzky drei Hefte der Zeitschrift »Die Tat« (GA, Blatt F). **Hans Zehrer** (1899–1966), Redakteur der Vossischen Zeitung, 1929–33 Herausgeber und leitender Redakteur der antidemokratischen Monatsschrift »Die Tat«, 1932/33 Chefredakteur und Herausgeber der »Täglichen Rundschau«; trat für eine autoritäre Synthese von Nationalismus und Sozialismus ein und wurde damit zum Wegbereiter des Nationalsozialismus. / **Ferdinand Fried** (d. i. Friedrich Zimmermann, 1898–1967) war nationalkonservativer Wirtschaftspublizist, er begann 1923 als Redakteur im Ullstein Verlag, war von 1931–33 Mitarbeiter der »Tat« und von 1933–45 Mitarbeiter im Rasse- und Siedlungsamt. / **»Solange sich der Volkswille ...«:** H. Zehrer, »Revolution oder Restauration? Die drei Elemente des Staates«, in: »Die Tat«, H. 5, August 1932, S. 358. / **Ein interessantes Buch:** Carl Schmitt-Dorotič (d. i. Carl Schmitt), »Politische Romantik«, München 1919. / **»Es würde eine Verkennung ...«** H. Zehrer, »An der Wende! Die Revolution des Stimmzettels ist beendet«, in: »Die Tat«, H. 6, Sept. 1932, S. 448. / **Bertha von Suttner** (1843–1914), Pazifistin und Schriftstellerin, erhielt 1905 den Friedensnobelpreis. / Richard N. **Coudenhove-Kalergi** (1894–1972), Politiker und polit. Schriftsteller. / **»Die Deutsche Staatsgewalt ...«:** H. Zehrer, »An der Wende ...«, a. a. O., S. 447. / **Bendlerstraße:** Sitz des Reichswehrministeriums. /

»Es muß Geld...«: F. Fried, »Der Umbau der Wirtschaft«, in: »Die Tat«, H. 6, Sept. 1932, S. 462. / **»Heute ist die Revolution...«:** H. Zehrer, »An der Wende...«, a. a. O., S. 436.

Ossietzky bedauert: Einen Tag später meldet die Frankfurter Zeitung (2. Morgenblatt, S. 2): »Ossietzky nimmt die Vorwürfe im Falle Reemtsma zurück«. Am 29. 11. druckt die WB die dem Gericht zugestellte Erklärung Ossietzkys ab, mit der redaktionellen Vorbemerkung, daß der Verhandlungstermin »auf unbestimmte Zeit vertagt« worden sei.

Emil Stumpp (1886–1941) war Pressezeichner. Aus seinem Tagebuch (Emil-Stumpp-Archiv, Berlin/DDR) geht hervor, daß er Ossietzky bereits am 21. 11. um 11½ Uhr besucht hat. Aus der Aufzeichnung geht auch hervor, daß er zwei Zeichnungen von Alfred Apfel angefertigt hat. Diese wie auch die dritte der von Ossietzky angefertigten Zeichnungen sind im Emil-Stumpp-Archiv nicht vorhanden.

30. November 1932: Ossietzky an Tucholsky

Hanns-Erich Kaminski (1899–1940?), Journalist und Publizist, Redakteur der sozialdemokratischen »Volksstimme« in Frankfurt, war seit 1921 Mitarbeiter der WB. Er schrieb im Wechsel mit Hellmut von Gerlach die Leitartikel während der Haftzeit Ossietzkys, mußte 1933 nach Frankreich emigrieren, gilt als verschollen. / **Machen Sie wieder reger mit.** Tucholskys letzte Arbeit für die WB wurde am 8. 11. 32 gedruckt (Kaspar Hauser, »Worauf man in Europa stolz ist«). Am 17. 1. 33 erscheint noch ein kleiner Brief aus der Schweiz (Peter Panter, »Liebe Weltbühne«). / **Bernhard Citron,** geboren 1905, Verantwortlicher Redakteur des »Montag Morgen«, war Mitarbeiter der WB seit 1931, mußte emigrieren, lebt heute als Pfarrer in Schottland. / **Walter Steinthal** (1887–1951), Journalist, Verleger, Dramaturg, gründete in Berlin die »Deutsche Montagszeitung«, war später Mitinhaber der »Neuen Berliner Zeitungs-GmbH Steinthal, Stern & Co.«, die das »12-Uhr-Blatt« und den »Montag Morgen« herausgab. / **Adolph Asch** (1881–1973), Jurist.

Ossietzky an Annette Kolb

»das Exemplar«: Die neunte bis zwölfte Auflage von Annette Kolbs Roman »Das Exemplar« wurde 1931 ausgeliefert. Dieser Redaktionsbrief an Annette Kolb ist der letzte bisher bekannte, den Ossietzky an Mitarbeiter der WB geschrieben hat.

2. Dezember 1932: Ossietzky an Maud von Ossietzky

Der Hunger durchs Fenster grinst: Ossietzky verkannte die finanzielle Situation seiner Familie, immer wieder klagt Maud von Ossietzky in Briefen und auf Postkarten über die karge materielle Lage, die allerdings wohl auch durch ihre überhöhten Ausgaben verursacht wurde.

10. Dezember 1932

Die Begründung der Kammergerichtsentscheidung reicht die WaA am 4. 1. 1933 (S. 6) nach: »[...] Das Kammergericht hat sich in seinem Urteil vom 9. Dezember auf den Standpunkt gestellt, daß der Vorwurf, Rechtsanwalt Apfel hätte Mandatsverrat begangen, nicht erwiesen sei, sondern daß er allein den Zweck verfolgt hätte, seinen Hauptmandanten von Ossietzky vor einer Niederlage im Strafverfahren wegen Beleidigung hoher Finanzbeamter und vor einer Bestrafung zu bewahren. Der Senat hat ferner festgestellt, daß Rechtsanwalt Apfel nicht in pflichtwidriger Weise gehandelt habe, als er dem betreffenden Zigarettenkonzern den Vorschlag machte, die gegen ihn erhobenen Vorwürfe durch eine aus neutralen Persönlichkeiten zusammengesetzte Kommission prüfen zu lassen, und das er später auf Aufforderung selbst diese Prüfung und die Anfertigung eines Gutachtens übernahm. Ferner stellte das Kammergericht fest, daß Dr. Apfels Hauptmandant, Carl von Ossietzky, die Übernahme dieser Arbeit nachträglich als in seinem Interesse liegend gebilligt habe. Das Gericht hält es also nicht für glaubhaft gemacht, daß Dr. Apfel dem betreffenden Zigarettenkonzern Beistand geleistet hat. [...]«

18. Dezember 1932: Ossietzky an Tucholsky

Pierre Jacques Etienne **Cambronne** (1770–1842, französischer General), soll in der Schlacht bei Waterloo im Juni 1815 gesagt haben: »Die Garde stirbt, doch sie ergibt sich nicht.« Tucholsky dazu in der »Vossischen Zeitung« (25. 11. 26): »Man findet in Hugos ›Les Misérables‹ die richtige Version: der gute alte General Cambronne, dieser französische Götz von Berlichingen, hat bei Waterloo den Engländern vielmehr ein einziges Wort entgegnet, sein Wort – ›ein derbes, aber im Soldatenmunde nicht ungewöhnliches Wort‹, wie Büchmann bemerkt.« Um das eine Wort »Merde!« schrieb Tucholsky ein Gedicht (»Duo, dreistimmig«, WB, 22. 12. 25). / **Nach Norden:** seit 1930 lebte Tucholsky in Schweden, dort blieb er mit Unterbrechungen bis zu seinem Freitod 1935. Von Oktober 1932 bis September 1933 hielt er sich in Zürich auf.

20. Dezember 1932

Gegen den kommunistischen Schriftsteller Ludwig Renn (1889–1979): Die WB schrieb zum Fall Renn am 6. 12.: »Als man Ludwig Renn aufs Präsidium brachte und seine Aktentasche durchsuchte, fand man Manuskriptfragmente für sein künftiges, militärpolitisches Werk. Auszüge aus offiziellen Statistiken, die jedem zugänglich sind, der sich dafür interessiert. Daraufhin behielt man ihn gleich da und leitete die Untersuchung gegen ihn ein. Eine Durchsuchung seiner Wohnung förderte weiteres Material zutage.« Renn wurde erst am 28. 1. 33 aus der Haft entlassen. Zusammen mit Ossietzky und vielen anderen wurde er in der Reichstagsbrandnacht in »Schutzhaft« genommen. Renn konnte später emigrieren.

22. Dezember 1932

Der sozialdemokratische Abgeordnete Dr. Marum: Ludwig Marum (1882–1934) hatte sich bereits Anfang 1932 für das Gnadengesuch öffentlich eingesetzt, das Ossietzkys Verteidiger Alfred Apfel an den Reichspräsidenten gerichtet hatte. »Ich unterstütze das von Ihnen eingereichte Gnadengesuch aufrichtig. Angesichts der Tatsache, daß Ossietzky und Kreiser nach meiner Auffassung aus bester Gesinnung heraus und in der Überzeugung gehandelt haben, dem Wohle des deutschen Reiches zu dienen, würde ich eine Vollstreckung der Strafe in dieser Sache als etwas betrachten, was meinem Gerechtigkeitsgefühl auf das schwerste zuwiderläuft. Ich wünsche, daß das Gnadengesuch vollen Erfolg hat.« (Der Weltbühnen-Prozeß, S. 33) Marums Name wird aber auch im Zusammenhang mit der Reemtsma-Affäre erwähnt. Tetens hatte in einem Artikel der WB geschrieben, »daß der sozialdemokratische Abgeordnete Doktor Marum ›Tausende bei den dunklen Batschari-Geschäften eingesteckt habe.‹« (WB 24. 12. 29). Tetens bezog sich dabei auf detaillierte Vorwürfe des kommunistischen Reichstagsabgeordneten Ende.

Nach der Haftentlassung

Ossietzky, Rückkehr

Max Hölz: (1889–1933), Arbeiterführer, schloß sich nach dem Ersten Weltkrieg den Spartakisten an, leitete während des Kapp-Putsches den bewaffneten Kampf der Arbeiter im Vogtland, 1921 den Aufstand im mitteldeutschen Industriegebiet. Er wurde 1921 zu lebenslänglich Zuchthaus verurteilt, 1928 begnadigt und ging 1929 nach Rußland.

Ossietzkys Lektüre im Gefängnis

So exakt die preußische Bürokratie in allen Bereichen zu schnurren pflegte – Literaturfreunde waren sie nicht, die Staatsdiener. Es sind zwar (mutmaßlich) alle Bücher und Zeitungen, die Ossietzky empfangen durfte, in die Gefangenenakte (Blätter F) eingetragen. Die Titelangaben sind jedoch zumeist unvollständig. Dennoch konnte die überwiegende Zahl der Titel bestimmt werden. Die verbleibenden (kursiv gesetzt) sind aufgeführt, wie in der Akte notiert. Das Datum zeigt den »Eingang« der Bände.

17. Mai 1932
Arthur Schopenhauer, »Die Welt als Wille und Vorstellung«, 1. und 2. Teil. Großherzog Wilhelm-Ernst-Ausgabe, Leipzig o. J.

28. Mai 1932
»Klärung. 12 Autoren, Politiker über die Judenfrage.« Ernst Johannsen u. a. Mit Beiträgen aus Friedrich Nietzsches Antichrist u. zur Genealogie d. Moral. Berlin 1932.
Ferd. Hitzig.
Theodor Mommsen, »Römische Geschichte«. Der Wiener Phaidon-Verlag brachte 1932 eine gekürzte Volksausgabe heraus.
Reformation.

31. Mai 1932
Egon Erwin Kisch, »Asien gründlich verändert«, Berlin 1932.

6. Juni 1932
»Die Menschenrechte«, Organ der Deutschen Liga für Menschenrechte.

7. Juni 1932
O. B. Server [d. i. Georg Schwarz], »Matadore der Politik. 26 Politikerporträts und 26 Karikaturen von Erich Goltz«, Berlin 1932.
Kurt Kersten, »Bismarck und seine Zeit«, Berlin 1930.

8. Juni 1932
Georg Brandes, »Cajus Julius Caesar«. 2 Bde. Übersetzt von Erwin Magnus. Berlin 1925.

13. Juni 1932
Georg Christoph Lichtenberg, »Aphorismen und Schriften«, ausgewählt und eingeleitet von Ernst Vincent, Leipzig 1931.
Otto Strasser, »Aufbau des deutschen Sozialismus«, Leipzig 1932.
Goethe, Band I. [1932, im Goethejahr, kamen verschiedene Werkausgaben neu und in Nachauflagen in Deutschland heraus.]
Goethes Sprüche.

14. Juni 1932
Hendrik van Loon, »Der Überwirkliche. Zeitbild um Rembrandt van Rijn«, Berlin 1931.

17. Juni 1932
»Die letzte Seite« [monatlich erscheinende Kulturzeitschrift].

23. Juni 1932
Gusti Hecht und Georg Greko, »... muß man sich gleich scheiden lassen?«, Berlin 1932.

24. Juni 1932
Herbert George Wells, »Die Weltgeschichte«, 3 Bände, übersetzt von O. Mandel, E. Redtenbacher und H. M. Reiff, Wien 1928.
»Das Tagebuch« (1 Heft).

4. Juli 1932
»Deutsche Zukunft« (1 Zeitung).

8. Juli 1932

A. E. Johann, »Amerika, Untergang am Überfluß«, Berlin 1932.
George Bernard Shaw, »Die heilige Johanna«.
»Gesammelte Gedichte. Des Bergmanns Leben und Leiden im Ruhrbezirk«, Bochum u. Weimar 1932.
Hendrik van Loon, »Die Geschichte der Menschheit. Die Weltgeschichte als Roman«, Berlin 1925.

9. Juli 1932
Annette Kolb, »Beschwerdebuch«, Berlin 1932.
Karl Emil Uphoff, »Jux und Jakopp«, Hamburg 1932.
Guido Bortolotto, »Faschismus und Nation«, Hamburg 1932.
Ludwig Bamberger, »Bismarcks großes Spiel. Die geheimen Tagebücher Ludwig Bambergers«, eingeleitet und herausgegeben von Ernst Feder, Frankfurt/M. 1932.

12. Juli 1932
Lion Feuchtwanger, »Der jüdische Krieg«. [Korrekturbogen.]

16. Juli 1932
Manfred Georg, »Der Fall Ivar Kreuger. Abenteuer des Geldes«, Berlin 1932.

19. Juli 1932
»Die Tat« (Monatsschrift).
Rafael Schermann, »Die 3 Testamente des Fürsten X. Schicksale des Lebens«, Bd. 1, Berlin und Leipzig 1932; ders., »Um die halbe Minute. Schicksale des Lebens«, Bd. 2, ebd. 1932.
»Deutsche Zukunft« (1 Zeitschrift).
»Rom«, 3 Bde. Stuttgart, Berlin, Leipzig 1903–13.
Thomas Münzer.
Emil Ludwig, »Gespräche mit Mussolini«, Wien 1932.
Psychoanalytisches Buch von Hyan.
2 Weltbühnen No. 3.

23. Juli 1932
Katalog der Bücherwurm. [möglicherweise: Katalog zur Zeitschrift »Der Bücherwurm«. Eine Monatsschrift für Bücherfreunde, herausgegeben von Walter Weichardt, Dachau 1911 ff., ab 1925 Berlin.]
Wilhelm Busch, »Bilder zur Jobsiade«. [Verschiedene Ausgaben]
Jacob Burckardt, »Die Kultur der Renaissance in Italien«, 21. Auflage, Berlin 1932.
Chinesische Schwänke.

25. Juli 1932
Ernst Bloch, »Thomas Münzer als Theologe der Revolution«, München 1922.

29. Juli 1932
Emil Flusser, »Krieg als Krankheit«, Heide 1932.
Eugen Relgis, »Wege zum Frieden. Eine internationale Rundfrage«, Heide 1932.
Walther Victor, »General und die Frauen. Vom Erlebnis zur Theorie«, Berlin 1932.
Ernst Glaeser, »Das Gut im Elsaß«, Berlin 1932.

2. August 1932
Hendrik van Loon, »Von Columbus bis Coolidge. Werdegang eines Weltteils«, deutsche Übertragung von G. Schultze-Buchwald, Berlin 1929.
Fritz Stahl, »Paris. Eine Stadt als Kunstwerk«, Berlin 1928; ders., »Rom. Das Gesicht der ewigen Stadt«, Berlin 1929.

1. September 1932
Die Menschenrechte« (1 Heft).

8. September 1932
Wladimir Iljitsch Lenin, »Der Sozialismus in einem Lande«, eingeleitet und zusammengestellt von Kurt Deutsch, Berlin 1932.
Ernst Jünger, »Der Arbeiter. Herrschaft und Gestalt«, Hamburg 1932.

Paul Geflitter, »Die Front der Arbeit. Das Ende der Not«, Mainz 1932.
Fritz Sternberg, »Der Niedergang des deutschen Kapitalismus«, Berlin 1932.
Johann Carl Seidemann, »Thomas Münzer. Eine Biographie«. Nach den im Königlich Sächsischen Hauptstaatsarchive zu Dresden vorhandenen Quellen bearbeitet, Dresden und Leipzig 1842.
Johannes Janssen, »Geschichte des deutschen Volkes seit dem Ausgange des Mittelalters. »[Von 1879 bis 1894 erschienen acht Bände des Geschichtsschreibers; Ossietzky ließ sich drei nicht näher bezeichnete ins Gefängnis schicken.]
»Beiträge zur Förderung christlicher Theologie«; Jg. 1–7 Hg. v. Adolf Schlatter u. Hermann Cremer, ab Jg. 8 Hg. v. Schlatter u. Wilhelm Lütgert; Jg. 1 ff., Gütersloh 1897; im Jg. 35, 1932 erschienen als Bd. 1 Erich Schaeder, »Für und wider die Geschichte« – Bd. 2 Heinrich Pertran, »Die Menschheitsbedeutung Jesu bei Martin Kähler«.
Tabak-Tagebücher No. 31–34.
Fritz Tete Harens Tetens, »Der Reemtsma-Skandal. Die Korruption im deutschen Zigarettengewerbe und ihre volkswirtschaftlichen Folgen«, Berlin 1932.

23. September 1932
5 Exemplare »Die Weltbühne«.

28. September 1932
3 Bücher »Rankes Meisterwerke«.
1 Buch »Die Reformation«.
3 Hefte »Die Tat«.

30. September 1932
»Die Wiener Weltbühne« [Nr. 1]

3. Oktober 1932
Johannes Janssen, »Geschichte des deutschen Volkes seit dem Ausgange des Mittelalters«, 3 Bände. [s. Eintragung am 8. September]
Otto Flake, »Ulrich von Hutten«, Berlin 1929.
Sebastian Franck, »Paradoxa«. [Vermutlich lag Ossietzky die Ausgabe aus dem Diederichs Verlag, Jena 1909, vor, eingeleitet von W. Lehmann, hrsg. von Heinrich Ziegler.]

14. Oktober 1932
Ernst von Salomon, »Die Stadt«, Berlin 1932.
1 Band Ulrich v. Hutten.
Karl Kautsky, »Vorläufer des Sozialismus«, Bd. 1: Von Plato bis zu den Wiedertäufern, Stuttgart 1894; Bd. 2: Von Thomas More bis zum Vorabend der französischen Revolution, Stuttgart 1895.
1 Band Luthers Werke.
Lion Feuchtwanger, »Der jüdische Krieg«, Berlin 1932.
1 Band Luther.

15. Oktober 1932
»Die Wiener Weltbühne«.

4. November 1932
»Die Wiener Weltbühne«.

3. Dezember 1932
Zeitungen mit Porträt Ossietzkys.

12. Dezember 1932
Arnold Zweig, »De Vriendt kehrt heim«, Berlin 1932.

Biographische Übersicht

1889 3. Oktober: Carl von Ossietzky wird als Sohn des Stenographen und Milchhändlers Carl Ignatius von Ossietzky (1848–1891) und seiner Ehefrau Rosalie Marie (geb. Pratzka, 1866–1921) im Hamburger Gängeviertel geboren. 10. November: Der Sohn wird katholisch getauft.

1898 Rosalie Marie von Ossietzky heiratet den Handwerker Gustav Robert Walther (geb. 1868).

1904 Konfirmation. (Bis 1907) Kaufmannslehre.

1907 (bis 1914) Hilfstätigkeit beim Amtsgericht Hamburg.

1908 Zum dritten Mal von der Prüfungskommission zum Einjährigen-Examen abgewiesen.

1911 Der erste Beitrag, ein Leserbrief, erscheint in »Das freie Volk«, Zeitung der »Demokratischen Vereinigung«.

1912 (bis 1914) Mitarbeit am »Freien Volk«.

1913 Mitglied der Deutschen Friedensgesellschaft. Mitglied des Monistenbundes.
19. August: Heirat mit Maud Hester Woods (1884–1974). Als Tochter eines Kolonialoffiziers in Indien geboren, wuchs sie in England auf, war als Krankenschwester tätig, später aktive Frauenrechtlerin, Sprachlehrerin.

1914 7. Mai: Wegen Beleidigung des Erfurter Kriegsgerichts zu 200 Mark Geldstrafe verurteilt. Die Strafe wird später erlassen.

1915 (bis 1918) erneut Bürogehilfe beim Amtsgericht Hamburg.

1916 (bis 1918) Soldat.

1917 (bis 1919) Mitarbeit an der Zeitschrift »Monatsblätter des Deutschen Monistenbundes, Ortsgruppe Hamburg«.

1919 Verlagslektor im Pfadweiser-Verlag, Hamburg.
Seit Juli (bis Juni 1920) Sekretär der Deutschen Friedensgesellschaft in Berlin. Übersiedlung nach Berlin.
Oktober: Gründung des »Friedensbundes der Kriegsteilnehmer«; hieraus entsteht 1920 der Aktionsausschuß »Nie wieder Krieg«.
21. Dezember: Geburt der Tochter Rosalinde.

1920 Schriftleiter der »Mitteilungen der Deutschen Friedensgesellschaft«.
(bis 1922) Mitarbeit für die »Monistischen Monatshefte«; Pseudonym: Thomas Murner.
(bis 1924) Mitarbeit an der »Berliner Volks-Zeitung«, seit 1922 deren verantwortlicher Redakteur.

1921 (bis 1922) Mitglied im »Bund Neues Vaterland«, der ein Jahr später zur »Deutschen Liga für Menschenrechte« wird.
Mitherausgeber (zusammen mit Karl Vetter) von »Der Friedensbund. Mitteilungen vom Friedensbund der Kriegsteilnehmer«.

1924 Mitgründer der »Liga Junge Republik«.
Gründung der Republikanischen Partei Deutschlands (unter Federführung Karl Vetters mit einigen Redaktionsmitgliedern der »Berliner Volks-Zeitung«, darunter Carl von Ossietzky, Berthold Jacob, Manfred Georg, C. Z. Kloetzel). Ossietzky kandidiert zu den Reichstagswahlen am 4. Mai für den Wahlkreis Potsdam II. Die Partei erhält nicht die erforderlichen Stimmen, Ossietzky tritt aus.
Schriftleiter der »Republikanischen Presse«.
Mai bis April 1926: Redakteur beim »Tage-Buch«, seit August 1924 dessen verantwortlicher Redakteur (Pseudonym: Lucius Schierling); zugleich verantwortlicher Redakteur am »Montag Morgen«.

1926 20. April: Ossietzkys erster Artikel erscheint in der »Weltbühne«.

1927 Seit Januar verantwortlicher Redakteur der »Weltbühne« (Pseudonyme: Celsus, Simson Carasco, Thomas Murner).
10. Februar: Wegen öffentlicher Beleidigung zu 500 M. Geldstrafe verurteilt.
26. Juli: Wegen Vergehen gegen das Preßgesetz zu 100 M. Geldstrafe verurteilt.
Seit Oktober Herausgeber der »Weltbühne«.
Dezember: Wegen Beleidigung der Reichswehr zu einem Monat Gefängnis verurteilt; 1928 amnestiert.

1928 Wegen »Verrats militärischer Geheimnisse« angeklagt, Verfahren aufgrund der Amnestie vom Juli 1928 eingestellt.
28. Juni: Wegen Aufforderung zum Ungehorsam zu 50 M. Geldstrafe verurteilt.

1929 12. März: Der Artikel von Heinz Jäger (d. i. Walter Kreiser): »Windiges aus der deutschen Luftfahrt« erscheint in der »Weltbühne«; im August erste Vernehmung.

1931 Anklage gegen Ossietzky und Kreiser vor dem Reichsgericht in Leipzig.
Mai: Der Reichsgerichtsprozeß wird vertagt.
23. November: Nach den beiden Verhandlungstagen am 17. und 19. November wird das Urteil verkündet: 18 Monate gegen Ossietzky wegen Landesverrats.

1932 10. Mai: Haftantritt.
1. Juli: Prozeß wegen Beleidigung der Reichswehr; Freispruch, Revision am 17. November verworfen.
21. Juli: Anklage im »Reemtsma-Prozeß«.
21. November: Öffentliche Erklärung Ossietzkys zur Reemtsma-Affäre, der Prozeß wegen Beamtenbeleidigung wird »auf unbestimmte Zeit vertagt«.
22. Dezember: Haftentlassung aufgrund der Amnestie.

1933 28. Februar: Der Reichstag brennt; Ossietzky wird verhaftet, zum Polizeigefängnis am Alexanderplatz verschleppt.
1. März: »Schutzhaft« im Festungsgefängnis Spandau.
6. April: Transport in das KZ Sonnenburg bei Küstrin.

1934 15. Februar: Transport in das KZ Papenburg-Esterwegen, in dem Ossietzky bis 1936 bleiben muß.
Frühjahr: Die »Liga für Menschenrechte« in Straßburg schlägt Ossietzky für den Friedensnobelpreis für 1934 vor, der Vorschlag kommt zu spät.
Ab Juni: Friedensnobelpreiskampagne für Ossietzky.

1935 21. November: Das Nobelkomitee verschiebt die Entscheidung über die Verleihung des Friedensnobelpreises für 1935.

1936 Mai: Bei Ossietzky wird offene Tbc festgestellt.
28. Mai: Transport ins Staatskrankenhaus der Polizei in Berlin.
November: Verlegung ins Westend-Krankenhaus in Berlin-Charlottenburg.
23. November: Wahl zum Friedensnobelpreisträger für das Jahr 1935.
10. Dezember: Verleihung des Friedensnobelpreises; Ossietzky darf nicht ausreisen.
14. Dezember: Verlegung ins Krankenhaus Nordend in Berlin-Niederschönhausen.

1938 Ossietzky stirbt am 4. Mai.

Quellen

Der Nachlaß Carl von Ossietzky wird von der Universitätsbibliothek Oldenburg treuhänderisch für Rosalinde von Ossietzky-Palm verwaltet. Die meisten der in diesem Band abgedruckten Zeugnisse befinden sich dort in der Sammlung Ossietzky (SO); vier Briefe an Tucholsky in der Sammlung Kurt Tucholsky (SKT) in der Akademie der Künste Berlin; der Brief an Annette Kolb in der Handschriftenabteilung der Stadtbibliothek München, Sammlung Annette Kolb; einige Schriftstücke und Fotografien im Privatbesitz von Rosalinde von Ossietzky-Palm.
Die Gefangenenakte (»Personalakte für den Strafgefangenen Karl von Ossietzky«) wurde jahrzehntelang in der Strafanstalt Tegel aufbewahrt, sie befindet sich heute beim Berliner Senator für Justiz und Bundesangelegenheiten (Referat für Presse und Öffentlichkeitsarbeit).

Alle anderen Rechtenachweise befinden sich jeweils im Anschluß an den Quellenvermerk.
Verlag und Herausgeber danken allen Rechte-Inhabern für die freundliche Genehmigung des Abdrucks und für die Unterstützung bei der Besorgung von Vorlagen.

Der Weltbühnenprozeß **Urteil vom 23. 11. 31:** WB 24. 11. 31, Beilage.

Nach dem Urteil »Der Weltbühnen-Prozeß«, Broschüre, hg. von der Weltbühnen-Redaktion, Berlin 1932. GA. / **Thomas Mann an Alfred Apfel:** München, 10. 1. 32. In: »Der Weltbühnen-Prozeß«, S. 45f. Wiederabgedruckt in: Th. M., Reden und Aufsätze II. © 1965 S. Fischer Verlag GmbH, Frankfurt a. M. / GA, Blätter II, 1–3. / **Ossietzky an Tucholsky:** SKT. / MM, 2. 5. 32, S. 3. / AuA, 23. 11. 31, S. 1 / **Ossietzky »Rechenschaft«:**WB, 10. 5. 32, S. 689ff. / **Ossietzky an Maud von Ossietzky:** »Erinnerungsbuch«. Privatbesitz Rosalinde von Ossietzky-Palm.

10. Mai 1932 AIZ, 22. 5. 32, S. 482. / **Zur Szene vor dem Gefängnis:** vgl. Grossmann, S. 11ff.; Waldemar Grimm (d. i. Hermann Zucker), in: »Prager Memorandum von 1935«, S. 17ff.; sowie Berichte aus: »Berliner Börsen-Zeitung«, »Tempo«, »Vossische Zeitung«, »8 Uhr-Abendblatt«, »Berlin am Morgen« vom 10. und 11. 5. 32 / WB, 15. 2. 1947, S. 166ff. / WB, 27. 12. 32, S. 925. / **Beschreibung des Gefängnisses:** »Das Strafgefängnis Berlin-Tegel, Broschüre, gedruckt im Gefängnis, um 1935. / GA, Blatt II,5. / GA, Blätter A–H; II,8; F; II,7. / **Ossietzky an Maud von Ossietzky:** SO.

10.–13. Mai 1932 AUA, 10. 5. 32, S. 2. / **Anton Kuh, »An Carl von Ossietzky«:** BT, 10. 5. 32 (AA), S. 8. © mit Genehmigung des Thomas Sessler Verlag, München und Wien. / **Bruno Frei,** in: BaM, 11. 5. 32, S. 9. / Berthold Jacob, Weltbürger Ossietzky. Ein Abriß seines Werkes, Paris 1937, S. 23. / **Reichstagsdebatte:** VZ, 11. 5. 32 (MA) S. 1; 13. 5. 32 (MA), S. 1. Deutsche Zeitung: zit. n.: BT, 11. 5. 32 (AA) S. 1; VZ, 12. 5. 32 (AA), S. 1; BT, 12. 5. 32 (AA), S. 1. / BT, 15. 5. 32 (MA), S. 1.

14. Mai 1932 GA, Blatt II,6. / **Ossietzky an Tucholsky:** SKT. / **Tucholsky an Maud von Ossietzky:** Le Levandou, 17. 5. 32: SO. © mit Genehmigung der Kurt Tucholsky-Stiftung und des Rowohlt Verlages GmbH, Reinbek bei Hamburg.

16. Mai 1932 MM, 16. 5. 32, S. 9. / GA, Blatt F 2.

17. Mai 1932 GA, Blatt F. Der gewidmete Schopenhauer-Band Privatbesitz Rosalinde von Ossietzky-Palm. / **Ossietzky an Tucholsky,** 1. 3. 32: SKT. / WB, 17. 5. 32, S. 725ff. / **Ossietzky an Tucholsky,** Berlin, 2. 4. 32: SKT. / **Tucholsky an Ossietzky,** 4. 4. 32: SKT. / **Tucholsky, »Für Carl v. Ossietzky. General-Quittung«,** WB, 17. 5. 32, S. 734ff. Wieder abgedruckt in: K. T., Gesammelte Werke, III, S. 1055. © 1960 by Rowohlt Verlag GmbH, Reinbek b. Hamburg. / WB, 17. 5. 32, S. 736ff. / **Alfred Polgar, »Ossietzky geht ins**

Gefängnis«, WB, 17. 5. 32, S. 742ff. Wiederabgedruckt in: A. P., Bei Lichte betrachtet, rororo 1326. © 1970 Rowohlt Taschenbuch GmbH, Reinbek b. Hamburg. / **Edith Jacobsohn, »C. v. O.«,** WB, 17. 5. 32, S. 744f. © by Peter Jacobsohn. / WB, 17. 5. 32, S. 761f. / **Petitionsliste:** Staats- und Universitätsbibliothek Hamburg, Handschriftenabteilung, Nachlaß Hans Henny Jahnn.

18. Mai 1932 GA, Blatt II, 10 und 11.

19. Mai 1932 Der Stürmer Nr. 20, Mai 1932. **Lebenslauf:** SO. / GA, Blatt H.

21.–23. Mai 1932 BT, 21. 5. 32 (AA), S. 1. / VZ, 23. 5. 32 (AA), S. 1.

24. Mai 1932 GA, Blatt F. **Ossietzky an Maud von Ossietzky,** 24. 5. 32: SO. / **Maud an Rosalinde von Ossietzky,** 29. 5. 32 u. 15. 11. 32: SO.

25. Mai 1932 GA, Blatt F. / VZ, 25. 5. 32 (AA) S. 1. / BT, 25. 5. 32 (AA), S. 1.

26. Mai 1932 VZ, 26. 5. 32 (MA), S. 1.

28. Mai 1932 Illustrierter Beobachter, 28. 5. 32, S. 503.

30.–31. Mai 1932 VZ, 30. 5. 32 (AA), S. 2 u. 1. / BT, 30. 5. 32 (AA), S. 1. / BT, 31. 5. 32 (MA), S. 1. / **Theobald Tiger (K. Tucholsky), »Heute zwischen Gestern und Morgen«:** WB, 31. 5. 32, S. 831. Wiederabgedruckt in: K. T., Gesammelte Werke, Band III, S. 1070. © 1960 by Rowohlt Verlag GmbH, Reinbek b. Hamburg. / WB, 31. 5. 32, S. 839. / BVZ, 31. 5. 32 (MA), S. 2.

1. Juni 1932 VZ, 1. 6. 32 (MA), S. 1 und 2. 6. 32 (MA), S. 1 / BT, 4. 6. 32 (AA), S. 1.

5. Juni 1932 **Ossietzky an Maud von Ossietzky:** SO. / GA, Blatt F.

7. Juni 1932 GA, Blatt F. / WB, 7. 6. 32, S. 844ff. / BT, 7. 6. 32 (AA), S. 1f.

12. Juni 1932 **Ossietzky an Maud von Ossietzky:** SO. / GA, Blatt II, 13.

14. Juni 1932 WB, 14. 6. 32, S. 911f. / WB, 14. 6. 32, S. 875ff.

15./16. Juni 1932 VZ, 15. 6. 32 (MA), S. 1 und (AA), S. 1. / VZ, 16. 6. 32 (MA), S. 1. / GA, Blätter II, 17 und 14;

23. Juni 1932 GA, Blatt II, 18 und F. / BVZ, 24. 6. 32 (MA), S. 7. / BVZ, 19. 6. 32 (MA), S. 4.

24. Juni 1932 BT, 24. 6. 32 (AA), S. 1.

26. Juni 1932 BT, 26. 6. 32 (MA), S. 1 / **Ossietzky an Maud von Ossietzky:** SO.

27. Juni 1932 GA, Blatt II, 15 und F.

28. Juni 1932 VZ, 28. 6. 32 (MA), S. 2. / WB, 28. 6. 32, S. 988.

30. Juni 1932 GA, Blätter II, 21 u. 22, und F. / BT, 30. 6. 32 (AA), S. 1.

1. Juli 1932 Berthold Jacob, Weltbürger Ossietzky..., S. 24 **Zur Darstellung des Gerichtsprozesses:** vgl. BVZ, 1. 7. 32 (MA), S. 1f. / AuA, 1. 7. 32, S. 1f. / BVZ, 1. 7. 32 (AA), S. 1 / BT, 1. 7. 32 (AA), S. 7. / BT, 2. 7. 32 (MA), S. 1.

3. Juli 1932 BT, 3. 7. 32 (MA), S. 27.

5. Juli 1932 BVZ, 5. 7. 32 (MA), S. 3. / **»Ein guter Tag für die Justiz«,** WB, 5. 7. 32, S. 5ff. / **Johannes Bückler (d. i. Milly Zirker), »Ossietzky spricht«:** WB, 5. 7. 32, S. 8ff. / BaM, 2. 7. 32, S. 3. / **Walther Karsch, »33 000 für Carl v. Ossietzky«,** WB, 5. 7. 32, S. 10ff. (gekürzt). © by Marianne Karsch. / **Thomas Murner »Der Kaiser ging...«:** WB, 5. 7. 32, S. 17f. / GA, Blatt F. / **Ossietzky an Maud von Ossietzky:** SO.

7. Juli 1932 Grossmann, S. 241. / **Ossietzky an Tucholsky:** SKT.

8. Juli 1932 GA, Blatt F. / Ossietzky an Maud von Ossietzky: SO.

9. Juli 1932 GA, Blatt II,23. / BT, 9. 7. 32 (MA), S. 10 u. S. 1. / VZ 9. 7. 32 (MA), S. 1.

12. Juli 1932 GA, Blatt F. / Lion Feuchtwanger, »Zur Wiederkehr des Todestages von Ossietzky«, WB, 30. 4. 1958, S. 548. / **Walther Karsch,** »Carl von Ossietzky«, in: »Aufbau«, Heft 3, Nov. 1945, S. 223. / **Thomas Murner, »O. B. Server«,** WB, 12. 7. 32, S. 69. / WB, 12. 7. 32, S. 73.

14.–16. Juli 1932 BT, 14. 7. 32 (AA), S. 1, u. 16. 7. 32 (AA), S. 1.

17.–18. Juli 1932 **Ossietzky an Maud von Ossietzky:** SO. / **Gästebuch:** Archiv der Odenwaldschule, Ober-Hambach. BT, 18. 7. 32 (AA), S. 1.

19. Juli 1932 WB, 26.7. 32, S. 150. / **Carl v. Ossietzky, »Antisemiten«,** WB, 19.7. 32, S. 88ff. / GA, Blatt F.
20. Juli 1932 BT, 20.7. 32 (AA), S. 1. / BT, 22.7. 32 (MA), S. 1.
21. Juli 1932 BT, 21.7. 32 (MA), S. 2.
22. Juli 1932 BT, 22.7. 32 (MA), S. 16. / **Ossietzky an Maud von Ossietzky:** Privatbesitz Rosalinde von Ossietzky-Palm. / GA, Blatt II, 24 und Blätter F. / **Hilde Walter, »Die Persönlichkeit«,** unv. MS. vom 23.9. 35. Hilde Walter-Nachlaß, Institut für Zeitgeschichte München, IfZ 4751/72, ED 192/2, Blatt 002.
25. Juli 1932 GA, Blatt II, 26. / BT, 25.7. 32 (AA), S. 1. / **Zur Pressezensur** vgl.: BT, 22.7. 32 (AA), S. 1 und 25.7. 32 (AA), S. 1. / **Verhaftung Robert Breuer:** BT, 25.7. 32 (AA), S. 1 und 23.7. 32 (AA), S. 2.
26. Juli 1932 WB, 26.7. 32, S. 119.
27. Juli 1932 BT, 27.7. 32 (MA), S. 1. / BT, 27.7. 32 (MA), S. 11. / **Paul Zimmermann,** »Apfelchen!, wohin rollst Du?«, in: TTB, 31.7. 32, S. 8ff. / BT, 27.7. 32 (AA), S. 1. / BT, 24.7. 32 (MA), S. 21 und 26.7. 32 (AA), S. 1.
29. bis 31. Juli 1932 VZ, 29.7. 32 (AA), S. 1. / BT, 30.7. 32 (AA), S. 1 und 31.7. 32 (MA), S. 1.
1. August 1932 BT, 1.8. 32 (AA), S. 1.
2. August 1932 WB, 2.8. 32, S. 151. / GA, Blätter F u. II, 37. / **Thomas Murner, »I. K.«,** WB, 2.8. 32, S. 181ff.
3. August 1932 **Ossietzky an Maud von Ossietzky:** Privatbesitz Rosalinde v. Ossietzky-Palm.
4. August 1932 GA, Blatt II, 27
6. August 1932 BT, 3.8. 32 (AA), S. 1. / VZ, 3.8. 32 (AA), S. 8, u. 4.8. 32 (AA), S. 1. / BT, 6.8. 32 (AA), S. 1.
7. August 1932 **Paul Zimmermann,** »Apfelchen...« (2. Folge), TTB, 7.8. 32, S. 10ff.
8. August 1932 BT, 8.8. 32 (AA), S. 1f.
9. August 1932 WB, 9.8. 32, S. 189 u. 196ff. / BT, 9.8. 32 (MA), S. 1 und (AA), S. 1. / GA, Blatt II, 28.
10. August 1932 BT, 10.8. 32 (AA), S. 2. / VZ, 10.8. 32 (MA), S. 2.
12. August 1932 GA, Blatt II, 30 u. 29.
13.–14. August 1932 BT, 13.8. 32 (AA), S. 1. / VZ, 13.8. 32 (AA), S. 1. / BT, 14.8. 32 (MA), S. 1. / VZ, 14.8. 32 (MA), S. 1.
15. August 1932 BT, 15.8. 32 (AA), S. 1.
16. August 1932 **Carl v. Ossietzky, »Zu diesen Terroristen«,** WB, 16.8. 32, S. 227 (Zuerst als: »Die Blutlinie«, WB, 21.10, 1930, S. 603f.) / **Thomas Murner, »Otto Straßers ›deutscher Sozialismus‹«,** WB, 16.8. 32, S. 230ff. / WB, 16.8. 32, S. 257.
17. August 1932 GA, Blatt II, 31. / **Hilde Walter,** »Die Persönlichkeit«, a.a.O., Blatt 002/003.
20. August 1932 **Ossietzky an Maud von Ossietzky.** Privatbesitz Rosalinde von Ossietzky-Palm.
21. August 1932 **Paul Zimmermann,** »Apfelchen...« (3. Folge), TTB, 14.8. 32, S. 9f, und (4. Folge) 21.8. 32, S. 10f.
23. August 1932 WB, 23.8. 32, S. 261ff.
25. August 1932 GA, Blatt II, 32.
26. August 1932 »Die Menschenrechte«, 26.8. 32, S. 94 und 106. / GA, Blatt F. / Grossmann, S. 233.
29. August 1932 **Maud an Rosalinde von Ossietzky:** SO. / **Ossietzky an Maud von Ossietzky:** SO. / BT, 29.8. 32 (AA), S. 1. / WB, 30.8. 32, S. 301ff.
30. August 1932 BT, 31.8. 32 (MA), S. 1. / VZ, 31.8. 32 (MA), S. 1.

1.–5. September 1932 BT, 1. 9. 32 (MA), S. 1. / VZ, 5. 9. 32 (AA), S. 1.
6. September 1932 WB, 6. 9. 32, S. 374. / GA, Blatt F. / **Thomas Murner, »Benito Ludovico«,** WB, 6. 9. 32, S. 356ff.
7.–8. September 1932 GA, Blatt II, 34. / GA, Blatt II, 33 und F.
9. September 1932 GA, Blatt II, 35.
12.–13. September 1932 VZ, 7. 9. 32 (AA), S. 1. / BT, 13. 9. 32 (MA), S. 1. / WB, 13. 9. 32, S. 375, S. 378ff. und 381ff.
17. September 1932 VZ, 17. 9. 32 (AA), S. 1.
19. September 1932 GA, Blatt F. / **Ossietzky an Maud von Ossietzky:** SO. / **Maud an Rosalinde von Ossietzky:** SO.
20. September 1932 WB, 20. 9. 32. S. 409ff., S. 412ff. / **Thomas Murner, »Kamerad Lampel«,** WB, 20. 9. 32, S. 425ff.
22. September 1932 **Ossietzky an Tucholsky:** SKT.
27. September 1932 WB, 27. 9. 32, S. 449ff.
29. September 1932 VZ, 29. 9. 32 (AA), S. 1 / Wiener Weltbühne, Jg. 1, Nr. 1, 29. 9. 32, S. 1. **Tucholsky, »Berliner in Österreich?«.** WWB. Tucholsky an Hedwig Müller, 12. 9. 32. Text und Briefzitat: © mit Genehmigung der Kurt Tucholsky Stiftung und des Rowohlt Verlages, Reinbek bei Hamburg. / GA, Blatt F. / MM, 10. 10. 32. S. 3. / **Ossietzky an Maud von Ossietzky,** Kopenhagen, 27. 10. 1930: Privatbesitz Rosalinde von Ossietzky-Palm.
1. Oktober 1932 Fridericus, Nr. 40/1932, S. 1.
2. Oktober 1932 VZ, 2. 10. 32 (MA), S. 1.
3. Oktober 1932 **Maud Ossietzky erzählt.** Ein Lebensbild, Berlin (DDR) 1966, S. 96. / **Ernst Feder,** Heute sprach ich mit… Tagebücher eines Berliner Publizisten 1926–32. Hg. C. Lowenthal-Hensel u. A. Paucker, Stuttgart 1971, S. 316.
4. Oktober 1932 GA, Blatt II, 39. / **Rudolf Arnheim, »Lieber Herr von Ossietzky«,** WB, 4. 10. 32, S. 519f. © by Rudolf Arnheim. Mit frdl. Genehmigung des Autors. / GA, Blatt F. **Thomas Murner, »Wenn Annette Kolb«,** WB, 4. 10. 32, S. 522.
10. Oktober 1932 GA, Blätter II, 41 und F.
18. Oktober 1932 GA, Blätter F und II, 33. / **Thomas Murner, »Der Jünger«,** WB, 18. 10. 32, S. 577f.
20. Oktober 1932 BT, 20. 10. 32 (MA), S. 1f.
24. Oktober 1932 GA, Blatt II, 43. / Grossmann, S. 244f.
25. Oktober 1932 BVZ, 25. 10, 32 (AA), S. 1. / BT, 25. 10. 32 (AA), S. 1; 26. 10. 32 (MA), S. 2. / WB, 18. 10. 32, S. 567. / WB, 25. 10. 32, S. 603.
27. Oktober 1932 **Maud an Rosalinde von Ossietzky,** 24. 10. 32 u. 16. 10. 32: SO. / **Ossietzky an Maud von Ossietzky:** SO.
2. November 1932 BT, 2. 11. 32 (MA), S. 1, und 5. 11. 32 (MA), S. 10.
3.–8. November 1932 **Zum Verkehrsstreik:** H. Schulze, Weimar. Deutschland 1917–33, Berlin 1982, S. 387. / WB, 8. 11. 32, S. 678. / BT 7. 11. 32 (AA), S. 1. / VZ, 7. 11. 32 (AA), S. 1. / **Wahlergebnis:** WB, 8. 11. 32, S. 671f. / WB, 8. 11. 32, S. 677. / **Ossietzky an Maud von Ossietzky:** SO. / GA, Blatt II, 45. / **Maud an Rosalinde von Ossietzky:** SO.
17. November 1932 GA, Blatt II, 46. / GA, Blatt II, 47–50 (MM, 14. 11. 32, S. 3). / GA, Blatt II, 51–52 (AUA, 14. 11. 32, S. 10). / GA, Blatt G. / BT, 17. 11. 32 (AA), S. 7.
18.–19. November 1932 WB, 15. 11. 32, S. 705ff. / BT, 18. 11. 32 (MA), S. 1. / VZ, 3. 11. 32 (AA), S. 1. / Vorwärts, 19. 11. 32 (MA), S. 1. / VZ, 19. 11. 32 (AA), S. 2.
21. November 1932 MM, 21. 11. 32, S. 4. / BT, 21. 11. 32 (AA), S. 1.
22. November 1932 WB, 22. 11. 32, S. 747. / BT, 22. 11, 32 (MA), S. 1 / VZ, 22. 11. 32 (MA, S. 1. / **Thomas Murner, »Zehrer und Fried«,** WB, 22. 11. 32,

S. 771 ff. / **Walther Karsch, »Eine verworfene Revision«,** WB, 22. 11. 32, S. 776 f. © by Marianne Karsch. / BBC, 22. 11. 32 (MA), S. 4. Vgl. FZ, 23. 11. 32 (2. MA), S. 2. / GA /**Strafgefängnis an E. Stumpp:** Emil Stumpp-Archiv, Berlin (DDR).

23.–26. November 1932 VZ, 22. 11. 32 (AA), S. 1; 24. 11. 32 (MA), S. 1.; 25. 11. 32 (MA), S. 1. / BT, 25. 11. 32 (MA), S. 1; 26. 11. 32 (AA), S. 1. / AUA, 26. 11. 32, S. 3.

27. November 1932 GA. / GAD 27. 11. 32. Erich Stumpp-Archiv Berlin (DDR). © mit Genehmigung des E. Stumpp-Archivs. / TTB, 27. 11. 32, S. 9 ff.

29. November 1932 BT, 26. 11. 32 (AA), S. 1; 29. 11. 32 (MA), S. 7.; BT, 30. 11. 32 (MA), S. 7. / GA, Blatt F.

30. November 1932 **Ossietzky an Tucholsky:** SKT. / **Ossietzky an Annette Kolb:** Stadtbibliothek München, Handschriftenabteilung, Annette-Kolb-Archiv. / BaM, 30. 11. 32, S. 4. / WaA, 30. 11. 32, S. 7.

1. Dezember 1932 BT, 1. 12. 32 (MA), S. 6.

2. Dezember 1932 **Ossietzky an Maud von Ossietzky:** SO. / BT, 2. 12. 32 (AA), S. 1. / WB, 6. 12. 32, S. 817 ff. / WB, 20. 12. 32, S. 889.

4. Dezember 1932 TTB, 4. 12. 32, S. 8 ff. / BT, 7. 12. 32 (MA), S. 1; 8. 12. 32 (MA), S. 1.

8. Dezember 1932 **Ossietzky an Maud von Ossietzky:** SO. / VZ, 8. 12. 32 (AA), S. 3.

9. Dezember 1932 Reichstagsprotokolle, VII. Wahlperiode 1932, Anhang u. S. 105. AUA, 9. 12. 32, S. 2. / BT, 9. 12. 32 (AA), S. 2. / VZ, 10. 12. 32 (MA), S. 1.

10. Dezember 1932 GA / BaM, 10. 12. 32, S. 3.

11. Dezember 1932 **Ossietzky an Maud von Ossietzky.** SO.

15. Dezember 1932 WB, 13. 12. 32, S. 888. / VZ, 15. 12. 32 (MA), S. 3. / BT, 15. 12. 32 (AA), S. 7.

18. Dezember 1932 **Ossietzky an Tucholsky:** SKT.

19. Dezember 1932 **Ossietzky an Maud von Ossietzky:** SO. / VZ, 19. 12. 32 (AA), S. 1.

20. Dezember 1932 WB, 20. 12. 32, S. 923. BaM, 20. 12. 32, S. 7 f. / BBC, 20. 12. 32 (MA), S. 2. / VZ, 20. 12. 32 (AA), S. 1 / BT, 21. 12. 32 (MA), S. 1. / VZ, 21. 12. 32 (MA), S. 2.

21. Dezember 1932 AUA, 21. 12. 32, S. 1 u. 3. **K. Schnog, »Gruß an Ossietzky«:** © by Hannah Schnog. / VZ, 21. 12. 32 (AA), S. 3.

22. Dezember 1932 BBC, 22. 12. 32 (MA), S. 3. / BVZ, 22. 12. 32, (MA) S. 2. / AUA, 22. 12. 32, S. 4. / GA, Blatt II. / GA, Blatt J. / Frei, S. 196. Ebenso: Grossmann, S. 247. / **Walter Mehring,** »Carl von Ossietzky«, in: Deutsche Rundschau, 1959, S. 900 ff. / AUA, 24. 12. 32, 3. Beiblatt. / **Grossmann, »Carl von Ossietzky...«:** AUA, 23. 12. 32, S. 2. Abweichend in: Felix Burger (d. i. Grossmann) / Kurt Singer (d. i. Kurt Deutsch), »Carl von Ossietzky«, Zürich 1937, S. 53 ff.; Grossmann, S. 247 ff.

23. Dezember 1932 BaM, 23. 12. 32, S. 3.

Nach der Haftentlassung BBZ, 23. 12. 32, S. 3. / GAD, 24. 12. 32. / **Victor Basch an Ossietzky:** Privatbesitz Ursula Madrasch-Groschopp. / TTB, 25. 12. 32, S. 10 ff. / **Fortgang der Reemtsma-Affäre:** Landesarchiv Berlin, Rep. 58 / Lfd. Nr. 785. Broschüre: »Der Reemtsma-Skandal«, 1932. / **Ossietzky, »Rückkehr«,** WB, 27. 12. 32, S. 925 f. Ms.: SO. / WB, 10. 1. 33, S. 80. / **Ossietzkys Aufsätze nach der Haft:** WB, 10. 1. 33, S. 41 ff.; 31. 1. 33, S. 153 ff.; 21. 2. 33, S. 282 ff.; (1. 12. 31, S. 803 ff.); 7. 2. 33, S. 193 ff.; 10. 1. 33; S. 41 ff. / **Hakenkreuzbanner Mannheim:** Institut für Zeitgeschichte, München, Hilde Walter-Nachlaß, ED 192/5/6. / **Joseph Roth:** Joseph Roth 1894–1939. Ausstellungskatalog der Deutschen Bibliothek, Frankfurt a. M. ^{2}1979, S. 272. / **Ossietzky,** »Deutschland wartet«, WB, 14. 2. 33, S. 233 ff. / MM, 2. 5. 32, S. 3.

Bildnachweis

Archiv der Akademie der Künste, Berlin: 6/65 und Umschlagvorderseite/102/266.
Stefan Berkholz: 79.
Bildarchiv Preußischer Kulturbesitz, Berlin: 147/158/168 (Fotografie: Carl Weinrother)/171 (Fotografie: Herbert Hoffmann)/179/196 (Fotografie: Carl Weinrother)/203/217 (Fotografie: Carl Weinrother)/229/240/260 (Fotografie: N. A. Wash).
Deutsche Staatsbibliothek, Berlin (DDR): 34/35/63/85/118/124/275.
Institut für Zeitgeschichte, München. Archiv. Sammlung Hilde Walter: 127/286.
Privatbesitz Ursula Madrasch-Groschopp: 280.
Privatbesitz Rosalinde von Ossietzky-Palm: 56/58/90/161/190 (Fotografie: Annette Arnheim).
Emil Stumpp-Archiv, Berlin (DDR): 248/250/280 o. r.
Universitätsbibliothek Oldenburg. Sammlung Carl von Ossietzky: 6/80/113/280/283.
Schiller-Nationalmuseum. Deutsches Literaturarchiv, Marbach am Neckar: 2 und Umschlagrückseite (Fotografie: Lotte Jacoby) 88/290.

Rainer Marwedel
Theodor Lessing
1872–1933
Eine Biographie
Mit 16 Seiten Abbildungen, Faksimiles, kommentierter Bibliographie, Personenregister und Zeittafel. 446 Seiten. Gebunden

Die erste Biographie eines auch heute noch unbequemen Zeitgenossen: Theodor Lessing. Legenden über den »vollbärtigen Querkopf«, Vorurteile gegen den »Feuilletonisten« zurechtrückend, und zwar ohne angestrengte Belehrung: erzählend gelingt Marwedel die *Physiognomie einer kritischen Existenz* in einer kritischen Epoche.

»Marwedels Buch – nicht zuletzt eine ausgezeichnete Studie zur geistigen Verfassung der Weimarer Republik – ist eine echte Pionierleistung.« Christoph von Wolzogen, NZZ

Theodor Lessing
Ich warf eine Flaschenpost ins Eismeer der Geschichte
Essays und Feuilletons
Hg. von Rainer Marwedel
SL 639. Originalausgabe. 455 Seiten

»Die ›kleine Form‹ der Essays, Feuilletons und Glossen hat Theodor Lessing, wie dieser Sammelband anschaulich belegt, als Waffe der Kritik vortrefflich genutzt. Ihren Biss, ihre Schärfe, ihre Aktualität haben seine Schriften bis heute nicht verloren. Gehören doch die Entlarvung ›kurzsichtiger Kleingeisterei‹ und die Demaskierung von Heuchelei und hohlen Phrasen, hinter denen sich, wie Lessing richtig erkannt hat, oft Eigennutz und Profitgier verbergen, nach wie vor zu den Aufgaben kritischer Publizistik.« Neue Zürcher Zeitung